Volkmar Weiss

DIE IQ-FALLE

ARES VERLAG

Volkmar Weiss

Die IQ-Falle

Intelligenz, Sozialstruktur und Politik

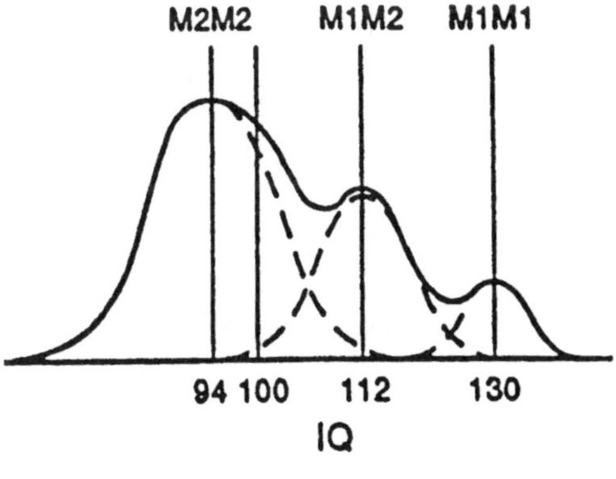

ARES VERLAG

Umschlaggestaltung: DSR Werbeagentur Rypka GmbH, 8143 Dobl/Graz, www.rypka.at
Bildnachweis: Sämtliche Grafiken und Tabellen wurden, so nicht anders angegeben, dem Verlag vom Autor freundlicherweise zur Verfügung gestellt.

Bibliografische Information der Deutschen Nationalbibliothek
Die Deutsche Nationalbibliothek verzeichnet diese Publikation in der Deutschen Nationalbibliografie; detaillierte bibliografische Daten sind im Internet unter https://www.dnb.de abrufbar.

Hinweis
Dieses Buch wurde auf chlorfrei gebleichtem Papier gedruckt. Die zum Schutz vor Verschmutzung verwendete Einschweißfolie ist aus Polyethylen chlor- und schwefelfrei hergestellt. Diese umweltfreundliche Folie verhält sich grundwasserneutral, ist voll recyclingfähig und verbrennt in Müllverbrennungsanlagen völlig ungiftig.

Auf Wunsch senden wir Ihnen gerne kostenlos unser Verlagsverzeichnis zu:
Ares Verlag GmbH
Hofgasse 5/Postfach 438
A-8011 Graz
Tel.: +43 (0)316/82 16 36
Fax: +43 (0)316/83 56 12
E-Mail: ares-verlag@ares-verlag.com
Weitere Informationen finden Sie im Internet unter:
www.ares-verlag.com

ISBN 978-3-99081-074-3

Layout: Klaudia Aschbacher, Gratkorn

INHALT

VORWORT ZUR NEUAUSGABE

Die im Frühjahr 2000 erschienene „IQ-Falle“ war seit vielen Jahren vergriffen und auch antiquarisch nur noch selten, zu Preisen ab 100 Euro aufwärts, im Angebot. Warum ist da nicht schon früher eine 2. Auflage erschienen?

Vor etwa zehn Jahren hatten zwar Verlage wegen eines Nachdrucks bei mir angefragt, ich lehnte aber ab, weil ich an einer verbesserten und erweiterten Fassung arbeitete, die dann 2012 unter dem Titel „Die Intelligenz und ihre Feinde“ erschienen ist. Es ist das tiefgründigere Buch und sei jedem empfohlen, dem „Die IQ-Falle“ bereits etwas sagt.

Es sind aber zwei deutlich unterschiedliche Bücher. „Die Intelligenz und ihre Feinde“ ist ein dickes Buch geworden. Ein Meisterwerk, zu vollkommen, meinten manche Kritiker. Und insoweit ich ihnen recht geben mußte, schrieb ich noch die Kurzfassung „Das IQ-Gen“ (2017), wiederum in wesentlichen Punkten aktualisiert.

„Die IQ-Falle“ hatte indirekt Auswirkungen auf Politik und Gesellschaft. Nachdem Robert Scheithauer auf die Wichtigkeit der Textabschnitte zur Demographie (hier S. 242ff.) hingewiesen hatte (Scheithauer, 2003), teilte er mir mit, im Bundesfamilienministerium arbeite man an einem Elterngeldgesetz. Renate Schmidt (SPD), dreifache Mutter, ab 2002 Bundesfamilienministerin, hatte als Siebzehnjährige das Gymnasium verlassen müssen, weil sie schwanger war, und selbst erlebt, wie schwierig es dann war, mit Kindern im Berufsleben zu bestehen. 2005 folgte als Bundesfamilienministerin Ursula von der Leyen[1] (CDU), siebenfache Mutter. Unter diesen beiden Ministerinnen entfaltete sich im Ministerium eine unermüdliche Lobbyarbeit, bei der es um die besten Argumente ging, um das Gesetz durchzubringen.

Das Elterngeld in der derzeitigen Form setzt große Anreize, mit der Geburt von Kindern bis zur beruflichen Etablierung zu warten. *„Frauen als rational handelnde Individuen überlegen sich nun ganz genau, ob sie schon Mitte 20 ein Kind bekommen, wie es medizinisch*

---

[1] Ihre Reaktion auf die Zusendung der „IQ-Falle“: „Sehr geehrter Herr Dr. Weiss: [...] Zumal man ohne Übertreibung feststellen darf, dass es sich um ein Thema von nationalem Interesse handelt. Vor diesem Hintergrund werde ich Ihre Anregungen gern in meine politischen Überlegungen einfließen lassen. Mit freundlichen Grüßen“ Dr. Ursula von der Leyen, Niedersächsische Ministerin für Soziales, Frauen, Familie und Gesundheit, Hannover, 8. August 2005.

empfohlen wird oder besser erst in ihre Karriere investieren und deutlich später in die Elternschaft eintreten, wenn sie Anspruch auf ein angemessenes Elterngeld erwirtschaftet haben. So gelingt es heute jeder zehnten über 40-jährigen Frau den Maximalbetrag von 1800 Euro Elterngeld zu beziehen, von den unter 30-jährigen schafft das nicht einmal ein Prozent" (Mayer und Rösler 2013, S. 185).

Obwohl diese Mängel des Elterngeldgesetzes spätestens seit 2013 durch die zuständigen Fachleute offengelegt worden sind (zusammengefaßt in Weiss, 2021b), sind bisher keine politischen Initiativen bekannt, die sich um eine Novellierung des Gesetzes bemühen, um ein „Elterngeld-ZUKUNFT": *Wenn junge, intelligente Frauen – Abiturientinnen, Studentinnen – Kinder haben wollen, dann sollten sie monatlich den Betrag ausgezahlt bekommen, den sie nach Abschluß ihrer Ausbildung als Berufstätige im Alter von 35 oder 40 Jahren bekämen.*

Als Sarrazin Ende August 2010 sein Erfolgsbuch „Deutschland schafft sich ab" herausgebracht hatte, kamen Kollegen und Bekannte auf mich zu und gratulierten mir. Denn für jeden, der „Die IQ-Falle" kannte, stand außer Zweifel: Sarrazin hatte sich in beträchtlichem Umfang auf meine Vorleistung gestützt. Ursprünglich war es nach seinen eigenen Worten seine Aufgabe und sein Ziel gewesen, ein Buch über den Sozialstaat zu schreiben. Irgendwann 2008 muß ihm „Die IQ-Falle" in die Hände gelangt sein, die seinen Horizont erweiterte.

Als ich 2009 durch sein Interview in „Lettre International"[2] darauf aufmerksam geworden war, daß Sarrazin an einem Buch schrieb, für das ich ihm offensichtlich noch unbekanntes Fachwissen zuliefern konnte, schickte ich an seine Dienstadresse bei der Bundesbank in Frankfurt am Main ohne Begleitschreiben einen dicken Brief mit Kopien. Der Brief enthielt von 2002 bis 2009 erschienene Arbeiten, von mir selber sowie von Rindermann (alles ausführlich zitiert in Weiss, 2012) und die Arbeiten von Levels et al. (2008) und Levels und Dronkers (2008) über den IQ der Einwanderer.

Sarrazin zitiert in seinem Buch (2010, S. 368) korrekt Levels et al. (2008), und vor allem diese Zitierung ist Beweis genug, daß ihm mein Brief sehr gelegen kam. Dafür erwartet man als Dritter keine Erwähnung oder gar ausdrücklichen Dank, wenn es der sachlichen Richtigkeit und Aufklärung einer breiteren Öffentlichkeit dient. Darüber hinaus stützt sich Sarrazin auf die Statistiken, die eine Entsprechung von IQ-Testwerten und PISA-Ergebnissen belegen, also auf Rinder-

[2] Berberich, F. und T. Sarrazin: Klasse statt Masse. Lettre International 86 (Herbst 2009), S. 197–201.

mann, den er zitiert, und auf meine Arbeiten von 2002 bis 2009, die er nicht zitiert, die sich aber auf weite Strecken wie Kurzfassungen einiger seiner Argumente lesen. Sarrazins eigene Zutaten waren sein Stil, seine politische Erfahrung, sein Antiislamismus und neuere Wirtschaftsstatistiken, für die er ein ausgewiesener Fachmann ist.

Den logischen Aufbau eines Vorgängerbuches zu übernehmen, ohne dabei seitenweise wörtlich abzuschreiben – das gilt nicht als Plagiat im engeren Sinne, wenn man sich zu der Vorlage bekennt. Sarrazin erwähnt und zitiert ja auch mein Buch, sogar an einigen Stellen mehr, als sein Register am Schluß ausweist.

Frank Schirrmacher (1959–2014) fragte Sarrazin in einem Interview für die „Frankfurter Allgemeine Zeitung" am 1. Oktober 2010: *„Wir waren bei ihren Quellen."* Sarrazin: *„Außerdem habe ich natürlich das umstrittene Buch von Richard J. Herrnstein und Charles Murray ‚The Bell Curve. Intelligence and Class Structure in American Life' […] gelesen. […] Der Psychologe Volkmar Weiss schließlich hat Erhellendes über die Aufstiegsdynamik und die Bildungspolitik in der DDR gesagt."* Schirrmacher: *„Volkmar Weiss – ist Ihnen bewusst, um welches Umfeld es sich da handelt? Auch Weiss diagnostiziert ‚eine weltweite dysgenische Entwicklung, ein weltweites Absinken des genotypischen IQ' […]."* Sarrazin: *„Ich habe Weiss lediglich dort zitiert, wo er kompetent ist, nämlich mit seinen Erkenntnissen zum DDR-Bildungssystem. […] Seine betrüblichen politischen Verirrungen in späteren Jahren haben damit nichts zu tun."*

Von Schirrmacher auf den Kopf gefragt, welche Vorleistung Volkmar Weiss für ihn tatsächlich erbracht habe, hielt Sarrazin es für opportun, den Anteil zu leugnen und gar von „betrüblichen Verirrungen" meinerseits zu sprechen, statt der Wahrheit die Ehre zu geben. Das empört mich, mußten doch in dem Moment in seinem Kopf Texte gegenwärtig sein, die sich wie eine Zusammenfassung seines Buches lesen, nur daß sie von mir schon ein paar Jahre früher veröffentlicht und ihm 2009 in dem Brief zugeschickt worden waren.

Aus einem anderen kritischen Blickwinkel sieht das Kemper (2012)[3]: Sarrazin *„hat Volkmar Weiss durchaus auch in anderen Zusammenhängen zitiert, zum Teil sogar wörtlich, ohne dies zu kennzeichnen"*, was Kemper belegt. Seine Kritik ist jedoch eher kleinkariert, denn die angeführten Seiten 96 und 97 – und es sind nicht die einzigen bei Sarrazin, nur die eindeutigsten – stammen inhaltlich insgesamt

[3] Zitiert aus Kemper, A.: Plagiat bei Sarrazin?, andreaskemper.org/2011/11/30/plagiat-bei-sarrazin/, abgerufen am 24.02.2021.

aus der „IQ-Falle“, auf die Sarrazin hier aber in einer Endnote auch verweist (und im Register vergessen hat). Denn es geht um Inhalt und Struktur des gesamten Buches. Kemper fragt: *„Sarrazin hat mit ‚Deutschland schafft sich ab‘ Millionen verdient. Wieso wird er nicht von Volkmar Weiss verklagt?“* Erstens wäre es nicht mein Stil, und zweitens sind Strukturplagiate ein weites Feld (Weiss, 2021a).

Linke Extremisten sind sich sicher, Unterschiede der Denkkraft seien die Folge sozialer Unterschiede, und Gene spielten dabei keine Rolle; Erzkonservative und Rechtsaußen meinen, die soziale Stellung der Menschen sei im wesentlichen durch ihre vererbte Ausstattung bestimmt, und dabei solle es bleiben. Dazwischen bewegt sich die Wissenschaft, wobei das, was man sagen darf und was gedruckt wird, davon abhängt, wie weit das Pendel der öffentlich erlaubten Meinung nach links oder rechts ausschlägt, ebenso wie die Seiten, von denen man für seine Arbeiten gelobt oder erwähnt oder beschimpft wird, oder noch schlimmer. Aus der Tatsache, was die einen nicht hören und unterdrücken wollen, die anderen um so lieber hören, entwickelt sich – meine Erfahrung seit dem Jahr 2000 – eine sich selbst verstärkende Spirale von Einladungen zu Vorträgen und Beiträgen und Ausladungen, die Sarrazin, für manche ja auch längst ein „betrüblich Verirrter“, inzwischen selbst zur Genüge kennen dürfte. Entweder steht man dazu und meint, das sei für eine Demokratie charakteristisch, und man redet und schreibt überall dort, wo man die Gelegenheit bekommt, das zu sagen, was man für richtig hält, solange es noch nicht gelöscht wird oder verboten ist, oder man läßt sich einschüchtern, wobei Schadensabwägung kein Zeichen von Schwäche ist.

Wenn sich das Leben nach der Pandemie wieder normalisiert haben sollte, dann wird nichts wichtiger sein als die Klimarettung. Wärme spürt man, sich ausbreitende Einfalt und Dummheit ist schleichend (Dutton und Woodley of Menie, 2018). Daran, wie diese 2. Auflage aufgenommen wird, werden wir messen können (Hinz, 2016), wie sich das geistige Klima zwischen 2000 und 2021 verändert hat.

Volkmar Weiss
Leipzig, Juni 2021

ZUM GELEIT

Von Anbeginn der geschichtlichen Überlieferung und wahrscheinlich seit dem Ende des Steinzeitalters gab es auf der Welt drei Arten von Menschen: die Oberen, die Mittleren und die Unteren. Sie waren auf vielerlei Weise untergliedert, trugen die verschiedenartigsten Namen, und sowohl ihre Verhältnisse wie ihre Einstellung zueinander änderten sich von Epoche zu Epoche: doch die Grundstruktur der Gesellschaft hat sich nie gewandelt. Selbst nach ungeheuren Umwälzungen und scheinbar unwiderruflichen Veränderungen stellte sich das gleiche Muster wieder her. [...]

Die Ziele dieser drei Gruppen sind absolut unvereinbar. Das Ziel der Oberen ist es, dort zu bleiben, wo sie sind. Das Ziel der Mittleren, mit den Oberen den Platz zu tauschen. Das Ziel der Unteren, sofern sie überhaupt eines haben – denn es ist ein bleibendes Charakteristikum der Unteren, daß sie von der Plackerei zu ausgelaugt sind, um öfter als nur sporadisch für etwas Interesse zu zeigen, das außerhalb ihres Alltagslebens liegt –, ist es, alle Unterschiede abzuschaffen und eine Gesellschaft zu errichten, in der alle Menschen gleich sein sollen. Und so wiederholt sich durch die ganze Geschichte ein in seinen Grundzügen immer gleicher Kampf. Über lange Zeiträume scheinen die Oberen ungefährdet an der Macht zu sein, doch früher oder später kommt der Augenblick, in dem sie entweder ihr Selbstvertrauen verlieren oder die Fähigkeit, wirksam zu regieren, oder beides. Sie werden dann von den Mittleren gestürzt, die die Unteren dadurch auf ihre Seite ziehen, daß sie ihnen vorspiegeln, für Freiheit und Gerechtigkeit zu kämpfen. Sobald die Mittleren ihr Ziel erreicht haben, stoßen sie die Unteren wieder in die alte Knechtschaft zurück und werden selber zu den Oberen. Schon bald spaltet sich von einer der beiden anderen Gruppen oder von beiden eine neue Mittelgruppe ab, und der Kampf beginnt wieder. Von den drei Gruppen sind es nur die Unteren, die nicht einmal vorübergehend ihre Ziele erreichen. Es wäre übertrieben zu sagen, es habe im Verlaufe der Geschichte keinen materiellen Fortschritt gegeben. Selbst heute, in einer Periode des Niedergangs, ist der Durchschnittsmensch materiell besser gestellt als noch vor ein paar Jahrhunderten. Doch kein Wohlstandswachstum, keine Lockerung der Sitten, keine Reform oder Revolution hat uns der Gleichheit der Menschen auch nur einen Millimeter näher gebracht. Aus dem Blickwinkel der Unteren hat kein geschichtlicher Wandel jemals mehr bedeutet als eine Änderung der Namen ihrer Herren. [...]

Vom Standpunkt unserer gegenwärtigen Machthaber aus besteht die einzig wirkliche Gefahr in der Abspaltung einer neuen Gruppe fähiger, nicht ausgelasteter Personen. [...] Das Problem ist somit erzieherischer Natur. Das Bewußtsein der Massen muß nur in negativer Weise beeinflußt werden. [...]

An der Spitze der Pyramide steht der Große Bruder. [...] Nach dem Großen Bruder kommt die Innere Partei, deren Mitgliederzahl auf etwas weniger als 2 % der Bevölkerung beschränkt bleibt. Nach der Inneren Partei kommt die Äußere Partei, die, wenn man die Innere Partei als das Gehirn des Staates bezeichnet, billigerweise mit dessen Händen vergleichen darf. Danach kommt die stumme Masse, die wir gewohnheitsmäßig als „die Prols" bezeichnen. [...] Im Prinzip ist die Zugehörigkeit zu diesen drei Gruppen nicht erblich. [...] Die Aufnahme in einen der beiden Zweige der Partei erfolgt durch eine Prüfung, die mit sechzehn Jahren abgelegt wird. [...] Proletariern wird praktisch nicht gestattet, in die Partei aufzurücken. Die Talentiertesten von ihnen, die sich möglicherweise zu Keimzellen der Unzufriedenheit entwickeln könnten, werden von der Gedankenpolizei aufgespürt und liquidiert.

Diese Sätze schreibt George Orwell (1949) in seinem berühmten Buch „1984" dem theoretischen Hauptwerk (Kapitel I: Unwissenheit ist Stärke) des Renegaten Emmanuel Goldstein zu.

EINLEITUNG

Orwells Sätze sind voller Ironie. Dennoch erfassen sie Wesentliches. Und in einem entscheidenden Punkt ist Orwell, der sein ursprüngliches Gedankengut aus der linken Ideologie entlehnt hat, dieser Ideologie auch in seiner bitteren Satire treu geblieben, nämlich in der Feststellung: *Im Prinzip ist die Zugehörigkeit zu diesen drei Gruppen nicht erblich.* Es ist der Satz und die Überzeugung, die Linke und Rechte, Tradition und Moderne, Freiheit und Gleichheit, Leistung und Sozialismus voneinander scheidet. Es ist der Glaubenssatz, mit dem das Jahrtausend zu Ende geht; der Satz, mit dem seit der Französischen Revolution von 1789 die alten traditionellen Gesellschaften gesprengt worden sind; der Satz, dessen Negation – also: die Zugehörigkeit zu sozialen Leistungsgruppen ist erblich – die Schule verleugnet; der Satz, zu dessen Negation sich kein Politiker öffentlich bekennen darf, wenn er je eine Chance haben will, durch eine demokratische Wahl an die Spitze zu gelangen. Es ist aber auch der Satz, den die wissenschaftlichen Erkenntnisse der allernächsten Jahrzehnte pulverisieren werden und dem die soziale Wirklichkeit in jedem Jahr immer weniger entspricht; es ist zugleich diese soziale Wirklichkeit, die von der etablierten Sozialwissenschaft und den etablierten Parteien nicht oder nur eingeschränkt wahrgenommen werden kann, weil sie in einer demokratischen, von den Massenmedien geprägten Gesellschaft nicht wahrgenommen werden darf. Diese falsche Wahrnehmung verändert zwar nicht die Wirklichkeit, verlangsamt aber die wissenschaftliche Erkenntnis über die erbliche Ungleichheit der Menschen, ohne diese Erkenntnis und ihre Sprengkraft letztendlich aufhalten zu können.

Wenn Orwell schreibt, daß es das Ziel der Oberen sei, ihren Platz zu behalten, so bedeutete das in der alten Gesellschaft stets den Erhalt von Macht und Besitz. Diese alte Gesellschaft erfand feste Regeln, nach denen Macht und Besitz auf die nächste Generation übertragen wurden. Unsere Sprache hat für diese Übertragung von Macht und Besitz den gleichen Begriff wie für die Übertragung des biologischen Erbes, der Gene, nämlich den Begriff der Vererbung. In Wirklichkeit handelt es sich aber um zwei verschiedene Begriffe und zwei unterschiedliche Sachverhalte.

So ist nicht völlig klar, was Orwell meint, wenn er schreibt: *Im Prinzip ist die Zugehörigkeit zu diesen drei Gruppen nicht erblich.* Daß Macht und Besitz auch erworben werden können, weiß eigentlich jeder. Wer aber ist die neue Gruppe fähiger, nicht ausgelasteter Personen, die den Oberen gefährlich werden können? Haben ihre Fähigkeiten einen erblichen Hintergrund, vielleicht in ihren Genen? Daß, biologisch verstanden, „erblich“ nicht die Weitergabe einer bestimmten Eigenschaft bedeutet, sondern die Neukombination der Erbanlagen von Mutter und Vater, sollte man heute schon in der Schule gelehrt bekommen. Bedeutet diese Neukombination auch für jede Generation eine neue Chance, selbst etwas zu leisten, unabhängig von oder trotz der überlieferten Verteilung von Macht und ererbtem Besitz?

Wer politisch links steht, wird sagen: Alle Menschen sind gleich. Unterschiede werden durch die Schulbildung und die unterschiedlichen materiellen Startbedingungen erzeugt. Wer politisch rechts steht, wird sagen: Die Menschen sind ungleich. Bestehende Unterschiede werden durch die Schulbildung und die unterschiedlichen materiellen Startbedingungen verstärkt. – So scheiden sich an dieser Frage die Geister.

Wo jemand politisch steht, ist nicht so sehr eine Frage der Ehrlichkeit, nicht eine der Intelligenz, schon eher eine der Persönlichkeit, denn mancher liebt es, zu einer Minderheit zu gehören. Es ist vielmehr eine Frage der Rolle, in die jemand hineingeboren wird oder hineingerät oder die er wohlbedacht wählt, um seinen Anteil an Macht und Besitz zu vergrößern.

Auf längere Sicht sind Strategien des Erhaltes von Macht und Besitz über Generationen hinweg nur erfolgreich, wenn sie sich mit der Erhaltung eines bestimmten Intelligenzniveaus paaren. In den traditionellen Gesellschaften war das praktisch kaum möglich, da man zuwenig über Intelligenz wußte; in der gegenwärtigen Gesellschaft tut man am besten so, als wisse man nicht, wovon die Rede ist, bzw. man verweist auf die entscheidende Rolle der Umwelt; in der zukünftigen Gesellschaft wird das für die Öffentlichkeit wahrscheinlich auch weiterhin die beste Verhaltensweise sein, im Privaten aber wird man sich genau und erfolgreich der gegenteiligen Verhaltensweise befleißigen.

Wenn man davon ausgeht, daß dieses Buch von einer breiten Öffentlichkeit verteufelt werden wird, was sollte man dennoch privat und insgeheim über Intelligenz wissen? In Anspielung auf den Titel eines bekannten Sexbuches erfahren Sie auf den folgenden Seiten alles, was Sie schon lange über Intelligenz wissen wollten, sich aber bisher niemand traute, ihnen nahezubringen.

Die Intelligenz beginnt sich selbst zu begreifen

Wo auch immer in der Geschichte und wann auch immer, nie hat es der Sprache an Wörtern gefehlt, mit denen man ausdrücken konnte, daß einige Leute klüger als andere sind. Geht man vom Überlebenswert der Intelligenz aus, dann muß der Begriff sogar noch viel älter sein. Gespräche darüber, wer in einem Stamm der Intelligenteste ist, hat es wahrscheinlich an den Lagerfeuern gegeben, seit es überhaupt Lagerfeuer und Unterhaltungen gibt. Den Begriff „Intelligenz" gibt es fast in allen Sprachen europäischen Ursprungs in gleicher oder sehr ähnlich lautender Form. Dennoch verbirgt sich hinter der äußerlichen Ähnlichkeit des Begriffes eine Dynamik, die nur wenigen bekannt ist. Im Lateinischen, und daraus abgeleitet in allen romanischen Sprachen sowie im Englischen, tritt „Intelligenz" in folgenden Bedeutungen auf:

1. Als Fähigkeit zum Verstehen, synonym mit Intellekt.
2. Als „Verstand" und als eine Eigenschaft, die quantitative Unterschiede einschließt, d. h. man spricht von höherer Intelligenz, rascher Auffassungsgabe oder Klugheit. (Diese Verwendung schließt auch Tiere mit ein. Man spricht sowohl von klugen Hunden als auch von der Intelligenz von Pferden oder Affen.)
3. Unter dem Einfluß griechischen Gedankenguts als Personifizierung des göttlichen Geistes. (Noch allgemeiner als „Geist eines höheren Wesens". Daraus werden in der Science-fiction die „Intelligenzen" auf anderen Sternen.) Daraus abgeleitet als die „höchste geistige Fähigkeit des Menschen", gleichbedeutend mit Vernunft, Denkfähigkeit, Urteilskraft.
4. Als Austausch von Nachrichten und Informationen. Daraus abgeleitet in der Diplomatie als geheimes Einverständnis zwischen Personen oder eine bestimmte Information (z. B. eine Neuigkeit in der Zeitung), ja auch Geheimdienst (Intelligence Service; CIA).

Auch in der deutschen Sprache lassen sich alle genannten Bedeutungen belegen, jedoch ist die im 18. Jahrhundert durchaus übliche Bezeichnung für die Geheimdienste der Kleinstaaten als „Intelligenzwesen" längst wieder ausgestorben, und die „Intelligenzblätter" der Aufklärung haben ihr Erscheinen eingestellt. Überhaupt scheint der Begriff „Intelligenz" im 19. Jahrhundert nur wenigen Gelehrten als ein Begriff der deutschen Sprache geläufig gewesen zu sein, da er in deutschen Wörterbüchern dieser Zeit völlig fehlt.

Selbst einem Karl Marx war der soziologisch-geisteswissenschaftliche Fachbegriff „Intelligenz“ noch völlig unbekannt. Der Begriff läßt sich in den sprachlichen Originaltexten von Marx und Engels an keiner Stelle nachweisen. Erwiesenermaßen erstmals wurde „intelligencja“ für die Gesamtheit der Gebildeten 1844 im Polnischen von K. Libelt gebraucht, 1846 dann im Russischen von W. G. Bielinski, im Deutschen später von Kautsky, und über diese Vermittlung wurde „Intelligenz“ zu einem festen Fachterminus eines kommunistisch geprägten Gesellschaftsverständnisses, das nicht umhin konnte, die Existenz einer Geistes- und Bildungselite wahrzunehmen. *Denn wenn man die Forderung von Marx: „Jeder nach seinen Fähigkeiten, jedem nach seinen Bedürfnissen“ in den modernen Sprachgebrauch überträgt, dann kann es nur lauten: „Jedem nach seiner Intelligenz, jedem nach seinen Notwendigkeiten.“* Im Westen jedoch, wo der Begriff auch immer mehr Verbreitung erlangte, konkurriert „Intelligenz“ auch heute noch mit dem älteren Begriff „Intellektuelle“ bzw. „Akademiker“ oder erscheint gar als soziologischer Fachterminus in der slawischen Form „Intelligentsia“.

Als psychologischer Fachbegriff wurde „intelligence – Intelligenz“ um die Jahrhundertwende geprägt, wobei der inhaltliche Impuls aus dem englischen Sprachraum kam. In der Psychologie wird der Begriff auch heute noch sehr verbreitet in den eingangs angeführten alten Bedeutungen gebraucht, also gleichbedeutend mit „Verstand“, „Intellekt“, „Klugheit“, „Denkfähigkeit“ usw., was vor allem durch die Neuprägung „künstliche Intelligenz“ für Computer und Roboter deutlich wird. In letzterem Sinn erfährt die Anwendung des Begriffes zur Zeit sogar eine starke Ausweitung.

In der Differentiellen Psychologie, die mit Intelligenztests den Intelligenzquotienten (IQ), d. h. Leistungsunterschiede, bestimmt, überschneidet sich die Bedeutung des Begriffes „Intelligenz“ mit Begriffen wie „Begabung“, „Talent“ und „Lernfähigkeit“, wobei in der Regel unterschiedliche Begabung und unterschiedliche Lernfähigkeit gemeint werden und die allen Menschen gemeinsame Lernfähigkeit stillschweigend vorausgesetzt wird (also die Intelligenz, die einen Menschen von einem Schimpansen unterscheidet). In der Psychologie gibt es also praktisch zwei Intelligenzbegriffe: einen allgemeinen, der für alle Menschen gilt, und einen besonderen, mit dem man Unterschiede ausdrücken will. Dieser Dualismus des Begriffes „Intelligenz“ in der Psychologie trägt in nicht geringem Maße zu Verständnisproblemen bei. Ein Teil der psychologischen Fachliteratur und ganze Sammelbände über „Intelligenz“ leben nur davon, daß sich Fachvertreter, die ein ganz verschiedenes Begriffsverständnis haben, gegenseitig ihr mangelndes Verständnis bestätigen und gegeneinander polemisieren.

Zusammenfassend läßt sich feststellen, daß uns „Intelligenz" in der deutschen Sprache als ein lautlich völlig identischer Begriff in Soziologie und Psychologie begegnet, während sich in fast allen anderen europäischen Sprachen unterschiedliche Begriffe dafür herausgebildet haben, die sich zumindest in den Endsilben unterscheiden. Dabei ist der psychologische Fachbegriff unscharf und hat vielfache Bedeutung. Wir verwenden im folgenden sowohl den psychometrischen Fachbegriff „Intelligenz", mit dem Unterschiede zwischen Menschen gemessen und bezeichnet werden können, als auch den soziologischen Fachbegriff „Intelligenz", mit dem eine soziale Schicht bezeichnet wird, die sich von anderen sozialen Schichten durch einen höheren Bildungsgrad auszeichnet, der wiederum eine deutlich höhere psychometrische Intelligenz, d. h. einen höheren IQ, voraussetzt.

Die Intelligenz findet ihren Markt

Solange die soziale Stellung eines Menschen in der Gesellschaft zuerst durch seinen Stand und dann vielleicht durch sein Vermögen, seinen materiellen Besitz, bestimmt war, gab es wenig Veranlassung, die Intelligenz der Mitmenschen messen zu wollen. Schlimmstenfalls konnte der König vertrottelt, ein Adeliger versoffen und ein Bauer klug sein, für ihre sozialen Verhältnisse hatte das erst einmal kaum Folgen. Aber es war dann diese bürgerliche, schon in der spätmittelalterlichen Stadt angesiedelte Möglichkeit zum Gelderwerb und später auch zum Aktienkauf, die begann, die überlieferten Strukturen auszuhöhlen. War Schläue für den Adeligen im Krieg von Vorteil gewesen, auch bei der Verwaltung seiner Besitzungen, so brachte beim Gelderwerb des Bürgers und vor allem des Kaufmanns ein Plus an Intelligenz hingegen einen deutlichen Vorteil, ja, war unerläßlich. Aber selbst der reich gewordene Bürger hatte in der ständischen Gesellschaft relativ wenig zu sagen. Sein Geld konnte er dem Herrscher leihen, auf die Gefahr hin, es niemals zurückzuerhalten. Jahrhundertelang war es das erstrebenswerte Ziel des reichen Bürgers, Landgüter aufzukaufen und seine Töchter an Adelige zu verheiraten, um auf diese Weise die Chancen seiner Familie zu erhöhen, geadelt zu werden und stärker an der politischen Macht teilzuhaben. Da der wohlhabende Bürger sein Vermögen auch dadurch gemehrt hatte, daß er bereits selbst nach einem reichen

Schwiegervater gesucht hatte, waren die Chancen groß, daß seine Töchter nicht nur Geld, sondern auch eine überdurchschnittliche Intelligenz als Mitgift einbrachten, auch wenn diese Intelligenz von den Männern vielleicht wenig geschätzt wurde. Man darf deshalb davon ausgehen, daß die herrschende Klasse stets eine etwas überdurchschnittliche Intelligenz, wenn auch oft nur von mäßiger Ausprägung, hatte. Da höhere Bildung aber eher vom ererbten Vermögen als von der angeborenen Intelligenz abhing, konnte auch eine Intelligenz von mäßiger Ausprägung, veredelt durch einen akademischen Grad, noch zur Ausübung öffentlicher Ämter im ständischen Staat ausreichen.

In Protokollen von Stadtversammlungen und selbst in den Gemeinderäten der Dörfer kann man – auch weit vor 1800 – immer wieder einmal Bemerkungen finden, daß der eine oder andere seine Sache gut gemacht oder zu einem vernünftigen Ergebnis besonders beigetragen hat, so daß man davon ausgehen kann, daß die Zeitgenossen eine Vorstellung von der Klugheit ihrer Mitmenschen hatten und vor allem in Krisenzeiten bestrebt waren, im Interesse des Gemeinwohls kluge Menschen in öffentliche Ämter zu wählen. Beispielsweise trug der Pfarrer der Kirchgemeinde Reinsdorf (bei Zwickau in Sachsen) beim Tod des Ortsrichters Christoph Nürnberger am 3. 5. 1747 einen Nachruf von einer Seite ins Kirchenbuch ein, in dem es heißt: *Er wußte eine Sache sehr verständig zu überlegen [...] und auszuführen* (zitiert nach Weiss, 1993b). Neben Besitz und Vermögen ist somit die Ausübung öffentlicher Ämter, oft über viele Generationen in einer Familie, ein ernstzunehmender Hinweis, daß es sich um Menschen mit überdurchschnittlicher Intelligenz gehandelt haben könnte.

Eine elementare und für das Entstehen einer Leistungsgesellschaft grundlegende Errungenschaft des Schulwesens der deutschen Länder war, daß 1840 bereits 91 % aller Rekruten lesen und schreiben konnten, ab 1890 dann nahezu 100 %. Zum Vergleich: Frankreich 1890 90 %, England 93 %, Rußland 32 % (Zahlen nach Flora, 1974, Tab. 10). Erst diese Ausweitung der Grundausbildung auf wirklich alle Schichten der Gesellschaft schuf die Voraussetzung dafür, daß die anschließende Leistungsauslese irgendwann einmal alle Begabten erreichen konnte.

Die Industrienationen der heutigen Welt sind durchwegs Leistungsgesellschaften. Eine übereinstimmende Eigenschaft dieses Gesellschaftstyps besteht darin, daß seine Mitglieder durch individuelle Leistungsnachweise innerhalb der sozialen Statushierarchie aufsteigen können. In jeder Generation muß dieser Platz in der Statushierarchie neu erworben oder wenigstens bestätigt werden, wenn es nicht zum sozialen Abstieg kommen soll. Dieser Platz ist somit *nicht erblich.*

Es ist kein Zufall, daß die ersten Vorschriften, die Schularbeiten der Kinder zu zensieren, im Jahre 1530 mit der Schulordnung des Kurfürstentums Sachsen bekannt geworden sind (Kleinert, 1951). Denn Sachsen mit seinen blühenden Bergwerken war zu dieser Zeit ein Land, wo bürgerlicher Gelderwerb in hohen Ehren stand und gediegenes Fachwissen geschätzt wurde. In Chemnitz war 1520 eine Ratsschule gegründet worden, die der Stadt selbst und nicht mehr der Kirche unterstand. In der Zwickauer Schulordnung vom Jahre 1523 war eine Differenzierung der Schüler nach Leistungsstufen vorgesehen. Auch die Württembergische Schulordnung aus dem Jahre 1559 enthält einen Hinweis auf Zensierungen. Man muß in dieser Frühzeit der Zensurengebung es sich nicht so vorstellen, daß stets Noten vergeben worden sind, obwohl bereits aus dem 16. Jahrhundert eine sechsstufige Zensurenskala (1 = optimus, 2 = bonus, 3 = mediocris, 4 = dubius, 5 = retinendus, 6 = rejiciendus) überliefert ist, die für Volksschulen bestimmt war. In den meisten Fällen beschränkte man sich darauf, innerhalb einer Schulklasse eine Rangordnung herzustellen. Grundlage dafür war in der Regel die möglichst genaue Wiedergabe von auswendig gelerntem Stoff – eine Aufgabenstellung, die Intelligenz, Fleiß und Konzentration abverlangt. Auch der Ausdruck „Versetzung“ stammt aus dieser Zeit, als die Schüler tatsächlich entsprechend den Klassenrangplätzen ihre Sitzplätze wechselten. Jeder Sitzplatz hatte nämlich einen Rangwert, der der Einstufung der schulischen Leistungen durch den Lehrer entsprach.

Bei diesen ersten Zeugnissen aus dem 16. Jahrhundert handelt es sich bezeichnenderweise nicht um eine allgemeine und für alle verbindliche Einrichtung, sondern zunächst nur um freiwillige, auf Bitten armer, aber begabter Schüler ausgestellte Zeugnisse, die als Grundlage für die Erlangung von Benefizien, d. h. für die Bewerbung um Freiplätze, Freitische und Stipendien, vorgeschrieben waren (Dohse, 1963), darüber hinaus aber auch, wenn der Schüler als Halb- oder Vollwaise einen Vormund hatte. *Für die Kinder bemittelter Eltern war kein Zeugnis erforderlich, nicht einmal zum Übertritt auf die Universität.* Das blieb jahrhundertelang so. Erst im 18. Jahrhundert entwickelte sich aus dem Benefizienzeugnis das Reifezeugnis. Einerseits wollten die Schulen durch strengere Leistungsanforderungen ihr Ansehen heben, andererseits begann der Staat, hinsichtlich der Fähigkeiten seiner Beamten bestimmte Forderungen zu stellen. Aber selbst in Preußen hatte das Edikt vom 23. 12. 1788, in dem die Reifeprüfung eingeführt wurde, noch nicht die Folge, daß damit unreifen Personen die Universität verschlossen worden wäre. Noch konnten Eltern von Stand jedes Kind auf die Universität schicken, doch hofften die Gesetzgeber, *wenigstens mancher für unreif Erklärte doch würde* (freiwillig) *zurückgehalten werden* (zitiert nach Dohse, 1963). Dieser Zustand blieb in Preußen auch nach der von Humboldt ausgearbeiteten Reifeprüfungsordnung vom 25. 6. 1812 erhalten. Neu waren die Prädikatgruppen I bis III. Jedoch durfte weiterhin auch mit Nr. III – dem Zeugnis der Untüchtigkeit – die Universität besucht werden. Es läßt sich sogar statistisch nachweisen, daß damals die überwiegende Mehrzahl mit Zeugnissen der Kategorie III studierte![1] Erst im Verlauf des 19. Jahrhunderts wurde das Reifezeugnis allmählich zur unbedingten Voraussetzung für ein Studium, so 1839 in Braunschweig für die Philologen und 1844 für die Mediziner. Indem auf diese Weise ständische Privilegien abgebaut wurden und die persönliche Tüchtigkeit zum Auslesekriterium wurde, war das Leistungsprinzip für den sozialen Aufstieg maßgebend. Um 1900 war dieser Vorgang noch keineswegs abgeschlossen, sondern konnte erst später auf die begabten Kinder der Unterschichten ausgreifen, denn um diese Zeit studierten insgesamt noch nicht einmal 1 % eines Altersjahrgangs.

Im 19. Jahrhundert setzten sich die Ziffernzensuren allgemein durch. Am 28. 1. 1858 wurde durch eine preußische Ministerialverfügung eine dreistufige Skala als Grundlage für jede weitere Differenzierung bestätigt. Selbst der einfache Dorf- und Stadtschullehrer hatte durch seine eigene Lebenserfahrung und durch den Vergleich seiner Schüler untereinander eine Vorstellung von Begabung und Intelligenz, sonst hätte er keine Bauern- und Handwerkersöhne für Stipendien empfehlen können, wodurch diesen wie z. B. dem berühmten Johann Andreas Schubert (1808–1870), dem Erbauer der ersten deutschen Lokomotive und Architekten der Göltzschtalbrücke im Vogtland, ein Studium ermöglicht wurde. Ausgangspunkt für einen Vergleich war dabei das schon erwähnte Rangordnungsverfahren, in zunehmendem Maße aber auch ein Verfahren, bei dem man die Zensuren auf einen Grundwert, einen Normalleistungswert, beziehen wollte. Diese Grundwerte konnten nicht allein aus der lokalen Erfahrung gewonnen werden, sondern wurden von zentralen Schulbehörden vorgegeben. Ihren Höhepunkt erreichte diese Entwicklung mit dem Zentralabitur, wie es z. B. in Sachsen üblich wurde, bei dem die Aufgabenstellung, die Bewertungsweise und die einzelnen Notenstufen (abgestuften Fehlerquo-

[1] Welchen IQ mögen diese Studenten wohl gehabt haben? Wenn der mittlere IQ der gehobenen Stände vielleicht bei 110 lag, dann war der der Studenten nicht sehr verschieden davon und lag somit in einer Größenordnung, wie er heute an geisteswissenschaftlichen Fakultäten mit einem starken linksorientierten Studentenpotential wieder üblich geworden sein dürfte.

ten entsprechend) allen Schulen einheitlich vorgeschrieben wurden. Über die Leistungsverteilung[2] erhielt die zentrale Schulbehörde dann auch wieder Rückmeldung.

Nach der „Enzyklopädie des gesamten Erziehungs- und Unterrichtswesens" von Schwader aus dem Jahre 1887 (hier zitiert nach Ziegenspeck, 1976) eignet sich die Zensur dazu, *den von sich eingenommenen Schüler zu enttäuschen und zu einem richtigen Urteil über sich selbst, seine Fähigkeiten und Leistungen anzuleiten.* Der Wert des Zeugnisses zeige sich darin, daß dem Schüler *erstlich sein Platz in der Schule, sein Verhältnis zu seinen Mitschülern, seine Gesamtstellung in der Schulgemeinde angewiesen und klar gemacht, zweitens ein umfassendes, sorgsam abgewogenes und genau bestimmtes Urteil über ihn selbst, über seine Leistungen gegenständlich vorgehalten und bleibend übergeben wird.*

Das war damals selbstverständliches bürgerliches Bildungsbewußtsein. In der Geschichte der Messung der geistigen Leistungsfähigkeit läßt sich diese Entwicklung der Leistungsbewertung in der Schule nicht von der Entwicklung von Intelligenztests trennen. Nur gab es die massenhafte Erteilung von Schulzensuren fast ein Jahrhundert früher und viel umfassender als die Testanwendung. Die Bedeutung der pädagogischen Leistungsmessung für die Herausbildung der Leistungsgesellschaft ist damit in Mitteleuropa um ein Vielfaches größer als die der Testentwicklung und -anwendung. Wenn man Schulnoten wichtet (z. B. Mathematik vierfach in eine Gesamtnote eingehen läßt) und so für den Schüler einen Gesamtwert errechnet, der wiederum auf eine Gesamtverteilung normiert werden kann, so hat ein solcher Schul-IQ-Wert den gleichen Vorhersagewert wie ein guter Intelligenztest und ähnliche Mängel.

Die Mängel der Schulzensuren kennen wir alle, denn wir haben alle lange genug in Schulen zugebracht und uns über Lehrer und Zensuren geärgert. Dieselben Schüler erhalten verschiedene Noten in verschiedenen Schulen. Verschiedene Lehrer geben gleichen Arbeiten verschiedene Noten. Derselbe Lehrer gibt zu verschiedenen Zeiten der gleichen Arbeit verschiedene Noten. So wie das Leben nun eben einmal ist. Auch bei der Wiederholung eines Intelligenztests wird man nur selten zu einem identischen Testergebnis gelangen. Eine gewisse Schwankungsbreite der Werte ist einfach etwas ganz Normales. Wichtiger ist die zugrunde liegende Regelhaftigkeit, die einem Hilfsschüler in einem

2 Wenn man ein solches Verfahren als Schulleistungstest auffaßt, so wäre es noch heute möglich, den auf diese Weise erzielten Ergebnissen IQ-Werte zuzuordnen.

Zentralabitur für Mathematik keine und auch keine zufällige Chance gibt – auf diese großen Unterschiede kommt es an. Und es sind und waren die Schulzensuren, die für die entscheidenden Einschnitte auf dem Bildungsweg, wie die Aufnahme in ein Gymnasium und die Zulassung zu einem bestimmten Studium, die Weichen gestellt haben. Daß mit den Schulzensuren am allerbesten eine Laufbahn zum Studienrat vorhergesagt werden kann oder nicht, aber weniger gut eine erfolgreiche Tätigkeit in einem naturwissenschaftlichen Beruf, liegt sicher an den zensierenden Studienräten. Sie sind eben auch nur Menschen.

Daß die Schule stets auch nivellierende Eigenschaften hat, darf man nicht vergessen. *Die Volksschule ist für alle ihre Schüler in gleichem Maße da; sie hat die Aufgabe, alle möglichst gleich zu fördern, auch die Minderbegabten an das allgemeine Lehrziel möglichst heranzubringen* – ist eine dieser Forderungen, die auf Nivellierung zielen, aber aus der Sicht des Lehrers, der eine in ihren Leistungen sehr unterschiedliche Klasse vor sich hat, einer gewissen Logik nicht entbehren. Wer für soziale Gleichheit eintritt, für den ist die Abschaffung der Schulzensuren (so Simoneit, 1952) eine der Lieblingsforderungen, aber das erst, seitdem die ständischen Bildungsschranken gefallen sind.

Soziale Struktur und Teilhabe an der politischen Macht, höhere Bildungsmöglichkeiten und Desinteresse an der Messung von Unterschieden der Intelligenz – das hatte noch am Anfang des 19. Jahrhunderts eine weitgehende Entsprechung, die aber im Verlauf des Jahrhunderts Schritt für Schritt aufgebrochen wurde. Aus der traditionellen alten ständischen Gesellschaft entstand – erst allmählich, dann immer stürmischer – die moderne Leistungsgesellschaft. Es war zugleich der Sieg der Stadt und der Sieg bürgerlicher Werte über das Land (Flora, 1974) und den dort ursprünglich angesiedelten feudalen Hochmut. Im 19. Jahrhundert sprach man konsequenterweise noch nicht von einer sozialen Schicht der Intelligenz, sondern vom Besitz- und Bildungsbürgertum. (Dieses Bürgertum hatte zwar mit Sicherheit einen mittleren IQ von über 100, aber nicht den der Hochschulabsolventen des Jahres 1960.) Um 1830 kam es in den meisten deutschen Teilstaaten zu Reformen, die eine demokratische Wahl und parlamentarische Vertretung der gesamten Einwohnerschaft zum Ziel hatten. Noch immer entsandten die Stände aber getrennte Vertretungen und nicht nach ihrem Anteil an der Einwohnerzahl. Auch die zahlenmäßig ständig wachsende Schicht der Ärmsten auf dem Land, die z. B. im Königreich Sachsen als Häusler bezeichnet wurden, war nun bestrebt, ihre Interessen durch ihre fähigsten Personen vertreten zu lassen. So kamen auch hier wieder Intelligenzunterschiede zur Geltung, denn auch unter den Häuslern – wenn auch ihr IQ durchschnittlich einige Punkte niedriger gelegen haben dürfte als der der Vollbauern – gab es intelligente Leute, die wußten, was sie wollten. Das preußische Dreiklassenwahlrecht wollte den Aufstieg der unteren Schichten dadurch bremsen, daß es zuließ, daß die Interessen der dritten Klasse von Vertretern der anderen Klassen wahrgenommen wurden, wenn sie von der dritten Klasse dafür gewählt worden waren. Dieses Wahlrecht stellt eine hochinteressante Übergangsform von einer ständischen zu einer demokratischen Gesellschaft dar. Wer zu denen gehörte, die zusammen allein ein Drittel aller Steuern zahlten, gehörte zur ersten Klasse, und Adel oder Nicht-Adel spielte dabei schon keine Rolle mehr. Der bürgerliche Aufsteiger konnte in diese Klasse gelangen, der intelligente Besitzlose aber nicht. Ein konsequentes Ziel auf dem Weg der Modernisierung war deshalb die Forderung nach dem allgemeinen, freien und gleichen Wahlrecht. Es ist die fundamentale politische Forderung, deren Erfüllung in den Massengesellschaften die traditionelle von der modernen Gesellschaft trennt.

Die stärksten Impulse, die Fähigkeiten des einzelnen zu bilden und zu fordern, kamen aus der Arbeitswelt. Was zählte bei den Millionen, die in der zweiten Hälfte des 19. Jahrhunderts in die Städte und stadtnahe Dörfer gespült wurden? Ihre Arbeitskraft, ihre Anpassungsfähigkeit an eine Reihe verschiedener und teilweise bereits qualifizierter Tätigkeiten und damit zunehmend ihre Intelligenz. In allen deutschen Teilstaaten gab es bereits eine einfache Schulbildung, die differenzierter wurde, wenn sie den Anforderungen der Arbeitswelt gerecht werden wollte. Je stärker die Ausbildung als eine Ausbildung zum denkenden Menschen verstanden wurde und je mehr das Auswendiglernen und damit das Automatisieren von Lehrinhalten in den Hintergrund trat, desto stärker richtete sich die Aufmerksamkeit auf die natürliche Intelligenz der Schüler und Studenten. Aber erst in der zweiten Hälfte des 19. Jahrhunderts sind Intelligenzunterschiede Gegenstand von wissenschaftlichen Untersuchungen geworden, und die Anregung dazu ging, wie bei vielen anderen geistigen Entwicklungen dieser Zeit, von der Evolutionstheorie des Charles Darwin aus, die mit den statischen Vorstellungen der alten Gesellschaft Schluß machte. Darwin kam zu der Behauptung, daß die Weitergabe der vererbten Intelligenz für die menschliche Evolution ein entscheidender Schritt gewesen sei, der unsere äffischen Vorfahren von den anderen Affen zu trennen begann. Sir Francis Galton, ein junger Vetter von Darwin und bereits auch ein berühmter Weltreisender, griff die Anregung auf und setzte sich das

Ziel, die Behauptung zu beweisen, indem er führende Familien, deren Daten er aus biographischen Sammlungen entnehmen konnte, analysierte. Galton belegte damit 1869, also genau zehn Jahre nach dem Erscheinen von Darwins „Ursprung der Arten“, in seinem Buch „Hereditary Genius“ mit Daten, daß das geistige Leistungsvermögen sich in den Familien fortpflanzte. Auf diese Weise wurde eine zutiefst kontroverse Verknüpfung zwischen Intelligenz und Vererbung hergestellt, die bis heute nicht an Zündstoff eingebüßt hat.

Es ist eine alltägliche Beobachtung, daß die Menschen in ihren geistigen und körperlichen Eigenschaften verschieden sind. Galton wollte diese Unterschiede messen und entwickelte Instrumente und Hilfsmittel zum Tiefensehen, zur Messung der Reaktionszeit, zur Sehschärfebestimmung, zur Farbunterscheidung, zur Geruchsunterscheidung und manches mehr. Er verschickte auch erstmals Fragebögen an die Gelehrten Englands, um ihre Tätigkeitsbedingungen und die Besonderheiten ihrer Entwicklung zu ermitteln. Galton ging nicht nur davon aus, daß manche Leute klüger als andere sind, sondern auch davon, daß das Muster der kognitiven Fähigkeiten bei jeder Person verschieden ist. Die Menschen unterscheiden sich in ihren Begabungen, ihren geistigen Stärken und Schwächen, in ihrer Vorstellungswelt und ihrer geistigen Durchschlagskraft. Von derartigen Alltagsbeobachtungen ausgehend, versuchte Galton, sich einen Intelligenztest auszudenken, und zwar ganz in dem Sinne, wie wir das heute machen würden: Er suchte nach einer Reihe von Aufgaben, mit denen geistige Fähigkeiten in objektiv meßbaren Stufen erfaßt werden könnten, war aber bei dieser Testentwicklung nicht erfolgreich. Folgenschwer war seine Annahme, daß die Meßwerte von Intelligenztests eine Normalverteilung aufweisen würden, denn diese Annahme, so hilfreich sie für die Entwicklung der IQ-Skala wurde, war zugleich auch ein Korsett, in das die Forschung gezwängt wurde und dem sie auch 100 Jahre später noch nicht entwachsen war. (Wir kommen später bei den informationstheoretischen Maßen der Intelligenz darauf zurück.)

Die Frage nach Intelligenzunterschieden war spätestens seit 1798 Gegenstand der pädagogischen und medizinischen Diskussion geworden. Durch den „Knaben von Aveyron“ – einen französischen Kaspar-Hauser-Fall –, der 1798 nach Paris gebracht worden war, kam es zu heftigen Diskussionen über den Schwachsinn, die dazu führten, daß man ab 1838 zwischen angeborener Idiotie und erworbenem Schwachsinn zu unterscheiden lernte. In diesem Jahr machte Esquirol (vgl. Groffmann, 1964) darauf aufmerksam, daß es Unterschiede des Grades der Idiotie gibt und daß man diese Unterschiede daran erkennen kann, wie gut die Sprache beherrscht wird. (Diese Einsicht führte über zahlreiche Stufen der Intelligenzmessung und Testentwicklung bis hin zum modernen Wortschatztest, der ein Teil sehr vieler Intelligenztests ist, ja sogar als Mehrfachwahl-Wortschatz-Test nach Lehrl mit dem Anspruch auftritt, auch allein über das Intelligenzniveau Aussagen zuzulassen.)

In Deutschland richtete der Lehrer Guggenmoos bereits 1816 die erste Schule für leichtere Fälle von Schwachsinn ein, etwa 50 Jahre später begann der Aufbau eines Hilfsschulwesens. Wer dumm war, war auch damals meist arm (wenn er nicht sehr reich geboren war); sehr viele Menschen waren aber aus anderen Gründen sehr arm. Die Zahl der Armen wuchs in den Städten in einem solchen Ausmaß, daß die Heimatdörfer, die bis dahin die Pflicht gehabt hatten, den aus ihren Dörfern stammenden Armen zu helfen, das nicht mehr finanzieren wollten und konnten. Geistig behinderten Menschen eine Mindestförderung zukommen zu lassen, die es ihnen ermöglichte, besser im Leben zurechtzukommen, schien ein möglicher Weg, die späteren Sozialausgaben zu verringern. 1898 gab es bereits 200 Hilfsschulklassen mit etwa 4.000 Kindern. Das war ein großer Fortschritt, hatten diese Kinder vorher doch zumeist überhaupt keine systematische Bildung erhalten und waren allein auf die Bemühungen ihrer Eltern und Verwandten angewiesen gewesen. Besonders bekannt wurde das um 1900 von Sickinger organisierte sogenannte Mannheimer Schulsystem. Es berücksichtigte drei Begabungsgrade und teilte die Kinder in Haupt-, Förder- und Hilfsschulklassen ein. Es gab darüber hinaus Sprachklassen, Übergangsklassen zur höheren Schule, Schwerhörigen- und Sprachheilklassen. – Da in vielen Fällen die Ursachen für die Armut andere als geistige Behinderung waren, wurde das Problem der Massenarmut älterer und geistig behinderter Menschen mit einer besseren Ausbildung nicht gelöst, und gegen Ende des 19. Jahrhunderts wurde deshalb von seiten des Staates eine Sozialgesetzgebung initiiert, deren Auswirkungen sich ein Jahrhundert später auf gemeinwohlgefährdende Weise verselbständigt haben, worauf wir im Schlußkapitel dieses Buches eingehen werden. – Da um 1900 die Industrie in immer größerer Zahl qualifizierte Arbeiter brauchte, erlangte das Problem der Begabungsunterschiede und der unterschiedlichen Bildungsfähigkeit mit den vorhandenen Methoden eine immer größere Bedeutung. Für die praktischen Berufe entstanden Arbeits- und Berufsschulen.

Den bedeutendsten Beitrag nach Galton und noch vor Binet vollbrachte Ebbinghaus (1897). Er war von den Schulbehörden mit der Untersuchung der Schüler, die durch rasche Ermüdung im Unterricht auffielen, beauftragt worden. Für seine Untersuchung setzte er Additions- und Multiplikationsaufgaben ein, prüfte das Gedächtnis durch das Behalten und Niederschreiben von Zahlen und erfand den Lückentest, der die Kombinationsfähigkeit untersuchen sollte und noch heute Bestandteil zahlreicher Intelligenztestbatterien ist und auch von Binet übernommen worden ist.

D... bed...tendsten Bei... nach Galton und noch ... Binet vollb...te Ebbing... (1897). Er war von ... Schulbeh...den mit der ...tersuchung der S...ler, die durch rasche Er...dung im Unterr... auffielen, beauft...t worden. Sie haben soeben einen Kurz-Lückentest nach Ebbinghaus absolviert, vom dem dieser meint, daß es ganz besonders auf Schnelligkeit der Auffassung ankomme. Tatsächlich korrelierte der Test sehr hoch mit der Rangfolge der Schüler in den Klassen. Er erfaßt das, was wir heute als Informationsgeschwindigkeit bezeichnen, ist aber zugleich auch eine Funktion des Wortschatzes, über den der Getestete verfügt.

Der französische Psychologe Alfred Binet, ein Mann von außerordentlicher Vielseitigkeit und hoher Allgemeinbildung, stellte Probleme zusammen, anhand deren er die Intelligenz einer Person messen wollte, und zwar nach ihrer Fähigkeit zu denken, Analogien zu erfassen und Ordnungen zu erkennen. Diese Tests, so einfach sie auch nach modernen Maßstäben waren, erfaßten dennoch den entscheidenden Punkt: Ihre Ergebnisse hinsichtlich hoher und niedriger Intelligenz stimmten mit der Alltagserfahrung überein. Um 1908 waren Intelligenztests bereits so weit ausgereift, daß wir sie heute als solche erkennen würden, und sie wurden in vielen Staaten angewendet.

Charles Spearman, einem gedienten britischen Armeeoffizier, der in Leipzig bei Wilhelm Wundt studiert hatte, gelang 1904 ein weiterer Durchbruch, der sowohl für die Entwicklung der Tests selbst als auch für die fachliche Kontroverse von immerwährender Bedeutung geblieben ist. Um diese Zeit hatte die Statistik bereits beträchtliche Fortschritte gemacht. Galton hatte lange Zeit nach so etwas wie dem Korrelationskoeffizienten gesucht, und er hatte 1888 auch die richtige Idee, die dann von Karl Pearson ausgeführt wurde. Ehe man den Korrelationskoeffizienten kannte, konnten Wissenschaftler zwei Variable, die miteinander einen Zusammenhang haben, zwar messen, z. B. Körperhöhe und Körpergewicht (je größer, desto schwerer, jedenfalls ist das oft so), doch man konnte nicht genau sagen, wie stark der Zusammenhang war. Mit Pearsons *r*, wie der Koeffizient genannt wurde, konnte man nun sagen, wie stark der Zusammenhang ist, und zwar auf einer Skala, deren Minimum bei -1 liegt (völlig entgegengesetzte Beziehung), bis zu +1 (vollkommen gleichlaufende Beziehung).

Bringt man die Meßwerte von zwei Variablen in zwei getrennte Rangordnungen, dann bedeutet eine Korrelation von 1,00, daß der Größte auch der Schwerste ist, der Zweitgrößte der Zweitschwerste usw. und schließlich der Allerkleinste auch der Allerleichteste. Bei einer Korrelation von 0,00 verteilen sich hingegen alle Meßwerte rein zufällig.

Spearman stellte fest, daß die Schüler, die sehr gute Intelligenztestwerte aufwiesen, auch in allen schulischen Leistungen, mit Ausnahme von Musik und Turnen, zu den besten gehörten. Er und sein deutscher Mitarbeiter Krueger konnten auch andere Ergebnisse heranziehen (zitiert nach Hylla, 1927, S. 61), mit denen sie beweisen konnten, daß die Korrelation zwischen Schreiben, Zählen und Addieren ziemlich hoch war. Sobald eine Korrelation zwischen zwei Einzelaufgaben bestand, dann löste eine Person, die die eine Aufgabe rasch löste, auch die zweite rasch. Es stellte sich heraus, daß es nahezu unmöglich war, Aufgaben zur Messung von intellektuellen Leistungen auszudenken, die nicht positiv korreliert waren mit anderen Aufgaben, die auch irgendeine intellektuelle Leistung erfaßten, so verschieden die Leistungsanforderungen auf den ersten Blick auch schienen. Die Größe der positiven Korrelationen zwischen zwei Aufgabenstellungen eines Tests schwankte jedoch beträchtlich, und es war diese Kombination von positiven Korrelationen über die gesamte Korrelationsmatrix mit schwankender Größe, die bei Spearman einen Gedankenblitz auslöste. Warum sind fast alle Korrelationen positiv? fragte sich Spearman. Weil, so antwortete er, sie dieselbe allgemeine Merkmalseigenschaft verlangen. Warum ist die Größe der Korrelationen unterschiedlich? Weil einige Aufgabenstellungen enger mit dieser allgemeinen Merkmalseigenschaft zusammenhängen als andere.

Spearmans statistische Methode kann auch als eine frühe Anwendung von dem angesehen werden, was später Faktoranalyse[3] genannt wurde. Wenn zwei Aufgabenstellungen dieselbe Merkmalseigenschaft verlangen, haben sie irgend etwas gemeinsam. Spearman entwickelte eine Methode, um damit abzuschätzen, wie groß diese Gemeinsamkeit ist. Bei fast jeder Zusammenstellung von Intelligenz- oder Schulleistungstests erhält man mit Spearmans Methode Hinweise auf einen ganzheitlichen Faktor, den er im Englischen *g (general intelligence)* nannte, d. h. „Allgemeine Intelligenz". Zwar ist der Existenzbeweis eines allgemeinen Faktors der Intelligenz zwingend, aber er bleibt

[3] Diese Methode hat sich später leider verselbständigt und die Forschung eher aufgehalten, anstatt sie voranzubringen. Neue Erkenntnisse brachte dann erst die informationstheoretische Messung der Intelligenz, auf die wir später noch ausführlich eingehen werden.

doch so lange ein Indizienbeweis, der auf rein statistischen Schlußfolgerungen beruht, bis er nicht durch Ergebnisse der Molekulargenetik bestätigt und abgesichert ist. Deswegen war und ist der Existenzbeweis bislang in einem strengen naturwissenschaftlichen Sinn strittig.

Spearman leistete dann einen weiteren wichtigen Beitrag zur Erforschung der Intelligenz, indem er definierte, was sein geheimnisvolles *g* eigentlich ist. Er behauptete, daß *g* eine allgemeine Fähigkeit sei, um sachliche Beziehungen aus der Erfahrung abzuleiten. Um z. B. die Beziehung zwischen einem Wortpaar wie „Ernte“ und „Ertrag“ zu erfassen oder um eine Reihe von Zahlen in umgekehrter Folge aufzusagen oder sich vorzustellen, wie eine geometrische Figur aussieht, wenn sie auf den Kopf gestellt wird, braucht man *g*, so wie es Spearman definiert hat. Seine Definition der Intelligenz unterscheidet sich damit ein wenig von der verbreiteten Vorstellung, daß Intelligenz die Fähigkeit sei, zu lernen oder das Gelernte zu verallgemeinern. Der Lernvorgang bedarf zwar nach Spearmans Meinung der Intelligenz, aber er ist keinesfalls die Intelligenz selbst. Nach seinem Verständnis ist die Intelligenz ein Maß für die Leistungsfähigkeit einer Person für komplizierte geistige Arbeit.

Zu Ostern 1917, im noch kaiserlichen Berlin, wurden im Deutschen Reich erstmals Intelligenztests für die Auslese zu den damals gegründeten Begabtenschulen eingesetzt. *Diese Schulen sollten Volksschüler des letzten Schuljahres aufnehmen und sie in sechsjährigem Lehrgange zur Hochschulreife [...] führen. [...] Die Leiter der Berliner Volksschulen schlugen eine Anzahl ihnen geeignet erscheinender Knaben und Mädchen vor* (Hylla, 1927). Auf ähnliche Weise wurden ein Jahr später, zu Ostern 1918, in Hamburg 1.000 Kinder von 1.500 als geeignet Gemeldeten für fremdsprachliche Klassen ausgelesen, die mit dem fünften Schuljahr an Volksschulen beginnen sollten. Schulamt und Universität wirkten dabei eng zusammen, wobei an der Hamburger Universität der berühmte Professor Wilhelm Stern verantwortlich zeichnete. Er war es, der sich seit einem Jahrzehnt um die Normierung der Intelligenztestwerte bemüht hatte und dabei 1912 den Begriff des Intelligenzquotienten geprägt hatte (mit einer Berechnungsformel, die unzureichend war und heute durch eine bessere ersetzt ist), der als IQ seinen Siegeszug um die Welt antrat.

Es ist hier keinesfalls unsere Absicht, die Geschichte der Intelligenzforschung und ihrer Probleme oder die Geschichte des Bildungswesens zu wiederholen – dafür gibt es eine ganze Reihe ausführlicher Darstellungen –, sondern es kann nur auf einige ausgewählte Querverbindungen zu politischen und sozialen Ereignissen aufmerksam gemacht werden. 1918 stand das alte ständische System an seinem politischen Ende, in sich hatte es jedoch ein Bildungswesen und eine Bildungselite hervorgebracht, die dem deutschen Sprachraum in den zwanziger Jahren in zahlreichen Wissensgebieten eine Spitzenstellung sicherten, die bis 1933 bewahrt werden konnte.

Mit dem IQ konnte man anfangs nur das relative geistige Niveau eines Kindes zu seinen Altersgenossen ausdrücken. Später, als das Testen weitere Verbreitung gefunden hatte, wurde der IQ ein allgemeiner Ausdruck, um die intellektuelle Leistung einer Person innerhalb einer bestimmten Bevölkerung zu charakterisieren. Bereits 1917 wendete die US-Armee Intelligenztests mit dem Ziel an, Rekruten einzustufen, die dann im 1. Weltkrieg eingesetzt wurden. Innerhalb weniger Jahre wurde „IQ" ein Bestandteil der amerikanischen Umgangssprache, und bis heute ist „IQ" weltweit ein allgemein verständliches Synonym für Intelligenzunterschiede geblieben und damit für seine Gegner ein rotes Tuch geworden.

Der Fall Wilhelm Peters

1933: Eine soziale Revolution unter nationalem Vorzeichen? Fortschreitende Modernisierung ist angesagt, aber zu welchem Preis? Der führende Mann auf dem Gebiet der Intelligenzforschung und insbesondere zu Fragen der Vererblichkeit der Intelligenz war zu diesem Zeitpunkt Professor Wilhelm Peters, Dekan der Mathematisch-Naturwissenschaftlichen Fakultät der Universität Jena.

Peters war 1880 in Wien geboren, wo er auch das Studium begann, das ihn weiter nach Zürich, Straßburg und Leipzig führte. Er promovierte 1904 in Leipzig bei dem Psychologen Wundt. Führende Kollegen seiner Zeit wurden auf den jungen Mann aufmerksam und förderten ihn. 1910 habilitierte er sich in Würzburg und erhielt die Lehrberechtigung für Psychologie und Pädagogik. In Würzburg entstanden sehr bald die Arbeiten, die ihn zu einer führenden Autorität auf dem Gebiet der Vererbung psychischer Eigenschaften werden ließen. Er begann, mit Unterstützung der Kaiserlichen Akademie der Wissenschaften in Wien, eine Schulkinder- und Zeugnisuntersuchung. In Bayern, der Steiermark und Baden wurden in ländlichen Gemeinden die Zeugnisse von 1.162 Kindern, 344 Elternpaaren und bei 151 Kindern die aller vier Großeltern gesammelt und mit statistischen Methoden kritisch analysiert. Die umfassende Veröffentlichung der

Ergebnisse im Kriegsjahr 1915 (weswegen sie auch nie im Ausland zur Kenntnis genommen wurde) wies Peters als einen Kopf aus, der fachlich völlig auf der Höhe seiner Zeit war. Die Arbeiten von Mendel, Galton und Pearson waren ihm vertraut. Außer Korrelationen zu berechnen, suchte er aber in seinen Daten auch danach, ob vielleicht die Daten zu einer Mendel-Spaltung passen könnten. Und er kam dabei zu dem seiner Zeit weit vorausgreifenden Schluß, daß man bei psychischen Merkmalen wegen der Ungenauigkeit der Zensurengebung nicht von einer einfachen Zuordnung von Genotypen zu Schulzensuren ausgehen könne, sondern nur von einer mehr oder minder großen Wahrscheinlichkeit der richtigen Zuordnung. Unter dieser Annahme, die er rechnerisch ausführlich belegte, kam er zu dem Ergebnis, daß bereits eine einfache Zwei-Allel-Hypothese eine überraschend gute Übereinstimmung mit den Erwartungen einer einfachen Mendel-Spaltung erbringt. Mit anderen Worten: Haben beide Eltern auf ihren Schulzeugnissen beste Noten, haben auch die Kinder wieder beste Noten. Haben beide Eltern schlechte Zensuren, haben auch die Kinder wieder schlechte Zensuren. Haben beide Eltern mittelmäßige oder leicht überdurchschnittliche Leistungen (also vielleicht eine Zwei), dann hat die Hälfte ihrer Kinder wieder Leistungen in diesem eher mittleren Bereich, ein Viertel ihrer Kinder hat beste Noten, das restliche Viertel schlechte Zensuren. Peters hielt die allgemeine „Auffassungsgeschwindigkeit" für entscheidend für die Zensuren geistiger Leistungen, d. h. auch er war, wie Spearman, mit dem er 1903/04 zusammen in Leipzig war, der Meinung, daß es so etwas wie Allgemeine Intelligenz gibt. Für den Einfluß der Vererbung auf die geistigen Leistungen der Kinder spricht nach Peters vor allem, daß man die Verschiedenheit der Kinder innerhalb einer Familie (wie das besonders in der mittleren Leistungsgruppe der Fall sein kann) nur sehr schwer mit reinen Umwelthypothesen erklären könne, wohl aber mit der Annahme der Mendel-Spaltung. Er errechnete eine Geschwisterkorrelation von 0,42.

1923 wurde Peters auf Betreiben der sozialdemokratischen Landesregierung nach Jena gerufen, gegen den erbitterten Widerstand des Establishments dieser Universität, das zusammen mit der bürgerlichen Presse gegen seine Berufung Stimmung machte. Als Gegenkandidat stellte die Philosophische Fakultät Jaensch auf. Es ist derselbe Jaensch, der 1938, inzwischen zum Vorsitzenden der Deutschen Gesellschaft für Psychologie avanciert, auf dem 16. Kongreß dieser Gesellschaft gegen die „jüdischen Intelligenztests von William Stern" wetterte, die „eindeutig auf einen bei Juden stark vorwaltenden Intelligenztypus ausgerichtet" seien. (Aus der richtigen Beobachtung, daß der mittlere

IQ der Juden bei 115 liegt, wurde auf diese Weise in Deutschland nach 1933 der Schluß gezogen, daß es besser sei, Intelligenztests gar nicht anzuwenden.) Peters gelang es, die Unterstützung der Carl-Zeiss-Werke zu erhalten, die auf Fortschritte in der Eignungs- und Begabungspsychologie hofften und ihm für die Einrichtung eines psychologischen Instituts 20 Millionen Mark zur Verfügung stellten.

1925 kam es in Jena bei der Neuordnung der Fakultäten zu der glücklichen Entscheidung, daß die Psychologie der Mathematisch-Naturwissenschaftlichen Fakultät zugeordnet wurde und für Peters damit, in einem Kollegenkreis mit einem durchschnittlich höheren IQ als an der Philosophischen Fakultät zuvor, eine außerordentlich fruchtbare Schaffensperiode eingeleitet wurde. So beauftragte er z. B. den Doktoranden Walter Krause (1932) mit einer experimentellen Arbeit über den Erbgang der künstlerisch-zeichnerischen Begabung, eine Untersuchung, die noch heute methodisch unübertroffen ist.

In der Öffentlichkeit wandte sich Peters entschieden gegen einen Mißbrauch der Vererbungslehre durch konservative Bildungspolitiker und wies – damals war das sehr berechtigt – darauf hin, daß die wirtschaftliche Situation der Eltern begabte Kinder oft an einem Besuch weiterführender Schulen hinderte. Er versuchte, sich gegen die immer stärker werdende demagogische Propaganda in der Vererbungs- und Rassenfrage zu stemmen, und trat in Vorträgen, so als Referent der Sozialistischen Studentengruppe, und in Veröffentlichungen immer schärfer dagegen auf. Sein Vortrag zur „Rassenpsychologie" war ein Aufruf zu kühlem Denken und zu Toleranz. Wenn man natürliche Selektion als Ergebnis der unterschiedlichen Lebensbedingungen der Rassen annehmen müsse, könne man die Möglichkeit erblicher Rassenunterschiede auch im Psychischen nicht ausschließen.

Am 28. 4. 1933 wurde der Jude Wilhelm Peters entlassen. Das Thema der Antrittsvorlesung seines Nachfolgers lautete: „Die deutsche Wendung in der wissenschaftlichen Seelenlehre". Auch Peters' Schüler und Mitarbeiter wurden entlassen oder gingen in die Emigration. 1937 wurde er an die Universität Istanbul berufen, wo er unter bescheidenen Verhältnissen ein psychologisches Institut aufbaute, u. a. führte er Intelligenztests bei 1.000 türkischen Kindern durch. 1952 kehrte Peters nach Würzburg zurück, wo er 1963 starb. Die Bedeutung seines Lebenswerks, das über den Raum und die Zeit hinausragt, in der er lebte, wird besonders dadurch unterstrichen, daß die Würdigungen und Nachrufe von denen geschrieben werden, die – nach mehreren Jahrzehnten Stille um diese Arbeitsrichtung in Deutschland – als erste wieder das Wissen auf dem Gebiet der Psychogenetik zusammenfassen, beginnend mit von Bracken (1969) in seiner „Humangenetischen Psychologie".

Der Lebensweg von Peters (Weiss, 1980a) ist hier etwas ausführlicher dargestellt worden, weil er den landläufigen Denkschablonen widerspricht und sehr nachdenklich machen sollte.

Antifaschismus als Vorwand für aktuelle Repressalien

Viele jener Meinungen haben, bald direkt, bald indirekt, einen Fluchtpunkt. Er heißt Faschismus. [...] Schon das Wort Elite läßt einem die Haare zu Berge stehen, weil es an die Herrenrasse der Nazis erinnert. [...] Die Faschismusprophylaxe ist ein guter und moralischer Zweck, aber auch die besten Zwecke rechtfertigen keine Wiedergeburt der Inquisition. Dies darum, weil auch Faschismus kein zweifelsfrei erkennbares objektives Merkmal ist. Wer bei einem anderen Faschismus diagnostiziert, kann sich täuschen. [...] Ein subjektiver Verdacht kann niemals auch schon das endgültige Urteil darstellen. Wie es gegen den Pornographieverdacht eines Zensors eine Berufung geben muß, so hätte es sie auch gegen den Faschismusverdacht zu geben. Wenn es sie nicht gibt, werden unter den leichthin als faschistisch abgewürgten Ideen auch fruchtbare und notwendige sein – oder schlicht richtige.

Noch etwas schärfer stellt sich das Problem, wenn die Ideen keine bloßen Meinungen irgendwo im letztlich unnachprüfbaren Gewölle sozialer Werthaltungen sind, sondern wissenschaftliche Erkenntnisse, die nach den anerkannten Regeln der Kunst aus empirischen Beobachtungen abgeleitet wurden – wenn also ein begründeter Verdacht besteht, daß die Ideen schlechthin richtig sind. Der Volksmund nennt bestätigte objektive Sachverhalte kurzerhand Tatsachen. Können derartige Tatsachen „faschistisch" sein? Das nicht, wird man sagen, aber es disqualifiziert eine solche Tatsache durchaus, wenn sie den Nazis möglicherweise willkommen gewesen wäre. Den Nazis vielleicht willkommen gewesen wären die wissenschaftlichen Erkenntnisse über die Erblichkeit der gemessenen Intelligenz (was angesichts des Lebenswegs von Wilhelm Peters füglich bezweifelt werden kann)*, die sich Ende der sechziger Jahre angehäuft hatten, vielleicht auch nicht, aber es ist nicht auszuschließen. Prompt wurden die Psychologen, die diese Tatsachen eruiert und gemeldet hatten, als Faschisten beschimpft und auf vielfache Weise inquisitorisch schikaniert; der ganze Forschungs-*

zweig ist seitdem in Verruf, in Deutschland noch mehr als in Amerika, und kann nur unter vielfachen Behinderungen weiterverfolgt werden. Einer, der ihn entgegen der Parteilinie sogar in der DDR vertreten hatte, Volkmar Weiss in Leipzig, schrieb nach seinen ersten Erfahrungen im vereinigten freien Deutschland 1996 einen offenen Brief an die Mitglieder der Gesellschaft für Anthropologie, deren Vorstand ihm die Mitgliedschaft verweigert hatte:

„Seit 1968 haben die Prediger der Gleichheit (vgl. Zimmer, 1980) *den Marsch durch die Institutionen angetreten und versuchen nun ihre Meinung durchzudrücken, auch mit Mitteln der simplen Einschüchterung und der Repression, von der Einflußnahme auf Berufungsverfahren ganz abgesehen, und auch dort mit Erfolg, wo man eigentlich zuallerletzt Resonanz erwarten dürfte. Denn die Humangenetik und die Differentielle Psychologie sind die Wissenschaften von der Ungleichheit par excellence; nicht der Ungleichheit vor dem Recht, sondern der biologischen. Und was ist physische Anthropologie, wenn sie sich nicht mehr mit biologischer Ungleichheit befassen darf? [...] Wenn die Menschen schon äußerlich verschieden sind [...] und alles eine genetische Komponente haben kann, dann Unterschiede in der Intelligenz auf keinen Fall. Für die Prediger der Gleichheit ist das das absolute Tabu“* (Weiss, 1997).

Eine wissenschaftliche Erkenntnis aber verschwindet nicht durch Zensurmaßnahmen, und seien diese noch so moralisch motiviert. Eine wissenschaftliche Erkenntnis verschwindet nur, wenn sie widerlegt wird. Was an ihr richtig ist, bleibt es auch, wenn es mit vernichtenden Epitheta wie „faschistisch“ bedacht wurde. Wegzensierte wissenschaftliche Erkenntnisse führen nur zu einer Realitätsspaltung: Auf der einen Seite gibt es dann die Erkenntnisse, die man laut aussprechen darf, auf der anderen die, die sich die Informierten still denken, ein im Untergrund wucherndes und dort nicht richtiger werdendes Geheimwissen. Und die Gesellschaft läuft Gefahr, sich ein schimärisches Wirklichkeitsmodell zu eigen zu machen.

Nach meinem Geschmack tut die Frage, was wohl die Nazis zu dem oder jenem gesagt hätten, diesen sowieso viel zuviel Ehre an. Daß die Nazis Schiller und Schäferhunde mochten, kann kein Grund sein, Schiller und Schäferhunde zu hassen. Wenn das Nazitum etwas gut und richtig fand, wird es allein dadurch noch nicht schlecht und falsch; was das Nazitum schlecht fand, wird allein darum noch nicht automatisch gut. Das Nazitum war ein barbarisches Wahnsystem, das den Staat usurpiert hatte. Es ist konsequenterweise an seiner Wahnhaftigkeit zugrunde gegangen. Es verdient nicht, nach seinem Untergang zum

Schiedsrichter darüber eingesetzt zu werden, was als richtig und falsch gelten soll (Zimmer, 1997, vgl. auch Weiss, 1997).

Der Fall Rot

Nicht nur die Nationalsozialisten hatten etwas gegen Intelligenztests, sondern auch die Kommunisten haben etwas dagegen. Bei den Nationalsozialisten würde unser Zeitgeist gern das Gegenteil vermuten oder behaupten, aber sie waren nun einmal der Überzeugung, es seien „jüdische Tests"; bei den Kommunisten ist die Unterdrückung der Intelligenztests schon eher als eine logische Konsequenz der Gleichheitsideologie zu erwarten, wenn diese auch nicht so weit führte, auch die Schulzensuren abschaffen zu wollen, obwohl in der Sowjetunion die Einheitsschule eingeführt worden war.

In den zwanziger Jahren gab es in der jungen Sowjetunion die Pädologie und die Psychotechnik (Kurek, 1995). Die Pädologie befaßte sich mit der Zusammensetzung der Schulklassen und mit geistig gestörten und schwererziehbaren Kindern, die Psychotechnik mit Anwendungen der Psychologie in der Berufsausbildung, der Berufswahl und der Rationalisierung der Arbeit. Beide Wissenschaftsgebiete hatten sich in Rußland bereits vor 1917 entwickelt. Im Jahre 1931 jedoch rief Stalin die jungen Philosophen zum ideologischen Zweifrontenkrieg gegen die Pervertierung des Marxismus-Leninismus auf. Am 25. August 1931 wurde vom Zentralkomitee der Kommunistischen Partei der Sowjetunion ein Beschluß gefaßt, der sich gegen die linksextreme Theorie vom „Absterben der Schule" und der Abschaffung der Schulzensuren wandte. Am 5. September 1931 wurde in den Schulen die Anwendung von Fragebögen und Tests verboten. Unmittelbarer Anlaß war, daß in diesen Jahren von den sowjetischen Psychologen eine ganze Reihe von Untersuchungen veröffentlicht wurde, deren Ergebnisse (mehr Details bei Kurek, 1995) den kommunistischen Ideologen und Machthabern nicht gefielen. So hatten in einer Untersuchung 90 % der Kinder ihr Volk als bestes Volk bezeichnet, was nicht im Einklang mit den Bestrebungen der Kommunisten zur internationalen Erziehung stand. Bei nationalen Minderheiten fand man einen stark überhöhten Anteil an Kindern mit einem niedrigen IQ im Schwachsinnsbereich (Befunde, die dann nach 1992 in dramatischer Weise wieder bestätigt wurden, was kein Wunder ist, da mehr als drei Generationen lang Personen mit hohem IQ russifiziert wurden). Weiterhin hatte man herausgefunden, daß Moskauer Polizisten einen niedrigen IQ hatten. Andere Psychologen, wie Brem in seinem Buch „Intelligenz und soziale Schicht", hatten sachlich zutreffend geschrieben, daß es in Deutschland Zusammenhänge zwischen dem IQ und der sozialen Herkunft von Schülern der Mittelschule, der Volksschule und der Hilfsschule gab und die Proletarierkinder den niedrigsten IQ hatten (also Befunde, wie sie bisher stets und überall in der Welt, wo IQ-Tests nicht verboten sind, gemacht worden sind und gemacht werden). *Insofern muß die Kritik und das Verbot der Tests in der UdSSR auch als eine Reaktion auf den Faschismus in Deutschland und dessen Theorie des Übermenschen und des Untermenschen angesehen werden,* meint Kurek (1995). Diese Reaktion (wenn es überhaupt eine war, denn worauf hat dann Pol Pot reagiert?) geschah überaus rasch: Schon 1932 wurde die Zeitschrift „Die Pädologie" verboten, 1934 die Zeitschrift „Die Sowjetische Psychotechnik". Am 4. 7. 1936 wurde vom Zentralkomitee der KPdSU der berüchtigte „Pädologie-Beschluß" gefaßt.

In seinem Gefolge wurden die Pädologie und die Psychotechnik liquidiert. Die Pädologen und die Psychotechniker wurden als Klassenfeinde bezeichnet, die der Kulturrevolution im Wege stehen. [...] In diesem Zusammenhang erschien am 15. 6. 1936 ein Leitartikel unter dem Titel „Die volle Gleichberechtigung der Rassen und Nationen" in der „Prawda". In ihm wurde dargelegt, daß es keine Unterschiede zwischen den Völkern gibt und daß es auch keine niederen und höheren Nationen gebe. Am 25. 6. 1936 erschien ein weiterer Leitartikel in der „Prawda", der den Titel trug: „Der unverbrüchliche Bund zwischen Arbeitern und Bauern". In ihm wurde ausgeführt, daß die Arbeiterklasse den Unterschied zwischen physischer und geistiger Arbeit beseitigt. [...] In diesem Beitrag wird auch behauptet, daß die Arbeit der Arbeiterklasse das Musterbeispiel für die Kopfarbeit der Intelligenz sei. Am 5. 7. 1936 erschien schließlich in der „Prawda" ein weiterer Leitartikel unter der Überschrift: „Die Enthüllung der pädologischen Scheinwissenschaft". In ihm wurde behauptet, daß die pädologischen Konzeptionen Wiederholungen bürgerlicher Unwahrheiten, so z. B. von den besonderen Begabungen der höheren Rassen und Klassen und der Unfähigkeit des Proletariats zur Wissenschaft, darstellen. Das Verbot hatte breite negative Folgen. [...] Der Leiter der Pädologie, A. B. Salkind, starb im Jahre 1936 nach dem Besuch des Kommissariats der Volksbildung an einem Herzinfarkt. Entsprechend dem Befehl Nr. 211 des Kommissariats für Volksbildung wurden auch die schwachsinnigen Kinder in die Normalschule eingeschult. Dies führte zur Desorganisation des schulischen Unterrichts. Auf der Basis des Befehls Nr. 262 [...] wurde die psychotechnisch und pädologisch organisierte Berufswahl und Berufsberatung abgeschafft, weil sie Fragebögen und Tests als Methoden benutzt hatten. Tests wurden generell verboten. [...] Noch im Jahre 1986 schrieb B. W. Zeigarnik: „Man braucht nicht den wissenschaftlichen Versuch, der uns die Möglichkeit der qualitativen Bewertung, wie im Falle der sogenannten Tests, nicht gibt. Ihre Praxis und Anwendung wurde zu Recht getadelt." Heute aber muß man feststellen: Die Verurteilung der Testmethodik und ihrer Anwendung in der Sowjetunion war Ursache für das niedrige Niveau der Psychologie und für den Mißbrauch der Psychiatrie in der UdSSR (Kurek, 1995). Wie man sieht, könnten sich unsere Testgegner aus diesen Vorgängen durchaus noch einige Argumente aneignen, mit denen sie ihre Gegnerschaft gegen Tests begründen könnten.

Zwischen dem Einsetzen der massiven Verfolgung der Genetiker und dem Verbot der Intelligenztests, beides im Jahre 1936, gibt es nicht nur einen unmittelbaren zeitlichen Zusammenhang, sondern auch einen tiefen ideologischen. Nach 1945 wurde die Praxis des Testverbots auf alle Ostblockstaaten ausgedehnt, und mit dem Höhepunkt des Lyssenkoismus nach 1948 wurde die Verfolgung von kritischen Meinungen nochmals verschärft und jede Art wissenschaftlicher Forschung in diese Richtung unterbunden. Einer der Scharfmacher des Lyssenkoismus, V. N. Stoletov, der sich 1948 im Kampf gegen den „reaktionären Morganismus-Mendelismus" besonders verdient gemacht hatte, wurde 1951 sogar Bildungsminister der Sowjetunion und dann 1972 Präsident der Pädagogischen Wissenschaften der Sowjetunion. In dieser Eigenschaft tauchte er 1974 in der DDR auf und hielt aus der tiefsten Überzeugung seiner egalitären Ideologie Reden, die bei seinen Amtsbrüdern in der DDR, wo man inzwischen zielstrebig begonnen hatte, zumindest im Bildungswesen (in der Wirtschaft ist das ja nie gelungen) den dogmatischen Kommunismus in eine sozialistische Leistungsgesellschaft umzuwandeln, nicht geringe Verlegenheit hervorriefen (Weiss, 1991). Denn in den sechziger Jahren hatte man in der DDR begonnen, bestehende Verbote zu unterlaufen, und Intelligenztests wurden wieder in der akademischen Forschung angewendet (Gutjahr, 1971; Guthke, 1978).

In der Sowjetunion gingen die Uhren anders: Noch am 15. Juni 1983 fragte der spätere Generalsekretär der Kommunistischen Partei, Tschernenko, der letzte Mann der alten Garde der Vorhut des Proletariats: *Kann eine Denkweise als wissenschaftlich angesehen werden, die geistige Eigenschaften durch die Existenz von Genen erklärt und die leugnet, daß solche Eigenschaften durch die soziale Umwelt verur-*

sacht sind? Auch in China gilt, wie vielerorts, jede Annahme von erblichen geistigen Eigenschaften als reaktionär und die Auffassung als richtig, daß jedes politische System dann am besten funktioniert, wenn ein Maximum an tatsächlicher sozialer Ungleichheit erreicht wird, jedoch die meisten Menschen entweder ehrlich davon überzeugt sind, daß es keine nennenswerte Ungleichheit gibt, oder es im Zweifelsfalle zu gefährlich ist, darüber eine Meinung zu haben.

Intelligenz als freie Stimme in einer freien Welt

Auch in den USA begann in den sechziger Jahren eine neue Kontroverse über Intelligenzunterschiede, die bis heute andauert (Eysenck, 1980; Jensen, 1980; Vernon, 1987; Brody, 1992; Brand, 1996) und in die in den siebziger Jahren auch der deutsche Sprachraum (Süllwold, 1976, 1977; Guthke, 1978; Guthke et al., 1991; Asendorpf, 1996) einbezogen wurde (umfassende Bibliographie bei de Benoist, 1998b). Sie entstand nicht aufgrund neuer wissenschaftlicher Erkenntnisse, sondern aus einer neuen politischen Sichtweise. Mit dem Anwachsen von machtvollen egalitären und sozialistischen Bewegungen nach dem 1. Weltkrieg, sich weiter beschleunigend bis in die sechziger Jahre, fand eine grundlegende Verschiebung im Verständnis von Gleichheit statt. Nach Meinung von Herrnstein und Murray (1994) ist das am augenfälligsten auf der politischen Bühne, wo die Bürgerrechtsbewegung und die Bekämpfung der Armut das Bewußtsein der US-Amerikaner für die Ungleichheit in der amerikanischen Gesellschaft schärften. Doch die Verschiebungen waren tiefgreifender und umfassender und nicht nur politischer Natur. Die Prämissen über die eigentlichen Ursachen der sozialen Probleme veränderten sich grundlegend. Für die Psychologie hatte das weitreichende Folgen.

Hatten die Psychometriker der dreißiger Jahre darüber diskutiert, ob die Intelligenzunterschiede durch Gene zustande kommen und inwiefern die Umwelt dabei eine Rolle spielt, so begann sich die Diskussion in den sechziger und siebziger Jahren in den USA dramatisch zu verschieben. Die Behauptung, noch dazu öffentlich, daß Gene irgendeinen Einfluß auf Intelligenz hätten, war nun gefährlich geworden. Die Ironie an der Geschichte ist, daß sich die Beweise des Einflusses von genetischen Faktoren auf Intelligenzunterschiede in genau demselben Zeitabschnitt immer mehr verstärkten, während dem sich die öffentliche Diskussion in die andere Richtung bewegte.

Im psychologischen Laboratorium kam es zu einer ähnlichen Verschiebung der Schwerpunkte. Psychologische Experimentatoren zu Beginn des Jahrhunderts beschäftigten sich wahrscheinlich eher mit angeborenen Eigenschaften des Verhaltens als damit, wie das Lernen das Verhalten verändert. Doch waren in den USA von den Dreißigern bis in die sechziger Jahre die führenden Behavioristen, wie sie genannt wurden, und ihre Studenten und Schüler fast ausschließlich Spezialisten der Lerntheorie. Sie füllten die Fachzeitschriften mit Ergebnissen ihrer Lernexperimente an Ratten und Tauben, und die stillschweigende Annahme dabei war, daß die genetische Ausstattung einer Art wenig und die Unterschiede zwischen Menschen eine noch viel geringere Bedeutung hätten und man dessenungeachtet viel über Lernvorgänge entdecken könne, was von Nutzen und Bedeutung sei. Es gibt tatsächlich Aspekte des Lernvorgangs, die artübergreifend sind. Aber es gibt auch gewaltige Unterschiede, und diese Unterschiede wurden manchmal weggelassen oder kleingeredet, wenn diese Psychologen ihre Ergebnisse der Öffentlichkeit präsentierten. Es ist in diesem Zusammenhang besonders B. F. Skinner von der Harvard-Universität zu nennen, der mehr als ein anderer führender Behaviorist aus der akademischen Welt ausbrach und die öffentliche Aufmerksamkeit mit Büchern auf sich zog, in denen aus den Ergebnissen der Laborforschungen bei Tieren Schlußfolgerungen für die menschliche Gesellschaft im ganzen gezogen wurden. Für diejenigen, die den Standpunkt der Behavioristen teilten, war das menschliche Leistungsvermögen fast vollständig und allein von der Umwelt formbar. Die Ursachen für Intelligenzdefizite – aber auch im Verhalten als Vater oder Mutter, im Sozialverhalten oder im Arbeitsleben – lagen außerhalb des Individuums. Diese Defizite wurden durch Mängel der Gesellschaft verursacht. Manchmal wurde der Kapitalismus dafür verantwortlich gemacht, manchmal eine unfähige Regierung, die sich um nichts kümmert. Darüber hinaus nahm man an, daß diese Defizite durch eine richtige Politik beseitigt werden können, und zwar durch die Umverteilung des Wohlstands, bessere Erziehung, bessere Wohnbedingungen und durch das Gesundheitswesen. Sobald die Ungleichheiten der Umwelten beseitigt seien, würden die Defizite auch verschwinden, wurde argumentiert. (Auf eine vergleichbare Hoffnung gründeten bekanntlich auch die Kommunisten ihre Systeme.)

Die dem widersprechende Alltagsbeobachtung, daß individuelle Unterschiede durch Regierungen gar nicht so leicht beseitigt werden können, war und ist auf keine Weise mit der weitverbreiteten Begeisterung für Gleichheit zu vereinbaren, die wiederum auf keine Weise mit den IQ-Daten vereinbar ist, die ein halbes Jahrhundert lang angehäuft worden sind und die beweisen, daß Intelligenzunterschiede weder mit Pillen oder kalten Umschlägen noch durch Zureden zu beseitigen sind, sondern daß diese Unterschiede in hohem Maße erblich sind und daß sich die mittleren IQ-Werte der verschiedenen sozialökonomischen und ethnischen Gruppen unterscheiden.

Die öffentliche Diskussion in der westlichen Welt ist bis heute auf einem Sammelsurium von Glaubenssätzen über IQ-Tests und intellektuelle Fähigkeiten stehengeblieben. Daß es noch immer zu schweren Rückschlägen (Pearson, 1991) bei einer sachlichen Diskussion kommen kann, zeigt der Fall Chris Brand. Brand, ein sehr erfahrener Psychologe, der an der Universität von Edinburgh in Schottland arbeitet, hatte ein seriöses Fachbuch (1996) mit dem Titel „The g-factor" geschrieben, das von dem großen amerikanischen Wissenschaftsverlag J. Wiley herausgebracht wurde. Kurz vor Auslieferung des Buches wurde Brand von englischen Journalisten interviewt, die einige seiner Sätze so entstellten und aus dem Zusammenhang rissen, daß sich daran ein ähnliches Spektakel entzündete wie in Deutschland im „Fall Charlotte Höhn". Wiley stoppte die Auslieferung des Buches noch vor dem Verkauf: ein bisher einmaliger Vorgang in der Wissenschaftsgeschichte, an dem auch die Empörung vieler Kollegen in seriösen Zeitschriften nichts geändert hat. Das Buch ist noch immer nicht erschienen. Nur einige wenige Exemplare, die einmal bibliophile Kostbarkeiten sein werden, sind in die Hände von Kollegen gelangt.

Intelligenz als Informationsverarbeitung und genetische Struktur

Spearman und seine geistigen Nachfolger im englischen Sprachraum hatten niemals versucht, für die von ihnen postulierte Allgemeine Intelligenz *g* auf der Grundlage der Mendelschen Gesetze eine Entsprechung in den Genen zu finden. Jahrzehntelang hatte man angenommen (vgl. Weiss, 1992a), daß die Mendelsche Genetik nur auf Sachverhalte anwendbar ist, bei denen man die genetischen Typen klar in qualitativer Weise trennen und Spaltungsverhältnisse zwischen ihnen feststellen kann. Doch ist Intelligenz, wie jeder weiß, ein quantitatives Merkmal mit fließenden Eigenschaften, das auf einer kontinuierlichen Skala gemessen wird. Das ist der Grund, warum sich die Forschung jahrzehntelang immer wieder damit begnügt hat, die statistischen „Anteile“ von Erb- und Umweltwirkungen zu bestimmen, ohne zu den Ursachen und damit zu den Genen vorzustoßen. Auch diejenigen, deren Daten für die Erblichkeit der Intelligenz sprachen, waren der Auffassung, daß es sich um die Wirkung von sehr vielen Genen handelt, vermutlich von Hunderten. Der logische Widerspruch zwischen der Annahme eines einzigen Hauptfaktors der Intelligenz und der Annahme von Hunderten Genen, die immer wieder diesen Hauptfaktor erzeugen, fiel ihnen nicht auf, bzw. es gab dafür keine Erklärung. Es war eben so. Dabei sollte man doch annehmen, daß die Wirkung von Hunderten Genen, die sich unabhängig voneinander vererben, dazu führt, daß ein buntes Muster von Faktoren entsteht und keinesfalls ein Hauptfaktor. Auch hätte auffallen müssen, daß die soziale Realität gegen Hunderte Gene spricht. Wenn nämlich die sozialen Unterschiede durch eine sehr große Zahl von Genen bedingt wären, die auch die Intelligenz beeinflussen, dann wären diese Gene im Besitz- und Bildungsbürgertum in einer solchen Weise angereichert, daß der soziale Auf- und Abstieg von einem Ende der IQ-Skala zum anderen mehr als zwei Generationen dauern würde, anders als es tatsächlich der Fall ist. Diese Möglichkeit des raschen sozialen Auf- und Abstiegs spricht für eine viel einfachere genetische Grundlage und für das Wirken von Hauptgenen. In diesem Buch werden wir den wissenschaftlichen Standpunkt belegen, daß der Intelligenz ein einfacher genetischer Polymorphismus zugrunde liegt, der das kastenähnliche Erstarren der Gesellschaft verhindert hat. Eine breite Mittelschicht, die aufwärts oder abwärts heiratet oder unter sich selbst, verbindet die sozialen Extreme. Die Kinder dieser Mittelschicht haben eine Chance von 25 %, zur geistigen Elite zu gehören, von 25 %, zur geistig gesunden Arbeiterschaft, und von 50 %, die mittlere Position zu behalten. Während der vererbte Reichtum und ererbte Standesprivilegien die Gesellschaft mit Erstarrung bedrohen, verachtet der begabte Enkel eines ungelernten Arbeiters (und der Autor ist selbst einer) diese Privilegien, und in einer modernen mobilen Gesellschaft – jedes moderne Industrieland ist eine solche Gesellschaft – kann er Bildung erwerben und damit sozial aufsteigen.

Lange Zeit stand das polygenetische Dogma der molekulargenetischen Forschung im Weg. Noch im Jahre 1980 erklärte Jensen die Genotypen der Intelligenz zu einem bloßen *theoretischen Konstrukt. Niemand könne einen solchen Genotyp in einem Reagenzglas untersuchen.* Inzwischen sind molekulargenetische Forschungen in vollem Gange (vgl. Weiss, 1995b), und der Leser dieses Buches weiß vielleicht bald mehr als der Verfasser beim Schreiben dieser Zeilen.

Eine Theorie der Intelligenz muß keine strukturelle sein. Die Betonung kann auf einem Prozeß anstatt einer Struktur liegen. Mit anderen Worten: Man könnte herausfinden, was eine Person tut, wenn sie ihre Intelligenz anwendet, und nicht bei der Überlegung stehenbleiben, aus welchen Elementen die Intelligenz besteht. Jean Piaget, der große Schweizer Psychologe, begann seine Laufbahn im Laboratorium von Alfred Binet mit der Aufgabenstellung, die IQ-Tests des Engländers Cyril Burt für Pariser Kinder anzupassen. Piaget war bald weniger daran interessiert, wie gut die Kinder abschnitten, sondern daran, welche Art von Fehlern sie machten. Die Fehler würden die zugrunde liegenden Denkprozesse bloßlegen, glaubte Piaget. Es waren die Denkvorgänge selbst, die ihn während seiner langen und glänzenden Karriere faszinierten und die ihn später zu seiner Theorie der geistigen Entwicklung gelangen ließen.

Beginnend in den sechziger Jahren, wurde die Erforschung des menschlichen Denkens der Forschungsgegenstand von experimentellen Psychologen, die sich von den vorangegangenen Lernexperimenten mit Tieren abwandten. Es war dabei unvermeidlich, daß diese neuen Experimentatoren sich der Erforschung der Intelligenz unter Alltagsanforderungen zuwenden würden.

Im deutschen Sprachraum ist in den letzten Jahrzehnten eine eigene Arbeitsrichtung entstanden, die sich Informationspsychologie nennt (und im englischen Sprachraum als Erlanger Schule bezeichnet wird, vgl. Eysenck, 1986) und auf deren Argumente wir im folgenden Hauptteil I ausführlicher eingehen werden. Diese Informationspsychologie (Lehrl et al., 1991; Weiss, 1995a; Neubauer, 1995) verbindet den informationstheoretischen Ansatz nicht nur mit der Idee der Allgemeinen Intelligenz von Spearman, sondern auch mit dem Ansatz der Entwicklungspsychologie von Piaget.

Weil es wichtig ist, betonen wir es noch einmal: *Intelligenzmaße haben mit einer bestimmten Zuverlässigkeit einen statistischen Zusammenhang mit wichtigen sozialen Erscheinungen, doch haben sie nur einen begrenzten Aussagewert, wenn es um eine ganz bestimmte Person geht.* So etwas muß wiederholt werden, denn es ist eines der Probleme beim Schreiben über Intelligenz, die Leser immer wieder darauf aufmerksam zu machen, wie wenig der IQ darüber aussagt, ob die Menschen, um die es geht, von ihren Mitmenschen bewundert und geliebt werden. Der IQ ist im Leben zweifellos wichtig, aber er ist keinesfalls ein Synonym für menschliche Vortrefflichkeit.

TEIL I

DIE ENTSTEHUNG EINER INTELLEKTUELLEN ELITE

Die Modernisierung der sozialen Ordnung

Das Ende des zweiten (klein-)deutschen Kaiserreiches und des Habsburgerreiches bedeutete auch das endgültige Ende einer Welt, die in soziale Klassen gegliedert war, die durch Geld, Macht und Rang definiert waren. Aber wenn danach die alten, auf ererbtem Rang und Stand beruhenden Unterscheidungen und Trennlinien auch ziemlich bedeutungslos geworden waren, so nur, um durch ein komplizierteres Gefüge von neuen Unterscheidungen und Trennlinien ersetzt zu werden. Was einem nordamerikanischen Besucher in Europa auffällt, das sind die starken Reste der feudalen Strukturen, denn noch immer spielt der soziale Stand in Europa eine Rolle, wenn auch jetzt ohne Krone und Schwert. Bereits im 19. Jahrhundert gab es in zunehmendem Maße einen üppigen, auf der Ausbeutung der Unterschichten beruhenden neuen Reichtum, und Geschäftstüchtigkeit, Bildungsabschlüsse und persönliche Begabung ermöglichten in immer zahlreicheren Fällen den individuellen sozialen Aufstieg der Bürger, der nun, aus den untersten Schichten heraus, auch einzelnen Bauern-, Landhandwerker- und Arbeitersöhnen möglich wurde.

Für Nordamerika gilt die These von Herrnstein und Murray (1994), daß das 20. Jahrhundert diese Transformation – diese Modernisierung – fortgesetzt hat, so daß das 21. Jahrhundert eine Welt sein wird, in der die Intelligenzunterschiede die entscheidende trennende Kluft sein werden. Auch in Deutschland und Europa war dieses gesamte Jahrhundert eines der Modernisierung der Gesellschaft. Ob unter Nationalsozialismus, Sozialismus, Weimarer Republik oder in der sozialen Marktwirtschaft, stets war es das ausdrückliche politische Bestreben, die Begabungen freizusetzen und in entsprechende berufliche Stellungen zu führen. Diese Transformation der Gesellschaft ist zwar weniger offensichtlich als die vorangegangene, kontinuierlich und schleichend, aber dennoch ungleich wichtiger. Wie Marx im 19. Jahrhundert richtig erkannt hat, sind die sozialen Klassen und die politischen Auseinandersetzungen zwischen ihnen die eigentlichen Motoren des sozialen Lebens. Fortan werden es aber die Intelligenzunterschiede sein, die das Öl sind, das in das Feuer gegossen wird, in dem wir ein Leben lang brennen, ohne es im Alltag klugerweise beim Namen zu nennen.

Wie in modernen Gesellschaften die begabtesten Jugendlichen mit immer größerer Sicherheit herausgefunden und dann in ziemlich schmale Wege der Bildung und des beruflichen Aufstiegs gelenkt werden, ist ein wichtiger Ausgangspunkt der sozialen Differenzierung. Auf diese Weise gelangt ein kleiner Teil zu wachsendem Vermögen und Einfluß, was zur Entwicklung einer abgehobenen Schicht in der sozialen Hierarchie führt, die wir „intellektuelle Elite" nennen. Die Isolierung dieser Hochbegabten von der übrigen Gesellschaft sei in den USA bereits sehr ausgeprägt, meinen die Amerikaner Herrnstein und Murray (1994), und die dafür ursächlichen Wirkungen würden eher stärker statt schwächer. Wie stets bei entscheidenden Entwicklungen von naturgesetzlicher Gewalt, können die Regierungen diese Wirkungen und Kräfte zwar beeinflussen, aber nicht neutralisieren.

Das heißt nicht, daß die Wege der Elite sich künftig nicht mit denen der Menschen mit niedrigem IQ kreuzen, aber die bedeutungsvollen Begegnungen werden seltener werden. Je enger und anhaltender eine menschliche Beziehung ist, desto wahrscheinlicher wird sie in Zukunft zwischen Menschen bestehen, die in ihrer intellektuellen Ausstattung ähnlich sind. Daß die Hochbegabten sich untereinander persönlich kennen, hat seinen Vorteil. Daß sie aber immer stärker isoliert und ingezüchtet werden, wird seinen Preis haben. Ein Teil des Preises wird bereits in den fortgeschrittenen Gesellschaften dieser Welt gezahlt, während der andere Betrag, der noch gezahlt werden muß, sich erst erahnen läßt (Herrnstein und Murray, 1994, S. 25). Wir werden darauf in unserem Schlußkapitel eingehen.

Soziale Schichtung ohne Intelligenz

Die menschliche Gesellschaft hatte stets einen bestimmten Grad von intellektueller Differenzierung. Die besten Jäger unter den Pygmäen im Kongo haben, wenn man sie mit modernen Intelligenztests mißt, einen Wert über dem Mittelwert ihres jeweiligen Stammes, und einen solchen erhöhten Wert hatten zweifellos auch die leitenden Verwaltungsfachleute im alten Rom. Die Mandarine, die China jahrhundertelang verwalteten, wurden in Prüfungen ausgewählt, bei denen das Verständnis der klassischen Texte von Konfuzius gefragt war, und waren auf diese Weise nach Intelligenz gesiebt worden. Auch die Priester des mittelalterlichen Europa dürften etwas intelligenter gewesen sein als der Durchschnitt. Sie hatten aber in der Regel keine Kinder. Die Pfarrer der reformierten Kirchen hingegen hatten oft kopfstarke Familien, und ihre Nachkommen lieferten einen wesentlichen genetischen Beitrag für das Besitz- und Bildungsbürgertum (Gebhardt, 1998), das sich nun zu einem beträchtlichen Teil in die intellektuelle Elite umwandelt bzw. in ihr aufgeht.

Die Menschen, die in feudalen Gesellschaften an die Spitze gelangten, waren, allein schon durch das aus der Geburtenfolge entspringende Recht, nicht immer die klügsten. Weil die Eltern nicht den klügsten ihrer Nachkommen auswählen konnten, damit er das Land und die Rechtstitel erbte, wurden die Aristokratien das Opfer des „Rückschlags zur Mitte“: In ihrer Summe haben Kinder von Vätern mit einem überdurchschnittlichen IQ die Tendenz, einen durchschnittlich niedrigeren mittleren IQ als ihre Väter zu haben, und ihre Enkel einen noch niedrigeren. Im Laufe von wenigen Generationen fiel so die durchschnittliche Intelligenz einer fähigen adeligen Familie in Richtung auf den Durchschnitt der Bevölkerung hin ab – ein Vorgang, der noch durch Heiraten beschleunigt wurde, bei denen die formale Standesgemäßheit der Braut, ihr Aussehen und ihr Vermögen eine weit größere Rolle spielten als etwa ihre Intelligenz.

Auch in bäuerlichen Familien gab es ungeschriebene, aber strenge Regeln, wer wen heiraten konnte. Eine besonders sorgfältige Untersuchung ist die von Hanke (1969), der sich mit der Sozialstruktur der ländlichen Siedlungen Altbayerns befaßte, nachdem er die Bewohner familienweise zusammengestellt hatte und nun jedes Ehepaar in Beziehung zur sozialen Stellung der Eltern von Ehemann und Ehefrau setzte und wiederum auch zur sozialen Stellung ihrer eigenen Kinder. *Zu widersprechen ist der allgemein in sozialgeschichtlichen Darstellungen zu findenden Behauptung, die Sozialstruktur Altbayerns sei ausschließlich auf die Entwicklung von Handel, Gewerbe und Industrie im 19. und 20. Jahrhundert und die hierdurch hervorgerufenen Sozialdifferenzierungen zurückzuführen. [...] Bei Vorhandensein zahlreicher bäuerlicher Großbetriebe überwog doch die Zahl der klein- und mittelbäuerlichen Anwesen weit. [...] Der behandelte Zeitraum von 1675 bis 1800 stellt [...] eine Periode relativ stetiger, um nicht zu sagen stag-*

nierender Entwicklung dar. [...] Für die Untersuchung wurden acht Siedlungen mit unterschiedlicher innerer Struktur ausgewählt, die aber insgesamt der Sozialstruktur des gesamten Landgerichts Dachau weitgehend entsprechen und räumlich aneinander grenzen. [...] Unter Berücksichtigung der Quellenlage ist für das 17. und 18. Jahrhundert die jeweilige Grundbesitzgröße (Hanke ordnet die 115 von ihm untersuchten Anwesen nach ihrer Größe bzw. landwirtschaftlichen Nutzfläche, damals gemessen in Tagwerk) *der zuverlässigste Maßstab für die Differenzierung ländlicher Schichten. Ergänzend dazu bieten die überlieferten Standes- und Berufsbezeichnungen die Möglichkeiten detaillierter Gruppierungen. [...] Bei der Vererbung von Grundbesitz waren bereits nach dem alten bayerischen Volksrecht Söhne und Töchter eines Bauern gleichberechtigt. [...] Die Erben waren sich meist einig, daß dasjenige Kind den Hof übernehmen soll, das die Geschwister am höchsten und besten auszahlen, d. h. das die „beste Heirat machen" kann. Ein erstgeborener Sohn hatte praktisch nur dann Vortritt gegenüber jüngeren Brüdern und Schwestern, wenn er als Heiratsgut von in Aussicht genommenen Ehepartnern gleich hohe Beträge in den Hof einbringen konnte wie seine Geschwister. [...] Je höher die Erbteile waren, desto größer auch die Chancen, durch Einheirat in einen anderen Bauernhof die soziale Stellung der Eltern für sich zu behaupten. [...] Bei den bisherigen sozialgeschichtlichen Untersuchungen war es üblich, lediglich die Besitzer von Anwesen und Häusern zu analysieren. [...] So erstellte man Querschnitte, die ein wirklichkeitsfremdes, einseitiges Bild der jeweiligen sozialen Strukturen ergaben. [...] Zu den Unbehausten sind vor allem die Hüter, Inleute (Tagwerker und Handwerker), ortsfremde Gelegenheitsarbeiter und Bettler zu zählen. [...] Zur Erstellung exakter Sozialstrukturen müssen wir also die Prozentsätze der „Unbehausten" ermitteln, bevor wir die Schichtungen der „Behausten" prozentual bestimmen können. [...] Unterteilen wir die Unbehausten in diejenigen, die ihren bescheidenen Lebensunterhalt hatten, und in die Bettler, so stellen wir fest, daß die Hüter, die Inleute und die Ehhalten ortsfremder Herkunft insgesamt im untersuchten Zeitraum durchschnittlich ein Viertel der Bevölkerung einnahmen. [...] Der Anteil der Vollbauern an der Gesamtbevölkerung betrug zu keiner Zeit mehr als ein Viertel, und selbst unter den Anwesensbesitzern waren jeweils nur ein Drittel Bauern. [...] Die Mittelgruppe der nichtbäuerlichen Bevölkerung bildeten die Bauhandwerker (Zimmerleute, Maurer), die unterste Gruppe nahmen die Tagwerker, Feld- und Pferdehüter ein, soweit diese überhaupt behaust waren. [...] Sozialer Aufstieg dokumentiert sich in ländlichen Bereichen durch Vergrößerung des eigenen Anwesens, in einem Kauf eines größeren Betriebes oder durch Einheirat in einen solchen. Ein sozialer Abstieg dagegen findet seinen Niederschlag im Verkauf von Grundbesitz oder gar des gesamten Anwesens, in einer Einheirat in ein kleineres Anwesen sowie in einem Absinken in die Schicht der Unbehausten. [...] Von der Gesamtzahl der in Bauernhöfe einheiratenden Ehepartner sind 84 % bäuerlicher Herkunft. [...] Kein einziger Ehepartner von bäuerlichen Haupterben stammt aus dem Kreise der Bauhandwerker, der Tagwerker, der Hüter und der Inwohner. [...] Die größere Wirtschaftskraft vollbäuerlicher Erben wirkte sich auch im Konkurrenzkampf um die Einheirat in kleinere Anwesen dort aus, wo die Einheiratsmöglichkeiten in Bauernhöfe erschöpft waren. Dies trifft vor allem bei den Einheiraten in Kleinbauernanwesen zu, wo von 85 Heiraten 38 Söhne und Töchter von Bauern (das sind 45 %) zum Zuge kamen, aber nur 20 (das sind 24 %) aus der Schicht der Kleinbauern selbst. [...] Die unterste Schicht der Behausten waren die Taglöhner. 35 % ihrer Haupterben heirateten wieder Taglöhnerskinder. [...] Von den heiratenden Nebenerben fanden 60 % eine Einheirat in ein Tagwerkerhäusl, 34 % in ein Dorfhandwerkerhäusl [...] kein einziger aber in einen Bauernhof.*

Zu den Pionierarbeiten der empirischen Sozialforschung in Deutschland zählt zweifellos auch die Monographie von Maria Bidlingmaier (1918), die ihren Heimatort, das Landstädtchen Lauffen, untersuchte und das Dorf Kleinaspach: *Von mir wurde dies Material* (gemeint sind die württembergischen Familienregister) *noch dahin vervollständigt, dass ich in persönlichen Nachfragen Aufenthalt und Stand jedes der erwachsenen bäuerlichen Kinder erkundete und zusammentrug, um so einen Überblick über die soziale Lage derselben und über die Grösse ihrer Abwanderung zu erlangen.* Die Arbeit ist außerordentlich reichhaltig und verbindet statistische Ergebnisse mit einer anschaulichen Schilderung der bedeutsamen Gegebenheiten. *Wo die „Liebesverhältnisse" ernste Heiratsabsichten in sich tragen, spielt oft die Berechnung eine Rolle. Es gilt, eine „Partie" zu machen, d. h. es gilt, so ein Mädchen zu finden, das mit seinem Vermögen dem Burschen gleichkommt und umgekehrt. Wo die Liebe diese Linie nicht einhält, wird sie von den Alten heftig bekämpft. Auch langjährige Verhältnisse müssen nicht unbedingt zur Heirat führen. Es kann geschehen, dass das Mädchen ihren langjährigen Bewerber um eines Reichen willen fahren lässt, der aus der weiteren Umgebung auftaucht. [...] Es gibt eine stille Heiratspolitik, die alle bäuerlichen Familien nach dem Besitzstand ordnet.*

Wir finden in all diesen Sozialstrukturuntersuchungen eine Gliederung der bäuerlichen und bürgerlichen Bevölkerung in drei Sozialschichten und ein Heiratsverhalten, bei dem die Oberschicht untereinander und in die Mittelschicht einheiratet, nie aber in die Unterschicht; umgekehrt die Unterschicht auch nur untereinander und in die Mittelschicht, nie in die Oberschicht. Demzufolge vollzieht sich sozialer Auf- und Abstieg von einem Extrem der sozialen Schichtung ins andere – so selten das überhaupt vorkommt – in mindestens zwei Generationen.

Wie das in einer württembergischen Kleinstadt im vorigen Jahrhundert aussah, als die Modernisierung begann, hat Borscheid (1982) untersucht. Es *wird in der folgenden Untersuchung der Besitz als Indikator für die materielle Lage der einzelnen Familien herangezogen, das heißt der Zeitwert der vorhandenen Immobilien, des Geld- und Anlagevermögens sowie der gesamten mobilen Haushaltsgegenstände einschließlich der beruflich genutzten Gegenstände unter Abzug der Schulden. Als enger Untersuchungsbereich wurde die Stadt Nürtingen [...] im Ballungsgebiet Stuttgart ausgewählt.* Zur Verfügung standen die Familienregister von Beginn des 18. Jahrhunderts bis 1914. Nürtingen liegt im Realteilungsgebiet, wo für das Erbe die Stellung in der Geschwisterreihe keine wesentliche Bedeutung hat und zu gleichen Teilen vererbt wird. *Eine derartige detaillierte Studie ist wohl nur in Altwürttemberg möglich, da nur hier bis in die erste Hälfte des 17. Jahrhunderts zurückreichende Notariatsakten, bestehend aus Heirats- und Sterbeinventaren, für die gesamte Bevölkerung vorliegen. [...] Bei der Partnerwahl ist davon auszugehen, daß eine Wahl nach den Gesetzen der freien Konkurrenz auf einem Markt entschieden wird – wie im gängigen Sprachgebrauch treffend ausgedrückt –, auf dem Heiratsmarkt. Jede Seite versucht dabei unbewußt oder bewußt nach den ökonomischen Grundregeln, sich selbst so teuer wie möglich zu verkaufen und den anderen so günstig wie möglich einzukaufen. Materieller und geistiger Besitz, Einkommen, Prestige und Macht sowie körperliche Vorzüge bestimmen neben der Menge des Angebots den jeweiligen „Tauschwert". [...] Zu diesem Zweck wurden die absoluten Werte der Mann- und Fraubeibringen, d. h. die Salden aus dem Wert des jeweils vorhandenen Besitzes sowie der Schulden zum Zeitpunkt der Heirat, in ein Streuungsdiagramm eingetragen. [...] Die Beibringen gruppieren sich relativ eng um eine gedachte Gerade, die nur wenig von der Diagonalen abweicht, die ihrerseits wiederum für arme wie für reiche Ehepartner einen gleich großen Besitz von Mann und Frau anzeigt.*

Die Korrelation beträgt 0,65. Der Zusammenhang ist dann von Borscheid nach Wirtschaftssektor, Sozialschicht, historischen Zeitabschnitten und Kinderzahl getrennt untersucht worden. Für die Fabrikarbeiter stellt er fest: *Für Mann und Frau blieb hier eine Ehe die einzige Ausflucht aus einem heimatlosen Leben als Schlafgänger oder Untermieter und wurde wie selbstverständlich angesteuert. Obwohl Arbeiter und Arbeiterinnen [...] in finanzieller Hinsicht nicht eben gesegnet waren, herrschten auf ihrem Heiratsmarkt doch eben dieselben Regeln.* Nach 1870 nimmt die Streubreite in den Vermögensverhältnissen der Partner ab, d. h. die soziale Differenzierung nach Schichten verstärkt sich bereits um diese Zeit. Die Untersuchungen von Hanke (1969) und Borscheid (1982), die hier stellvertretend für viele andere Untersuchungen (vgl. die Übersicht in Weiss und Münchow, 1998) angeführt worden sind, belegen in eindeutiger Weise, daß in historischen Zeiten der Heiratsmarkt stets durch Regeln und sich daraus ergebende, statistisch meßbare Beziehungen geregelt worden ist. Man darf deshalb annehmen, daß auf dem Umweg über den auf dem Heiratsmarkt entscheidenden Besitz, da dieser ja etwa mit 0,50 mit dem IQ korreliert ist, auch in historischer Zeit mindestens eine Korrelation von 0,30 im IQ der Ehepartner erreicht worden ist. (Diese Korrelation liegt heute bekanntlich bei 0,50 – 0,60.) Wir belegen diese Annahme im folgenden noch mit weiteren Daten (Müller, 1941; Wülker, 1940).

In feudalen Gesellschaften war sozialer Auf- und Abstieg nicht so gänzlich unmöglich, wie man sich das oft vorstellt. Es gab für die Fähigen durchaus einige Wege und Möglichkeiten, in Richtung Spitze aufzusteigen. War diese erreicht, dann waren die klugen Köpfe der Emporkömmlinge und ihr Geld bei Eheschließungen der Gegenwert für Standestitel und Familienbeziehungen. England war dafür besonders berühmt, aber auch in Sachsen, Preußen, Österreich und anderswo gab es jedes Jahr Nobilitierungen von Aufsteigern aus dem Bürgertum. Diese waren oft besonders fähige Industrie- und Handelsunternehmer, die aus dem Handwerksstand aufgestiegen waren. So wurden ständig neue Begabungen in den Adel aufgenommen, indem für die erfolgreichsten Nicht-Adeligen neue Adelstitel geschaffen wurden. Andererseits gaben die traditionellen Betätigungen für die jüngeren Söhne der Adeligen – Armee, Flotte, Kirche und die Staatsverwaltung – den fähigsten unter den weichenden Erben eine gute Chance, bis zur Spitze aufzusteigen, und sie konnten auf diese Weise beitragen, das System aufrechtzuerhalten. Tatsächlich war der Erfolg von einigen englischen Familien, ihre hervorragenden Leistungen über mehrere

Generationen hinweg zu stabilisieren, einer der Faktoren, die Francis Galton dazu brachten, die Hypothese aufzustellen, daß Intelligenz erblich sei. Doch nur eine Minderheit der adeligen Familien schaffte die Statuserhaltung.

In weniger starr geschichteten Gesellschaften ist die Schichtung nach Intelligenzunterschieden schwach ausgeprägt gewesen, weil bis zu Anfang dieses Jahrhunderts die Anzahl von sehr klugen Leuten viel größer war als die Zahl der spezialisierten Tätigkeiten, für die ein hoher IQ unabdingbar war. Eine echte intellektuelle Elite setzt eine technisierte Gesellschaft voraus, lautet die richtige Schlußfolgerung von Herrnstein und Murray (1994, S. 27). Und sie setzen fort: *Das führt uns zu einem wichtigen Unterschied, den man nicht vergessen darf, denn es könnte sonst leicht zu einem Mißverständnis kommen: Wenn man sagt, daß die meisten Menschen in intellektuell anspruchsvollen Stellungen der Gesellschaft einen hohen IQ haben, dann ist das nicht dasselbe, als wenn man sagt, die meisten Menschen mit einem hohen IQ sind in einer solchen Stellung.* Nach Meinung beider ging früher die große Mehrheit der klugen Menschen, im Ägypten des Cheops, im dynastischen China, im Elisabethanischen England und im Amerika des Teddy Roosevelt, einfachen Betätigungen nach und unterschied sich nicht von der Allgemeinheit. Viele waren Hausfrauen, Bauern, Schmiede, Müller, Bäcker, Zimmerleute und Händler. Herrnstein und Murray meinen, daß früher die soziale und wirtschaftliche Schichtung zwar extrem, die intellektuelle Schichtung jedoch gering gewesen sei. Von den intelligenten Frauen schlugen nur wenige eine eigene berufliche Laufbahn ein. Die meisten von ihnen wurden Hausfrauen, zogen Kinder groß und brachten ihre organisatorischen Talente in das religiöse und soziale Leben ihrer Gemeinde ein.

Insgesamt scheint das jedoch eine typisch amerikanische Sichtweise der Dinge, aus einem Land, wo fast jede Familie einmal von vorne und von unten anfangen mußte. Diese Sichtweise unterschätzt die Rolle, die der IQ bereits in traditionellen Gesellschaften für die Schichtung hatte. Denn im sozialen Status hat ein Ingenieur von heute, ausgestattet mit dem Diplom einer Universität, nur ungefähr den gleichen Rang wie ein Techniker um 1900 oder ein fähiger und geschickter Schmiedemeister um 1750.

Die Rolle des IQ in traditionellen Gesellschaften

Sachsen ist das einzige größere europäische Gebiet, für das wir für die Neuzeit verläßliche Schätzungen über die absolute Zunahme der verschiedenen sozialen Schichten machen können. 1548 wurden hier Kirchenbücher eingeführt, und sie wurden in vielen Orten von Anfang an sehr genau geführt. Dementsprechend wertvoll sind die genealogischen Untersuchungen, die auf dieser Quellengrundlage aufbauen. Im 18. Jahrhundert finden wir in Sachsen, selbst in den entlegenen Dörfern des Erzgebirges, in den Kirchenbüchern in der Regel Angaben zu Stand und Beruf von männlichen Erwachsenen. Im 16. und 17. Jahrhundert sind die im folgenden genannten statistischen Zahlen auf Gemeinden beschränkt, wo die Familiengeschichtsforscher auch noch Steuerlisten und Verkäufe von Haus und Hof herangezogen haben. Aus 500 Ahnenlisten wurden (Weiss, 1993b) Stichproben gezogen, die aus 11.000 Ehepaaren und ihren Eltern bestanden, verteilt über den Gesamtzeitraum von 1548–1870. Die Quoten der Stichproben sind repräsentativ für die Stadt-Land-Verteilung und für die verschiedenen sozialen Schichten und Stände.

Auch die soziale Oberschicht des 16., 17. und 18. Jahrhunderts, insbesondere das sogenannte Besitz- und Bildungsbürgertum, war charakterisiert durch Reichtum, Bildung und Macht, war aber in gewisser Hinsicht auch bereits eine intellektuelle Elite. Am interessantesten in dieser Beziehung ist jedoch die soziale Gruppe der besitzlosen Intellektuellen (d. h. die Schicht der mittleren Beamten und Angestellten, der Lehrer und Schreiber), denn bei ihnen handelt es sich um eine Art intellektuelle Elite im Status nascendi. In Sachsen, wo bereits damals ein Drittel aller Einwohner in Städten lebte, wuchs diese Schicht von 3 % der städtischen Bevölkerung um 1615 auf 12 % um 1870 an, mit einem steilen Anstieg von 5 auf 10 % bereits in der zweiten Hälfte des 18. Jahrhunderts. Bei der Landbevölkerung nahm der Anteil dieser Geschulten (sowohl in leitenden als auch in untergeordneten Stellungen, dabei Gutsverwalter, Schulmeister, Förster, Pfarrer und Kantoren einschließend) von 2 % um 1595 auf 5 % im Jahre 1870 zu. Von Anfang an zeichnete sich diese Berufsgruppe durch eine einzigartige soziale Mobilität aus. Die persönliche Entscheidung, die eigene Chance zu suchen und dank einer überdurchschnittlichen intellektuellen Begabung seinen eigenen Weg zu finden, spielte bei diesen Geschulten eine besondere Rolle. Während bei allen anderen sozialen Klassen und Schichten die Söhne zu 70 bis 90 % aus derselben sozialen Schicht stammten, waren es beim Besitz- und Bildungsbürgertum der Städte nur 50 %, bei der Zwischenschicht der besitzlosen Intellektuellen der Städte stets gar nur 20 %. Das ist ein extrem niedriger Prozentsatz, der in lebhaftem Kontrast zu allen anderen Zahlen steht. Die Leute, die nur ihren klugen Kopf hatten und sonst nichts weiter, kamen stets, d. h. in jeder Generation erneut, zu 30 bis 50 % direkt vom Land, waren Söhne von Schulmeistern und Pfarrern, aber auch von Bauern und Landhandwerkern. Ihre Frau brachten sie nur selten vom Land mit. Auf dem städtischen Heiratsmarkt hatten sie aber wenig zu bieten, und viele heirateten deshalb eine Tochter mit geringer Mitgift aus dem städtischen Handwerk oder die Tochter eines besitzlosen Intellektuellen, der schon in der Stadt wohnte. Aber sie müssen Wert darauf gelegt haben, daß ihre Braut, wenn schon nicht reich, dann aber wenigstens nicht dumm war. Denn nur durch eine solche Heiratsstrategie läßt sich der oft folgende soziale Aufstieg erklären. Bereits in der folgenden Generation stieg von den Söhnen der besitzlosen Intellektuellen bis zu einem Drittel ins Besitz- und Bildungsbürgertum auf, entweder durch eigenen Verdienst oder durch eine entsprechende Heirat oder durch beides kombiniert. Da die soziale Schicht der besitzlosen Intellektuellen zahlenmäßig anwuchs, konnte etwa ein Drittel der Söhne in solchen oder ähnlichen Stellungen wie ihre Väter verbleiben, und die Enkel hatten dann in der nächsten Generation eine erneute Aufstiegschance.

Besonders in der Zeit des Barock war es allgemein üblich, daß in den Eintragungen der Kirchenbücher bei Taufen, Trauungen und Todesfällen ein Teil der Männer als „Herr“ oder „ehrenwerter Herr“ tituliert wurde, der größere Teil aber nicht. Obwohl ein Zusammenhang mit gehobener sozialer Stellung augenfällig war, war selbst für Fachleute der Sozialgeschichte bisher unklar, welches System damals hinter diesen Titulierungen steckte. In einer Untersuchung, die für das 17. und 18. Jahrhundert in Württemberg (Gebhardt, 1998) durchgeführt wurde, konnte nun herausgefunden und eindeutig belegt werden, daß alle Berufe, die schreibend tätig waren, damals mit „Herr“ tituliert wurden, und damit alle, die eine Lateinschule mit hinreichendem Erfolg besucht hatten. Damit wird klar, warum, abgesehen vom Adel (dem der Titel im Frühmittelalter ja allein vorbehalten war), nicht nur Hofbedienstete, Akademiker, Beamte und Offiziere Herren waren, sondern auch die Buchhändler, Buchdrucker, Apotheker, Kaufleute, die Gerichts- und Ratsverwandten, alle Schreiber und Sekretäre und ein Teil der erfolgreichen und qualifizierten Handwerksmeister. Zum erstenmal in der Geschichte ist damit eine Gemeinsamkeit, die wir heute in Bezug zu „Intelligenz“ setzen würden, durch eine gemeinsame Titulierung erfaßt worden, die nicht nur das Besitz- und Bildungsbürgertum erfaßte, sondern auch die Schicht der besitzlosen Intellektuellen, und damit beginnt eine Wertschätzung von Bildung und geistiger Leistung, die die bis dahin festgeschriebene feudale Rangordnung zu durchkreuzen beginnt. Um der bereits im 18. Jahrhundert erkennbaren Tendenz zur Bildungs- und Titelinflation entgegenzuwirken (heute wäre ja inzwischen schon der Dümmste beleidigt, wenn er nicht mit „Herr" angesprochen würde), sah sich der württembergische Herzog 1789 genötigt, restriktive Bestimmungen zu erlassen. Es sei beobachtet worden, daß *besonders die Vermöglichere aus den arbeitenden Volksklassen durch den Reiz höherer Ehrenstellen, oder einer gemächlicheren Lebensart verleitet, täglich häufiger ihren angeborenen Stand verlassen, um sich dem Studiren, oder der Schreiberey zu widmen.* Es sei des Herzogs Regentenpflicht, *darüber zu wachen, daß weder den [...] Handwerkern und dem Landbau zu viele Hände und fähige Köpfe entzogen, noch auch die Stände der Gelehrten und Schreiber durch einen allzugroßen Zuwachs minder fähiger oder gar untüchtiger Leute übersezt werden.* Es wird deshalb verordnet, daß *künftig schon in den Schulen, Klöstern und Gymnasien strenge Prüfungen über die dem gelehrten Stand und der Schreiberey gewidmete Subjecte veranstaltet* werden, und *wenn sie keine vorzüglichen Gaben und Geschicklichkeit [...] zeigen,* diese davon abgehalten werden sollen, dies soll auch für *Honorationes, deren Söhne nicht die erforderliche Tüchtigkeit besitzen*, gelten (zitiert nach Gebhardt, 1988, S. 98).

Die Söhne und Töchter des Besitz- und Bildungsbürgertums, die nicht mehr als 10 % der gesamten Stadtbevölkerung ausmachten, heirateten niemals Söhne und Töchter der Unterschicht (mit Ausnahme der eben genannten besitzlosen Intellektuellen). So brauchte die soziale Mobilität von einem Ende der sozialen Skala zum anderen, vermittelt durch eine Heirat oder den sozialen Auf- und Abstieg auf eine mittlere soziale Position, wiederum mindestens zwei Generationen. Auch die Landbevölkerung war, ganz abgesehen vom Adel, in hohem Maße sozial strukturiert und gliederte sich in Vollbauern, Kleinbauern und landlose oder landarme Häusler und Hausgenossen. (In verschiedenen Gebieten des deutschen Sprachgebietes waren verschiedene Bezeichnungen für diese sozialen Schichten üblich, aber die Struktur läuft fast stets auf diese Dreigliederung hinaus.) Zwischen diesen Schichten gab es ein festes Muster von Heiratsbeziehungen, das Verbindungen zwischen Vollbauern und Häuslern praktisch ausschloß. Wir haben das vorhin mit der Arbeit von Hanke (1969) schon ausreichend belegt. Für einen erbenden Bauernsohn hätte eine solche Heirat die wirtschaftliche Grundlage seines Hofes gefährdet. Es ist sicher richtig, daß solche Verhaltensmuster primär nichts mit dem IQ der betreffenden Personen zu tun hatten. Doch konnte in einer Studie in Sachsen gezeigt werden, daß in einem Dorf (Herzog, 1984) zwischen 1700 und 1799 die rund 4,6 Kinder von Vollbauern (das ist das Mittel über alle Ehen) insgesamt 612 Gulden erbten. Das sind 133 Gulden pro Kind. Die 3,3 Kinder von Häuslern erbten zusammen 77 Gulden, also nur 23 Gulden pro Kopf. Die 5,4 Kinder der Müller erbten hingegen 2.165 Gulden, also 401 Gulden pro Kopf. Solche Unterschiede hatten für die Heiratschancen der Kinder große Bedeutung. Herrnstein und Murray scheinen aus ihrer nordamerikanischen Perspektive die Möglichkeiten des sozialen Auf- und Abstiegs durch persönliche Verdienste und Leistungen in traditionellen Gesellschaften grob zu unterschätzen. Auch im 16. oder 18. Jahrhundert war es einem kleinen Prozentanteil von Personen möglich, ihre Tätigkeiten im Laufe des Arbeitslebens mehrfach zu wechseln. Selbst Bauern konnten Höfe kaufen und verkaufen und damit spekulieren. So war es z. B. am Ende des Dreißigjährigen Krieges dem Bauern Abraham Scheibner in Zschocken (Weiss und Butter, 1988) in Sachsen möglich, alle seine sieben Kinder auf großen Bauernhöfen als Besitzer unterzubringen. Sicher hatte der Mann Glück gehabt, daß er den Krieg gesund überlebt hatte und sein Gut bestehen blieb, während andere im Dorf niedergebrannt wurden. Aber Verstand hatte er wohl auch, als er im richtigen Moment zugriff und die Güter aufkaufte.

Sehr gut und detailliert erforscht wurde das schwäbische Dorf Kiebingen (Jeggle, 1977): *Um das Leben der Oberschicht kennenzulernen, greifen wir auf die Kohlstetters zurück. [...] Eine richtige Kohlstetterin war nicht dünkelhaft, sie war „stolz". Besitzsituation und Selbstbewußtsein standen dann im richtigen Verhältnis, und das wurde vom Dorf akzeptiert. [...] Das ständische Gesellschaftsbild, das Widersprüche und Ungleichheit als natürlich und gottgewollt ausgab und hinnahm, reproduzierte sich hier im kleinen Milieu. [...] Als die Frau des Alois Kohlstetter 1861 starb, betrug das ganze Vermögen 13.182 fl.*

In einem einstöckigen Haus wohnte der Bartolomäus Balm, der 1741 geboren war und sich Weingärtner nannte, obwohl er gerade vier Viertel Ackerland hatte. [...] Das Häusle wurde versteigert, ebenso wie die Liegenschaften, um den Kindern ihr bescheidenes Erbteil auszahlen zu können. [...] Als der Vater starb, erhielt jedes Kind 35 fl. Die Anna heiratete mit 42 einen alten Mann aus Rottenburg, beendete ihr Leben als billige Hausgehilfin [...] der Michael verschwand im Badischen, nur der Joseph zog nach Kiebingen und war dort 1818 als

Ziegler und Bürger gemeldet. Der Franz hatte Glück, er heiratete die Anna Geiger, die immerhin 4 Viertel Äcker und 1½ Viertel Wiesen als Heiratsgut erhielt und auch sonst nicht schlecht betucht war. [...] Das Beibringen des Mannes betrug insgesamt 76 fl., das der Frau jedoch 342 fl. Das war sicher ein schwieriger Start [...]; aber diesmal kam es anders, der Franz nutzte seine Chance zum sozialen Aufschwung, die Alliance machte gute Geschäfte, und als 1864 das Vermögen an die Kinder geteilt wurde, zeigte sich, daß die Alten mit ihren Pfunden gewuchert und 6.025 fl. zusammengebracht hatten, sie hatten ihr Startkapital verzehnfacht. [...] Die Kinder, mit Ausnahme einer gebrechlichen Tochter, *machten gute Partien, sie heirateten alle in Aufsteigerfamilien ein. [...]*

Benedikt Balm war geradeso ein Habenichts wie sein Vater. [...] Für die Kinder reichte das nicht, sie verdingten sich im Oberland, suchten im Herumvagieren ein Auskommen, lebten unfriedlich gegeneinander. Die zu Hause gebliebene Agathe war mit dem Ziegler Johannes Heim verheiratet, der ihr allerdings davongelaufen war. Da legte sie sich einen neuen Mann zu, gebar ihm zwei außereheliche Kinder und verkaufte ohne Wissen und Willen der mitbesitzenden Geschwister das kleine Häusle.

Diese – stark gekürzten – Fallbeispiele interpretiert Jeggle (1977) so: *Das dörfliche Bewußtsein gibt die Gestaltbarkeit des Menschen gar nicht vor, daß einer aus seinem Leben etwas machen kann, etwas anderes, als ihm in die Wiege per Verwandtschaft und Namen gelegt wurde, ist nicht im Bereich der Kiebinger Vorstellungen. [...] Innerhalb der bäuerlichen Produktion gab es außer den genannten Verwandtschaftsbeziehungen keine Form, seine Position zu verändern.* Dafür, daß das nur teilweise richtig sein kann, hat Jeggle mit dem Ehepaar Franz Balm und Anna Geiger selbst ein treffendes Fallbeispiel geliefert. Die beiden dürften schlicht und einfach intelligent und fleißig gewesen sein. Die enge Interpretation aber ist typisch für die etablierte und politisch korrekte Sozialwissenschaft, die sich ihre Scheuklappen selbst anlegt.

Es gibt nur wenige Dorfuntersuchungen, die ins vorige Jahrhundert zurückreichen und versuchen, sich der Messung der Intelligenz wenigstens zu nähern. Eine bemerkenswerte Untersuchung dieser Art ist die von Josef Müller (1941) über das Dorf Sulzthal in Unterfranken: *Der Zwang zur Abwanderung war vorhanden: Kleinbauerndorf mit sehr zersplittertem Feldbesitz und extensiver Wirtschaft, geringe Einkünfte aus dem Bodenbesitz, Vorhandensein von zahlreichen Handwerksleuten, die im Dorf keine Arbeit finden konnten, Verdienstmöglich-*

keiten durch Nebenbeschäftigung nicht vorhanden, Übervölkerung. Müller versucht nun auf der Grundlage der Schulzensuren die Frage zu beantworten, ob die Abwanderung seit 1830 selektiv war oder nicht. *Als Schulleistung selbst wurde der Durchschnitt der Noten der wichtigsten Schulfächer (Rechnen, deutsche Sprache, Erdkunde, Geschichte, Naturgeschichte) in der zweiten Hälfte der Schulzeit genommen. [...] Mehr als von jeder anderen Schule ist daher von der Dorfschule zu erwarten, daß sie in ihren Schulnoten die Begabtheit und Tüchtigkeit der Schüler und deren geistige Anlagen kundgibt, zum mindesten relativ. Es gibt zu allen Zeiten ein bestes, ein mittleres und ein schlechtes Drittel der Klasse. Beim Vergleich zwischen den Generationen einer Sippe besagt es schon viel, wenn man weiß, daß ihre Glieder etwa zunächst dem obersten Drittel [...] angehörten. [...] Eine weitere Frage ist die, ob in der Schulleistung sich schon die ungefähre künftige Lebensleistung anzeigt. In weitgehendem Maße muß diese Frage für unsere Verhältnisse bejaht werden.* Dann folgen Fallbeispiele und Berufsangaben, z. B. bei der *1. Sippe Sch.*, alle Vertreter mit Note I oder II: *Handwerkersippe mit guter Begabung. Notendurchschnitt: 1,44. Fortschrittlich, unternehmungslustig, aufgeschlossen für die jeweiligen Verhältnisse. Der Ahne war Bauer und Handwerker gewesen. Die Glieder mit besten Schulleistungen wanderten in der 1. und 2. Generation ab. Vor allem für die abgewanderten Glieder der 1. Generation bedeutete die Abwanderung wirtschaftlichen und sozialen Aufstieg. Ihre Nachkommen sind heute teilweise in führenden Stellungen. [...] 64,4 % der Sippenangehörigen wanderten ab. Fast die gleichen Verhältnisse finden sich bei einer anderen Sippe mit Notendurchschnitt 1,45. [...] Mehr noch als bei Sippe Sch. war hier die Abwanderung mit sozialem Aufstieg verbunden (Nachkommen: höhere Beamte, Ärzte, Kaufleute usw.). Verhältnis der Abwanderung 81,8 %. Die Nachkommen der im Dorf verbliebenen Glieder beider Sippen [...] zeigen alle nur noch gute Schulleistungen. [...] In diesen Sippen dekken sich Schulleistung und Lebensleistung weitgehend.* Es folgen weitere Fallbeispiele, nun mit mittleren und schlechten Schulzensuren, darunter die *4. Sippe K.: Gut begabte bäuerliche Sippe. Notendurchschnitt: 1,92. Die besten Glieder sind abgewandert und befinden sich in der Fremde in sehr guten wirtschaftlichen Verhältnissen. Die im Dorfe verbliebenen Glieder der Sippe sind Bauern geblieben. Besitz unter Erbhofgröße. Es mangelt in fast allen Fällen, vor allem in wirtschaftlicher Hinsicht, an Fortschrittsgeist. Sie beharren auf dem Gegebenen und versuchen nicht weiter aufzubauen. Sie befinden sich so zum Teil in weniger günstigen wirtschaftlichen Verhältnissen. Auch in der*

Dorfgemeinschaft sind sie nicht führend. Dann die 5. Sippe W.: Schwach begabte bäuerliche Sippe. Notendurchschnitt 3,2. Geringe geistige Veranlagung, schwacher Lebenswille, mangelnder Fortschrittsgeist, zurückgebliebene dürftige Wirtschaftsverhältnisse. Der schlechten Schulleistung entspricht auch die mangelhafte Lebensleistung. In vereinzelt gelernten Handwerksberufen wird nur vorübergehend gearbeitet. Die kleinen bäuerlichen Betriebe liefern das Notdürftigste zum Leben. [...] Die Abwanderung aus der Sippe beträgt 0 %.

Abwanderung der Begabten vom Lande (in %)
Sulzthal in Unterfranken (1830–1930)

Schulzensuren	**I**	**II**	**III**	**IV**		
mittlerer IQ	**125**	**107**	**90**	**72**		n
Abgewanderte	14	57	24	6	100	240
Zurückgebliebene im Dorf	6	42	45	8	100	501

Quelle: Müller, J. (1937)

Was [...] zurückblieb, setzt sich großenteils aus Menschen zusammen, die sich durch eine konservative Haltung auszeichnen, die weniger Wagemut, Unternehmungslust und Fortschrittsgeist zeigen. Es sind Menschen, die in der Erfüllung ihrer Berufsarbeit ihre Hauptaufgabe sehen. [...] Man kann der Meinung sein, daß diese Auslese [...] nicht so sehr von Schaden sei, wie es zahlenmäßig erscheint, da aus den im Dorfe verbliebenen Gliedern doch wieder Begabte hervorgehen.

In insgesamt sieben benachbarten Dörfern hat Müller (1941) darüber hinaus aus den familienweisen Verkartungen 642 Ehepaare erfaßt, für die bei beiden Eltern zusätzlich die Schulzensuren verfügbar waren, mit insgesamt 2.051 Kindern und ihren jeweiligen Schulzensuren. Untersucht wurden die Verteilungen der Ehepartner wie auch die Verteilung der Kinder. *Durchweg haben sich Ehepartner mit gleicher oder ähnlicher Begabung gefunden (87,9 %). [...] Bei Vergleich der einzelnen Berufsgruppen untereinander zeigen die bäuerlichen Ehen den höchsten Anteil von Ehen mit gleichen oder ähnlichen Partnern. [...] Gewöhnlich ist man der Meinung, daß bei den bäuerlichen Heiraten die Größe des Besitzes und der Wert des zu erheiratenden Gutes die Hauptrolle bei der Eheschließung spielen und diesen gegen-*

über die Persönlichkeit in den Hintergrund tritt. [...] Aber wir können hier feststellen [...] es fanden sich bei der Eheschließung vorwiegend die Personen zusammen, die entsprechend ihres Begabungsstandes zusammengehören. [...] Die Ehen mit gutbegabten Partnern haben im Verhältnis die größte Anzahl wieder gutbegabter Kinder, während den Ehen mit geringer begabten Partnern größtenteils Kinder entstammen, die selbst schwache Begabung aufweisen. Das alles wird mit sehr detaillierten Tabellen belegt. *Die Kinder, die aus einer Ehe stammen, gehören nicht immer der Begabungsstufe der Eltern an. Geschwister können große Verschiedenheiten aufweisen, doch ist die Begabungsstreuung eine engere als unter Nichtgeschwistern. [...] Es ist auch bei der Kindergruppe noch eine Begabungsstreuung vorhanden, wie sie die Elterngruppe zeigt.* Man könnte dazu neigen, diese Schlußfolgerungen schon aus dem Grund zur Seite zu schieben, weil die Untersuchung in einer Zeit durchgeführt wurde, in der mit vordergründigen politischen Verzerrungen zu rechnen ist. Ganz so einfach sollte man es sich aber nicht machen: Die Schulzensuren beziehen sich auf den Zeitraum von 1840 bis 1930, und die wesentlichen statistischen Ergebnisse der Untersuchung sind auch an Familiendaten aus anderen Orten reproduzierbar und damit ziemlich zeitlos.

Die Arbeiten von Josef Müller (1941) und Heinz Wülker (1940) sind dann als bemerkenswerte Leistungen zu beachten, wenn es dem Kritiker gelingt, den bleibenden Gehalt aus einer mehr oder minder vom damaligen Zeitgeist geprägten Terminologie herauszufiltern. Ziel der Arbeiten war eine komplexe soziologische und wirtschaftliche Analyse ausgewählter Dörfer. Wülkers Thema war die Verstädterung von drei Bauerndörfern in der unmittelbaren Nähe von Hannover, *vor allem die Überführung fast der gesamten Nachkommen in städtische soziale Gruppen.* Die drei Dörfer wurden 1891 nach Hannover eingemeindet, und untersucht wurde der Zeitraum von 1740 bis 1891. *Die Nachkommen der Großbauern gehen zu einem beträchtlichen Teil in die städtische Oberschicht über, zu einem kleinen Teil in die Mittelschicht und nur ganz vereinzelt in die Unterschicht der Stadt. Die Erbstämme der Kleinkötner verteilen sich vor allem auf die Mittelschicht der Stadt und zu kleineren Anteilen auf Ober- und Unterschicht. Die Brinksitzer-Nachkommen finden sich in Berufen der städtischen Mittel- und Unterschicht, dagegen nur selten in den oberen städtischen Gruppen,* wobei Wülker bei dieser sozialen Mobilität eine starke Abhängigkeit von der Schulbildung, der Lebensleistung und der sozialen Herkunft des Ehepartners feststellen konnte. *Innerhalb der Kleinkötner trennen sich die Familien eindeutig nach erblichen Vorausset-*

zungen. Bei gleicher Hofgröße erreichen nur solche Familien höhere soziale Stellungen, die schon innerhalb des Dorfes unter rein bäuerlichen Verhältnissen mehr geleistet hatten oder am engsten in Heiratsbeziehungen zum Großbauerntum standen. [...] Der einfachen sozialen Ordnung des Dorfes, in der sich die Leistungsbedingungen nur nach der Besitzgröße und den zusätzlichen Bewährungsmöglichkeiten (Nebenberuf, Gemeindeämter) unterschieden, stehen in dem differenzierteren städtischen sozialen Aufbau Berufe in dem größeren Spielraum von Leistungsanforderungen und -möglichkeiten gegenüber. [...] Nach vorhandenen Beispielen kann gezeigt werden, daß die begabten Söhne von Kleinkötnern die nahegelegene Höhere Schule der Stadt Hannover besuchten, während die Söhne anderer Familien gleicher wirtschaftlicher Lage und Besitzgröße auf der dörflichen Volksschule blieben. [...] Die Schulwahl ist nicht in erster Linie von der wirtschaftlichen Lage, sondern weitgehend von der Begabung abhängig. [...] Die „Großen" im Dorfe gelangen auch in der Stadt in die Berufe mit geistigen Voraussetzungen und Führungsfähigkeit. [...] Der direkte Übergang von Bauernkindern der großen Höfe in die Industriearbeiterschaft ist eine seltene Ausnahme.

Das alles ist Geschichte. Inzwischen hat die technisierte Gesellschaft eine neue Klassenstruktur hervorgebracht, in der es von beständigem Vorteil scheint, sehr intelligent zu sein und darüber hinaus sogar so klug zu sein, in vielen Situationen seine Intelligenz unter den Scheffel zu stellen. Denn in einer demokratischen Gesellschaft sind die sehr Intelligenten stets eine Minderheit, die als Minderheit ihre Interessen nicht auf direktem Weg durchsetzen kann – wie das den Mächtigen in den traditionellen Gesellschaften oft möglich war – und noch dazu untereinander um die Führungspositionen konkurriert. In den folgenden Kapiteln wollen wir uns dieser Modernisierung der Gesellschaft und ihren Folgen näher zuwenden.

Intellektuelle Schichten und das Bildungswesen

Im Verlauf des 20. Jahrhunderts haben die USA die Pforten der höheren Bildungswege weiter aufgestoßen als je zuvor. Ein paralleler Aufbruch hat in West- und Osteuropa stattgefunden, in Deutschland sogar besonders früh und konsequent. Doch hat diese Demokratisierung der Bildung zwischen den Menschen neue Schranken geschaffen, die sich als stärker trennend und als dauerhafter erweisen können als die alten, meinen Herrnstein und Murray (1994). Mangels eindrucksvoller europäischer Daten, die z. B. aus Frankreich oder aus Großbritannien stammen könnten, müssen wir im folgenden gelegentlich auf die amerikanischen Zahlen von Herrnstein und Murray zurückgreifen, da nur für die USA aufeinander beziehbare Test- und zugleich Bildungsstatistiken vorliegen.

Die Geschichte des Bildungswesens der USA im 20. Jahrhundert wird im allgemeinen als eine der großen amerikanischen Erfolgsgeschichten angesehen, und das aus gutem Grund. Zwar war auch diese Geschichte nicht ohne Fehl und Tadel, aber die USA bilden sich ein, im Bildungssystem führend in der gesamten Welt zu sein, indem sie die höhere Schulbildung für eine breite Bevölkerung öffneten, unabhängig von Rassenzugehörigkeit, Hautfarbe, Glaubensbekenntnis, Geschlecht und Geldvermögen.

Doch hat diese Erfolgsgeschichte eine paradoxe Schattenseite, denn Bildung schafft auch mächtige Schranken und Unterschiede. Der Bildungsgrad beeinflußt das Einkommen, und Einkommensunterschiede trennen. Bildung beeinflußt den Berufsweg, und Berufe machen Unterschiede. Bildung beeinflußt Geschmack und Interessen, Sprache und Aussprache, und alles das macht Unterschiede. Wenn der Zugang zu höherer Bildung durch die Klasse, Rasse oder Religion begrenzt wird, dann werden quer durch die intellektuellen Schichten Trennstriche gezogen. Doch die Schule selbst ist, mehr und unmittelbarer als irgendeine andere Institution, der Ort, wo Menschen mit hoher Intelligenz sich auszeichnen und Menschen mit geringer Intelligenz scheitern (Herrnstein und Murray, 1994, S. 31). Als Amerika und Europa die Schleusen zur höheren Bildung öffneten, löste man damit auch eine Revolution aus, die die Bevölkerung siebte und in sich teilte. Drei aufeinanderfolgende Siebungsvorgänge kamen in Gang: die Zahl der Schüler in den höheren Bildungswegen stieg an; die Schüler und Studenten waren, da der Geldbeutel der Eltern eine immer geringere Rolle spielte, hinsichtlich ihrer Intelligenz besser selektiert; und dann gab und gibt es in den USA, Frankreich und England – und das im wesentlichen Unterschied zu Deutschland – auch noch eine klare Rangfolge unter den höheren Bildungseinrichtungen selbst. (Unklar ist dabei, inwiefern sich die Effekte der beiden zuerst genannten Vorgänge wieder aufheben, denn wachsende Studentenzahlen bedeuten natürlich auch für mittelmäßige Kinder reicher Eltern eine große Chance, auf jeden Fall ein Studium aufzunehmen.)

Auf den ersten Blick scheint das alles eine Erfolgsgeschichte von sich ausbreitender Demokratie und Vermischung zu sein und keine Geschichte der Schichtenbildung. Früher einmal war der Zugang zur Hochschule einer kleinen Minderheit vorbehalten, jetzt hat fast ein Drittel eines jeden neuen Geburtsjahrganges einen Hochschulabschluß. Das sollte dazu beitragen, daß die Studenten sich über einen breiteren Intelligenzbereich verteilen und nicht über einen engeren. Aber dem ist nicht so. Im selben Zeitraum, in dem viele junge Menschen den Hochschulzugang erreichten, wurden sie durch die studienvorbereitende Bildung in immer stärkerem Maß auf ihre Intelligenz hin gesiebt. Das entscheidende Jahrzehnt waren in den USA die fünfziger Jahre, als der Anteil der Studenten mit hohem IQ an den Colleges stärker anwuchs als in den vorangegangenen drei Jahrzehnten zusammen (Herrnstein und Murray, 1994, S. 32). Bei den wirklichen Spitzenleuten mit einem IQ über 125 beträgt in den USA die Wahrscheinlichkeit, ein Hochschulstudium aufzunehmen, über 90 %, und diese Wahrscheinlichkeit dürfte in den europäischen Industrieländern inzwischen bei 95 % oder höher liegen (Weiss, 1994a). Doch hat es hinsichtlich der Intelligenz immer eine beträchtliche Überlappung zwischen verschiedenen Bildungsstufen gegeben, und das gilt auch noch heute, und stets mehr für Frauen als für Männer.

1930 gab es in den USA nur eine schmale Bildungsschicht, 1990 ist sie – nach Meinung von Herrnstein und Murray – zu einer sozialen Klasse geworden. Intelligente Jugendliche, die früher Zimmerleute, Lastwagenfahrer oder Postangestellte geworden sind und in diesen Berufen hervorragende Arbeit geleistet haben – oft als Leiter kleiner Arbeitseinheiten –, nehmen heute statt dessen ein Studium auf und üben Berufe aus, die auf der sozialökonomischen Leiter weiter oben angesiedelt sind. In den Berufen mit niederem Sozialstatus, die dadurch in bezug auf ihren IQ homogener geworden sind, fehlen heute diese Personen. Auch in den schlechteren Wohngebieten fehlen die Leute mit hohem IQ, die es dort früher noch gab. Sie verdienen jetzt mehr und sind weggezogen, und diese Wohnviertel sind von einer homogeneren Bevölkerung besiedelt, die durchschnittlich ärmer ist und eine Art Rückstand bildet. In den neuen Bundesländern – der früheren DDR – ist dieser Entmischungsprozeß gerade in vollem Gang. Für den Hochintelligenten wird auf diese Weise der Kreis von Freunden und Bekannten sehr verschieden von dem, was in einer mobilen Gesellschaft Alltagsnorm und -maß ausmacht. Diese weitgehende Abschottung von anderen Bevölkerungsteilen mit einer niedrigeren IQ-Verteilung beeinträchtigt nicht nur unser Beobachtungsvermögen für die soziale Wirklichkeit, sondern – und das ist viel schlimmer – auch das unserer Politiker. Wenn Menschen in Welten mit eingeschränkter Erfahrung leben, wird es für sie, auch mit den besten Absichten, schwierig sein, die Realität einer Welt zu begreifen, mit der sie eigentlich wenig zu tun haben, über die sie aber große Entscheidungsgewalt haben, sowohl öffentlich wie auch privat. Viele Akademiker leben niemals in einer Gemeinschaft, wo sie eines Besseren über ihre falsche Wahrnehmung belehrt werden, denn nach der Schule und Hochschule kommt mit dem Beruf ein weiterer Siebungsmechanismus, und viele der Schlupflöcher, die in den Wänden der sozialen Schichtung noch geblieben sind, werden mit dem Berufseintritt dichtgemacht.

Der Diplomingenieur, der morgens und abends mit dem Auto in seine Forschungsabteilung fährt, hat während der Arbeit noch mit zwei oder drei technischen Kräften zu tun, die für 50 Diplomingenieure oder noch höher Graduierte zuständig sind, und er begegnet nur beim Einkauf noch einfachen Leuten – das ist seine gesamte primäre soziale Erfahrungswelt. Berufe und Tätigkeiten sieben die Menschen nach ihrem IQ ebenso wie die Schule. Doch gibt es einen Unterschied zwischen der Siebung in Schule und Beruf. Die Menschen verbringen nur ein oder zwei Jahrzehnte in Schulen. Den größten Teil unseres Lebens haben wir mit den Folgen der Siebung zu tun, die das Arbeitsleben mit sich bringt und die sich in unserem Freundes- und Bekanntenkreis fortsetzt sowie in unserem Wohngebiet. Wenn es auch nicht immer derselbe Arbeitsplatz und dieselbe Wohnsiedlung und dieselben Freunde das ganze Leben hindurch sind, so sind es doch in ihrer Art ähnliche.

Die Testfachleute haben von Anfang an festgestellt, daß der Kompliziertheitsgrad bzw. das Ansehen einer Arbeit – die Soziologen sprechen vom Sozialstatus eines Berufes – etwas mit den Werten in IQ-Tests zu tun hat. Als die Tests verbessert wurden und die Messung des Sozialstatus formalisiert worden war, wurde es eine Art Heimindustrie für Sozialwissenschaftler, die Zusammenhänge zwischen beruflichen Tätigkeiten und Intelligenzunterschieden zu untersuchen. Bis jetzt ist der Zusammenhang viele Male bestätigt worden, in vielen Ländern und durch viele, in ihrer Methodik verschiedene Untersuchungen.

Ein bemerkenswertes Ergebnis ist, daß die Korrelation zwischen IQ und beruflichem Status ebenso hoch ist, wenn der IQ während der Kindheit getestet worden ist, also Jahrzehnte bevor die Personen in den Arbeitsmarkt eintreten, oder bei jungen Erwachsenen, deren IQ einige Jahre nach Beendigung der Schulbildung getestet wird. Das konnte in einer Längsschnittuntersuchung (McCall, 1977) bestätigt werden, in deren Rahmen der IQ erstmals im Kindesalter getestet worden war und dann im Alter von 26 Jahren beruflicher Status und Schulbildung mit standardisierten Skalen gemessen wurden. Die IQ-Werte im Alter von sieben oder acht Jahren waren ungefähr ebenso stark mit dem beruflichen Status der Erwachsenen korreliert, wie es der IQ des Erwachsenen selbst war. An der Behauptung, daß der IQ nur den Bildungsgrad mißt, kann also nicht viel dran sein, meinen Herrnstein und Murray (1994).

Intelligenz und soziale Herkunft

Auch zwischen den Mitgliedern einer Familie gibt es in der Regel hinsichtlich des beruflichen Status deutliche Zusammenhänge. Wenn eine bestimmte Eigenschaft, ein bestimmtes Merkmal, ein bestimmter Ausprägungsgrad von geistiger Begabung erblich sind, dann zeigen die Verwandten (also die Nachkommen, Vorfahren und Seitenverwandten) einer Person, die diese Eigenschaften aufweist, das Merkmal bzw. den Begabungsgrad in gleicher, stärkerer oder schwächerer Ausprägung. Diese Ähnlichkeit der Verwandten mit der hochbegabten Ausgangsperson ist bei Erblichkeit eines Merkmals weitaus größer, als das bei einer zufällig aus der Gesamtbevölkerung gezogenen Stichprobe als Vergleichsgruppe zu erwarten wäre. In der Sprache der Korrelationsrechnung bedeutet das: Zwischen genetisch identischen (monozygoten) Zwillingen beträgt die durch die genetische Theorie vorgegebene erwartete Korrelation der Meßwerte (wenn wir einmal vom Meßfehler absehen) 1,00, zwischen Geschwistern und Geschwisterzwillingen (d. h. dizygoten Zwillingen) sowie zwischen Eltern und Kindern je 0,50, zwischen Halbgeschwistern und zwischen Enkeln und Großeltern je 0,25 und halbiert sich weiter mit abnehmendem Blutverwandtschaftsgrad. Wenn man Blutgruppenbestimmungen quantifiziert und korreliert – das Vorhandensein einer bestimmten Blutgruppe erhält dabei den Meßwert 1, das Nichtvorhandensein den Meßwert 0 –, dann entsprechen die gefundenen Werte genau oder fast den oben angegebenen erwarteten Werten. Blutgruppenbestimmungen haben aber auch eine Zuverlässigkeit (Reliabilität) von praktisch nahezu 1,00 (d. h. aufeinanderfolgende Messungen führen zum selben Ergebnis). Intelligenztests haben dagegen eine Reliabilität, die niedriger als 1,00 ist. Folglich kann die gefundene Verwandtenkorrelation zwischen monozygoten (eineiigen) Zwillingen nicht höher sein als diese IQ-Test-Reliabilität, die Korrelation zwischen Geschwistern nicht höher als die Hälfte dieser Reliabilität. Bouchard und McGue (1981) haben sich einmal die Mühe gemacht, aus englischsprachigen Originalarbeiten die Verwandtenkorrelationen zusammenzutragen und graphisch darzustellen. Wir können aus der folgenden Abbildung erkennen, daß die gefundenen mittleren Korrelationen sehr gut mit den Erwartungen der genetischen Theorie übereinstimmen. Auch Untersuchungen in Frankreich, Deutschland oder in Moskau, als es noch Hauptstadt der Sowjetunion war, erbrachten stets Zahlen in der gleichen Größenordnung. Diese gleichmäßig nach dem Verwandtschaftsgrad abgestuften Korrelationen und Häufigkeiten kann man nur erwarten, wenn es sich um ein Merkmal handelt, das in starker, schwächerer und geringer Ausprägung, und dazu gehören auch Begabung und Intelligenz, bei allen Menschen vorhanden ist. Handelt es sich hingegen um eine seltene Erbkrankheit, dann sind die Erwartungsziffern bei den Verwandten weit niedriger und lassen sich aus der Häufigkeit des seltenen Gens schätzen – oder umgekehrt die Häufigkeit des Gens aus dem Anteil der Merkmalsträger unter den Verwandten.

Die absoluten Unterschiede nach der sozialen Herkunft sind beträchtlich: 1974 ergab sich in Frankreich die Möglichkeit, den IQ von 40.000 Militärdienstpflichtigen zu testen und die Rekruten nach ihrer sozialen Herkunft zu befragen (Olivier und Devigne, 1983). Zum Beispiel hatten die 2.694 Söhne ungelernter Arbeiter einen mittleren IQ von 93; 2.591 Söhne von Bauarbeitern – 94; 1.595 Söhne von Kraftfahrern – 95; 4.345 Söhne von Facharbeitern – 100; 990 Söhne von Handwerkern – 104; 1.236 Söhne von einfachen Büroangestellten – 106; 217 Söhne von Lehrern – 115; 1.319 Söhne des leitenden Managements – 118; 401 Söhne von Vätern mit freien Berufen einen mittleren IQ von 119. Diese französische Untersuchung ist dadurch bemerkenswert, daß die großen IQ-Unterschiede zwischen Berufsgruppen und sozialen Schichten sehr deutlich herausgearbeitet worden sind. In den meisten Untersuchungen werden sie mehr oder weniger verwischt, indem die Berufsgruppen nach irgendwelchen wirtschaftlichen Kriterien klassifiziert werden (z. B. holzverarbeitende Berufe, Elektroberufe; „Selbständige“ – eine Gruppe, die dann Gemüsehändler und Ärzte zusammenfaßt usw.), bei denen die Hierarchie der Qualifikationen dann sekundär ist oder fast untergeht.

Korrelation des IQ bei Verwandten

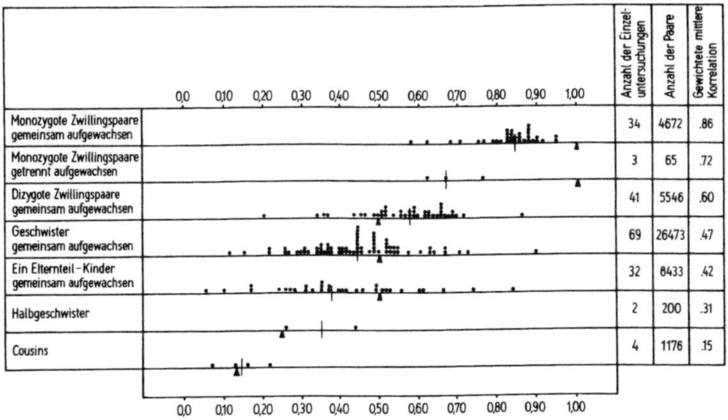

Die Korrelationen der 111 Einzeluntersuchungen sind durch schwarze Kreise bezeichnet, während die Mediane durch vertikale Striche angezeigt werden. Die Pfeile geben die rein theoretische genetische Korrelation an, d. h., wenn die Heiratssiebung unberücksichtigt bleibt und die Testreliabilität 1,00 betragen würde.

Quelle: Bouchard und McGue (1981), (nach Weiss [1982], S. 88, Abb. 12)

Die Hochbegabtenuntersuchungen

Galton hat 1869 als erster die Häufigkeiten eines bestimmten Begabungsgrades unter den Verwandten von Hochbegabten und berühmten Persönlichkeiten ermittelt (siehe die Tabelle auf S. 80). Einige Kritiker meinten, er hätte bei der Auswahl seiner Hochbegabten keine gute Quellengrundlage zur Verfügung gehabt, und versuchten es besser zu machen. So ermittelte Juda (1953) über die Befragung von 200 Gutachtern die Namen von 113 hervorragenden Künstlern und 181 hervorragenden Wissenschaftlern des deutschsprachigen Raumes, die nach 1650 geboren waren. Unter den näheren Verwandten der Künstler fanden sich wieder besonders viele Künstler, meist gleicher Kunstgattung, vornehmlich bei den Musikern, aber auch bei den bildenden Künstlern. 74 % der Wissenschaftler entstammten ihrer sozialen Herkunft nach der sozialen Oberschicht, nur 3,3 % der Väter waren Handarbeiter und 4,5 % „Sonstige" (d. h. Arbeiter, Landarbeiter).

Rüdin (1951) befaßte sich mit der Lebensbewährung, den Gesundheitsverhältnissen und der sozialen Herkunft von 412 Einser-Abiturienten, die von einer Stiftung des bayerischen Staates, die noch heute besteht, besonders gefördert wurden. Von den Vätern dieser Abiturienten mit Spitzenleistungen gehörten 50 % der sozialen Oberschicht an, ungelernte Arbeiter waren nur 0,5 %. Ebenso wie Juda kann Rüdin die Häufung hervorragender Leistungen unter den Verwandten, die Galton als erster belegt hatte, bestätigen, desgleichen die Abnahme dieser Häufigkeiten mit der Abnahme des Verwandtschaftsgrades.[4]

Auch die Stammbäume bestimmter berühmter Familien werden immer wieder als Beleg für die Vererbung der Begabungen angeführt. Die Mathematikerfamilie Bernoulli, die Musikerfamilie Bach, die Familie Darwin (zu der auch Galton gehörte), die Erfinderfamilie Siemens und die Politikerfamilie Kennedy sind die bekanntesten Beispiele. In enger Verwandtschaft finden wir hier jeweils mehrere hervorragende Persönlichkeiten, deren Leistungen bei mehreren Vertretern einen Gipfel von geschichtlicher Bedeutung erreichen. Ähnliche Beispiele lassen sich unter Malern, ja auch unter Leistungssportlern und Artisten sowie auf anderen Leistungsfeldern finden.

Die Familie Bernoulli hat in vier Generationen acht Mathematiker von überragender Bedeutung hervorgebracht, die 103 Jahre lang ununterbrochen den Lehrstuhl für Mathematik der Universität Basel innehatten. Bemerkenswerterweise ist aber kein Bernoulli von Anfang an Mathematiker gewesen, und neben der Mathematik waren die acht noch Professoren für Physik, Chemie, Jura, Astronomie, Logik, Architektur und Ingenieurwesen – ein hervorragendes Beispiel für die Begabungsrichtung, die Weiss (1972) als „mathematisch-technisch" bezeichnet hat und für die eine sehr hohe Allgemeine Intelligenz, d. h. ein IQ über 125, die allererste Grundvoraussetzung ist. Ein weiterer Bernoulli, Professor Carl Christoph Bernoulli (ein Enkel des letzten großen Mathematikers Bernoulli), war ein Technologe und Nationalökonom von großem Format. Die Ehefrauen der ersten Bernoulli entstammten Basler Geschlechtern, aus denen ebenfalls namhafte Gelehrte hervorgingen.

Die Nachkommen des Rechenmeisters Adam Ries (der von 1492 bis 1559 lebte), die der Adam-Ries-Bund im sächsischen Erzgebirge erfaßt und in einem Buch (Gehler und Lorenz, 1997) aufgelistet hat, üben heute alle erdenklichen Berufe aus, und nur wenige glänzen noch

[4] Ergänzend muß festgestellt werden, daß das Kriterium „soziale Oberschicht" von den einzelnen Wissenschaftlern zwar ähnlich, aber keinesfalls völlig deckungsgleich verwendet wird, so daß sich Abweichungen zwischen den Prozentzahlen zum Teil auch schon allein dadurch erklären.

durch eigene mathematische Begabung und hohe Intelligenz. Aber es gibt unter den Nachkommen auch Linien (z. B. die Verlegerfamilie Teubner), in denen über zehn, ja zwölf Generationen niemals die Kontinuität der Hochbegabung verlorenging, d. h. in denen die Ehepartner immer wieder aus einem vergleichbaren sozialen Milieu stammten. Jedoch gilt für die Gesamtheit der Vorfahren, Nachfahren und Seitenverwandten berühmter Personen, daß sie pro Generation und pro Abnahme des Blutverwandtschaftsgrades zu der hervorragenden Persönlichkeit der Gesamtbevölkerung immer ähnlicher werden, aus der sie stammen. Wie sollte es auch anders sein?

In „Poggendorff Biographisch-Literarisches Handwörterbuch der exakten Naturwissenschaft“, Band VIIa – Supplement, hat der Bearbeiter Zaunick (1969) 800 markante deutsche Vertreter der exakten Naturwissenschaft, Medizin und Technik erfaßt. Bei 65 Gelehrten und Erfindern werden unter einer Zusatzrubrik „Genealogie“ Hinweise auf oft sehr umfangreiche Arbeiten über die Verwandten dieser bedeutenden Erfinder und Wissenschaftler gegeben. So finden wir unter den Verwandten des Mathematikers Leonhard Euler auch die Namen der mehrfachen Nobelpreisträger Euler aus Schweden; unter Justus von Liebigs Nachkommen lesen wir überrascht den Namen des Nobelpreisträgers Max Delbrück. Insgesamt betrachtet, sind das alles eindrucksvolle Belege für den Befund, daß die nächsten Verwandten von hochleistungsfähigen Persönlichkeiten, wenn nicht selbst auch hochleistungsfähig, so doch meist weit überdurchschnittlich sind.

Neben den schon genannten Arbeiten, in denen nach Galtons Vorbild die gesamte Verwandtschaft untersucht worden ist, gibt es auch Untersuchungen, die sich auf die soziale Charakterisierung der unmittelbaren Herkunft hervorragender Persönlichkeiten beschränken. Als erste Arbeit ist die von Maas (1916) „Über die Herkunftsbedingungen der geistigen Führer“ zu nennen. Als Material dienten ihm 4.421 berühmte Persönlichkeiten aus der „Allgemeinen Deutschen Biographie“, die zwischen den Jahren 1700 und 1860 geboren wurden und deren soziale Herkunft nach den damals gültigen Maßstäben statistisch analysiert wurde (siehe die folgende Tabelle).

Soziale Herkunft von 4.421 berühmten deutschen Persönlichkeiten (in %)

	Geboren bis jeweils		
	1789	**1818**	**1860**
Adel	19,2	14,2	11,0
Intellektuelle und künstlerische Sphäre	53,3	55,8	60,0
Bourgeoisie und Mittelstand	15,6	16,4	16,4
Handwerker, Bauern und Proletariat	11,9	13,6	12,6
	100,0	100,0	100,0

Quelle: Maas (1916)

Von den 4.421 untersuchten Persönlichkeiten, so schreibt Maas, *stammen nur 635 aus den niederen Volksklassen, ungefähr ein Sechstel.* Bei künstlerischen Berufen ist mit 22 % der Prozentsatz etwas größer als bei naturwissenschaftlich-technischen Berufen. Maas, wie übrigens auch Galton schon, sieht die Ursache dafür nicht nur in der Vererbung der Begabung: *Häufig wird der Sohn frühzeitig in das Berufsmilieu des Vaters hineingezogen, was sein Interesse weckt, oder im häuslichen Kreis früh zu Tätigkeiten angehalten, die technische Schwierigkeiten seines Berufes leichter überwältigen lassen, was ihm dem Eindringling von außen gegenüber, den jene Schwierigkeiten abhalten, einen großen Vorteil verschafft. Bei Musikern und Malern spielen diese Umstände neben der Vererbung des musikalischen und malerischen Sinnes eine ziemliche Rolle. So stammen 38 % der berühmten Musiker von Berufsmusikern [...] 24 % der Maler stammen von Berufsmalern. [...] Das Milieu wirkt in den meisten Fällen in die Richtung der Vererbung und unterstreicht ihre Wirkung. Den Kindern begabter Menschen steht gewöhnlich ein besonders günstiges Milieu zur Verfügung, das Milieu ihrer Familie, ihrer Eltern.*

Als Mitarbeiter des Patentamtes der USA untersuchte Rossmann (1930) die soziale Herkunft von 710 amerikanischen Erfindern, von denen jeder im Mittel je 39 Patente erhalten hatte. Von den Vätern der Erfinder waren ein Drittel (33,3 %) „Professionals" (d. h. Ingenieure, Juristen, Lehrer, Wissenschaftler, Ärzte), ein weiteres Drittel (35,5 %) war „im Handel" tätig; Facharbeiter (und Handwerker) waren 16,2 %, in der Landwirtschaft waren 15,0 %.

Visher (1948) hatte sich mit der sozialen Herkunft führender amerikanischer Wissenschaftler befaßt. Aus dem „Directory of American

Men of Science", einem biographischen Lexikon (ähnlich dem „Poggendorff"), wurden nach möglichst objektiven Maßstäben aus den Vertretern der verschiedenen Wissensgebiete 849 besonders bedeutende Männer herausgesucht. Deren Väter waren zu 45,5 % „Professionals", im Handel waren 23 % tätig, in der Landwirtschaft 22 %; Facharbeiter waren 8 %, ungelernte Arbeiter 1 %.

Wenn wir die Ergebnisse von Rossmann, Visher, Maas, Juda, Rüdin miteinander vergleichen – und es ließen sich noch mehrere solche Untersuchungen anführen, auch aus Frankreich, Italien und anderen Ländern –, so fällt einem, obwohl die Uhren der sozialökonomischen Entwicklung in jedem Land etwas anders gehen, eine gewisse Ähnlichkeit auf: ein Drittel bis die Hälfte aller Personen mit herausragenden Leistungen haben Väter mit einem Beruf, den wir heute als „Intelligenzberuf" bezeichnen, dagegen ist der Prozentsatz der Väter, die ungelernte Arbeiter sind, sehr gering. Und ähnliche Ergebnisse liegen auch für die führenden Vertreter des industriellen Managements und des Bankwesens vor.

Bei den bisher angeführten Arbeiten war die hervorragende Lebensleistung das Auswahlkriterium der Hochleistungsfähigen. Die Möglichkeit, eine derartige Leistung zu vollbringen, hängt aber nicht nur von einer Reihe wichtiger sozialer Faktoren ab, sondern auch von Zufälligkeiten. So kann ein an und für sich Hochbegabter durch einen schweren Unfall oder eine organische Erkrankung daran gehindert werden, große Leistungen zu vollbringen. Diese und viele andere, mehr schulpraktische Gründe ließen die Psychologen um 1900 nach objektiven Verfahren suchen, den Intelligenz- und Begabungsgrad zu messen, was einer der Anlässe zur Entwicklung von Intelligenztests war.

Nach jahrelangen Vorbereitungen und Voruntersuchungen, bei denen der von Binet entwickelte Intelligenztest zum Stanford-Binet weiterentwickelt wurde, testeten Terman und sein Mitarbeiterstab 1922 in der Hauptuntersuchung in Kalifornien 6 bis 8 % von 168.000 Schülern der Klassen 1 bis 8. Es waren die jeweils 1 bis 5 besten Schüler aller Klassen in öffentlichen Schulen. Die Schüler waren von den Lehrern benannt worden, so daß die Terman-Studie also von einer Kombination von Lehrerurteil und Testergebnis ausgeht. Die Hauptgruppe der 643 leistungsstärksten Schüler, die auf diese Weise ausgelesen wurde, erreichte in der Kurzform des Stanford-Binet, die aus nichtverbalen Tests besteht, einen IQ von durchschnittlich 150, alle hatten einen IQ von 140 oder höher. Jedem der leistungsstärksten Kinder wurden dann an verschiedenen Tagen zwei weitere Intelligenztests und ein standardisierter Schulleistungstest vorgelegt, ferner ein 50minütiger Test über Interesse an Spielen und Freizeitbeschäftigungen. Eltern und Lehrer hatten umfangreiche Fragebögen auszufüllen.

Die begabten Schüler waren in der Regel in der Schule eine Klasse höher eingestuft, als das ihrem Alter entsprach, d. h. sie hatten meist eine Klasse übersprungen. Bei der ärztlichen Untersuchung war ihr gesundheitlicher Zustand gut oder sehr gut; sie waren durchschnittlich größer und schwerer als ihre Mitschüler. Hinsichtlich ihrer sozialen Herkunft zeigte sich die schon bekannte Verteilung: 31,4 % der Väter waren „Professionals“ (wir würden heute sagen: Angehörige der Intelligenz), 31,2 % leitende Angestellte in Wirtschaft und Verwaltung, 18,8 % sonstige Angestellte, 11,8 % Facharbeiter, 6,6 % Angelernte und Ungelernte, d. h. letztere zum Teil Kinder von Einwanderern der ersten Generation in oft sehr bescheidenen sozialen Verhältnissen.

Terman stufte die Väter, da er diese selbst nicht testen konnte, nach dem Grad der Schwierigkeiten ihrer Berufe, d. h. nach den Intelligenzanforderungen ihrer Berufe, ein und verwendete dazu die Skala von Barr, die auf dem gemittelten Urteil von 20 Sachverständigen beruht (vgl. die folgende Tabelle).

Intelligenzanforderungen der väterlichen Berufe von 643 hochbegabten Kindern in Kalifornien 1922 (in %)

Punktwert der Barr-Skala	Väter der Hochbegabten	Väter der Grundgesamtheit
15 und mehr	26,8	2,2
12–15	26,8	4,5
9–12	36,1	37,0
6–9	8,9	13,4
3–6	1,3	42,9
	100,0	100,0
Mittelwert	12,8	7,9

Quelle: nach Terman (1925)

Berufliche Qualifikation von hochbegabten Männern im Alter von 35 Jahren im Vergleich zu allen männlichen Beschäftigten Kaliforniens um 1942 (in %)

Berufliche Qualifikation	Hochbegabte (n = 724)	Männliche Beschäftigte Kaliforniens (n = 1.878.595)
Akademiker	45,4	5,7
Leitende Berufe und Stellungen	25,7	8,1
Angestellte, Facharbeiter	20,7	24,3
Angelernte, Ungelernte und in der Landwirtschaft Tätige	8,1	61,8
	100,0	100,0

Quelle: nach Terman und Oden (1948)

Die Terman-Studie ist aber vor allem in der Hinsicht bemerkenswert, daß die Hochbegabten dieser Untersuchung jahrzehntelang (Terman und Oden, 1948; Oden, 1968), bis in die unmittelbare Gegenwart, weiter befragt und getestet wurden, ebenso ihre Ehepartner und Kinder. 1960 waren 94 % der männlichen Hochbegabten dieser Studie verheiratet und 91 % der weiblichen. Der mittlere IQ ihrer Kinder betrug 133, bei 34 % war er wieder höher als 139. 0,5 % der Kinder waren geistig retardiert, d. h. krank. Die Hochbegabten und ihre Familien waren in hohem Grad sozial angepaßt, hatten ein weit überdurchschnittliches Einkommen erreicht und übten qualifizierte und hochqualifizierte Berufe aus. Mit einem Wort, sie gehörten zur intellektuellen Elite.

Oden (1968), die innerhalb der Begabten noch einmal zwei Gruppen hinsichtlich ihres Lebenserfolges unterschied, konnte feststellen, daß diese Unterschiede vor allem darauf beruhten, daß der IQ der Ehefrauen bei den Erfolgreicheren höher war und demzufolge auch der IQ der Kinder. Waren von den Erfolgreichsten alle verheiratet und davon nur 16 % geschieden, so waren von den weniger Erfolgreichen 42 % geschieden, 18 % aber unverheiratet geblieben, was unterstreicht, daß Persönlichkeit eben mehr ist als Intelligenz und daß soziale Leistung auch durch ganz andere Faktoren der psychischen Stabilität mitbestimmt wird als die bloße Intelligenz.

Als Hauptergebnis der Terman-Studie, an der niemand vorbeigehen kann, der sich mit Schulbegabung und Lebensbewährung befaßt, wird aber allgemein gesehen, daß bewiesen werden konnte, daß intellektuell Hochbegabte in der Regel hinsichtlich ihrer geistigen und körperlichen Gesundheit überdurchschnittlich sind und bleiben. War doch um 1900 das Vorurteil weit verbreitet gewesen, daß Hochbegabte geistig und körperlich anfällig und schwächlich seien, ja die Hochbegabung selbst so eine Art Krankheit sei, woraus der Schluß gezogen wurde, daß zuviel und zu eifriges Lesen, ein häufiges Anzeichen für Hochbegabung, körperlich und geistig schädlich sei. Mit diesem Vorurteil wurde in der Terman-Studie aufgeräumt, zumindest in der Wissenschaft.

Schulzensuren und Intelligenz

Die Durchführung von Intelligenztests verlangt oft einen erheblichen technischen und organisatorischen Aufwand. Wie ein roter Faden zieht sich durch dieses Buch die Tatsache, daß Schulzensuren und Intelligenztestleistungen miteinander positiv korrelieren. In der DDR ist am Zentralinstitut für Jugendforschung in Leipzig ab 1968 eine Längsschnittuntersuchung durchgeführt worden, mit der sich viele der aus US-amerikanischen Untersuchungen bekannten Zusammenhänge auch für Mitteleuropa bestätigen lassen. Die folgende Tabelle zeigt z. B. den Zusammenhang zwischen den Ergebnissen des verbreiteten und vielfach angewandten Intelligenztests „Ravens Progressive Matrizen“, dem sich daraus ergebenden IQ und ausgewählten Schulzensuren. Die Verteilung in Physik ist der für Mathematik sehr ähnlich, die für Russisch und Geschichte der für Deutsch.

In vielen Untersuchungen konnte gezeigt werden, daß bei Schulzensuren die Korrelation zwischen Intelligenztest und Mathematikzensur am größten ist. Im vorliegenden Fall ist sie 0,50, zu Deutsch 0,40. Wenn die Korrelationen in der Regel nur r = 0,50 oder 0,60 betragen und deshalb oft als niedrig bezeichnet werden, so müssen wir doch bedenken, daß die Korrelation zwischen Zensur und Testleistung keinesfalls höher werden kann als das Produkt der Wiederholungsreliabilitäten von Zensur und Test für sich genommen. Diese Wiederholungsreliabilität ist die Korrelation zwischen zwei Tests und wird gemessen, indem sich dieselbe Person (oder ein eineiiger Zwillingspartner) einem inhaltlich gleichwertigen, parallelen Test unterzieht. Bei Tests gelten Reliabilitäten von 0,80 und 0,90 als hoch. Die Relia-

Zusammenhänge zwischen der Leistung im Intelligenztest Ravens PM und den Zensuren an DDR-Schülern im Alter von 11 Jahren

Rohtestwerte im PM	mittlerer IQ	Mittelwerte der Schulzensuren Mathematik	Deutsch	Biologie
0–28	79	3,4	3,1	3,3
29–32	88	3,4	3,1	3,1
33–36	92	3,0	2,9	2,9
37–40	99	2,8	2,7	2,7
41–44	107	2,4	2,4	2,5
45–48	117	2,2	2,2	2,3
49–52	129	1,7	1,8	1,8
53–56	143	1,3	2,0	1,5

Quelle: nach Weiss (1982b) in Weiss, Lehrl und Frank (1986), S. 94, Tab. 14 (n = 936)

bilitäten von Schulzensuren – man lege zur Probe nur einmal zwei verschiedenen Lehrern denselben Schulaufsatz unabhängig voneinander zur Zensierung vor – sind dagegen deutlich niedriger und erreichen kaum 0,70 und 0,80. Das Produkt der Reliabilitäten von Schulzensuren und IQ-Tests kann also kaum höher als 0,60 sein. Und damit kommen die tatsächlich gefundenen Korrelationen zwischen Tests und Mathematikzensuren den theoretisch überhaupt möglichen schon ziemlich nahe. Die Korrelationen werden noch höher, wenn man mehrere Schulzensuren zu einer neuen Skala zusammenfaßt und diese dann mit dem Test-IQ korreliert, also z. B. Physik- und Mathematikzensur, in beiden Fächern eine Eins ist Skalenstufe 1, in einem eine Zwei ist Skalenstufe 2, in beiden eine Zwei ist Skalenstufe 3 usw. Da man auch für Schulzensuren Prozentrangwerte und damit einen Schulzensuren-IQ bestimmen kann, lassen sich auf ihrer Grundlage im Prinzip die gleichen Untersuchungen anstellen und die gleichen Zusammenhänge belegen wie mit Tests. Schon Spearman (1904) war aufgefallen, daß diejenigen, die in Mathematik herausragen, auch weit überdurchschnittliche Leistungen in anderen Fächern haben, mit Ausnahme von Zeichnen, Musik und Sport.

Sowohl Schulzensuren als auch Intelligenztestleistungen korrelieren – in der statistischen Masse, d. h. nicht in jedem Einzelfall – mit der später erreichten beruflichen Qualifikation, was in vorliegendem

Buch vielfach belegt wird. Als ein wichtiges Kriterium für die Entscheidung, ob ein Gymnasium besucht wird oder nicht oder ob ein Studium in einer bestimmten Fachrichtung aufgenommen wird, gelten die erreichten Schulzensuren bzw. -leistungen (dazu äußerten sich Arnold, 1973; Mohr, 1974; Süllwold, 1976). Und selbstverständlich unterscheiden sich damit Diplom-Mathematiker und Ärzte hinsichtlich ihrer mittleren Schulzensur in Mathematik, die sie in der 4. Klasse hatten, von ihren früheren Mitschülern, die Kraftfahrer, Bauarbeiter oder Gärtner geworden sind. – In der DDR erfolgte der Übertritt in eine zum Abitur führende Schule in der Regel erst in der 9. Klasse. Bei der schon erwähnten Längsschnittuntersuchung des Zentralinstituts für Jugendforschung in Leipzig wurden die Schüler im 5. Schuljahr getestet, die Lehrer aber nicht über diese Testergebnisse informiert. Die Entscheidungen über den späteren Bildungsweg erfolgten also nur auf Grund der Schulzensuren und von Persönlichkeitseigenschaften. 33 % der Schüler, bei denen im 5. Schuljahr mit dem Test ein IQ von weniger als 84 gemessen wurde, verließen die Schule als Abgänger der 6. oder 7. Klasse, die restlichen zwei Drittel in den Klassen 8, 9 oder 10.

Da IQ-Testleistung und Schulzensuren miteinander korrelieren, müssen auch die Vertreter unterschiedlicher Berufe unterschiedliche Leistungen in Intelligenztests erreichen. Das ist natürlich auch so, und entsprechende Tabellen liegen für jeden ausgereiften Test vor, z. B. für den LPS-Test nach Horn (vgl. die folgende Tabelle).

Mittlere Leistungen ausgewählter Berufe im Intelligenztest LPS

	Rohtestwerte
Mathematik-Spezialschüler	205
Betriebsingenieurschüler	168
Juristen	162
Psychologiestudenten	155
Technische Zeichenlehrlinge	146
Kaufmännische Lehrlinge	132
Elektrikerlehrlinge	116
Friseurlehrlinge	105
Bäckerlehrlinge	92
Ungelernte	60

Quellen: nach Weiss (1982b) in Weiss, Lehrl und Frank (1986), S. 96, Tab. 16; LPS nach Horn (1962), Subtest 3, 4, 7, 8, 9, 10

Die höher qualifizierten Berufe mit ihren absolut höheren Testleistungen weisen dabei eine geringere Variabilität auf als die weniger qualifizierten. Ein Mathematiker wird (vgl. die Tabelle) nie einen Wert von 80 aufweisen, sondern stets zwischen 140 und 260 liegen, für einen Bäcker kann der Wert aber zwischen 40 und 210 schwanken. Ein ziemlich verblüffendes Ergebnis, das wir später diskutieren werden. Im geschichtlichen Zeitablauf sind diese Mittelwerte und Streuungen keinesfalls konstant. Die Berufe von Genetikern, Photographen und Kraftfahrzeugschlossern waren, als sie erstmals auftauchten, ziemlich elitäre Beschäftigungen und für Personen mit relativ hohem IQ attraktiv. Werden diese Berufe zu Massenerscheinungen und sinkt das durchschnittliche Einkommen in einem solchen Beruf, ja, ist sogar ein beträchtlicher Teil der Berufsausbildungsabsolventen regelmäßig arbeitslos, dann sinkt auch der durchschnittliche IQ der Personen, die diesen Beruf anstreben und ausüben. Dieser Vorgang hat sich z. B. in den letzten zwei Jahrzehnten bei Psychologie- und Soziologiestudenten abgespielt. In Abhängigkeit von der Wirtschafts- und Sozialstruktur eines jeden europäischen Landes sind dabei die mittleren Testleistungen der Berufe von Land zu Land etwas verschieden, ohne daß dabei die regelhaften Zusammenhänge völlig verschwinden. Wird eine Tätigkeit, die an und für sich einen hohen IQ erfordert, relativ schlecht bezahlt, so wie das bei Ärzten in der Sowjetunion der Fall war, dann wird sich das auch auf den mittleren IQ des Berufes auswirken. Politiker sind deutlich schlechter bezahlt und haben ein höheres Berufsrisiko als Bankdirektoren und Industriemanager. Wer eine Bank oder eine große Fabrik geerbt hat und selbst intelligent ist, hat deshalb nur eine geringe Motivation, Berufspolitiker zu werden. Dieser Leidensweg ist eher für mehr oder minder intelligente Menschen von zumeist bescheidener sozialer Herkunft, etwa den Söhnen von Handwerksmeistern, vorbehalten. Bestimmte hochqualifizierte Facharbeiterberufe sind in ihrem mittleren IQ manchen akademischen Berufen durchaus ebenbürtig. Aber der Meister, der um 1965 Fernsehgeräte reparierte, mußte andere Anforderungen erfüllen als der Mechaniker, der heute nur noch Baugruppen austauscht. Jeder von uns kann auf Grund seiner eigenen Erfahrungen die Liste an Beispielen erweitern.

Einheitsschule oder gegliedertes Schulsystem?

Über kein Thema der Schulpolitik läßt sich so gut streiten wie über die Frage, ob die Gymnasialzeit (im Anschluß an vier Jahre Grundschule) neun oder nur acht Jahre betragen solle. Gegen die neun Jahre spricht z. B. die Erfahrung, daß Begabte, die entsprechend gefordert werden, wie in dem Schulexperiment in Rheinland-Pfalz gezeigt wurde und in den neuen Bundesländern gezeigt wird, zweifellos mit 18 Jahren die Hochschulreife erreichen, wenn nicht gar schon mit 17 Jahren (Schneider, 1997). Gezwängt in Gymnasialklassen, die 30 oder 50 % der Schüler des Jahrgangs umfassen, läßt sich das Lerntempo der 5 % Hochbegabten bremsen, und auch die Universität bietet dann bei dem Verhältnis von Masse zu Qualität in vielen Fachrichtungen keine Garantie, daß sich herausragende Leistungsvoraussetzungen endlich durchsetzen.

Aber die Schuldauer ist nur ein Nebenproblem gegenüber der Frage, ob im Schulsystem überhaupt Bildungsgänge nach Leistung selektiert werden sollen (vgl. Weiss, 1993a), in welchem Alter und in welchen prozentualen Relationen. Bei dem suchenden Blick nach „Modellen“ wird rasch deutlich, daß die Bildungspolitik in Nordrhein-Westfalen und Bremen in dem Spannungsfeld zwischen Chancengleichheit und Chancengerechtigkeit andere Prioritäten kennt als die in Bayern. Aufregung hat nach der Öffnung der Mauer vor allem der bessere Notendurchschnitt der Abiturienten in der DDR verursacht. In der öffentlichen Debatte wurde dabei verschwiegen, daß der Prozentsatz der Abiturienten in der DDR viel kleiner war als in der alten Bundesrepublik. Es gab dort nicht nur eine Auswahl nach politischem Wohlverhalten, sondern im Regelfall auch eine strengere Auslese nach Leistung (Clauß, 1987). In der DDR wurden 12 % aller Schüler zum Abitur geführt, in der alten Bundesrepublik 1988 in Gymnasien 30 %. Und im selben Jahr, also vor dem Fall der Mauer, hatte Anweiler (1988) bei der Analyse des Schulsystems der DDR richtig bemerkt: *Wir haben es mit der paradox anmutenden Situation zu tun, daß Begabungsförderung im Einheitsschulsystem stärker und gerichteter betrieben wird als im gegliederten System einer sogenannten Leistungsgesellschaft.* Was die Auswahl und Förderung von Begabten nach Leistungskriterien anbetraf, waren sich die DDR und Bayern ähnlicher als Bremen und Nordrhein-Westfalen.

Auch wenn Studenten mit nichts anderem als auf der Grundlage der Durchschnittszensur zu bestimmten Fächern zugelassen werden, ist es kaum etwas anderes als eine reine Zulassung nach dem IQ. Wenn z. B. nur 0,1 % aller Schüler einen Abiturnotendurchschnitt von 1,1 erreichen, dann läßt sich das mühelos auch als ein „Schul-IQ“ von 146 definieren. Nimmt man, wie für das Medizinstudium, auch noch echte Testresultate als Zulassungskriterium hinzu, kann man mit Mittelwerten aus „Schul-IQ“ und Test-IQ auch bei den IQ-Spitzenwerten noch stärker differenzieren. Man spricht dabei in der Zulassungspraxis zwar nicht vom „Zulassungs-IQ", aber genauso verfährt man.

Die Mathematik-Hochbegabten der DDR

1969 begann Weiss, die alljährlich in der DDR stattfindenden „Olympiaden Junger Mathematiker" als Ausgangspunkt für eine neue Untersuchung über Hochbegabung zu nehmen. Im Zeitraum von 1963–1971 nahmen an diesen Olympiaden rund 2.800.000 Schüler teil, wobei man bestrebt war, alle geistig normalen Schüler der Klassen 5 bis 12 einzubeziehen. Die jeweils nach Punkten besten Teilnehmer gelangten dann in die 2. Stufe, den Wettbewerb auf Kreisebene, in die 3. Stufe auf Bezirksebene und schließlich in die 4. Stufe, die DDR-Olympiade, eine zweitägige Klausur für Schüler der Klassen 10 bis 12 und jüngere, die in der 3. Stufe die notwendige Punktezahl übertroffen hatten.

An die Eltern der Teilnehmer der 4. Stufe – der Probanden – wurden umfangreiche Fragebögen verteilt. Diese geben u. a. Auskunft über demographische Daten, Schulabschlüsse, Berufe und Tätigkeiten, Neigungen und Interessen von allen Verwandten ersten und zweiten Grades der Probanden, für männliche Verwandte dritten Grades sowie für die Cousins der Probanden und der Eltern. Insgesamt erbrachten die Registrierkarten der 1.329 Probanden und 524 Fragebögen der ersten Anfangsuntersuchung Daten über rund 20.000 Personen.

Aus der Sicht der Psychometrie lassen sich diese Olympiaden (Engel, 1990) als ein mehrstufiger Schulleistungstest auffassen. Aus der Schärfe der Auswahl (d. h. der Zahl der Probanden im Verhältnis zur Gesamtzahl aller Schüler) folgt für die Probanden ein IQ von über 130. Da Intelligenztests in der DDR und den anderen kommunistischen Ländern jahrzehntelang nicht zugelassen waren (vgl. über die Hintergründe S. 30ff. bzw. Weiss, 1991), konnte der IQ der Verwandten nicht durch Tests bestimmt werden. Die Schätzung des IQ mußte deshalb aus der Korrelation zum Kompliziertheitsgrad des Berufes bzw. der Tätigkeit, den Schulleistungen und der Lebensleistung (z. B. Erfindungen, Patente, berufliche Auszeichnungen) erfolgen. Es gibt Untersuchungen, in denen derartige Verfahren mit tatsächlichen Testergebnissen verglichen wurden: So berechneten z. B. Wilson et al. (1978) aus sozialökonomischen Indexwerten und der Hollingshead-Berufsskala einen Berufsstatuswert, mit dem der IQ geschätzt wurde. Dieser Schätzwert wich vom später tatsächlich getesteten Wert bei 37 % aller

Probanden um weniger als 5 IQ-Punkte ab, bei 66 % um weniger als 10 Punkte, bei 88 % um weniger als 15 Punkte. Indem sie sogar nur die Summe der Schulbildungsjahre für die Schätzung des IQ verwendeten, kamen Karzmark et al. (1985) auf sehr ähnliche Größenordnungen. Wir gehen deshalb davon aus, daß sich das Verfahren bei den Mathematik-Begabten und ihren Verwandten, für die Schulbildungsjahre, Berufsstatus sowie Schul- und Lebensleistung in Betracht gezogen werden konnten, in vergleichbaren Fehlergrenzen bewegt. Auch Terman konnte ja in seiner berühmten Hochbegabtenuntersuchung den IQ der Väter nicht direkt testen, sondern ließ Experten die Berufe auf ihre mittleren IQ-Anforderungen hin skalieren.

Auf den Registrierkarten der im Jahre 1970/71 jugendlichen Probanden waren auch ihre Berufswünsche angegeben, und sehr viele wollten Mathematik, Physik oder ein Ingenieurfach studieren oder Finanz- und Bankwesen. 1993 führte Weiss (1994a), nach der Erstbefragung 1970/71, eine erneute Befragung der Mathematik-Hochbegabten durch. Sie waren inzwischen 38 bis 48 Jahre alt, und die meisten haben eine eigene Familie gegründet. Eine Befragung etwa zwölf Jahre später wäre sicher noch aussagekräftiger gewesen, da etwa die Hälfte ihrer Kinder die Schulbildung noch nicht abgeschlossen hatte, ebenso in den Familien der Geschwister. Da aber in der Regel nur frühere Wohnanschriften der Eltern der Probanden bekannt waren, hatte der in Begabungsforschung erfahrene Marburger Psychologe Prof. Dr. D. H. Rost dringend zu dieser Befragung geraten, da sonst ein Großteil der Probanden nicht mehr auffindbar wäre. Wir hatten für 1.225 der 1.329 Probanden brauchbare Postanschriften und bekamen tatsächlich 502 Sendungen als unzustellbar zurück. 408 kamen ausgefüllt (wenn auch nicht immer vollständig), 50 unausgefüllt zurück. 265 Sendungen blieben ohne Antwort. Wir gehen davon aus, daß es sich bei diesen nicht in allen Fällen um Verweigerer handelt, sondern ein Teil dieser Sendungen dürfte auf dem Postweg verschollen sein. D. h. rund zwei Drittel derjenigen, die der Fragebogen überhaupt erreicht hat, dürften ihn ausgefüllt zurückgeschickt haben. – In einer anderen Nachfolgeuntersuchung (Haenschke, 1985; Pollmer, 1989) war bereits bestätigt worden, daß 88 % der Probanden tatsächlich ein mathematisch-technisches Universitätsstudium abgeschlossen hatten, weitere 3 % ein Ingenieurstudium an Fachschulen. 8 % hatten andere Fachrichtungen (Medizin, Biologie usw.) studiert; nur 1 % hatte kein Studium aufgenommen. Das Abitur hatten 64 % der Probanden mit dem Gesamtprädikat 1 abgeschlossen, d. h. mit einem Notendurchschnitt nahe 1,0.

97,4 % (n = 357) der männlichen und 89,8 % (n = 49) der weiblichen Probanden hatten 1993 hochqualifizierte Berufe der mathematisch-technischen Berufsgruppe. Von den männlichen Probanden waren 1993 2,5 % arbeitslos, mit Umschulung und Arbeitsbeschaffungsmaßnahme insgesamt 5,0 %, weitere 2 Personen invalide. Aus der mathematisch-technischen Berufsgruppe arbeiteten durch die wirtschaftliche Umstrukturierung weitere 22 Personen in für diese Berufsgruppe untypischen Stellungen, vor allem in der Verwaltung. Die 9 Männer mit (schon vor 1989) für diese Hochbegabten untypischen Berufen seien einmal aufgeführt: 1 Facharbeiter für EDV (mit Studienverbot in der DDR, jetzt Kirchensteuererheber), 1 Facharbeiter BMSR-Technik, 1 selbständiger Kfz-Elektromechanikermeister, 1 selbständiger Fernsehtechnikermeister, 2 Pfarrer (einer davon auch Funkmechaniker), 1 Fotograf und zugleich freier Schriftsteller, 1 Elektromonteur und Beleuchtungsmeister beim Theater (der ein Studium Mathematik/Physik abgebrochen hatte, „um seinen Neigungen zu folgen"; er ist ledig), 1 Diplom-Biologe. Diesen 9 stehen 348 Männer mit typischen Hochbegabtenberufen dieses Interessentyps gegenüber: 191 Diplom-Mathematiker, 46 Diplom-Physiker, 79 Diplomingenieure, 11 Diplomlehrer Mathematik/Physik, 6 Diplom-Chemiker und -Biochemiker, 10 Ingenieure (Maschinenbau usw.), 4 Diplom-Ökonomen in statistischer Richtung, 1 Diplom-Kriminalist. Davon sind 194 promoviert (83 Dr. rer. nat. plus 52 Dr. rer. nat. habil.; 44 Dr.-Ing. plus 5 Dr.-Ing. habil.; 1 Dr. sc. oec. (für Wirtschaftsmathematik), nur 1 Dr. phil., 2 Dr. paed. (für Mathematik-Didaktik), 2 Dr. med. (für Biochemie), 2 Dr. rer. silv., 1 Dr. jur. und 1 Dr. sc. pol. (der aber auch Diplom-Mathematiker ist). Nach der Dienststellung sind 20 Professoren für Mathematik, 3 für Physik, 1 für Biochemie, 2 für Technik und 1 Dr. rer. nat. und Diplom-Mathematiker für Kirchenmusik (sic!), weitere 13 Dozenten für Mathematik und 2 für Technik. – Bei den Frauen seien als mit untypischen Berufen aufgeführt: 2 Krankenschwestern, 1 Krippenerzieherin und 1 freiberufliche Diplom-Künstlerin. Der Prozentsatz der 99 % mit abgeschlossenem Studium deckt sich mit den Ergebnissen der ersten Nachbefragung von 1983.[5]

Während 1983 (Pollmer, 1989) sich bereits die eine Hälfte der Probanden durch außerordentliche kreative Leistungen (Erfindungen, Patente, Entdeckungen) ausgezeichnet hatte, war bei den anderen davon keine Rede. Mit anderen Worten: Von besonderen kreativen Lei-

[5] Nebenbei bemerkt ist einer der Probanden heute Ministerpräsident eines deutschen Bundeslandes, ein anderer Oberbürgermeister einer der größten deutschen Städte.

stungen in Naturwissenschaft und Technik kann man auf einen hohen IQ schließen, vom Nichtvorhandensein derartiger Leistungen aber nicht auf einen niedrigen IQ. Persönlichkeit (Asendorpf, 1996) ist eben mehr als IQ und Intelligenz, das darf man nie vergessen.

43 % der Väter der Probanden gehörten zu derselben hochqualifizierten mathematisch-technischen Berufsgruppe wie 91 % der Probanden selbst. 24 % der Väter hatten Studien in weniger mathematisch orientierten Gebieten abgeschlossen (verglichen mit 8 % bei den Probanden). 25,5 % der Väter hatten Angestelltenberufe und hochqualifizierte Facharbeiterberufe wie Feinmechaniker, Werkzeugmacher und Technischer Zeichner, denen in der Regel ein IQ über 110 zugeordnet wird. Nur 7,5 % der Väter waren in Berufen wie Fleischer, Elektriker und Schlosser – also in Berufen mit einem IQ-Mittelwert um 100. Jedoch gibt es in den Fragebögen bei diesen Vätern fast immer Hinweise auf für diese Berufe überdurchschnittliche Leistungen (in den Schulleistungen in Mathematik und Raumlehre; oder es werden eigenverantwortliche berufliche Stellungen als Betriebsschlosser, Betriebselektriker usw. ausgeübt, mit Angaben über Neuerervorschläge, Patente und Auszeichnungen), so daß der Schluß gerechtfertigt sein dürfte, daß diese Männer in den meisten Fällen zum obersten IQ-Bereich des jeweiligen Berufs, also etwa um IQ 110, gehören. Nur rund 1 % der Väter sind ungelernte Arbeiter. Bei Eltern in sehr bescheidenen sozialen Verhältnissen gab es oft gesundheitliche Gründe (es wurde z. B. Diabetes oder Invalidität durch Kriegsverletzung angeführt), die eine erfolgreiche berufliche Laufbahn verhindert hatten. – Für die Mütter waren die Statistiken nicht so eindeutig, da allein 37 % in den damals für Frauen typischen Berufen mittlerer Qualifikation tätig waren und außerdem noch Hausfrauen mit Abitur, aber ohne Beruf, die Berufsstatistik verzerren.

Es fiel auf, daß es unter den mathematisch-technisch Hochbegabten einige sehr wenige gab, die nicht einmal den Beruf ihrer Eltern fehlerfrei schreiben konnten. Sie hatten, abgesehen von Mathematik, auch schlechtere Zensuren in der Schule, und der soziale Status ihrer Verwandten war näher zum Bevölkerungsdurchschnitt. Man muß deshalb vermuten, daß in diesen Familien Gene der Lese-Rechtschreib-Schwäche (Dyslexie) eine Rolle spielen. Wenn wir im folgenden von derartigen Dingen weitgehend abstrahieren und uns auf den Kern der Intelligenz beschränken, dann sollte man immer im Hinterkopf behalten, daß das Leben und die Wirklichkeit weit vielfältiger sind und wir hier nicht jedem Sonderfall gerecht werden können.

Ein einfaches Modell für die Vererbung der Intelligenz: Drei sich überlagernde Normalverteilungen

Für die Hypothesenbildung waren folgende empirische Feststellungen besonders wichtig:

1. In Familien, in denen der Vater zur selben Spitzen-IQ-Berufsgruppe gehörte wie 91 % der Probanden, waren alle Geschwister der Probanden weit überdurchschnittlich (d. h. alle besuchten eine zum Abitur führende Schule oder studierten). Mit zwei Ausnahmen: Bei einem schwerhörigen Bruder eines Probanden hatte die Mutter „Eklampsie" bei den Geburtsumständen vermerkt; ferner ein Fall von Down-Syndrom.
2. In den Familien, in denen der Vater einen anderen Beruf hatte als einen aus der IQ-Spitzengruppe, streuten die Geschwister über das gesamte mögliche Berufsspektrum. Etwa 14 % der Geschwister übten Berufe aus, die in der Regel nicht mehr als durchschnittliche Intelligenz erfordern. Die Eltern vermerkten bei diesen im Fragebogen ausdrücklich: keine besonderen Interessen, keine besonderen Leistungen, durchschnittliche Leistungen, wogegen sie aber bei dem Probanden und den anderen Geschwistern ausführliche Angaben über berufliche und schulische Leistungen und Auszeichnungen machten.
3. Bei den Seitenverwandten ergab sich ein besonders auffälliger Befund: Elternpaare (wobei es sich um die Geschwister der Eltern der Probanden und deren Ehepartner handelt), bei denen beide Eltern entweder zur Spitzen-IQ-Berufsgruppe gehören oder beide ungelernte Arbeiter sind, haben fast stets nur Kinder, die wieder Berufe der jeweiligen Qualifikations- und damit IQ-Stufe ausüben. Elternpaare im IQ-Bereich um 110 haben hingegen Kinder, die über das gesamte mögliche Berufsspektrum verteilt sind.

Für jemanden, der die Mendelschen Gesetze und die sich daraus ergebenden statistischen Verteilungen vor Augen hat, drängt sich bei diesen empirischen Befunden die folgende Hypothese förmlich auf: Nehmen wir an, die Spitzen-IQ-Berufsgruppe (zu der 91 % der Probanden gehören) wäre homozygot für ein mendelndes Allel M1, also Genotyp M1M1, die ungelernten Arbeiter wären M2M2, die Berufe mit einem IQ-Mittel um 110 wären heterozygot M1M2.

Wenn man von einer Fehlklassifikation zwischen 10 und 20 % ausgeht, dabei die 91 % der Probanden, die nur durch ihre Berufe schon

Heiratskombinationen der Eltern und erwartete Verteilung der Kinder nach den Mendelschen Gesetzen

	Kinder in %		
Heiratskombination	A1A1	A1A2	A2A2
A1A1 x A1A1	100 *(81)**	0 *(18)**	0 *(1)**
A1A1 x A1A2	50	50	0
A1A1 x A2A2	0	100	0
A1A2 x A1A2	25	50	25
A1A2 x A2A2	0	50	50
A2A2 x A2A2	0 *(1)**	0 *(18)**	100 *(81)**

* Bei den Heiratskombinationen der Homozygoten A1A1 bzw. A2A2 untereinander sind in Klammern die Erwartungswerte angegeben, wenn der Zuordnungsfehler bzw. die Überlappung mit den in der Verteilung benachbarten A1A2 jeweils 10 % beträgt. Eine solche Überlappung ist z. B. auch zwischen den Hauptgenotypen M1M1 und M1M2 der Intelligenz anzunehmen.

richtig klassifiziert sind, als einen Grenzwert der möglichen Genauigkeit annimmt, dann sollte es möglich sein, die Hypothese der Mendelschen Spaltung eines Hauptgenlocus der Allgemeinen Intelligenz zu prüfen. Bei einer unvermeidbaren unscharfen Klassifizierung (es lassen sich ja nicht einmal Einzelfälle ausschließen, bei denen die Väter in den bestehenden Ehen nicht die leiblichen Väter sind; immerhin sind das nach gerichtsmedizinischen Erkenntnissen etwa 1 % aller Väter, ohne daß es Vater und Mutter selbst zu wissen brauchen) mit einem Fehler zwischen 10 % (für Männer) und 20 % (für Frauen) kann man nicht einmal bei M1M1-M1M1-Ehen 100 % Nachkommen mit einem IQ von mindestens 119 erwarten, da für diese ja auch mit Fehlklassifizierungen dieser Größenordnung gerechnet werden muß. Der IQ-Bereich von etwa 119 aufwärts war in der DDR der Bereich, bei dem man von der Sozialschicht der „Intelligenz" sprach und der Intelligenzberufe ausübte und noch ausübt. Die Ergebnisse sollten deshalb im Bereich zwischen 75 und 100 % liegen (vergleiche die folgende Tabelle), für M1M1-M1M2-Ehen zwischen 50 und 75 %, für M1M2-M1M2 zwischen 25 und 50 %, und auch für M2M2-M2M2-Ehen können nicht 0 % M1M1-Nachkommen erwartet werden, sondern zwischen 0 und 25 %.

Wir erinnern uns: Monozygote Zwillinge der untersuchten Personen haben die gleiche genetische Ausstattung wie die untersuchten Personen selbst (vgl. Hagemann, 1988). Geschwister und Eltern haben als Mittelwert die Hälfte aller Gene mit der untersuchten Ausgangsperson

Heiratskombinationen der Elterngeschwister von Hochbegabten und Verteilung der Cousins und Cousinen, wenn die Mendelsche Spaltung eines Hauptgenorts der Intelligenz geprüft wird

	Cousins und Cousinen		
	mit Abitur oder Fach- und Hochschulabschluß bzw. mit IQ 119 oder höher		
Heiratskombination von Onkel oder Tante	**erwarteter Wert**	**gefundener Wert**	**Summe n**
I – beide Ehepartner Angehörige der Intelligenz (bzw. mit IQ 119 und höher)	75–100 %	81 % *n = 47*	*58*
II – ein Ehepartner Angehöriger der Intelligenz, der andere nicht	50–75 %	62 % *n = 172*	*277*
III – beide Ehepartner keine Angehörigen der Intelligenz, aber mindestens ein Partner mit IQ zwischen 105 und 118	25–50 %	30 % *n = 147*	*486*
IV – beide Ehepartner mit IQ unter 105	0–25 %	12 % *n = 56*	*482*
			1.303

Zwei Drittel aller in die Tabelle eingetragenen Cousins und Cousinen waren um 1970 Bürger der DDR, ein Drittel Bürger der Bundesrepublik Deutschland.

Quelle: nach Weiss (1982b) in Weiss, Lehrl und Frank (1986), S. 108, Tab. 24

gemeinsam, Großväter und Geschwister der Eltern ein Viertel, Urgroßväter und Cousinen ein Achtel. Die klassische Genetik hat deshalb keine Schwierigkeit, aus den Häufigkeiten eines Genotyps unter den Verwandten auf die Häufigkeit in der Gesamtbevölkerung zu schließen. Hat fast jeder in der Bevölkerung das Gen, dann ist es auch unter den Verwandten sehr, sehr häufig. Haben es nur 10 % der Gesamtbevölkerung, dann nimmt die Häufigkeit bei den Verwandten mit dem Blutverwandtschaftsgrad stufenweise von 100 % bei monozygoten Zwillingen bis auf 10 % bei entfernten Verwandten ab, ebenso stufenweise, aber viel rascher, wenn das Gen in der Gesamtbevölkerung nur eine Häufigkeit von 1 % hat.

In vorliegendem Fall ist aber das Problem wegen des historischen Wandels in der Berufsstruktur und damit auch in den mittleren IQ-Anforderungen für Berufe weit komplizierter.

Hochbegabte Männer und ihre hochbegabten männlichen Verwandten in %
(eingestuft nach Beruf und Leistung)

	Untersuchungen von			
	Galton	**Terman**	**Weiss**	**n (Weiss)**
Probanden	100	84+	97+	*357* (1994), *1.329* (1972)
Väter	26	41	40	*346*
Brüder	47	–	49	*220*
Söhne	60	64*	55	*77*
Großväter	14	–	9	*681*
Onkel	16	–	14	*615*
Neffen	23	–	22	*76*
Enkel	14	–	–	–
Urgroßväter	0	–	4	*1.290*
Onkel der Eltern	5	–	5	*1.996*
Vettern	16	–	18	*570*
Urenkel	7	–	–	–
Vettern der Eltern	–	–	11	*2.250*

\+ eingestuft nach dem Beruf; 100 %, wenn nach den Testwerten eingestuft
* nur nach dem IQ eingestuft; die Einstufung nach dem Beruf ergibt etwa 55 %; n = 820
– keine Daten

Quellen:
Galton (1869): 100 berühmte Wissenschaftler (Mathematiker und Naturwissenschaftler; n = 43) haben soundsoviel berühmte männliche Verwandte.
Oden (1968): Der mittlere IQ (transformiert auf 100; SD 15) bei den Probanden war 146 (n = 724), der cut-off-score IQ 137.
Weiss (1994a): Hochbegabte Männer (mittlerer IQ 135 ± 9) und der Anteil ihrer Verwandten in Berufen, für die in der Regel ein IQ von über 123 Voraussetzung ist.

Theoretisch sollten bei einem klassischen mendelschen Fall die Prozentzahlen z. B. für die Onkel und die Großväter gleich groß sein. Da sie aber verschiedenen Generationen angehören, muß man den historischen Wandel der Berufsstruktur mit ins Kalkül ziehen. Wenn man das berücksichtigt, läßt sich die Genfrequenz p des hypothetischen Hauptgens M1 der Allgemeinen Intelligenz auf etwa 0,20 schätzen, für M2 die Frequenz q folglich auf 0,80. Aus der Formel p + 2pq + q = 1 des Hardy-Weinberg-Gesetzes (das nichts anderes ist als die allen aus der Schule bekannte binomische Formel) der Populationsgenetik folgt daraus 0,04 M1M1, 0,32 M1M2 und 0,64 M2M2 für die Gesamtbevölkerung. Hinsichtlich des IQ bestand zwischen Ehepartnern noch nie eine perfekte Korrelation. Schon immer bevorzugten manche Männer bei ihren Partnerinnen eher einen größeren Brustumfang als einen hohen IQ, manche Frauen sehen mehr auf Muskelkraft und ererbtes Vermögen, oder sie bekommen einfach keinen anderen Mann. Deshalb korrelieren die Ehepartner in modernen Gesellschaften hinsichtlich ihres IQ mit r = 0,50 (Garrison, Anderson und Reed, 1968), und diese Heiratssiebung hat zur Folge, daß sich der Anteil der Heterozygoten etwas verringert, so daß sich etwa die folgenden Häufigkeiten ergeben: 5 % für M1M1, 27 % für M1M2 und 68 % für M2M2. Die Mediane der kumulierten Perzentile (M2M2 – 34; M1M2 – 81,5; M1M1 – 97,5) entsprechen dann den folgenden IQ-Medianen der Genotypen: M2M2 – IQ 94; M1M2 – IQ 112; M1M1 – IQ 130. Auch aus der berühmten Terman-Studie über Hochbegabte hätte man bereits bei einer analogen statistischen Analyse sehr ähnliche Schlußfolgerungen ziehen können. Mit anderen Worten: Etwa bei den IQ-Werten 104 und 124, die zwischen den eben genannten Medianen liegen, beginnt jeweils intellektuell eine andere Qualität Mensch, ein neuer Genotyp – mit allen Folgen und Gefahren, von denen dieses Buch handelt.

Für die Untersuchung von mendelschen Spaltungsverhältnissen, allein auf der Grundlage der Intelligenzanforderungen an die Berufe, erwies sich das neue Zahlenmaterial von 1993 als noch nicht ausreichend aussagekräftig. Viele der Kinder der Probanden und ihrer Geschwister sind einfach noch zu jung, die statistische Masse derjenigen mit Berufen ist zu klein. Bei Studenten waren in den Fragebögen häufig nicht die Fachrichtungen angegeben. Darüber hinaus befindet sich Mitteldeutschland in einer Phase der wirtschaftlichen Umstrukturierung, in der es für manchen gerade als ein Zeichen besonderer Intelligenz gelten dürfte, gar nicht oder bestimmte Fächer nicht zu studieren. Jura, Betriebswirtschaftslehre und andere mehr sind Fächer, deren Anforderungen sich so verändert haben, daß eine Aussage über „genotypische Intelligenz" nur auf der Grundlage solcher Angaben eine Art Hellsehen wäre, die ohne psychometrische Untersuchungen nicht über die 1971 erreichten Ergebnisse hinausführt.

Das einzige wirklich objektive Kriterium über die Kinder war die Frage, ob Abitur oder Besuch einer zum Abitur führenden Schule oder nicht, wobei alle vor 1980 geborenen leiblichen Kinder der Probanden und ihrer Geschwister berücksichtigt wurden. Von den Kindern der Probanden hatten 85,5 % (n = 440) Abitur oder stehen vor dem Abitur, von den Kindern der Geschwister 60,4 % (n = 351). Die wenigen ohne Angaben sind hier ausgeklammert. Auch war in Einzelfällen nicht auszuschließen, daß die Frage falsch verstanden worden war. D. h. es wurde mit Nein geantwortet, wenn das Abitur zwar angestrebt, aber noch nicht abgelegt war, aber auch in diesem Fall ein Ja als Antwort verlangt war. Die eben genannten Prozentzahlen für das Abitur sind also eher Untergrenzen. Zum Vergleich: In der DDR wurden 1989 (nach Geißler, 1996) rund 14 % aller Schüler zum Abitur geführt, in der alten Bundesrepublik im selben Jahr 24 %, in den neuen Bundesländern 1993 25 %, in den alten 26 %. Eine genaue Vergleichszahl läßt sich deshalb für unser Zahlenmaterial nicht ermitteln. Schätzen wir einmal der Einfachheit halber und vermutlich ziemlich realistisch, daß in den Geburtsjahrgängen der Probandenkinder im Mittel rund 19 % aller Schüler das Abitur ablegen, d. h. alle M1M1 (IQ über 118; Bevölkerungsanteil 5 %) und die Hälfte der M1M2 (IQ über 104; Bevölkerungsanteil 27 %). Mit anderen Worten: Abiturienten sollten in der Regel einen IQ über 112 haben und einen Median um IQ 120. Da damit etwa die Hälfte des Phänotyps M1M2 Abitur hat, die andere Hälfte nicht, führt das nach den Mendelschen Gesetzen zu klaren Erwartungswerten bei den Kindern. Die Medizinische Genetik bietet uns für diesen Fall für das um den IQ-Median 120 normalverteilte „Risiko“, am Abitur zu „erkranken“, ein einfaches Schwellenwertmodell (Schwelle um IQ 112; nebenbei bemerkt auch etwa die mögliche IQ-Obergrenze für M2M2) an, das wir, dargelegt in den folgenden beiden Tabellen, testen. Insgesamt haben 85,5 % (n = 440) der Kinder der Probanden Abitur oder Abitur als Ausbildungsziel und 60,4 % (n = 351) der Neffen und Nichten. In die folgenden Tabellen gingen alle Kinder ein, von denen wir für beide Eltern ausreichende Berufs- und Qualifikationsangaben hatten.

Schauen wir uns einmal die 16 Personen (die 6,6 % in der Tabelle auf S. 83) näher an, von denen man eigentlich hätte erwarten müssen, daß sie ein Abitur ablegen: 1 Schwerstbehinderter ohne jede Schulbildung; 1 Lokführer und 1 Maler, beide aus Ehen, die kurze Zeit nach der Geburt dieser Kinder geschieden worden sind (also vielleicht eine dritte Person als Elternteil haben); 1 BMSR-Techniker, 1 Schlosser, 1 Facharbeiter Datenverarbeitung, 1 Elektroniker, 1 Herren-Maßschneiderin (jetzt Krankenkassenangestellte); 2 Hebammen und 2 Krankenschwestern; dazu noch 4 „Schüler“ (mit der Möglichkeit, daß es sich auch bei ihnen um Gymnasiasten handeln kann). Daß alle M1M1 mit 100 % ein Abitur erwerben, ist in der sozialen Wirklichkeit nicht vollständig zu erwarten. Es gibt immer wieder Ausnahmen: Männer in anspruchsvollen selbständigen Handwerksberufen und Frauen vor allem in Pflegeberufen gehen ihren Weg machmal auch ohne Abitur. Auch muß man berücksichtigen, daß bei der Einstufung des Ehepartners – ob M1M1 oder M1M2, und das nur auf der Grundlage von Beruf, Tätigkeit und

Heiratskombinationen von Hochbegabten und Prozentsatz ihrer Kinder mit Abitur

	Kinder		
Heiratskombination	**mit Abitur**	**ohne Abitur**	
Beide Ehepartner			
mit IQ 124 und höher	93,4 %	6,6 %	*n = 242*
M1M1 x M1M1	*100,0 %*	*0,0 %*	
Ehepartner des Hochbegabten			
mit IQ unter 124	74,5 %	25,5 %	*n = 184*
M1M1 x M1M2	*75,0 %**	*25,0 %*	

* Die Kinder der Heiratskombination M1M1 x M1M2 spalten nach den Mendelschen Gesetzen zu 50 % M1M1 und 50 % M1M2 auf. Da die M1M2 bei einem IQ-Median aller Abiturienten von 120 zur Hälfte Abitur erwerben, zur Hälfte nicht, ergibt sich für diese Heiratsgruppe ein Erwartungswert für das Abitur von insgesamt 75 %.

Quelle: Weiss (1994a), Tab. 2

Qualifikation – ein gewisser subjektiver Faktor und Fehler niemals auszuschließen ist, hundertprozentige Übereinstimmungen zwischen Theorie und Empirie nicht zu erwarten sind.

Eine deutliche Abweichung vom erwarteten Ergebnis gibt es in der Tabelle auf S. 84 nur bei den Ehepaaren M1M2 x M1M2, angesichts der Kleinheit der Gesamtkinderzahl in dieser Gruppe aber noch im Zufallsbereich. Allerdings stünde auch die inhaltliche Interpretation, daß, sobald ein Ehepartner M2M2 ist, die Bildungsaspiration auch bei M1M2-Nachwuchs deutlich sinkt, durchaus mit der Sozial- und Bildungsstatistik in Einklang. Man muß hierbei berücksichtigen, daß bei den Probanden selbst (in der Tabelle auf S. 83) die Einstufung stets M1M1 war, bei den Geschwistern der Probanden (in der Tabelle auf S. 84) aber bei beiden Ehepartnern eine Fehlzuordnung möglich war.

Der Gesamteindruck der Tabellen auf S. 83 und 84 läßt sich kaum anders zusammenfassen: Zur Erklärung der IQ-Verteilungen und der Abiturhäufigkeit bei den Kindern und den Verwandten von Hochbegabten bzw. Hochintelligenten reicht ein einfaches Ein-Genlocus-zwei-Allele-Modell vollständig aus.

Wer genetischer Logik nur mit Mühe oder gar nicht folgen kann, der kann dazu neigen, die gezogenen Schlüsse als eine Art Kabbalistik einfach abzutun. Das Besondere an Genetik und Naturwissenschaft ist

Heiratskombinationen der Geschwister von Hochbegabten und Prozentsatz der Neffen und Nichten mit Abitur

Heiratskombination von Bruder oder Schwester	Neffen und Nichten mit Abitur	ohne Abitur	
Beide Partner mit IQ 124 und höher	91,4 %	8,6 %	*n = 70*
M1M1 x M1M1	*100,0 %*	*0,0 %*	
Nur ein Partner mit IQ 124 und höher	71,5 %	28,5 %	*n = 130*
M1M1 x M1M2	*75,0 %**	*25,0 %*	
Beide Partner mit IQ zwischen 104 und 124	52,3 %	47,7 %	*n = 107*
M1M2 x M1M2	*50,0 %*	*50,0 %*	
Ein Partner mit IQ unter 105	6,9 %	93,1 %	*n = 29*
M1M2 x M2M2	*25,0 %*	*75,0 %*	
Beide Partner mit IQ unter 105	0,0 %	100,0 %	*n = 12*
M2M2 x M2M2	*0,0 %*	*100,0 %*	

* Die Kinder der Heiratskombination M1M1 x M1M2 spalten nach den Mendelschen Gesetzen zu 50 % M1M1 und 50 % M1M2 auf. Da die M1M2 bei einem IQ-Median aller Abiturienten von 120 zur Hälfte Abitur erwerben, zur Hälfte nicht, ergibt sich für diese Heiratsgruppe ein Erwartungswert für das Abitur von insgesamt 75 %.

Quelle: Weiss (1994a), Tab. 3

aber, daß sich von einem einmal erreichten Ergebnis aus die zugrunde liegenden Hypothesen zu weittragenden Theorien verdichten lassen, aus denen sich zwingende und empirisch nachprüfbare Vorhersagen ergeben. So haben genetische Polymorphismen (wie der postulierte M1/M2-Polymorphismus), bei denen man individuelle biochemische Unterschiede in der Energieübertragung im Gehirn annehmen muß, die vielfach bewiesene Eigenschaft, daß sich Mittelwerte und Varianzen der Genotypen direkt proportional zueinander verhalten. Was besagt das in diesem Fall? Personengruppen mit einem hohen Durchschnitts-IQ, also z. B. ein Beruf, der einen hohen IQ verlangt, sollten demnach große Varianzen aufweisen, Berufe mit einem niedrigen IQ niedrige Varianzen. Tatsächlich ist der Zusammenhang aber genau umgekehrt, und hohe IQ-Werte haben niedrige Varianzen, sowohl die Individuen für sich einzeln bei Wiederholungstests als auch Gruppen von Personen. Der als gesichert geltende Kausalzusammenhang stellt sich wie folgt dar: Personen mit hohem IQ verarbeiten die Information im Gehirn sehr schnell und brauchen für die Lösung einer Testaufgabe wenig Zeit; Personen mit niedrigem IQ „haben eine längere Leitung", wie es umgangssprachlich heißt, und brauchen deshalb für die Lösung einer Testaufgabe viel Zeit. Die kurze Zeit und der hohe IQ haben nun tatsächlich eine niedrige Varianz, die lange Zeit und damit der niedrige IQ eine hohe Varianz. Durch die hohe Arbeits- und Denkgeschwindigkeit werden nun aber von Personen mit hohem IQ in der vorgegebenen Zeit insgesamt mehr Testaufgaben gelöst als von den weniger Intelligenten. Sind die Zahl der gelösten Aufgaben und der IQ Maßstab, dann dreht sich auf dieser Ebene das Verhältnis von Mittelwert und Varianzen, das auf der Zeit- bzw. Geschwindigkeitsebene voll gilt, scheinbar um, aber eben nur scheinbar.

Wenn man sehr einfache Aufgaben stellt, z. B. Spielkarten nach Zahl oder Farbe sortieren läßt (Oswald, 1971) oder einfach aus einer Buchstabenreihe heraus, etwa a a b a b a b b a, alle b mit größtmöglicher Geschwindigkeit anstreichen oder zufällig im Raum angeordnete Zahlen in aufsteigender Folge anstreichen läßt (wie im Zahlen-Verbindungs-Test von Oswald und Roth, 1978) oder schlicht und einfach Äpfel und Birnen getrennt sortieren läßt, dann fällt sehr rasch auf, daß die Hochintelligenten sehr gute Arbeitsergebnisse erreichen, die weniger Intelligenten mäßige oder schlechte Ergebnisse. Die Aufgaben, wie etwa ein Kreuz von einem Kreis zu unterscheiden oder Äpfel und Birnen, sind oft so einfach, daß zum Lösen keinerlei spezielle Vorbildung notwendig ist: Solche Aufgaben nennt man elementare kognitive Tests. So einfach sie sind, so spielen derartige Leistungen im gesamten Berufsleben eine große Rolle, und die komplizierteren geistigen Leistungen sind oft nur eine Kombination von verschiedenen einfachen. Aus dieser Überlegung und aus diesem Zusammenhang wird noch einmal deutlich, warum die Intelligenteren im Berufsleben mehr leisten.

Die Anzahl der gelösten Testaufgaben nennt man Rohwerte der Tests. Es kann auch einfach die Zahl der Äpfel sein, die aus der mit Äpfeln und Birnen gefüllten Kiste heraussortiert worden sind. Geht man nun von dem auf die Normalverteilung normierten IQ weg und wieder zurück auf die ursprünglichen Verteilungen der Rohwerte, dann stellt man fest, daß für alle elementaren kognitiven Tests zwischen den

Mittelwerten der Genotypen M2M2 : M1M2 : M1M1 eine Relation von 2 : 3 : 4 für die Anzahl der gelösten Aufgaben gilt.

Anzahl richtig gelöster, gleich schwerer Aufgaben beim Intelligenztest LPS 9

Alter in Jahren	IQ 94 *M2M2*		IQ 112 *M1M2*		IQ 130 *M1M1*
12	15		23		30
15	17		26		33
18	18		28		35
21	18		29		36
Relation	**2**	**:**	**3**	**:**	**4**

Quelle: nach Weiss (1982b) in Weiss, Lehrl und Frank (1986), S. 126, Tab. 29, und den Rohtestwerten von Horn (1962)

Bei einer Untersuchung von 274 Schülern der Russisch-Klassen, die in der DDR eine der Möglichkeiten waren, um begabte Schüler zu fördern, ließ sich eine bimodale Verteilung (d. h. eine Verteilung mit zwei Gipfeln) der Testwerte zeigen, ein Modus bei IQ 112 (M1M2), der andere bei IQ 130 (M1M1). 124 Hochbegabte in Mathematik-Spezialklassen hatten dagegen eine unimodale Verteilung, eine Verteilung mit einem Gipfel, um den IQ 135 ± 9. Die Mathematik-Hochbegabten sind demnach zu 100 % M1M1, die Schüler der Russisch-Begabtenklassen bestanden zu 50 % aus M1M1, zu 50 % aus M1M2 und ähnelten damit den in der DDR normalen Schulklassen mit dem Berufsziel Abitur.

Bereits früher wurden bei Intelligenztests Verteilungen gefunden, die stark von der idealen Normalverteilung abwichen. Das wurde aber dann regelmäßig übersehen bzw. auf Zufälle oder mangelnde Repräsentativität der Stichprobe oder Mängel des Tests zurückgeführt. So wurden z. B. in den USA im 2. Weltkrieg Hunderttausende Soldaten getestet (jedoch keine Offiziere), und es ergab sich die Verteilung (S. 88), die Herrnstein in einer frühen Arbeit (1973) mit den Worten kommentiert: *Die Durchschnittswerte der einzelnen Berufe reichen von 129 bis 85, und dazwischen liegt die wohlbekannte bell curve.* Und dabei fehlen, wie jeder sehen kann, am Modus der Normalverteilung beim IQ 100 etwa 6.000 Personen! Und wenn man die Offiziere auch getestet und mit in die Verteilung aufgenommen hätte, dann hätte sich ein Bild ergeben, das dem Titelblatt unseres Buches ähnlich wäre, auf keinen Fall

Drei Schülergruppen in der DDR

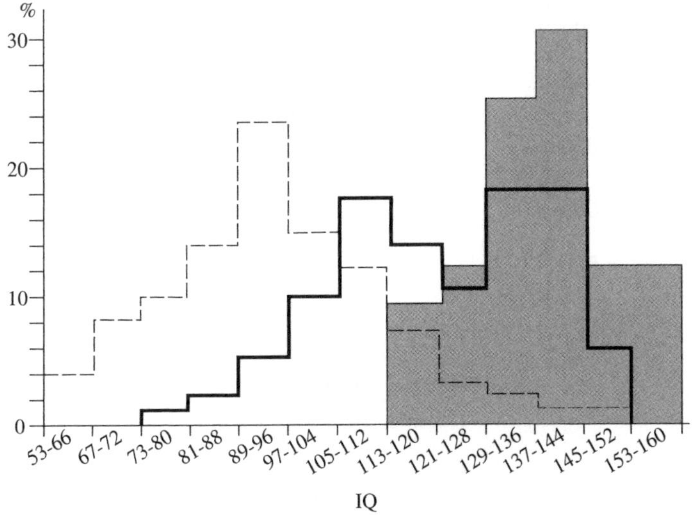

1) Die gestrichelte schwarze Linie links ist die IQ-Verteilung einer Stichprobe aller Schüler.
2) Die durchlaufende dicke schwarze Linie ist eine Stichprobe aus den Begabtenklassen mit zusätzlichem Russisch-Unterricht (gemischt aus M1M2 und M1M1).
3) Der Block rechts mit Schattierung ist die IQ-Verteilung der Hochbegabten M1M1 in den Mathematik-Spezialklassen.

Quelle: nach von Schilcher (1988), S. 271, Abb. 22.3 und Daten von Weiss (1982), S. 128, Tab. 30

aber eine klassische Normalverteilung, von der Herrnstein und Murray (1994) ausgehen. Wehe den Fakten, wenn sie nicht zur Theorie passen, möchte man hinzufügen.

Ein Hauptgrund, warum die Abweichungen von der Normalverteilung und die zugrunde liegenden Genotypen der schiefen Verteilung (unsere drei sich überlagernden Kurven, siehe wieder das Titelblatt) nicht erkannt worden sind, war, daß zwischen einer polygenen Verursachung der Intelligenz und der sich daraus ergebenden Normalverteilung eine feste begriffliche Koppelung entstanden war: Intelligenz war normalverteilt, weil sie polygen war, und Intelligenz war polygen, weil sie normalverteilt war. Die polygene Theorie, nach der eine Vielzahl von Genen der Intelligenzverteilung zugrunde liegen muß, kann aber auf ihre Gültigkeit und Richtigkeit geprüft werden. Aus der poly-

Soldaten der US-Armee (ohne Offiziere)

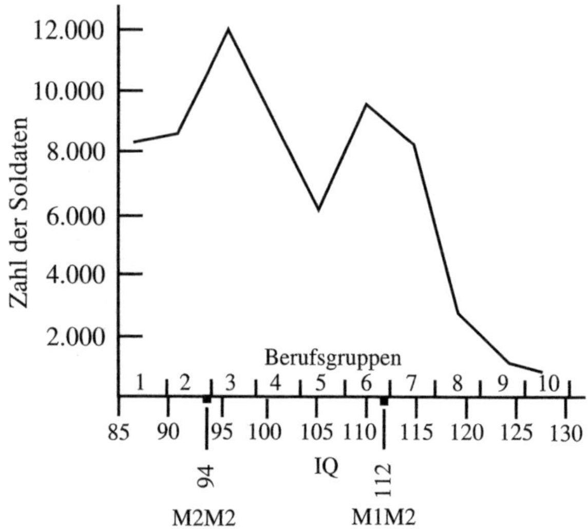

Die getesteten Soldaten wurden den Berufsgruppen 1 bis 10 zugeordnet.

Quelle: nach Stewart (1947), (nach Herrnstein [1973])

genen Theorie leitet sich nämlich die Vorhersage ab, daß die IQ-Verteilung unter den Geschwistern einer Familie selbst wieder eine Normalverteilung ist, wobei sich bei den Elternpaaren über alle IQ-Werte hinweg keine wesentlichen Unterschiede für die Streuungen der Kinder ergeben sollten. Die Hauptgentheorie der Intelligenz macht aber eine andere und viel spezifischere Vorhersage: sind beide Eltern homozygot (M1M1 oder M2M2), entweder für sehr hohe (M1M1) oder niedrige Intelligenz (M2M2), dann sind auch alle ihre leiblichen Kinder wieder M1M1 oder M2M2. Sind beide Eltern M1M2, dann spalten ihre Kinder nach den Mendelschen Gesetzen über den gesamten IQ-Bereich. Die Varianzen dieser Geschwisterschaften sind viel größer als die bei homozygoten Geschwisterschaften. Das ist tatsächlich der Fall. Man sehe sich nur einmal die Tabelle auf S. 84 an und veranschauliche sich die Form der IQ-Verteilung in den Geschwisterschaften. Sie spricht klar gegen die polygene Theorie.

Aus den publizierten Arbeiten läßt sich das oft schwerer erkennen, weil die Kinder in der Regel nicht nach den Heiratsgruppen der Eltern, sondern nur nach dem IQ des Vaters gruppiert sind. Aber auch in diesen Fällen läßt sich theoretisch bei einer Hauptgentheorie der Intelligenz eine Vorhersage der Verteilungsform machen: Ist der Vater hochintelligent M1M1, dann ist seine Ehefrau auch M1M1 oder M1M2 (nie aber M2M2). Die Kinder sind folglich M1M1 oder M1M2 (nie aber M2M2). Die IQ-Verteilung der Kinder sollte demnach rechtsschief sein; analog linksschief, wenn der Vater M2M2 ist. Die Kinder sollten über die gesamte IQ-Verteilung streuen, wenn der Vater M1M2 ist. Und es sollte an den Rohtestwerten, die nicht auf die Normalverteilung normiert sind, noch besser sichtbar sein. Das ist tatsächlich der Fall, wie z. B. die Verteilung der Rohtestwerte in einer repräsentativen Untersuchung flämischer Kinder (Nuttin, 1965) zeigt.

Die Kinder der drei sozialen Hauptschichten in Belgien

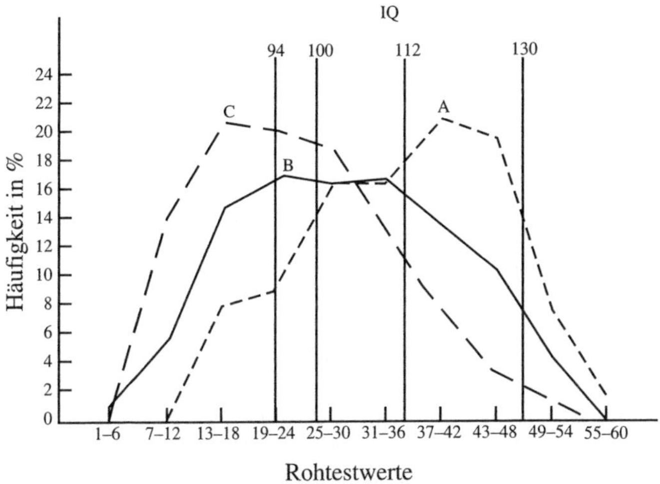

Repräsentative Stichprobe von 1.514 flämischen Kindern. Bei A (6 % der Bevölkerung) gehören die Väter zur Oberschicht, bei B (38 %) zur Mittelschicht, bei C (56 %) nach Beruf und Bildung zur Unterschicht.

Quelle: nach Nuttin (1965)

Die Kurzspeicherkapazität als eigentliche Basisgröße der Intelligenz

Eine andere Größe und eine andere Beziehung sind den Psychologen seit mehr als 100 Jahren bekannt, nämlich die Bedeutung des unmittelbaren Behaltens bzw. die Gedächtnisspanne (Süllwold, 1964). Spricht man einem Erwachsenen eine Reihe von einsilbigen Worten vor, also etwa Pferd, Hund, Kuh, Schaf usw. – jedes Wort nur einmal und etwa im Abstand von einer Sekunde –, und fordert die Versuchsperson dann auf, die Worte zu wiederholen, dann stellt sich heraus, daß sich ein Erwachsener im Durchschnitt sieben Worte merken kann, höchstens neun, bei einem niedrigen IQ aber nur fünf. Das Ergebnis läßt sich immer wieder bestätigen, z. B. beim Nachsprechen von einfachen Zufallszahlen. Eine erfahrene Testperson kann allerdings durch das Merken von Zahlengruppen bessere Ergebnisse erzielen. Sehen wir aber von solchen Tricks ab und auch davon, daß eine einzelne Person ihren Spitzenwert nicht immer, sondern nur bei einem Prozentsatz der Tests erreicht, dann ist der Zusammenhang ein regelmäßiger. Diese Gedächtnisspanne ist bei kleinen Kindern gering, nur zwei oder drei, und wächst dann bei intelligenten Kindern etwa alle zwei Jahre um ein Element an. Es war der Psychologe Piaget, der die Bedeutung der Gedächtnisspanne erkannte und der die Theorie aufstellte, daß das Ausreifen des Denkens bei Kindern mit dem Wachsen der Gedächtnisspanne ursächlich zusammenhängt. So groß, wie die Gedächtnisspanne ist, so viele Elemente kann ein Kind gleichzeitig miteinander vergleichen oder in irgendeine logische Beziehung zueinander setzen. Je größer die Gedächtnisspanne ist, desto kompliziertere Denkvorgänge werden möglich. Und was für Kinder gilt, gilt auch für Erwachsene. Hochintelligente Kinder haben schon bei Beginn der Schule eine Gedächtnisspanne von fünf, eine Menge also, die weniger intelligente Erwachsene auch nicht übertreffen. Die Denkmöglichkeiten lassen sich aber nicht nur durch Tricks, sondern auch durch systematisches Lernen und Üben über die einfache Gedächtnisspanne hinaus erweitern. Wiederholt man die einsilbigen Worte Pferd, Kuh, Schaf usw., dann kann sich die Testperson rasch einen Bauernhof vorstellen, in den sich die Tiere einordnen, und mit dieser bildlichen Vorstellung lassen sich dann die Einzelelemente lückenlos wieder abrufen und die Spanne scheinbar erweitern. Auf der Bildung solcher durch Übung verbundenen Zusammenhänge, die sich dann im Gedächtnis nicht mehr wie verschiedene Elemente, sondern nur als ein einziges darstellen, beruhen offensichtlich alle höheren Denkvorgänge. Der Mathematiker ist, wie jeder andere Berufsausübende mit hohem theoretischem Anteil, in der Lage, hochkomplizierte Denkoperationen zu vollziehen und zu verstehen, weil für ihn mehrere einfachere Elemente so zu einer neuen Einheit verschmolzen sind, daß er sie als logische Ketten so handhaben kann wie ein Kind einsilbige Worte. Auch der Autofahrer oder der Jäger hat für überraschende Situationen auf Grund seiner Erfahrungen schon eine Reaktion automatisiert, die sein Denken nicht voll besetzt, sondern noch Entscheidungsraum läßt. Jeder hat einmal Auto fahren gelernt und kennt die Situation, wo diese Automatisierung noch nicht eingetreten ist und jeder Schritt bewußt nachvollzogen werden muß, mit der sich ergebenden Gefahr der Chaosreaktion in einer plötzlichen Gefahrensituation. Dem Soldaten ergeht es beim ersten Kampfeinsatz nicht viel besser. Mit einem Wort: Der Zusammenhang von Gedächtnisspanne und Effektivität der Denkvorgänge (vgl. dazu Kyllonen und Christal, 1990, die im Auftrag der US-amerikanischen Luftstreitkräfte in einem großen Testzentrum arbeiten) ist von fundamentaler Art.

Bei der Entwicklung der Nachrichtentechnik stellte sich heraus, daß eine Größe, die Kanalkapazität, von entscheidender Bedeutung ist. In der Nachrichtentechnik, aber auch beim Computer ist uns das Bit als das Maß für den Informationsgehalt bekannt. Eine einfache Alternative zwischen zwei Möglichkeiten, a oder b, hat nach der Definition den Informationsgehalt von einem Bit. In den fünfziger Jahren machte man dann von der gedanklichen Möglichkeit Gebrauch, von einer Analogie zwischen menschlicher und technischer Nachrichtenverarbeitung auszugehen. Der Physiker Helmar Frank (der dazu 1962 sein erstes Buch vorlegte) hatte in den fünfziger Jahren die Aufgabe, über das Problem nachzudenken, wieviel Information ein Mensch bei einer komplexen Kunstdarbietung, etwa bei einem Bühnenbild, überhaupt aufnehmen und gedanklich verarbeiten kann und wieviel einfach vorbeirauscht. Frank kam dabei auf die Idee, die Durchlaßfähigkeit unseres Verstandes, aber auch seine Lernfähigkeit als eine Art Kanalkapazität zu begreifen, und er definierte die Speicherkapazität C des Kurzzeitgedächtnisses (gemessen in Bit) als das Produkt aus der Informationsverarbeitungsgeschwindigkeit S (in Bit pro Sekunde) und der Gedächtnisspanne D (in Sekunden), also

$$C \text{ (Bit)} = S \text{ (Bit/sec)} \times D \text{ (sec)}.$$

Zur Veranschaulichung der Informationsgeschwindigkeit genügt ein einfacher Selbstversuch:

Wie setzt man die Reihenfolge fort? – 3 4 6 9 13 18 24 ...

Was geht in einem vor? Erst muß man die Zahlen identifizieren. Wegen der begrenzten Informationsverarbeitungsgeschwindigkeit nimmt dieser Vorgang Zeit in der Größenordnung von Zehntelsekunden in Anspruch. Dann sind zwei benachbarte Zahlen im Kopf zu behalten, und es ist die Differenz zwischen ihnen festzustellen. Anschließend muß man die nächste Zahl wahrnehmen, die Differenz zur vorigen bilden und mit der vorher ermittelten Differenz vergleichen. Alle diese Vorgänge kosten Zeit. Der Zeitverbrauch summiert sich rasch zu Sekunden. Falls diese Vorgänge schließlich die zeitliche Grenze der Gedächtnisspanne, die allgemein bei etwa 5 Sekunden liegt, überschreiten, verfügt man nicht mehr bewußt über alle Zahlen. Ein Teil ist entfallen, man muß von vorne anfangen. Wird die Kapazität des Kurzspeichers überschritten, können die einzelnen Elemente nicht richtig aufgenommen bzw. festgehalten werden.

In der Formel der Kurzspeicherkapazität C finden wir deshalb die Gedächtnisspanne D wieder, deren grundlegende Bedeutung uns wohlbekannt ist und für deren Testen es verschiedene Varianten gibt (Wiedergabe der Zahlenfolgen vorwärts oder rückwärts oder aus einer fortlaufenden Zahlenreihe heraus), und die Informationsverarbeitungsgeschwindigkeit S des Gehirns. Während der IQ eine Größe ist, die auf den Mittelwert einer bestimmten Bevölkerung bezogen ist, ist C eine absolute physikalische Größe und damit dem IQ als Maß eigentlich weit überlegen. Die IQ-Definition ist aber rund ein halbes Jahrhundert älter und bei Vergleichen innerhalb von Bevölkerungen anschaulich und bewährt; C hingegen ermöglicht Berechnungen des Energieverbrauchs beim Denken und auch die Vorhersage (Weiss, 1982b, in Weiss, Lehrl und Frank, 1986), daß auf der absoluten Skala der Kanalkapazität des Kurzzeitgedächtnisses ganzzahlige Relationen zwischen den Genotypen bestehen sollten. Die Druckerschwärze für die Prognose war noch nicht richtig trocken, da konnte sie von Frank und Lehrl 1982 auch schon bestätigt werden. Nach Frank und Lehrl beträgt der Mittelwert für M1M1 140 Bit, für M2M2 70 Bit, d. h. der Beitrag eines einzelnen Allels M1 ist 70 Bit, eines M2 35 Bit. (Die Heterozygoten M1M2 haben folglich einen Kurzzeitspeicher von 70 Bit + 35 Bit = 105 Bit.)

Dabei läßt sich die Informationsverarbeitungsgeschwindigkeit S beispielsweise als Lesegeschwindigkeit (Lehrl et al., 1991) oder als Wahlreaktionszeit einfacher Handlungsalternativen meßbar machen. Lehrl und Mitarbeiter brachten einen Kurztest der Allgemeinen Intelligenz (KAI) heraus, bei dem die Lesegeschwindigkeit auf einfache Weise gemessen wird, indem die Testpersonen aufgefordert werden, einfache Zufallsfolgen von Buchstaben, z. B. u n r z t r f e ... mit größtmöglicher Geschwindigkeit zu lesen. Die Lesegeschwindigkeit, also das, was bereits Peters (1915) mit allgemeiner Auffassungsgeschwindigkeit erfaßt hat, ist in unseren Kulturen von einer so grundlegenden Bedeutung, daß die Zusammenhänge mit praktischen Anforderungen in Schule und Arbeitswelt für jedermann offenkundig sind. Es ist eines der bemerkenswerten Ergebnisse der Informationspsychologie, wie sich diese von Frank (1962, 1992) inspirierte Denkschule nennt, daß festgestellt werden konnte (Lehrl und Fischer, 1988, 1990), daß die Beziehung zur Kurzspeicherkapazität und zum IQ unabhängig von der Art der Sinnesorgane besteht, d. h. unabhängig davon, ob die Information mit Augen oder Ohren aufgenommen wird. Auch bei Blinden, die die Blindenschrift mit ihrem Tastsinn lesen, lassen sich die Zusammenhänge zum IQ auf diese Weise messen, und der hochintelligente Blinde liest, d. h. tastet und verarbeitet die Information, doppelt oder dreimal so schnell wie ein wenig intelligenter Blinder. Der Test für die andere Basisgröße, die Gedächtnisspanne, ist im Kurztest der Allgemeinen Intelligenz (KAI) das Verfahren, welches uns seit fast 100 Jahren als Teiltest aus vielen IQ-Tests bekannt ist.

Auf diese theoretische und empirisch sehr gut fundierte Ausweitung folgte dann eine ganze Serie von Arbeiten (z. B. Weiss, 1992b, 1995a; Lehrl und Fischer, 1990), in denen Beziehungen der Kurzspeicherkapazität vor allem zur Energie-Spektraldichte des EEG bei evozierten Potentialen (Deary, 1988; Andrés Puyo, 1993; Brebner und Stough, 1995) und zum Energiestoffwechsel des Gehirns gezeigt werden konnten, die den Gesetzen der statistischen Mechanik folgen und deshalb unter den Fachleuten, welche die für das Verständnis notwendige fachübergreifende Bildung haben, als „Quantenmechanik der Intelligenz“ bekannt sind. Diese Arbeiten dürften einmal für die Konstruktion einer neuen Computergeneration Bedeutung erlangen.

Bereits die Monographie „Psychogenetik“ (Weiss, 1982b, S. 158; Nachdruck in Weiss, Lehrl und Frank, 1986) schloß mit dem Hinweis, daß die bekannte Korrelation zwischen der Aktivität des Enzyms Glutathionperoxidase und dem IQ der Schlüssel sein könnte, den biochemischen und molekulargenetischen Hintergrund des M1/M2-Polymorphismus zu entdecken. So war die Forschung 15 Jahre lang darauf gerichtet, den Zusammenhang von IQ und Glutathionperoxidase aufzudecken. Nach dem Erscheinen eines programmatischen Artikels, einem Editorial in der führenden Fachzeitschrift „Intelligence“ (Weiss, 1995b), waren weltweit Forschungen in Gang gekommen, die molekulargenetischen Grundlagen der IQ-Unterschiede aufzudecken, ohne aber bei Glutathionperoxidase- und Glutathiontransferase-Polymorphismen fündig zu werden. Inzwischen ist entdeckt worden, daß S-Nitrosoglutathion (GSNO) die Aktivität des Neurotransmitters Nitritoxid (NO) dadurch aufrechterhält, daß das Enzym Methioninadenosyltransferase deaktiviert wird. Daraus ergibt sich die Möglichkeit, daß einer der zahlreichen schon bekannten und verbreiteten Polymorphismen des Monokarbonstoffwechsels die gesuchte Eigenschaft haben könnte, den Glutathionstatus und die Effektivität des Hirnenergiestoffwechsels (d. h. den Glukosestoffwechsel) zu regulieren (Smythies, 1999; Weiss, 1999). Das heißt, man muß sich die verschiedenen genetischen Enzymvarianten (Polymorphismen) als Treibstoffe mit sehr unterschiedlicher Oktanzahl vorstellen. Die Unterschiede zwischen IQ 90 und IQ 130 beruhen nicht auf anatomischen Unterschieden der Menschen, sondern auf Unterschieden des Brennwerts der körpereigenen Treibstoffe. Es gibt einige Forscher, die die Prognose wagen, daß wir in den nächsten Jahren vor einer Entdeckung stehen, die unser Leben tiefgreifend und gründlich beeinflussen und verändern wird. Wenn der M1/M2-Hauptgenlocus der Intelligenz entdeckt worden ist, dann wird es nur wenige Jahre dauern, bis auch andere kühne Träume und Vorstellungen möglich werden. An dem sozialen Gefüge dieser Erde wird sich aber dadurch erst einmal nichts ändern, man wird es nur besser begreifen. Es gibt starke politische Interessen, die dieses Begreifen verhindern oder wenigstens verzögern wollen.

Während alle anderen Forschungsgruppen, die über die molekulargenetischen Grundlagen des IQ arbeiten, mit vorhandenen Haushaltsmitteln auskommen müssen und keine speziellen Projektanträge gestellt haben, da diese als politisch nicht korrekt nicht genehmigt würden, fällt auf, daß der Amerikaner R. Plomin und seine Mitarbeiter (1997) seit 1990 Forschungsmittel erhalten, um angeblich die Genetik der Intelligenz aufzuklären. Er und seine Gruppe gehen von einem Ansatz aus, daß es Hunderte von Genen gibt, die einen Einfluß auf den IQ haben – was aus bestimmter Sicht ja auch stets richtig ist –, aber keinen einzigen Genlocus, der große Wirkungen hat, und darüber hinaus sehr viele Umweltwirkungen. Weiterhin fällt auf, daß Plomin für diesen Forschungsansatz von Personen und Personenkreisen gelobt und zu Vorträgen eingeladen wird, denen sehr daran gelegen ist, die biologische Gleichheit aller Menschen zu betonen und die Bedeutung erblicher Unterschiede herunterzuspielen (dazu Weiss, 1992c). Mit anderen Worten: Es drängt sich der Verdacht auf, daß die Forschungsgruppe Plomin dafür bezahlt wird, möglichst nichts zu finden: in den Naturwissenschaften ein bisher nur für parapsychologische Fragestellungen bekannter Vorgang.

Da die Intelligenz sich in den Familien vererbt und Intelligenzunterschiede den beruflichen Status beschreiben, muß sich dieser Status in den Familien regenerieren. Eine Kontrolle dafür sind auch die Untersuchungen in Adoptivfamilien, in die die Kinder bereits in den ersten Lebensmonaten aufgenommen wurden. Dabei konnte man herausfinden (Teasdale et al., 1984), daß sich der berufliche Status von biologisch verwandten Geschwistern ähnelt, obwohl sie in verschiedenen Umgebungen aufgewachsen waren. Im Gegensatz dazu gab es zu Geschwistern aus den Adoptivfamilien selbst keinerlei signifikante Korrelation hinsichtlich des beruflichen Status. Das allein schon widerlegt die weitverbreitete Annahme, daß vor allem die Umweltverhältnisse für die berufliche Laufbahn entscheidend sind. Im 18. Jahrhundert gab es vor allem in Österreich den Versuch, das Zigeunerproblem dadurch zu lösen, daß man den Zigeunermüttern die sehr kleinen Kinder wegnahm und sie in sozial angepaßte Familien plazierte. Aber der Versuch scheiterte. Im Jugendalter entliefen die Kinder nicht selten ihren Zieheltern.

Dreierlei Menschen braucht die Maschine

Tillmann (1990) charakterisiert das gegliederte Schulsystem der alten Bundesrepublik so: *Nach dem 2. Weltkrieg wurde das gegliederte Schulsystem der Weimarer Zeit restauriert. [...] Zu Beginn der 60er Jahre, als dieses System noch von keiner Reform angegriffen war, gingen knapp 70 % eines Altersjahrganges auf die damals noch achtklassige Volksschule, etwa 12 % besuchten die Realschule, ca. 15 % das Gymnasium. Der Volksschulabschluß führte überwiegend in eine handwerkliche Lehre, der Realabschluß in Büroberufe. Nur das Gymnasium führte zum Abitur, zum Hochschulstudium und damit in die höheren Etagen der Gesellschaft.* Neben dem Frontalangriff durch die Gesamtschule kam es zu einem heimlichen Umbau. *1965 besuchten noch 65 % aller Siebenkläßler eine Hauptschule, 1988 waren es noch 32 %. In der gleichen Zeit stieg der Anteil der Gymnasiasten von 17 % auf 30 %, der der Realschüler von 15 % auf 27 %.* In Hamburg waren noch 18 %, in Göttingen nur noch 10 % der Schüler in Hauptschulen, die damit zur „Restschule" für Ausländerkinder und lernschwache deutsche Kinder wurden. In manchen Städten besuchten sogar 50 % aller Schüler ein Gymnasium, für das es keine Aufnahmeprüfungen mehr gab. – In der DDR sind parallele Ausweitungen der Zahlen an Abiturienten und Studenten, die sich um 1965 mit 14 % Abiturienten und 17 % Studenten ebenfalls andeuteten, durch gezielte anti-bildungsinflationäre Politik gestoppt und (nach Geißler, 1996) bis 1980 auf je 11 % Abiturienten und Studenten zurückgefahren worden.

Noch 1955 hatte Weinstock zur „Dreigliederung von Gesellschaft und Schule“ ziemlich direkt geschrieben: *Dreierlei Menschen braucht die Maschine: den, der sie bedient und im Gang hält; den, der sie repariert und verbessert; schließlich den, der sie erfindet und konstruiert. Hieraus ergibt sich: Die richtige Ordnung der modernen Arbeitswelt gliedert sich [...] in drei Hauptschichten: die große Masse der Ausführenden, die kleine Gruppe der Entwerfenden und dazwischen die Schicht, die unter den beiden anderen vermittelt. [...] Daß diese Gliederung nicht nur im unmittelbaren Umkreis der Maschine gilt, sondern im Gesamtbereich unserer rationalisierten Arbeitswelt [...] bedarf keiner besonderen Darlegung. [...] Was ergibt sich nun aus dieser Struktur unserer modernen Arbeitswelt für den Aufbau des Bildungswesens? Eine dreigliedrige Schule.*

Wenn es sich bei der Existenz der drei Begabungsstufen um eine Art naturwissenschaftlichen Fakt handeln sollte, dann dürfte die Tendenz bestehen, von konservativer Seite das als Rechtfertigung für dreigliedrige Schulsysteme aufzufassen. Von der Gegenseite wird dann – teils als Gegenreaktion auf derartige Argumente, teils als allgemeines Abblocken, teils aus völliger Unkenntnis heraus – betont werden, daß Vererbung und Anlagen für Schule und Bildungspolitik überhaupt keine Bedeutung haben und nur die jeweilige soziale Umwelt entscheidend sei. Tatsächlich haben IQ-Differenzen von 10 Punkten, wie sie durch Meßfehler, ungünstige Situationen in der Umwelt oder eine Krankheit leicht entstehen können, keine praktische Bedeutung und können vielen möglichen Einflüssen zugeschrieben werden; aber für IQ-Differenzen von 40 Punkten, wie zwischen dem Genotyp M1M1 der intellektuellen Elite und dem Genotyp M2M2 der breiten Arbeiterschaft, dafür lassen sich soziale Ursachen allein nicht verantwortlich machen.

Man könnte ein dreigliedriges Schulsystem vielleicht ohne Vorbehalt verteidigen, wenn unsere Gesellschaft eine Art indische Kastengesellschaft wäre. Aber gerade auch die indische Kastengesellschaft, die versucht hat, den Sozialstatus mit der Geburt zu verteilen, ist an zweierlei Dynamik gescheitert, und zwar an der Vererbung selbst und an der modernen Wirtschaft. An der Vererbung selbst, weil die größte Zahl von Hochbegabten nicht aus Ehen von Hochbegabten untereinander stammt, sondern, trotz der gegenwärtig ablaufenden Herausbildung einer intellektuellen Elite, aus Ehen des Mittelstandes. (Man berechne einmal die Heiratskombinationen, beispielsweise M1M1 x M1M1, und ihre Häufigkeiten in der Bevölkerung, in diesem Falle 0,05 x 0,05 = nur 0,0025 M1M1-Kinder, aber M1M2 x M1M2 ist 0,27 x 0,27 = 0,0729. 0,0729 dividiert durch 4 ergibt die Häufigkeit der hochbegabten M1M1-Kinder aus diesen Ehen. Da es praktisch in der sozialen Realität keine M1M1 x M2M2-Ehen gibt, entstammen die meisten Hochbegabten Verbindungen, in denen entweder Vater oder Mutter M1M1 ist, der Partner M1M2. Abgesehen davon, daß Sozialstatus und IQ in der Realität nur mehr oder weniger korreliert sind, je nach dem Maßstab, den man an Status anlegt.) Diejenigen, die jede Vererbung in Abrede stellen wollen, meinen, daß Vererbung ein statisches Element sei, das die sozialen Unterschiede und die Gesellschaft zementieren würde. Im Gegenteil – die Spaltung der Anlagen garantiert in jeder Generation die Mobilität der folgenden Generation! Weil eben Macht, Besitz, eigener IQ und der IQ des Ehepartners nur teilweise zusammenpassen.

Wenn die Anforderungen der Wirtschaft an Schulbildung und Ausbildungsdauer immer gleichgeblieben wären, hätte sich das Bestreben auch der mittleren Leistungsstufe M1M2 nach Gymnasialbildung und Hochschulstudium abblocken lassen. Wenn aber eine Wirtschaft nicht nur Bedarf nach höherqualifizierter Arbeit hat und wenn die Gesellschaft eine längere Ausbildung für eine größere Zahl bezahlen kann, dann gibt es in einer freien Gesellschaft keine Mittel und keinen vernünftigen durchsetzbaren Grund mehr, den „heimlichen Umbruch" aufzuhalten. Das eigentliche Problem ist, daß diese unaufhaltsame quantitative Ausweitung der höheren Bildung in der alten Bundesrepublik dazu benutzt worden ist und benutzt wird, die Leistungsdifferenzierungen der Bildungswege abzubauen.

Die Argumente für und wider die Gesamtschule, die das soziale Verständnis fördern soll, sowie für und wider das dreigliedrige Schulsystem sind schon so oft vorgebracht worden (Tillmann, 1990), daß wir sie hier als bekannt voraussetzen. Wenn die Gesamtschule nicht als eine Einheitsschule aufgefaßt wird (wie sie z. B. in der Sowjetunion existierte, wo nur ein kleiner Teil der Schüler in Begabtenklassen übernommen wurde), sondern tatsächlich verschiedene Bildungswege unter einem Dach anbietet, dann sollte sich ein Humangenetiker (vgl. Freye, 1986) von seinem fachlichen Standpunkt (Weiss, 1993a) aus nicht dazu hinreißen lassen, sich zugunsten einer bestimmten Schulform zu äußern. Es ist einfach nicht seine Aufgabe. Aber als Staatsbürger kann er sich sehr wohl dazu äußern. Auch der Blick aus dem deutschen Sprachraum nach den USA, England, Frankreich oder Japan zeigt, daß ein bestimmtes Leistungsniveau durchaus mit verschieden strukturierten Bildungssystemen erreichbar ist.

Denn das eigentliche Problem ist ein anderes: Wenn die Gymnasialstufe z. B. (ab 5. Klasse) 10 % der Leistungsstärksten eines jeden Jahrgangs erfaßt und die Auswahl nach der Leistung der Schüler und kaum nach dem Geldbeutel und Willen der Eltern erfolgt, dann dürften in diesen Klassen tatsächlich in Landkreisen etwa 4 % Hochbegabte (M1M1) und 6 % M1M2 vertreten sein, in Großstädten, Universitätsstädten und Ballungs-Randgebieten sogar vielleicht 8 % M1M1. Auf jeden Fall dürfte das Lernklima in diesen Klassen sehr gut sein. (Und vermutlich ist eine vollständige Trennung der drei Leistungsstufen in unterschiedliche Bildungswege gar nicht das beste, weil sowohl Schüler als auch Lehrer dann sehr stark die Leistungsmaßstäbe verlieren, die nun einmal den Vergleich mit Mitschülern voraussetzen.) Erfaßt aber eine Gymnasialklasse oder eine Mathematik-Klasse einer Gesamtschule 50 % eines Jahrgangs, dann ist das ohne Niveausenkung kaum vorstellbar. Die Hochbegabten sind in diesen Klassen eine Minderheit. Und leicht kann die Mehrheit Meinungen erzeugen, die wirklicher Hochleistung abträglich sind. Beschränkt sich die Mathematik-Leistungsklasse (oder der Leistungskurs) einer die gesamte Stadt erfassenden Gesamtschule auf die 5 % der Leistungsstärksten, dann dürfte diese Klasse ein höheres Niveau haben als eine Gymnasialklasse, die 30 % der Schüler ohne Aufnahmeprüfungen erfaßt. Bei der Studienbewerbung kommt es dann wieder zu einer Entmischung dergestalt, daß Hochbegabte in Fächer mit sehr guten Verdienst- und Berufschancen drängen (wie Medizin und Pharmazie) und in Fächer mit hohen Anforderungen (wie Physik), dafür aber dann beispielsweise sozialwissenschaftliche Fächer von einer so hohen Anzahl eher mittelmäßiger Bewerber überlaufen werden, daß der Hochbegabte den Eindruck bekommen kann, sollte er sich für so ein Fach besonders interessieren, sich verirrt zu haben. Die Folgen sind ein erschreckend niedriges mittleres Niveau in bestimmten akademischen Fächern und ein immer weiter um sich greifendes nichtakademisches, oft politisch weit links gerichtetes geistiges Klima in den betroffenen Fakultäten (Schwanitz, 1998; Weiss, 1997). Häufiges Überschreiten der Regelstudienzeit und viele vorzeitige Abgänge ohne Abschluß sind daraus abgeleitete Probleme; mangelhafte personelle Ausstattung auch in

Fächern (wie Biochemie), die noch vorwiegend den Hochbegabten vorbehalten sind, eine Folge der allgemeinen Überforderung der Hochschulen, verbunden mit immer schlechter werdenden Wohn- und Arbeitsbedingungen für Hochschullehrer und Studenten, all das sind Zeichen einer Entwicklung, die schon in vollem Gange ist und die durch die allgemeine Finanzkrise des Sozialstaates ständig verschärft wird.

Ein Unterschied zwischen IQ 94 und IQ 130 suggeriert einen Unterschied um etwa 36 %, also etwa vergleichbar dem Unterschied zwischen zwei Menschen, der eine 1,50 m, der andere 1,85 m groß, die bei gemeinsamem Sportunterricht schon gewisse Probleme haben. Der tatsächliche Unterschied der geistigen Leistungsfähigkeit zwischen IQ 94 und IQ 130 beträgt aber 70 zu 140 Bit, also das Doppelte (Lehrl und Frank, 1982; Frank, 1992), und neben dem einen Menschen von 1,80 m stehen 13 von 0,90 m (und sechs von 1,35 m). Kein vernünftiger Lehrer würde mit so unterschiedlichen Schülern allzulange in einer einzigen Klasse Volleyball spielen oder Kugelstoßen veranstalten. So unterschiedliche Welten – das sind aber die realen Unterschiede der geistigen Leistungsvoraussetzungen.

Mißachtet ein Bildungssystem in den allgemeinbildenden Schulen zu stark das Vorhandensein der drei Leistungsstufen der Begabung und bietet den Hochbegabten nur Schulklassen an, in denen sie zur Minderheit werden, dann wird es in einer freien Gesellschaft zwangsläufig zu Bestrebungen kommen, daß diejenigen, die Geld haben und deren Kinder hochbegabt sind, sich Privatschulen schaffen und Eliteuniversitäten fördern (in denen dann auch in den Sozialwissenschaften strenge Leistungskriterien gelten), ein Vorgang, der auch in Deutschland immer mehr in Gang kommen wird.

Wenn es ein gegliedertes Schulsystem gibt, dann ist nicht die Bezeichnung der Schule entscheidend, sondern der Prozentsatz der Schüler an der Gesamtbevölkerung, der nach strengen Leistungskriterien ausgelesen wird. Wenn es so etwas wie IQ-Akzeleration in den letzten Jahrzehnten gegeben hat und das Durchschnittsniveau eines Jahrgangs heute etwa 10 IQ-Punkte höher als der vergleichbare Maßstab von vor 20 Jahren ist, so hat sich doch dadurch nichts an den Relationen der Begabungsstufen zueinander geändert. Wenn statt 5 % auf Gymnasien bald 50 % in Gesamtschulen das Abitur bekommen sollten, wird die Bildungsinflation früher oder später zwangsläufig zu einer Gegenbewegung führen, indem sich dann vielleicht 5 % auf ein „Leistungsabitur" berufen, das besonders hohen Anforderungen genügt. Wenn die Massenuniversität nicht mehr vom Staat in der notwendigen

Qualität unterhalten werden kann – und dieser Punkt ist in Deutschland erreicht –, wird der Geldbeutel der Eltern wieder wichtiger werden. Wollte man das, als man Chancengleichheit einforderte? (Und Jugendliche aus den neuen Bundesländern haben noch das zusätzliche Problem, in dieser Entwicklung den „Fortschritt" zu erkennen, wenn an den Universitäten und allgemeinbildenden Schulen das Lehrpersonal auf vielleicht ein Drittel des Standes von 1990 verringert wird, um so die Ausbildung an das westliche „Vorbild" anzupassen.) Der Ruf nach der Einrichtung von besonders gut ausgestatteten „Forschungsuniversitäten", in denen nur die Leistungsbesten studieren sollen, ist in Deutschland die zwangsläufige Gegenreaktion auf den bestehenden Alleinvertretungsanspruch der Massenuniversitäten. Die erste dieser Universitäten ist soeben in Bremen gegründet worden.

Das zahlenmäßige Anwachsen der Berufe mit hohem IQ

Der Zusammenhang von IQ zu Berufen ändert sich, wenn die Tätigkeit eine immer höhere Anforderung an die Intelligenz stellt. So ziemlich jeder kann ein Tiefbauarbeiter werden, der mit Hacke und Spaten Gräben aushebt, wenn er dafür gesund ist, viele können Möbeltischler werden, sofern sie genügend feinmotorische Fähigkeiten haben, doch Rechtsanwälte sollten eigentlich nur Menschen aus einem relativ geringen Streubereich der Intelligenz werden. Wenn man als Rechtsanwalt mehr verdient als als Möbeltischler – was geschieht, wenn sich die Zahl der Stellen für Rechtsanwälte erhöht? Eine größere Zahl von Personen mit hohem IQ wird dann Rechtsanwalt, was aber bedeutet, daß sie nicht Möbeltischler oder Tiefbauarbeiter werden.

Nun stellen Sie sich den Vorgang im großen vor und überlegen Sie sich, was mit der Handvoll von Berufen geschieht, bei denen die Siebung hinsichtlich des IQ am stärksten ist. Wir werden uns hier auf ein Dutzend solcher Berufe konzentrieren, die wir als „Hochintelligenzberufe" bezeichnen. Einige dieser Berufe gibt es schon gleich lange wie die IQ-Tests, und sie sind in den Listen der Volks- und Berufszählungen schon um 1900 enthalten: Buchhalter, Architekten, Chemiker, Lehrer an Hochschulen, Zahnärzte, Ingenieure, Rechtsanwälte und Ärzte. Andere sind erst in der jüngeren Zeit entstanden oder sind umbenannt worden: Computerfachleute, Mathematiker, Naturwissenschaftler und, nach Meinung von Herrnstein und Murray (1994), in den USA auch die Sozialwissenschaftler. Ob letztere in Deutschland in ihrer Mehrheit zu den „Hochintelligenzberufen“ gehören, darf bezweifelt werden. Zweifellos arbeiten viele Sozialwissenschaftler mit statistischen Methoden, für deren Verständnis ein Intelligenzgrad erforderlich ist, wie er für Hochintelligenzberufe typisch ist. Aber schon die Studenten der Studienrichtung Marxismus-Leninismus, die vom Zentralinstitut für Jugendforschung der DDR getestet worden waren, wiesen um 1980 einen IQ auf, der rund eine Standardabweichung (also 15 IQ-Punkte) niedriger lag als der für Studenten der Mathematik und der Physik, und die Marxisten hatten den niedrigsten IQ aller Studienrichtungen überhaupt. Sieht man sich das Niveau an, auf dem die Diskussion in den Sozialwissenschaften sich heute oft abspielt, dann kann man daraus schließen, daß der Durchschnitts-IQ bei Absolventen der Sozialwissenschaften eine Güteklasse (d. h. eine Standardabweichung) niedriger als der mittlere IQ von Mathematikern, Physikern, Diplomingenieuren und Biochemikern sein dürfte. Das Niveau der Diskussion und die Reaktionen, die das Erscheinen des vorliegenden Buches bei einer Reihe von Sozialwissenschaftlern hervorrufen wird, dürfen als weiterer Beleg dafür gelten.

Nach Herrnstein und Murray (1994) ist in den USA der mittlere IQ für Personen, die in „Hochintelligenzberufen“ arbeiten, ungefähr 120. Einige Untersuchungen finden ein wenig abweichende Werte, eher 125, und nach unserer Auffassung ist der IQ 125 in Mitteleuropa sogar eher der untere Schwellenwert für „Hochintelligenzberufe“. Theoretische Physiker haben dabei höhere Werte als Naturwissenschaftler im allgemeinen. Dessenungeachtet ist 120 ein praktischer Schätzwert, da er ungefähr ein Zehntel der Gesamtbevölkerung abschneidet, d. h. nach dem IQ das leistungsfähigste Zehntel jenseits des Prozentrangwertes 90. Aber bei Prozentrangwert 95 bzw. IQ 125 – da beginnt erst die eigentliche geistige Elite.

Der gesunde Menschenverstand sagt uns, daß Leute, die bei großen Firmen in die führenden Ränge des Managements aufsteigen, einen hohen IQ haben sollten. Das Spitzenmanagement saugt in den USA einen großen Teil der Hochintelligenten auf, die nicht in den vorhin genannten ausgesprochenen Hochintelligenzberufen arbeiten. Wenn man die Zahl der Beschäftigten insgesamt überschlägt, kommt man in den USA (nach Herrnstein und Murray, 1994) zu dem Ergebnis, daß etwa 70 bis 80 % der Personen mit einem IQ über 120 heute in Hochintelligenzberufen oder im gehobenen Management arbeiten. Zur Mitte des Jahrhunderts waren die USA noch eine Gesellschaft, in der die Mehrheit der Personen mit einem IQ über 120 über eine große Zahl von Tätigkeiten verteilt war, d. h. nicht in Hochintelligenzberufen und nicht im höheren Management. Gegen

Ende des Jahrhunderts ist der größte Teil der Hochintelligenten in einigen wenigen Berufen konzentriert, die in hohem Maße nach ihrem IQ selektiert sind, meinen Herrnstein und Murray (1994).

Der wirtschaftliche Druck zur Siebung nach dem IQ

Ein Hochschulabschluß ist nicht nur eine Urkunde, sondern auch ein indirektes Maß der Intelligenz. Personen mit akademischen Graden sind häufig intelligenter als Menschen ohne diese und demzufolge auf dem Arbeitsmarkt wertvoller. Die amerikanischen Arbeitgeber stellen Absolventen der Universitäten Stanford und Yale nicht nur ein, weil sie mehr wissen als Absolventen weniger guter Universitäten, sondern weil sie auch mehr können und besser sind. In Deutschland gibt es unter den Universitäten keine solche Rangfolge, und ein guter Studienabschluß ist deswegen hier noch lange keine Garantie auf einen guten Arbeitsplatz. Auch auf diese Weise wird der Wert von Bildungsabschlüssen gemindert. Selbst das begabteste Kind braucht Schulbildung, und für einige Tätigkeiten braucht man viele Jahre Spezialausbildung. Bei den akademischen Graden gibt es tatsächlich ein weitverbreitetes Problem: für viele leitende Stellungen ist ein akademischer Grad eine Voraussetzung ohne Sinn, ebenso ist die Voraussetzung eines abgeschlossenen pädagogischen Studiums oft ein Hindernis, gute Lehrer für die ersten Schulklassen einzustellen, und ein Dr. phil. hat nichts mit der Arbeit zu tun, die viele Dr. phil. wirklich verrichten.

Intelligenzunterschiede stehen in einem fundamentalen Zusammenhang mit der Produktivität. Dieser Zusammenhang gilt nicht nur für hochqualifizierte Berufe, sondern für alle Tätigkeiten des Beschäftigungsspektrums. Dieser Zusammenhang hat eine derartige Auswirkung, daß es für jedes Gewerbe ein Anreiz ist, den IQ als ein wichtiges Selektionskriterium zu verwenden. (Selbst bei den Callgirls haben die gebildeten und unterhaltsamen, der Körperbau dabei konstant gesehen, die höheren Tarife.)

Die Tatsache, daß zwischen IQ-Werten und der Leistung auf bestimmten Bildungsstufen nur eine schwache Korrelation besteht, wird von Journalisten gerne als Argument gegen IQ-Tests im allgemeinen angeführt und gehört somit zu den am meisten verbreiteten Weisheiten. Warum ist das so?

Für jede Tätigkeit gibt es nur einen bestimmten begrenzten Schwankungsbereich der Intelligenz, und für jede einzelne Tätigkeit für sich besteht nur ein schwacher Zusammenhang zwischen dem IQ und der Leistung in der jeweiligen Tätigkeit. Ähnliches gilt auch bei den Sportarten für den Zusammenhang von Körperhöhe und Leistung. Bei Volleyball und Basketball z. B. sind die Großen ganz klar im Vorteil, und bei einem Schülerturnier, an dem alle Schüler teilnehmen müssen, wird man eine hohe Korrelation zwischen ihrer jeweiligen Körperhöhe und der Leistung finden. Mißt man jedoch bei einem Volleyballturnier der europäischen Nationalmannschaften die Körperhöhe aller Spieler und korreliert sie mit einem individuellen Leistungsmaß, dann wird sich nur eine schwache Korrelation ergeben. Kein Trainer wird daraus die Schlußfolgerung ziehen, von nun an auf die Körperhöhe der Anwärter Wert zu legen, auf ein Hochleistungstraining aber nicht mehr. Dieses Beispiel von dem Schülerturnier für alle Schüler und dem Turnier der Nationalmannschaften belegt anschaulich, wie sich die Verringerung der Schwankungsbreite auf die Größe des Korrelationskoeffizienten auswirkt.

Wenn wir davon ausgehen, daß dem IQ tatsächlich drei sich überlagernde Normalverteilungen zugrunde liegen, die sich wie einfache genetische Typen verhalten, dann hat das schwerwiegende statistische Konsequenzen: Hat man nur Personen eines Typs vor sich und macht man Untersuchungen, die nur aus Stichproben eines einzigen Typs bestehen (also z. B. nur aus Hochbegabten mit einem IQ über 130), dann tendieren alle Variablen, die eng mit dem IQ zusammenhängen, also z. B. auch die Korrelationen berufliche Qualifikation oder Einkommen mit dem IQ, gegen Null. Umgekehrt gilt das auch für Stichproben, die alle aus geistig gesunden Arbeitern mit einem IQ unter 100 bestehen. Auch für diese Arbeiter wird die Korrelation IQ zu Einkommen fast Null sein. Addiert man aber diese beiden Stichproben (die Arbeiter und die Hochbegabten) zu einer Gesamt-Stichprobe, so erhält man dann auf einmal eine sehr hohe Korrelation. Der Gedankengang gilt ebenso auch für die Subtests einer Intelligenz-Testbatterie.

Der Wert von Intelligenzunterschieden in Mark, Euro oder Dollar

Herrnstein und Murray fragen und antworten: *Wieviel ist die Schwankungsbreite der Arbeitsleistung wert? Um diese Frage zu beantworten, brauchen wir ein Geldmaß, wie stark die Unterschiede der Beschäftig-*

ten in einem bestimmten Beruf zu diesem Wert beitragen. Denken Sie z. B. an eine Sekretärin. Sie haben die Wahl, entweder eine durchschnittliche Sekretärin einzustellen, die laut Definition den Prozentrangwert 50 des IQ hat, oder eine erstklassige, also, wir nehmen an, jemanden mit Prozentrangwert 84. Wenn Sie die freie Entscheidung hätten, ihr Gehalt so anzusetzen, daß ihr eigentlicher Wert reflektiert wird, wie groß wäre der Unterschied? Wir können uns vorstellen, daß jeder, der schon mit durchschnittlichen und erstklassigen Sekretären gearbeitet hat, antworten wird: „ziemlich groß". Unter Experten macht eine „ziemlich große" Gehaltszulage im Durchschnitt einen Unterschied von etwa 40 % aus.

Fachlich korrekt und genau ausgedrückt, heißt das, daß eine Standardabweichung der Verteilung der Produktivität der Beschäftigten 40 % des Jahreseinkommens des Durchschnittsbeschäftigten in typischen Berufen wert ist. Neuere Arbeiten weisen darauf hin, daß der Unterschied sogar doppelt so groß sein könnte. Da die größeren Schätzwerte noch bestätigt werden müssen, werden wir unsere folgenden Berechnungen auf die kleineren Werte stützen. Um ein Beispiel zu nehmen, hat der zusätzliche Wert bei der Einstellung eines neuen Beschäftigten mit Prozentrangwert 84 (d. h. 1 SD über dem Mittelwert) gegenüber dem Wert eines Durchschnittsarbeiters, der mit 20.000 $ im Jahr richtig bezahlt wird, die Größe von 8.000 $ pro Jahr. Die Einstellung eines Beschäftigten, der 1 SD unter dem Mittelwert ist, also bei Prozentrangwert 16 liegt, bringt dem Arbeitgeber einen Verlust von 8.000 $ jährlich.

In leitenden Stellungen des öffentlichen Dienstes ist der Schaden oder Nutzen, der angerichtet werden kann oder nicht, noch weit größer. Die Unterschiede der tatsächlichen Arbeitskapazität haben eine andere Dimension, als sie der IQ vortäuscht, und der ausgedrückte Geldwert der Intelligenzunterschiede ist deswegen so groß, weil das Kurzspeichervermögen der Einzelpersonen eigentlich die entscheidende Größe ist, auf die man sich stets beziehen müßte. Testet man nämlich die reine geistige Informationsverarbeitungsgeschwindigkeit, ohne die Rohtestwerte auf die Normalverteilung zu normieren, dann erhält man die Tabelle auf S. 70.

Wenn man sich diese Tabelle ansieht, stellt man fest, daß die besten der mathematisch Hochbegabten in derselben Zeiteinheit rund viermal so viele Aufgaben lösen wie die schlechtere Hälfte der Ungelernten, die Hochbegabten über 205 Aufgaben, die Ungelernten weniger als 60. Das heißt, während der Unterschied zwischen den IQ-Werten 70 (2 Standardabweichungen unter dem Mittelwert) und 140 (2,66 Standardabweichungen über dem Mittelwert) formal das Doppelte ist, so beträgt der tatsächliche Unterschied zwischen den IQ-Extremen im normalen, gesunden Leistungsbereich etwa das Vierfache. Der Unterschied zwischen der Normalverteilungskurve, von der Herrnstein und Murray ausgingen, und der tatsächlichen Verteilung der Intelligenz (vgl. auch das Titelblatt unseres Buches) hat eine fundamentale praktische Bedeutung. Wenn man, wie Herrnstein und Murray, die Normalverteilung als Maß aller Dinge sieht, dann unterschätzt man die tatsächlichen Leistungsunterschiede im Alltag, in der Schule und im Berufsleben.

Während in den USA die Auswahl durch Tests eine große Rolle spielt, ist es in Deutschland weiter verbreitet, Leistungsverfahren mit anderen Auswahlkriterien zu kombinieren. Im Prinzip lassen sich ja Schulzensuren sowie sich in der Biographie ausdrückende Originalität und Kreativität, wie auch Eindrücke eines Eignungsgespräches, in Zahlenwerten ausdrücken, die man statistisch wie Testwerte behandeln und zu einem Auswahlindex zusammenfassen kann, auch gemeinsam mit echten Testwerten.

Die gesamtwirtschaftlichen Kosten des Nicht-Testens

Seit der Entscheidung des Obersten Gerichtshofes der USA im Jahre 1971 konnte kein Arbeitgeber mehr allein auf der Grundlage von IQ-Tests über Einstellungen entscheiden. Die dadurch verursachten wirtschaftlichen Schäden wurden in den USA auf jährlich 13 bis 80 Milliarden $ geschätzt (Herrnstein und Murray, 1994). Der weite Spielraum spiegelt die vielen Unwägbarkeiten einer solchen Schätzung wider. Viele Eigenschaften eines Bewerbers und nicht nur sein Testwert sind mit seiner Intelligenz korreliert – zum Beispiel der Bildungsgrad. Dieser Bildungsgrad erfaßt wesentliche, aber nicht alle Teile des prospektiven Werts der Intelligenzunterschiede. Es gibt auch Arbeitgeber, die Familienbeziehungen anstatt Tests als Einstellungskriterien anwenden. Doch beträgt der durchschnittliche IQ-Unterschied zwischen Geschwistern elf bis zwölf Punkte, so daß wiederum Testwerte bessere Prädikatoren sind, als wenn man einen Bewerber nach der Arbeit seines Bruders oder seiner Schwester beurteilt. Bezieht man aber auch die Elternwerte mit ein und bildet aus den Werten von Geschwistern und Eltern einen sogenannten „Heritabilitätsindex“, dann ist die Wahrscheinlichkeit gering, daß man bei der Einstellung einen groben

Fehlgriff macht. Praktisch sieben – ohne Statistik – die großen Firmen ihre Spitzenleute nach diesem Verfahren aus: Wenn der Vater zur intellektuellen Elite gehört hat und die Mutter aus einer Familie der Elite stammt, der Bruder des Bewerbers dazugehört und die Schwester und ihr Ehepartner ebenso, dann hat auch der Bewerber selbst mit großer Wahrscheinlichkeit das erforderliche geistige Format.

Die wirtschaftlichen Folgen des Testens sind komplex. Die Bewerber würden sehr stark ausgesiebt, wenn jeder Arbeitgeber die Möglichkeit hätte, die Intelligentesten zuerst einzustellen. Für den Rest würde die Validität der Tests wegen der Verringerung der Schwankungsbreite der Verteilung deutlich sinken. In der Praxis der deutschen Personalchefs galten aber zumeist das Hochschulstudium und seine Ergebnisse als ein ausreichendes Selektionskriterium. Das funktioniert allerdings nur, solange die Hochschulabschlüsse nicht durch eine ausufernde Bildungsinflation, wie sie in vollem Gange ist, entwertet sind.

Zusammenfassend läßt sich sagen, daß die Wirtschaftlichkeit der Arbeit in den meisten zivilen und militärischen Tätigkeiten durch den IQ vorhergesagt werden kann, und zwar mit einer Validität, die etwa bei 0,40 liegt. Je größere Anforderungen an die Intelligenz durch eine Tätigkeit gestellt werden, desto höher ist die Vorhersagekraft von Tests. Auf dem Arbeitsmarkt der USA sagt, insgesamt gesehen, der IQ den Nutzen besser voraus als jede andere Variable und auch besser als der Bildungsgrad. Herrnstein und Murray (1994) meinen, daß auch ein Test von geringem Vorhersagewert dann noch wirtschaftlich wertvoll sein kann, wenn es darum geht, wenige Personen aus einer sehr großen Zahl von Bewerbern auszusieben. Tatsächlich kann in vielen Fällen ein Kurztest der Allgemeinen Intelligenz (Lehrl et al., 1991) durchgeführt werden, der als Papier-und-Bleistift-Test und für Gruppen von Personen in nur fünf Minuten absolviert werden kann, oder ein Mehrfachwahl-Wortschatztest (nach Lehrl, 1989), bei dem Wörter verschiedenen Bekanntheitsgrades mit Kunstwörtern gemischt sind und die Versuchsperson das deutsche Wort unterstreichen muß. Also z. B.:

Saif	Teif	Weif	Reif	Laif
Teloche	Fasoche	Epoche	Koloche	Masoche

Solche einfachen, aber sehr aussagekräftigen Tests können weit wirtschaftlicher sein, als wenn man Bewerbergespräche führt und Empfehlungsschreiben durchsieht.

Der Hauptpunkt, auf den man immer wieder aufmerksam machen muß, ist, daß Intelligenz in einem fundamentalen Zusammenhang mit der Arbeitsleistung steht. Wenn man Intelligenztests verbietet, so wie das in der Sowjetunion nach 1936 geschehen ist und in allen Ostblockstaaten (einschließlich der DDR) nachvollzogen worden ist, so wie die Tests unter Hitler unerwünscht waren, da die Juden bei Tests hohe Werte erzielten und die Ganzheit der Person angeblich verdunkelt wurde, und wie es in den USA heute von Politikern immer wieder versucht wird, das Testen des IQ zu verbieten, so wird man damit die Bedeutung der Intelligenz nicht los. Die Alternativen, die Arbeitgeber zur Verfügung haben – biographische Daten, Empfehlungen, Bildungsgrad usw. – lassen deswegen eine Vorhersage der Arbeitsleistung zu, weil sie auf unvollkommene Weise etwas über die Intelligenz eines Bewerbers aussagen (und in ihrer Kombination und richtigen statistischen Behandlung Testergebnisse ersetzen können). Private Arbeitgeber, denen das Testen verboten ist, sind in der Regel dennoch bestrebt, über eine leistungsfähige Belegschaft zu verfügen, und sie tun das, indem sie nach den hellsten Köpfen Ausschau halten. Es ist nicht einmal notwendig, daß die Arbeitgeber wissen, daß Intelligenz die Eigenschaft ist, nach der sie suchen. Wenn die Arbeitgeber ihre Einstellungsverfahren ständig verbessern, indem sie die Qualität ihrer Beschäftigten mit den verwendeten Einstellungskriterien vergleichen, so schält sich immer wieder die Bedeutung der Intelligenz heraus, worum auch immer es gehen und wie man das auch nennen mag. Als 1970 die empirische Sozialforschung in der DDR in Gang kam, wurde eine große repräsentative Untersuchung aller Beschäftigten in der Industrie eingeleitet, und jeder untersuchte Arbeitsplatz, ob der eines Arbeiters oder der eines Angestellten, wurde durch eine Expertengruppe nach dem „Kompliziertheitsgrad der Arbeit“ bewertet. Als man dann alle Korrelationen analysierte (der Verfasser war dabei), stellte sich heraus, daß die sozialen Unterschiede – ja alle Unterschiede – mit keiner anderen der untersuchten 200 Variablen so klar und deutlich korreliert waren wie mit diesem „Kompliziertheitsgrad der Arbeit“. Was man in Wahrheit gemessen hatte, war der IQ. In keinem Bericht an die Parteispitze der DDR durfte der Begriff IQ auftauchen, in Gesprächen unter vier Augen oder im kleinen Kreis sprachen die Forscher aber aus, was sie eigentlich gefunden hatten. Auch in der Psychologie war es verpönt, von IQ oder gar dessen erblichem Hintergrund zu sprechen. In meinem ersten Gespräch unter vier Augen, das ich mit dem führenden Vertreter des Faches hatte, gab er mir den gutgemeinten Hinweis, nur noch von „Leistungsvoraussetzungen“ zu sprechen. Den Begriff „politisch korrekt“ (vgl. die glänzende Kritik in Zimmer, 1997) kannte man damals – 1970 – allerdings noch nicht.

Die fortschreitende soziale Differenzierung

Die Segregation der Gesellschaft nach Bildung und Beruf wird sich weiter fortsetzen, und eine Regierung kann dagegen ebensowenig tun wie irgendeine andere Macht. Der Hauptgrund dafür ist die Wirtschaft. Auf dem Arbeitsmarkt ist der Marktwert der Intelligenz im Steigen. Obwohl Millionen Menschen arbeitslos sind, zahlen die großen Firmen der Elektroindustrie Kopfprämien an denjenigen, dem es gelingt, einen weiteren fähigen Mitarbeiter aufzuspüren und einzustellen, der in der Lage ist, in ihren Forschungsabteilungen bestimmte höchstqualifizierte Arbeiten auszuführen. Es gibt inzwischen Büros, die mit solcher weltweiten Vermittlung oder Abwerbung ihr Geld verdienen.

Am Ende des 20. Jahrhunderts siebt das Bildungssystem die Menschen mit einer Schärfe und Unbarmherzigkeit, wie das zu Beginn des Jahrhunderts längst noch nicht der Fall war. Die Spitzenkräfte der Intelligenz werden von einer vergleichsweise geringen Zahl von Berufen geradezu angesaugt, so wie das in diesem Ausmaß noch nie der Fall war. Denn Intelligenz steht in einer fundamentalen Beziehung zur Arbeitsproduktivität. Diese Trends werden sich unter jeder Politik und jeder Sozialpolitik fortsetzen und verstärken. Keine Regierung, ob links oder rechts, wird es fertigbringen, die Ausbildung der klügsten Köpfe nachhaltig zu behindern. Keine Regierung kann ohne eigenen schweren Schaden den Klügsten verbieten, die intellektuell anspruchsvollsten Berufe auszuüben. Keine Regierung wird und kann Mittel dagegen finden, daß die Arbeitnehmer nach Leistung bezahlt werden, wenn sie oder ihr System nicht selbst mittel- oder langfristig scheitern will. Doch sollte man nicht die dunklen Schatten übersehen, die sich hinter den Trends verstecken. Intellektuelle Schichtung als ein zentraler sozialer Prozeß ist auf dieser Erde – auch in diesem Ausmaß – das Neue im Modernisierungsprozeß.

Die beherrschende Dynamik, die für die Auswirkungen der intellektuellen Schichtung entscheidend wird, ist der wachsende Wert der Intelligenz. Die Einkommen der Personen in den Hoch-IQ-Berufen haben sich von den Einkommen in den Niedrig-IQ-Berufen entfernt. Es stellt sich heraus (Herrnstein und Murray, 1994), daß die fünfziger Jahre in den USA auch eine Zeit der verborgenen Revolution der Einkommen gewesen sind, so wie sie es für Bildung und Status waren. In den vierziger und fünfziger Jahren bestand zwischen den Einkommen des amerikanischen Durchschnittsingenieurs und des durchschnittlichen Fabrikarbeiters ein ziemlich konstantes Verhältnis, ja sogar eine leichte Konvergenz. Dann verdoppelte sich von 1953 bis 1961 das durchschnittliche Gehalt eines Ingenieurs fast, während das Gehalt des Fabrikarbeiters nur allmählich um 20 % anstieg. Ende der achtziger Jahre verdiente der Durchschnittsarbeiter jährlich rund 23.000 $, der Durchschnittsingenieur rund 72.000 $. Der Unterschied in ihrer Kaufkraft hatte sich seit 1940 verdreifacht. Das sind nur zwei Beispiele für das, was sich in den USA im allgemeinen abgespielt hat. Von 1963 bis 1987 hatten männliche Arbeitnehmer in der Gruppe der besten 10 % einen Einkommenszuwachs von rund 40 %, während die Reallöhne am anderen Ende der Skala nahezu gleichblieben.

Auch in der Bundesrepublik Deutschland zeigen die Einkommensstatistiken (nach Geißler, 1996), daß die Zahl der Haushalte mit hohem und höchstem Einkommen erheblich zugenommen hat und daß sich immer mehr Familien zunehmend vom Durchschnitt entfernen. So hat sich der Anteil der Haushalte mit einem monatlichen Nettoeinkommen von über 10.000 DM zwischen 1972 (1,2 %) und 1992 (5,9 %) fast verfünffacht. Die Wohlhabenden sind also auch in der alten Bundesrepublik immer zahlreicher und gleichzeitig immer wohlhabender geworden. Und wie in den USA, so werden auch in Deutschland die Reichen immer reicher. *So kassieren führende Manager großer Unternehmen dank boomender Börsen enorme Erfolgshonorare. Vielfach steigen die Gehälter auch dann noch, wenn der Erfolg ausbleibt. Nach einer Bestandsaufnahme der Unternehmensberatung Kienbaum und Partner stockten die deutschen Vorstände ihr durchschnittliches Jahressalär in den vergangenen fünf Jahren von 400.000 auf 500.000 Mark auf* (Heuser, 1997). In Deutschland gibt es aber leider keine Statistik, die es erlaubt, die Beziehung von Einkommen und IQ so zweifelsfrei festzustellen, wie das in den USA der Fall ist.

Von 1950 bis 1989 ist das Volkseinkommen pro Kopf der Bevölkerung in der alten Bundesrepublik real um mehr als das Vierfache angestiegen. Bei den Industriearbeitern flacht sich aber das Wachstum der Wochenlöhne in den letzten 15 Jahren deutlich ab, und seit 1993 stagnieren diese Löhne oder sind rückläufig. Die Wohlstandsentwicklung hat die sozialen Unterschiede nicht eingeebnet, im Gegenteil. Vielen Personen und Familien ist nicht daran gelegen, ihr Gesamteinkommen offenzulegen; manche – und das betrifft nicht nur Peter Graf – sind gar nicht in der Lage, die Summe ihrer Einkommensströme aus den verschiedenen Quellen exakt anzugeben. Hinzu kommen noch Steuervergünstigungen für bestimmte Berufsgruppen. So kann z. B. der Arzt oder der selbständige Geschäftsmann sein Auto aus steuerlichen Gründen billiger fahren als der Arbeiter. Eine Minderheit – laut Statistik 6 %

aller westdeutschen Familien – gehörte 1992 zu denjenigen, die mit mehr als 10.000 DM monatlich einen großzügigen und zum Teil sogar luxuriösen Lebensstil pflegen können. In Wirklichkeit dürften die Ungenauigkeiten und Verzerrungen der Einkommensstatistik dazu führen, daß die hohen Einkünfte in ihrer Größenordnung noch unterschätzt werden. Bereits 1989 gab es in Westdeutschland knapp 18.000 Einkommensmillionäre und 106.000 Vermögensmillionäre, 1996 150.000. Nicht alle dürften zur intellektuellen Leistungselite gehört haben, aber viele davon. Rechnet man Häuser und Grundstücke zum Verkehrswert hinzu, kommt die Bundesrepublik Deutschland auf rund 1 Million Vermögensmillionäre (Heuser, 1997). Erhebliche Einkommensvorteile haben insbesondere die sogenannten „höheren Dienstleistungsberufe“, das sind in den deutschen Statistiken die gehobenen und höheren Beamten und die hochqualifizierten und leitenden Angestellten: ihre Einkommen liegen um 44 % über dem Bevölkerungsdurchschnitt und sind damit sogar höher als der Durchschnitt der „Selbständigen“, einer unscharfen statistischen Gruppe, die vom Einkommensmillionär bis zum Besitzer eines Tante-Emma-Ladens alle umfaßt. Eine klare Statistik, die z. B. die Einkommen der Universitätsabsolventen ausweist oder gesondert die der Eliteberufe mit akademischen Graden in Management, Finanzwesen, Naturwissenschaft, Technik und Medizin – die gibt es leider in Deutschland nicht. Wir können aber davon ausgehen, daß der Trend, wenn auch noch nicht so deutlich, in die gleiche Richtung weist wie in den USA.

Die Vermögensunterschiede sind in Westdeutschland noch erheblich krasser als die Einkommensunterschiede. Die Vermögenskonzentration ist etwa doppelt so stark ausgeprägt wie die Einkommenskonzentration. Aus guten Gründen haben die Reichen etwas dagegen, daß man den Umfang ihres Vermögens detailliert untersucht, bei freiwilligen Befragungen läßt man sie deshalb lieber auch gleich unberücksichtigt (wobei wir uns hierbei und im folgenden auf Geißler, 1996, stützen). Die letzte halbwegs verläßliche Statistik, die aber auch das tatsächliche Ausmaß der Ungleichheit unterschätzt, stammt deshalb für Westdeutschland schon aus dem Jahre 1983. In diesem Jahr hatte das reichste Zehntel der Westdeutschen, das 23 % der Nettoeinkommen verdiente, fast die Hälfte des Vermögens angehäuft. Die ärmere Hälfte der Bevölkerung, die 27 % der Einkommen nach Hause brachte, hatte dagegen keine Chance zu einer Vermögensbildung. Bei ihr waren lediglich 2,4 % des Gesamtvermögens hängengeblieben, und das ärmste Zehntel stand nicht nur ohne Besitz da, sondern mit einer Minusbilanz – seine Schulden waren höher als sein Vermögen. Daß die unteren Schichten nicht in der Lage sind, in nennenswertem Umfang an der Vermögensbildung teilzunehmen, ist auf Grund ihrer knappen finanziellen Situation nicht weiter verwunderlich. Kaum etwas ist so ungleich verteilt wie die Zins- und Dividendeneinnahmen. Das reichste Fünftel der Haushalte kassiert gut vier Fünftel der Gesamtsumme. Auch hier haben bis 1996 im Vergleich zu 1991 die Reichen ihren Anteil kräftig erhöht (Heuser, 1997). Insgesamt gesehen, nimmt die Ungleichheit in der Vermögensverteilung seit langem zu, wie ein Vergleich der Einkommens- und Verbrauchsstichproben von 1973, 1978, 1983 und 1988 für die Bundesrepublik Deutschland zeigt (Bedau, 1997).

Innerhalb der Gruppe der Reichen ist der Besitz nochmals stark auf wenige Superreiche konzentriert: 1 % der Haushalte hatte schon 1980 fast ein Viertel (23 %) des Gesamtvermögens auf sich vereint. Noch höher ist der Konzentrationsgrad im Bereich des Produktivvermögens bzw. Kapitals. Mit der Verfügungsgewalt über das Produktivvermögen verbindet sich besondere wirtschaftliche, soziale und politische Macht, da die Kapitaleigentümer erheblichen Einfluß auf Arbeitsplätze, Investitionen und die wirtschaftliche Entwicklung im allgemeinen ausüben. 1966, im Jahr der letzten verfügbaren Statistik, waren 45 % des Produktivvermögens in der Hand von 1,7 % der bundesdeutschen Privathaushalte konzentriert. Rechnet man den Teil des Produktivvermögens weg, der dem Staat oder ausländischen Eigentümern gehört, dann verfügen 1,7 % der Privathaushalte über 74 % des privaten inländischen Kapitals. Es muß gute Gründe geben, warum neuere Veröffentlichungen keinen Einblick in die weitere Entwicklung gestatten.

Wenn sich die meisten Ostdeutschen im geeinten Deutschland als Bürger zweiter Klasse fühlen, so ist die private materielle Situation keinesfalls der Hauptgrund. *Ein Großteil der Ostdeutschen wurde einer folgenreichen Demütigung unterworfen. Daß die Dogmatiker, Bürokraten und Inkompetenten abgesetzt wurden, hatten sie selbst gefordert. Daß aber so flächendeckend abgeräumt wird, hätten sie nicht für möglich gehalten. Von der Elitenrestitution sind etwa eine Million Menschen betroffen. Der Anteil von Ostdeutschen an Führungskräften ist dramatisch niedrig. Wirtschaft: 1 %, Militär: 0 %, Wissenschaft: 3 %, Gewerkschaften: 3 %. Ähnlich sieht es in den Medien und der Kultur aus* (Dahn, 1997).

Während des letzten Vierteljahrhunderts sind in den USA die Reallöhne für Beschäftigte mit College-Abschlüssen um mehr als das Doppelte gegenüber Personen ohne solche Bildung gestiegen (Herrnstein und Murray, 1994). Warum wird Bildung auf solche Weise in zunehmendem Maß belohnt, und wodurch wird die Kluft zwischen Gebildeten und Ungebildeten immer breiter? Es gibt mehrere Argumente, die alle auf die eine Kernfrage hinauslaufen: *Hat es überhaupt Sinn, die Bildung derjenigen zu verbessern, die sehr wenig verdienen?* Wenn die Regierung diese jungen Leute auf irgendeine Art dazu bringt, noch einige zusätzliche Jahre in der Schule zu verbringen, wird damit ihr wirtschaftlicher Nachteil auf dem Arbeitsmarkt verschwinden? Herrnstein und Murray bezweifeln das. Ihre Benachteiligung könnte verringert werden, aber nur in geringem Maß. Es gibt keinen Grund zu der Annahme, daß auf dem Arbeitsmarkt das bloße Bildungszertifikat belohnt wird und nicht die Intelligenz. (Vielleicht im öffentlichen Dienst der Bundesrepublik Deutschland, aber nicht in einer erfolgreichen kompetitiven Wirtschaft.)

Die sich verändernden Löhne haben etwas mit der Veränderung der Berufsstruktur zu tun. Hoher Status und, damit im Zusammenhang, hochbezahlte Tätigkeiten ziehen hochintelligente Menschen an. Wenn solche hochbezahlten Expertentätigkeiten immer zahlreicher werden, steigt damit die Nachfrage nach den geistigen Fähigkeiten, die diesen Tätigkeiten zugrunde liegen. Wenn die Nachfrage für irgendeine Ware steigt, und dazu gehört weit überdurchschnittliche Intelligenz, dann steigen die Preise bzw. in diesem Fall die Gehälter – und das aus rein wirtschaftlichen Gründen, denn die Ungleichheit der Einkommen verstärkt mit wachsender Nachfrage der Wirtschaft die Nachfrage nach immer mehr Intelligenz. Hinsichtlich des IQ zu den 10 % der Besten zu gehören, brachte 1989 in den USA im Vergleich zu denjenigen mit demselben Beruf und Bildungsgrad, aber niedrigerem IQ, ein Mehreinkommen von 11.000 $ jährlich. Der US-Arbeitsmarkt belohnt eben nicht Bildung schlechthin, sondern Intelligenz. Deutsche Vergleichszahlen sind uns leider nicht bekannt. Sie wären vor allem aus dem öffentlichen Dienst sehr interessant und wären besonders aufschlußreich, wenn man z. B. den Sachverhalt in den neuen Bundesländern, getrennt für die aus den alten Bundesländern gekommenen Beamten und ihre Mitarbeiter aus den neuen Bundesländern, betrachten würde. Man hat manchmal den Eindruck, daß die alten Bundesländer einige Problemfälle in die neuen gezielt entsorgt haben.

Am raschesten springt einem vermutlich das Argument ins Auge, daß die moderne Technik den wirtschaftlichen Wert der Intelligenz erhöht hat. Wenn die Roboter Arbeiter ersetzen, verschwinden in den Werkshallen Arbeitsplätze, doch entstehen neue Arbeitsplätze für Menschen, die Roboter erfinden, programmieren und reparieren. Die neuen Arbeitsplätze werden nicht von den Menschen besetzt, die aus den alten ausgeschieden sind, sondern von neuen, denn sie erfordern mehr Intelligenz. Die Grenzen des technischen Fortschritts stellen heute höhere Anforderungen als gestern. Aber es gibt Menschen, die bedienen Maschinen (Genotyp M2M2); es gibt Menschen, die reparieren Maschinen (Genotyp M1M2), und es gibt Menschen, die erfinden Maschinen (Genotyp M1M1). Auch im traditionellen Gewerbe, im Handel, im Bankwesen, im Bergbau und in der Landwirtschaft wird das Management immer komplizierter. Das Vermögen, Komplexität zu verstehen und zu beherrschen, ist eine Funktion der Allgemeinen Intelligenz (Spearmans *g*), wie wir schon vorhin belegt haben. Man hätte vorhersagen können, daß die Marktwirtschaft auf diese Gegebenheiten reagieren und der Intelligenz bald einen höheren Marktwert beimessen muß. Genau das ist geschehen. Die Wirtschaftsberatung ist ein neuer Beruf, der einen wachsenden Anteil von Spitzenabsolventen aus den Wirtschaftshochschulen an sich zieht. Die Berater verkaufen in der Hauptsache ihre Intelligenz und kassieren dafür kräftig ab.

Ein zweiter Grund hat etwas mit den Folgen des Wachstums der Aktiengesellschaften und Märkte nach dem 2. Weltkrieg zu tun. Eine Person, die es fertigbringen kann, den Marktanteil um ein oder zwei Prozentpunkte zu erhöhen, muß mit Gold aufgewogen werden. Ist der Marktanteil nur einen kleinen Geldbetrag wert, dann hat ein Prozentpunkt mehr nur eine geringe Bedeutung, sind aber ein Prozentwert 100 Millionen DM, dann ist das ein Vermögen. Nun stellen Sie sich vor, daß seit 1960 die durchschnittlichen Jahresumsätze der 500 größten US-amerikanischen Firmen pro Firma von 1,6 Milliarden $ auf 4,6 Milliarden $ gestiegen sind (zu konstanten Preisen von 1990). Die Größenordnung der wirtschaftlichen Folgen von ganz gewöhnlichen Transaktionen ist ins Gigantische gewachsen und damit der Wert von Menschen, die geschickter und erfolgreicher sind, und wenn auch nur ein wenig. Alles spricht dafür, daß solche Menschen, neben anderen Eigenschaften, vor allem eines haben, nämlich eine hohe Intelligenz. Es gibt keinen Grund zu glauben, daß die Entwicklung in dieser Richtung bald zu einem Stillstand kommt (Herrnstein und Murray, 1994).

Nach unseren bisherigen Ausführungen wird es nun niemanden mehr überraschen, daß kluge Leute oft hohe Einkommen haben. Das Einkommen ist geradezu ein Familienmerkmal geworden. Früher war man stolz auf den sozialen Aufstieg über mehrere Generationen hinweg. Einsatzfreudigen Kindern aus armen Familien sollte es besser gehen als ihren Eltern, und man glaubte, daß die faulen Kinder der Reichen das Familienvermögen verschwenden. Doch solche Mobilität hat ihre Grenzen. Die Experten haben ermittelt, daß die Korrelation zwischen den Einkommen von Vater und Sohn mindestens 0,40 ist, eher aber 0,50. Das läßt sich so veranschaulichen: Der Sohn eines Vaters, dessen Einkünfte zu den 5 % am Schluß der Verteilung gehören, hat eine Chance von 1:20 (oder weniger), bis zum besten Fünftel der Einkommensverteilung aufzusteigen. Er hat eine Chance von weniger als 1:4, auch nur über den Median zu kommen. Die Ökonomen suchen, diese Tatsachen aus strukturellen Gegebenheiten der Wirtschaft zu erklären. Herrnstein und Murray (1994) aber weisen auf die Schichtung nach dem IQ hin. Die meisten Menschen bleiben im selben Schwanz der Einkommensverteilung hängen wie ihre Eltern, weil ihr IQ, mit dem sich das Einkommen vorhersagen läßt, so stark erblich ist, daß dadurch die soziale und wirtschaftliche Mobilität beschränkt ist.

Siebung nach Intelligenzunterschieden durch räumliche Trennung

Eine andere Kraft, durch die die fortschreitende soziale Differenzierung nach Meinung von Herrnstein und Murray (1994) vorangetrieben wird, ist die räumliche Segregation der intellektuellen Elite vom Rest der Gesellschaft. Je höher der IQ ist und je homogener die Menschen sind, die an einer bestimmten Art von Arbeit beteiligt sind, desto größer ist die Trennung der Intelligenzelite von allen anderen. Gehen wir in das Verwaltungsgebäude einer großen Firma. Hier ist das Durchschnittsniveau nach dem IQ höher und die Schwankungsbreite geringer. Nur eine Handvoll von Tätigkeiten, wie die des Hausmeisters, kann durch Personen mit niedrigem IQ ausgeübt werden. Eine Reihe von Tätigkeiten kann durch Personen mit durchschnittlichen Fähigkeiten ausgeübt werden – bei der Dateneingabe beispielsweise. Einige Arbeiten, die auf ausreichende Art und Weise von Personen mit durchschnittlicher Intelligenz ausgeführt werden können, verwandeln sich in eine andere Art von Arbeit, wenn sie exzellent ausgeführt werden. Die Arbeit einer Sekretärin ist das typische Beispiel dafür. Die traditionelle Chefsekretärin, die über verschiedene Stellen aufsteigt, bis sie das Büro des Chefs übernimmt, war einstmals eine begehrenswerte Karriere für eine wirklich fähige und zweifellos intelligente Frau. Im weiteren gibt es dann Tätigkeiten, bei denen Intelligenz nicht schadet, aber nicht die alleinige Voraussetzung ist, z. B. in der Absatzabteilung. Und schließlich gibt es eine Reihe von Stellen auf der Leitungsebene, bei denen der mittlere IQ hoch sein sollte, wenn die Firma im Wettbewerb überleben und wachsen will. In einem solchen Bürogebäude hat nicht nur die intellektuelle Homogenität zugenommen, sondern auch die räumliche Trennung. Die Leiter verbringen nur wenig Zeit mit den Reinigungskräften und den Mitarbeitern der Dateneingabe. Fast ihre gesamte Zeit haben sie mit anderen Leitern zu tun oder mit Fachleuten aus der Technik, d. h. mit Menschen, die aus dem obersten Drittel der Verteilung stammen, also den Genotypen M1M1 und M1M2 angehören. Es ist weniger die Tatsache, daß die Schichtung innerhalb des Büros selbst sehr ausgeprägt ist, nein, der gesamte Arbeitsplatz repräsentiert eine Schicht, die für die Intelligenzverteilung der Gesamtbevölkerung völlig untypisch ist.

Diese eigentlich seltenen Arbeitsumwelten werden nach Meinung von Herrnstein und Murray (1994) immer häufiger, da die Tätigkeiten, die am meisten hohe Intelligenz verlangen, an Zahl und wirtschaftlicher Bedeutung zunehmen. Es handelt sich um Tätigkeiten, die gut in einem abgeschlossenen Teil der Firma und nur mit anderen intelligenten Kollegen ausgeführt werden können. Die fähigsten Ingenieure arbeiten immer häufiger an Problemen, für deren Lösung sie niemals eine Werkshalle betreten müssen. Sie können ihre Computer fragen und erhalten die Antworten, die sie brauchen. Die fähigsten Spezialisten für Öffentlichkeitsarbeit bewegen sich in ausgewählten Kreisen und haben es nicht nötig, einem aufgebrachten Wähler zu begegnen. Die fähigsten jungen Leute durchlaufen eine Karriere, die sie von der Wirtschafts- oder Handelshochschule direkt weiterführt, ohne daß sie es je nötig gehabt haben, Seife oder sonst etwas zu verkaufen. In all diesen Fällen hebt sich innerhalb des Berufes ein eigener hochspezialisierter Beruf ab, dessen Welt eher eine akademische ist, auch in der Art und Weise, wie diese intellektuelle Elite sich ergänzt, abgeschirmt ist und sich abschirmt.

Die deutschen Beamten

Eine westdeutsche Besonderheit ist die Beamtenschaft. Auffällig ist (nach Geißler, 1996) zunächst ihr quantitatives Wachstum. Seit 1950 wird das Heer der Staatsdiener ständig größer. Ihre absolute Zahl stieg von 791.000 im Jahre 1950 auf 2.022.000 im Jahre 1993 an, ihr Anteil an den Erwerbstätigen kletterte in diesem Zeitraum von 3,8 auf 7,1 %. In ähnlichem Umfang nahm auch die absolute und relative Zahl der Angestellten im öffentlichen Dienst zu. Der Anteil der beim Staat Beschäftigten an der Erwerbsbevölkerung stieg von 11 % im Jahre 1950 auf 16 % im Jahre 1993. Struktureller Hintergrund dieses Wachstums ist die Funktionserweiterung des Staates. *Staat nenne ich es, wo alle Gifttrinker sind. Staat nenne ich es, wo der langsame Selbstmord aller das Leben heißt*, schrieb Nietzsche in „Also sprach Zarathustra". Aber das war schon im 19. Jahrhundert. In der zweiten Hälfte des 20. Jahrhunderts erweiterte die Entwicklung des liberalen Rechtsstaats zum Interventions- und Versorgungsstaat die Palette der staatlichen Aufgaben erheblich. Der Staat beschränkte sich immer weniger auf die traditionelle Sicherungs- und Ordnungsfunktion, die er immer schlechter wahrnimmt, sondern er griff dirigierend in immer mehr Bereiche des Lebens ein, ja er übernahm sogar soziale Vor- und Fürsorgeaufgaben. Unter seiner Regie vollzog sich die Bildungsexpansion und -inflation. Eine Folge dieses Bevormundungszuwachses ist die Erweiterung des Staatspersonals, also der Beamten und der öffentlichen Angestellten.

Es gilt nicht für alle und nicht für den letzten kleinen Polizisten, aber überdurchschnittliche Qualifikation und überdurchschnittliche Einkommen kennzeichnen die Beamtenschaft. In den letzten Jahrzehnten hat sich die Qualifikationsstruktur der Beamtenschaft sogar nach oben verschoben. 1960 war erst ein Drittel im gehobenen oder höheren Dienst tätig, 1993 bereits 55 %. Mit dem Qualifikationsniveau der Beamten hängt auch ihr höheres Nettohaushaltseinkommen zusammen: im Jahre 1992 lag es monatlich um 1.833 DM oder 43 % über dem eines durchschnittlichen Arbeiterhaushalts. Im Ruhestand, den jeder Beamter bestrebt ist, noch bei guter Gesundheit zu erreichen, nimmt der finanzielle Vorsprung noch weiter zu: die Haushaltsnettoeinkommen lagen in den achtziger Jahren bei pensionierten Beamten um 55 % höher als bei Arbeitern im Ruhestand und sogar um 40 % höher als bei Selbständigen im Ruhestand. Die Einkommen der Beamten sind nicht nur höher, sondern auch sicherer und besser kalkulierbar als die anderer Berufsgruppen, da Gehaltszuwächse rechtlich geregelt und vorhersehbar sind und oft unabhängig von der Arbeitsleistung garantiert werden. Das ist eine ganz besondere Errungenschaft der westdeutschen Beamtenschaft, die rasch auch in die neuen Bundesländer exportiert wurde.

Geißler (1996) schließt seine Feststellungen mit dem treffenden Satz: *Die privilegierte Soziallage ermöglicht den Beamten ein vergleichsweise zufriedenes und von großen Sorgen freies Leben.* Da auch die Professoren in Westdeutschland zur Beamtenschaft zählen, wäre die Verallgemeinerung falsch, daß die Beamtenschaft die deutsche Antithese zur intellektuellen Elite ist. Die Sachlage ist komplizierter. Nur etwa die Hälfte aller Personen mit einem hohen IQ zeigt auch eine hohe Kreativität, die andere Hälfte dürfte aber stets noch zu einem guten oder mittelmäßigen Beamten taugen.

Beamte sind in der Lage, ihren Kindern besonders gute Bildungschancen zu vermitteln (so formuliert der Soziologe Geißler, und der Biologe denkt dabei auch an Gene), und demzufolge sind an Gymnasien und Universitäten Beamtenkinder sehr stark überrepräsentiert. Beamte sind oft auch politisch aktiv. Die Ursache dafür dürfte nicht nur in ihrem hohen Bildungsniveau zu suchen sein, sondern auch darin, daß sie durch ihre im Dienst gewonnenen Einsichten zur politischen Teilnahme motiviert werden und ihnen ihr Dienstwissen Kompetenz vermittelt.

Räumliche Trennung der Wohnsiedlungen

Sobald eine Stadt über ein bestimmtes Maß hinauswächst, entstehen Vororte und Satellitensiedlungen. Das ist geradezu gesetzmäßig. Die Menschen wollen in Vierteln und Siedlungen wohnen, wo es ihnen gefällt und sie es sich leisten können. Einige Leute sehen sich nach etwas Bestimmtem um. Eltern mit kleinen Kindern möchten Parks mit richtigen Bäumen, gute Schulen und Nachbarn mit kleinen Kindern. Einzelpersonen zwischen 20 und 30 Jahren, die gut verdienen, lieben oft ausgefallene städtische Gebiete, in denen etwas los ist.

Die Folge ist, daß Wohngebiete mit einem hohen Grad von sozialökonomischer Segregation entstehen. Der Fabrikarbeiter wohnt selten Tür an Tür mit dem leitenden Manager, und das war schon 1900 so, wie es auch heute noch der Fall ist. Die wohlhabendsten Leute sind auch immer die mobilsten gewesen. Doch gegen Ende des 20. Jahrhunderts gehören die mobilsten Leute immer mehr zur intellektuellen Elite. Wenn wir diese Veränderungen werten wollen, dann sollten wir vor allem beachten, was das für die Kinder der Elite bedeutet und wie sie aufwachsen, denn hier beginnt sich immer mehr sozialer Sprengstoff anzuhäufen. Zuallererst bringt die Verstädterung mit sich, daß ein immer kleinerer Teil der Bevölkerung an Orten aufwächst, in denen eine sozialökonomische Durchmischung gegeben ist. In einer kleinen Stadt gibt es gar keine verschiedenen Schulen, in denen man die

Kinder wirksam absondern kann. Auch die Schüler der lokalen Oberschicht gehen mit den anderen in eine gemeinsame Schule.

Intelligente Kinder von Facharbeitern sind in den Grundschulen mit allen anderen zusammen, doch wird die Wahrscheinlichkeit immer größer, daß sie einen höheren Bildungsweg einschlagen. So werden von einem Bildungssystem, das auf ein Studium für alle Intelligenten ausgerichtet ist, die Begabten ausgesiebt und ganze Wohnviertel von ihnen leergefegt. Wegen der räumlich getrennten Wohngebiete gehen die Kinder von Rechtsanwälten, Ärzten, Professoren, Ingenieuren und Managern mit Kindern ähnlicher Herkunft in eine Schule und nur selten mit den Kindern von Taxifahrern oder Fließbandarbeitern, ganz abgesehen von den Kindern von Sozialfürsorgeempfängern oder Langzeitarbeitslosen. Es kann geschehen, daß sie während ihrer Schulbildung niemals die gesamte Streubreite der Intelligenz kennenlernen und schon deshalb für utopische Vorstellungen anfällig werden. Die 68er-Generation sind die typischen Kinder einer solchen Entwicklung.

Um 1900 lebten in den meisten Wohngebieten der Städte im Norden der USA auch Schwarze. In den Jahren bis 1920 komplizierten sich jedoch die Beziehungen zwischen den Rassen. Einzelne Schwarze wurden allein wegen ihrer Hautfarbe angegriffen, und bei denjenigen, die außerhalb der anerkannten schwarzen Siedlungsgebiete wohnten, wurden Häuser geplündert oder angezündet. Obwohl die Randalierer meistens Weiße waren, waren die Opfer und die von der Polizei Verhafteten zumeist Schwarze. Dies führte dazu, daß es in den folgenden Jahrzehnten zu einer immer stärkeren Trennung von Schwarzen und Weißen kam, wie in einem Buch mit dem bezeichnenden Titel „American Apartheid“ (Massey und Denton, 1993) in eindrucksvollen Statistiken belegt wird. Seither leben die Schwarzen praktisch in Ghettos. Wenn Grundstücksspekulanten die Preise in einem weißen Wohngebiet senken und das Ghetto erweitern wollen, drücken sie Schwarze in von Weißen bewohnte Häuser und Straßen. Gelingt das, kommt es zu einem Verfall der Grundstücks- und Bodenpreise, und die Weißen räumen das Gebiet. „Blockbusting“ nennt man das in den USA. Eltern, die selbst gebildet sind und wirtschaftlich erfolgreich, wollen, daß die Kinder in ihre Fußstapfen treten. Wenn schwarze Unterschichtbevölkerung mehr und mehr ein Wohngebiet besetzt, sinken das Niveau in den Schulen und die allgemeine Lebensqualität. In einer freien Marktwirtschaft räumen dann die Mittel- und Oberschichtfamilien früher oder später das Feld. „Wie schafft man eine erbliche städtische Unterschicht?“ fragen Massey und Denton (1993, S. 182): *Man nehme eine Minderheit, deren Angehörige sich äußerlich irgend-*

wie von der Mehrheit unterscheiden. Ist die Gruppe einmal da, dann siedelt man sie in einem für sie bestimmten Wohngebiet an und erschwert das Wegziehen. Vorurteile und Diskriminierung leisten dabei gute Dienste. Denjenigen, die wegziehen wollen, legt man alle möglichen Steine in den Weg. [...] Schafft es eine Familie von der Minderheit, in ein anderes Wohngebiet zu ziehen, dann schikaniert man diese Familie mit allen erdenklichen Mitteln. Hilft das nicht, ziehen alle der Mehrheit Angehörenden selbst weg.

Auch in Mitteleuropa können wir bereits seit tausend Jahren feststellen, daß nicht nur die soziale Ungleichheit, sondern auch die Ungleichheit der Siedlungen stetig zunimmt. Seit der Industrialisierung im vorigen Jahrhundert hat dieser Prozeß einen gewaltigen Schub bekommen. Immer mehr Energie wurde und wird dazu verbraucht (vgl. Pfister, 1997), Lebensmittel aus Dörfern in immer größere und immer weiter entfernte Ballungszentren zu transportieren. Das heißt, es wird relativ immer mehr Energie verbraucht, um durch Umverteilung der Ressourcen im geographischen Raum die Ungleichheit und Spezialisierung der Siedlungen zu verstärken. Diese Umverteilung ist mit einer Siebung der Bewohner nach ihrer Intelligenz verbunden. Wenn man die Schulzeugnisse aus deutschen Dörfern des 19. Jahrhunderts untersucht, stellt man fest, daß Schüler mit Einsen und Zweien überproportional in die Städte weggezogen sind, Schüler mit Dreien und Vieren überproportional geblieben sind (vgl. S. 53 bzw. Müller, 1937). Ähnliche Zahlen liegen aus Schweden vor (Neymark, 1961), wo man ebenfalls herausfand, daß die Intelligenteren stärker in die Stadt bzw. in verstädterte Regionen abwandern.

Der Kommunismus war mit der Zielsetzung angetreten, nicht nur die soziale Ungleichheit zu beseitigen, sondern auch die Unterschiede zwischen Stadt und Land. Dazu gab es zwei radikale Lösungsansätze: Man konnte die Dörfer beseitigen und alle zwingen, in Agrarstädten zu wohnen. Das ist in Rumänien wenigstens im Ansatz versucht worden. Oder man konnte die Städte beseitigen und die Bewohner umsiedeln oder umbringen, wie das in Kambodscha mit den Einwohnern von Phnom Penh geschehen ist. In der DDR und anderen Ostblockstaaten war man realistischer und ließ die Dinge treiben und die Intelligenteren aus den Dörfern in die Städte abwandern. Die Folge war eine zunehmende soziale Differenzierung auch des ländlichen Raumes. In Vorpommern gab es so in den achtziger Jahren Dörfer, deren mittlerer IQ kaum noch über 90 gelegen haben kann. In einzelnen kleinen Dörfern kam es zu regelrechten Konzentrationen von Personen mit niedrigem IQ, und daran hat sich seit 1989 auch nichts geändert, sondern diese Trends haben sich mit dem Wegfall vieler Arbeitsplätze und einer Arbeitslosigkeit von über 25 % noch weiter verschärft. So mußte W. Weiss (1995) feststellen: *In der Hilfsschule der DDR wurden die Debilen (d. h. die Personen mit einem IQ zwischen 50 und 80) betreut. Bezogen auf die betreffende Altersgruppe lag ihr Anteil in der DDR zwischen 2,5 % und 2,8 %. [...] Im ländlichen Raum sind Hilfsschüler überdurchschnittlich häufig vertreten. Im Beispielkreis Grimmen haben sie einen Anteil von über 4 %, unter Ausschluß der Kreisstadt sogar von über 6 %. Im Kreis Stralsund-Land liegt der Anteil noch darüber. [...] Wenn in vier Gemeinden des Kreises Grimmen die Marke über 12 % liegt, der Spitzenwert im Kreis Stralsund-Land sogar 30 % deutlich übersteigt, so ist das wesentlich mehr als die erwartete Restmenge infolge selektiver Abwanderung. [...] Ehemalige Hilfsschüler sind bei einer sehr hohen Geburtenrate überproportional reproduktiv und hinsichtlich verschiedenster Parameter ausgesprochen autoreproduktiv. Hilfsschüler sind fast alle immobil.* In Millienhagen im Landkreis Stralsund waren 31 % aller Schüler lernbehindert, in Weitenhagen 27 %, in Oebelitz 17 % (Jastram, 1993).

Eine Landkarte, in der man den mittleren IQ von Siedlungen, Straßen oder gar Häusern kartiert hätte, scheint es nirgendwo auf der Erde zu geben, obwohl sich recht gut Schätzungen machen ließen, wenn man von den Berufen und Qualifikationen der Bewohner ausginge. Frankreich besitzt so etwas wenigstens für die größeren Verwaltungseinheiten, für die Departements. Daraus kann man dann ablesen (Ênquete, 1973), daß der mittlere IQ der Stadt Paris 107 beträgt, der von Dörfern 96, von der Bretagne und der Picardie insgesamt knapp unter 97. In Österreich weist eine Diplomarbeit (Redl, 1991) für den Musterungsjahrgang 1987 ebenfalls deutliche regionale Unterschiede aus, korrespondierend mit entsprechenden beruflichen Unterschieden. Der Ort Rust im Burgenland hat einen mittleren IQ unter 90, das entspricht etwa dem mittleren IQ der Bäcker, Maler, Fleischhauer und Maurer Österreichs. Die Nobelvororte Wiens und Mödling hingegen haben einen mittleren IQ um 110, d. h. einen mittleren IQ etwas besser als der von Werkzeugmachern. (Österreichische Abiturienten hatten 1984 einen mittleren IQ von 122, Fachschüler von 111, Hauptschüler mit Beruf von 101, ohne Beruf von 96 und Volksschüler von 86.) In Deutschland dürfte es ähnliche regionale Unterschiede zwischen Mecklenburg-Vorpommern und etwa dem Raum Frankfurt am Main geben, doch hat sie niemand je auf verläßliche Weise erhoben. Auch in Frankreich sind diese Forschungen, wie der Verfasser 1996 bei einem

Besuch am Nationalinstitut für Demographie in Paris erfahren konnte, längst eingestellt, da sie dem Zeitgeist widersprechen. Das ändert aber nichts an den Unterschieden und an ihrem allmählichen Größerwerden.

Infolge der Suburbanisierung ziehen machmal Familien in Dörfer, die schon seit Jahrzehnten keine Familie mit IQ-Spitzenberufen mehr gesehen haben. Diejenigen, die ihre alte Utopie noch nicht vergessen oder aufgegeben haben, glauben nun, auf diese Weise verschwänden die Unterschiede zwischen Stadt und Land. Das ist ein Irrtum: Denn neben solchen ländlichen Wohnsiedlungen mit Intellektuellen stehen Dörfer, deren Bürgermeister, angesichts der Sozialhilfelast der Gemeinde, verzweifelt und ziemlich drastisch formulieren, *daß sie nur noch von Armen, Dummen und Alten bewohnt werden.*

Wir werden im Schlußteil darlegen, inwieweit auch diese Entwicklung der Siedlungsdifferenzierung den sozialen Frieden in Mitteleuropa gefährdet.

Liebe, Ehe und IQ

Daß sich Gegensätze anziehen, stimmt nicht, wenn es um Liebe und Heirat geht. Ähnliche Personen finden einander attraktiv. In einer klassischen Arbeit (Burgess und Wallin, 1943) sind 1.000 verlobte Paare in Chicago untersucht worden; man hatte erwartet, daß sich wenigstens bei einigen Eigenschaften die Gegensätze anziehen würden. Doch von den 51 untersuchten sozialen Charakteristika war das Korrelationszeichen bei allen positiv (eine gute Übersichtsarbeit hat 1972 Vandenberg veröffentlicht). Mäßige, aber stets positive Korrelationen sind auch für eine Reihe körperlicher Merkmale gefunden worden, darunter Körperhöhe (aus vielen Untersuchungen ergibt sich dafür ein Mittel um 0,25) und sogar Augenfarbe (um 0,25 sogar innerhalb eines Volkes).

Von den vielen Korrelationen zwischen Ehemann und Ehefrau ist eine der höchsten die für den IQ. In den am schwersten wiegenden Untersuchungen lag die Korrelation im Bereich um 0,40 und schwankte zwischen den einzelnen Untersuchungen von 0,20 bis 0,60. Eine Überblicksarbeit von Jensen (1978) ergab aus 43 Einzeluntersuchungen eine durchschnittliche IQ-Korrelation für die Ehepartner von 0,45, also fast den Wert, wie er in der Regel bei Geschwistern zu finden ist. Ein Nebenergebnis dieser Untersuchungen ist, daß Elternpaare mit relativ großen Unterschieden im IQ weniger Kinder haben als solche mit geringeren Unterschieden, was in der sorgfältigen Arbeit von Garrison et al. (1968) mit sozialen Spannungen in den Ehen erklärt wird. Auch in der alten Bundesrepublik Deutschland werden in Ehen von Akademikerinnen mit nicht-studierten Männern besonders wenig Kinder geboren (Schwarz, 1999).

Wenn die Tendenz, sich den Ehepartner nach dem IQ zu suchen, dieselbe geblieben ist, was wird dann geschehen? Nach Meinung von Herrnstein und Murray (1994) werden, in Kombination mit der stärkeren Differenzierung nach Schichtung und Beruf, die Auswirkungen größer sein als bisher.

Betrachten wir (nach den Daten von Herrnstein und Murray, 1994) einmal die amerikanischen Spitzenuniversitäten und jeweils 100 Absolventen, die 1930 bzw. 1964 geheiratet haben: Die Ehepaare von 1964 werden Kinder mit einem deutlich höheren mittleren IQ haben als die von 1930, weil der mittlere IQ an den Spitzenuniversitäten so stark zugenommen hat. Der mittlere IQ der Kinder der Paare von 1930 würde bei 114 liegen bzw. bei Prozentrangwert 82, der mittlere Wert der Kinder der Paare von 1964 bei IQ 124 bzw. bei Prozentrangwert 95. Während von den Harvard-Kindern der Paare von 1930 ein Drittel einen IQ unter 110 hatte, also nicht für einen höheren Bildungsweg geeignet war, waren es 1965 nur noch 6 %. Man vergleiche das mit den Zahlen der Nicht-Abiturienten unter den Kindern deutscher Hochbegabter (siehe S. 81f.). Der Trend stimmt überein.

MacDonald (1994, S. 128) diskutiert, ob diese Heiratssiebung unter Juden höher ist als in der Gesamtbevölkerung. 1952 waren 24 % aller Studenten der Harvard-Universität Juden, 23 % in Cornell, 20 % in Princeton und 13 % in Yale – mit zunehmender Tendenz bis in die neunziger Jahre, ohne daß dafür genaue Zahlen vorliegen –, obwohl die Juden nur etwa 3 % der Bevölkerung der USA ausmachen. Dementsprechend waren 1968 20 % aller wichtigen Positionen in Universitäten mit Juden besetzt, im Rechtswesen 38 %, ebenso 58 % der leitenden Stellungen im Fernsehen.

Wenn die Tendenz, sich den Ehepartner nach dem IQ zu suchen, zugenommen hat, was geschieht dann? Es gibt leider dazu keine aussagekräftige Untersuchung, ob diese Tendenz tatsächlich zugenommen hat. Herrnstein und Murray führen Daten des Soziologen Robert Mare von der Universität von Wisconsin an, der meint, belegen zu können, daß es von 1940 bis 1987 im Hinblick auf den IQ zu einem Anstieg der „Homogamie“ (so lautet der Fachausdruck der Soziologen) gekommen sei, vor allem bei Personen mit Hochschulbildung. Die Wahrscheinlichkeit, daß ein Hochschulabsolvent jemanden heiratet, der selbst keinen Hochschulabschluß hat, sank in den USA von 44 % im Jahre 1944 auf 35 % im Zeitraum von 1985 bis 1987. Herrnstein und Murray glauben, das als einen ernsten Hinweis werten zu können, daß die Heiratssiebung tatsächlich zunimmt, weil Bildungsabschlüsse und IQ immer enger zusammenhängen. Aber diese Schlußfolgerung erscheint nicht ausreichend belegt. Da die Zahl der Hochschulabsolventen insgesamt stark angestiegen ist, ist es für sie natürlich auch viel einfacher geworden, einen Hochschulabsolventen als Partner zu finden. Vor allem gilt das für die Männer, solange der prozentuale Anteil der studierenden Frauen steigt. Während in der alten Bundesrepublik Deutschland bei den über 60jährigen Akademikern 25 % mit Akademikerinnen verheiratet sind, sind es in der Altersgruppe der 40- bis 49jährigen Akademiker 44 % (Schwarz, 1999).

Auch in Deutschland gibt es zwar einen Trend (Blossfeld und Timm, 1997), aber keine eindeutigen Zahlen, die belegen würden, daß die Heiratssiebung nach dem IQ tatsächlich zugenommen hat oder nicht. Nach dem Mikrozensus von 1997 (Schwarz, 1999) hatten in den alten Bundesländern in der Altersgruppe von 30 bis 39 Jahren bei den Männern ohne Berufsausbildung 74,4 % eine Frau ohne Berufsausbildung geheiratet und 43,3 % der Akademiker eine Akademikerin. Offensichtlich hängt das Ausmaß dieser gerichteten Heirat stark davon ab, ob etwa gleich viele Männer wie Frauen mit der gleichen Bildungsstruktur vorhanden sind. Ist das nicht der Fall, heiraten Männer nach „unten“, während sich studierte Frauen schwerer damit tun und in immer größerer Zahl unverheiratet bleiben. 1997 waren von den 35- bis 39jährigen altbundesdeutschen Akademikerinnen nur noch 64 % verheiratet, das unverheiratete Drittel in der Regel darüber hinaus auch ohne Kinder. Da die studierte Frau auf dem Heiratsmarkt keine Mangelware mehr ist, sondern eher im Überangebot auftritt, haben bei den 30- bis 39jährigen Akademikerinnen nur noch 61 % einen Akademiker als Ehemann abbekommen, gegenüber 73 % bei den 50- bis 59jährigen Akademikerinnen. Faßt man die Hochschulabsolventinnen mit den Fachhochschulabsolventinnen zusammen, so vermindert sich die Homogamie von 78 auf 67 %.

Herrnstein und Murray (1994) haben zwar recht, daß eine kluge Frau in den neunziger Jahren eine weitaus größere Chance als vor fünfzig Jahren hat, selbst eine Menge Geld zu verdienen, ihre Chancen, mehrere eigene Kinder zu haben, sind aber dadurch eher geringer geworden, da auch die Konsumansprüche dieser Frau weit überdurchschnittlich sein dürften. Was hat der kluge und einkommenspotente M1M1-Mann von einer M1M1-Frau, wenn er mit ihr ein Kind und eine Menge Geld hat, mit einer M1M2-Frau aber drei Kinder haben kann? Im ersten Fall gibt es nur 0,5 Kopien seiner M1-Gene, im zweiten Fall 1,5 Kopien. Im ersten Fall beträgt die Zahl der M1M1-Kinder zwar 1,0, im zweiten Fall aber 1,5, das heißt seine genetische Fitneß ist im zweiten Fall dreimal größer. Wenn es in wenigen Jahren möglich sein wird, den IQ des Fetus bereits in den ersten Schwangerschaftsmonaten zu bestimmen (im Moment ist das nur bei ausgesprochen negativen Varianten mit Krankheitswert möglich), dann tritt auch noch die Möglichkeit des selektiven Aborts hinzu, womit sich die Unterschiede noch mehr verstärken lassen und verstärken werden. Über die puritanischen Überlegungen von Herrnstein und Murray hinaus gibt es auch für den ersten Fall noch ungewöhnliche Lösungen, die aber im Leben oft genug gefunden worden sind und werden, indem der Ehemann neben dem Kind von seiner klugen und kostspieligen Ehefrau noch weitere Kinder mit einer oder mehreren Geliebten, dem Dienstmädchen oder der Sekretärin hat. Viel Geld ist dafür immer schon von Vorteil gewesen.

Es stimmt zweifellos, daß die Modernisierung der Gesellschaft für intelligente junge Frauen die Chancen erhöht hat, in den für die Partnerwahl entscheidenden Jahren mit intelligenten jungen Männern zusammenzutreffen. Das ist am augenfälligsten in den Hochschulen, wo der Frauenanteil nun so groß ist wie der der Männer, aber damit auch die Konkurrenz der Frauen um die Männer größer geworden ist. Früher galt Intelligenz bei Frauen nicht als sexy, während heutzutage der berufliche Erfolg der Frauen mit einkalkuliert wird. Aber was hat das für Folgen für das Bekommen von Kindern? Wir diskutieren diese Frage an anderer Stelle ausführlich, auch die unterschiedlichen Folgen, die es in der DDR und der Bundesrepublik Deutschland hatte (siehe S. 247ff.).

Auch in der alten Bundesrepublik Deutschland ist die etablierte Soziologie zu der Einsicht gelangt, daß die Antwort auf die Frage „Wer heiratet wen?“ für das Verständnis der Ungleichheit in der Gesellschaft von zentraler Bedeutung sein könnte. Es wurde festgestellt (Blossfeld und Timm, 1997), daß die Wahrscheinlichkeit, sich mit einem gleich qualifizierten Partner zu verbinden, dann besonders hoch ist, wenn das Bildungsniveau des Sohnes oder der Tocher mit dem des Vaters übereinstimmt. In diesen Fällen ergänzen und verstärken sich dann die sozialen Netzwerke der Herkunftsfamilie und die durch das Bildungssystem vermittelten Beziehungen. Das Bildungssystem ist der wichtigste Heiratsmarktplatz geworden, den es gibt.

Die verursachenden Kräfte sind durch die Politik kaum beeinflußbar. Herrnstein und Murray (1994) fragen: Was geschieht, wenn die intellektuelle Elite ihre gemeinsamen politischen Interessen begreift? Welche Interessen könnten das sein, und wie verträgt sich das mit einer freien Gesellschaft? Kann die intellektuelle Elite die Politik dann entscheidend beeinflussen, wenn sie gemeinsame Interessen vertritt (Geiger, 1949)? Da die Zahl der tatsächlichen Führungs- und Machtpositionen stets geringer ist als die Anzahl der dafür Geeigneten, kommt es zu einer Spaltung der Elite. Ein Teil bekennt sich verstärkt zu egalitären Losungen und Werten und versucht damit, die Macht der herrschenden Elite auszuhebeln. Ist das gelungen, kann diese Elite nur erfolgreich regieren, wenn sie ihren egalitären Versprechen Schritt für Schritt zuwiderhandelt. Sie hat nur diese Alternative oder den Ruin der Wirtschaft und manchmal beides zugleich, wie beim Untergang der DDR. Wie auch immer sie handelt, sie gräbt ihr eigenes Grab und macht damit den Weg für einen erneuten Elitenwechsel frei, der früher oder später stattfindet. (Vgl. Orwell am Anfang und am Ende dieses Buches.)

TEIL II

SOZIALE SCHICHTEN UND DEREN SOZIALVERHALTEN

Herrnstein und Murray (1994) behaupten an mehreren Stellen ihres Buches, daß die Intelligenzunterschiede selbst und nicht die Korrelation mit dem Sozialstatus für die Unterschiede im Sozialverhalten verantwortlich seien. Ihre Behauptung erscheint radikal, wenn wir die weitverbreitete Ignoranz unter den Sozialwissenschaftlern als Maßstab nehmen; und auch wir können den Argumenten von Herrnstein und Murray in vielen Punkten weder folgen noch zustimmen. Könnte ein niedriger IQ z. B. die Ursache für Kindesvernachlässigung und eine miese Erziehung der Kinder sein? Fachleute, die sich mit Kindesvernachlässigung und elterlichem Erziehungsstil befassen, scheinen davon nichts zu halten, wenn man nach den Lehrbüchern geht, die sie herausgebracht haben, in denen der IQ der Eltern nur gelegentlich erwähnt wird. Könnte ein niedriger IQ eine der Ursachen von Arbeitslosigkeit und Armut sein? Nur wenige Ökonomen haben das bisher in Erwägung gezogen.

Die Daten aus den USA, auf die sich Herrnstein und Murray in ihren Statistiken gestützt haben, entstammen der Längsschnittuntersuchung der amerikanischen Jugend aus dem Jahre 1990. Der Index, d. h. die Kennziffer, für den Sozialstatus wurde, wie allgemein üblich, aus Bildungsgrad, Einkommen und Beruf berechnet. Die repräsentative Stichprobe enthielt 11.878 Personen im Alter von 18 bis 23 Jahren, die mit dem Qualifikationstest der Armee („Armed Forces Qualification Test“; AFQT) getestet wurden. Leider gibt es für Deutschland keine gleichwertige Untersuchung. Wir können deshalb die amerikanischen Daten im Vergleich nicht durchwegs durch deutsche ersetzen oder ergänzen, da vergleichbare Daten in Deutschland entweder gar nicht vorhanden oder nicht öffentlich zugänglich sind.

Die Autoren des Buches „The Bell Curve“, Herrnstein und Murray (1994), zerlegen die 100 % der Intelligenzverteilung in die fünf Schichten I, II, III, IV und V mit Anteilen von 5:20:50:20:5 %. Sie hätten ebensogut auch andere Schwellenwerte wählen können. Aber sie wollten die Extreme dabei besonders herausstellen und haben deshalb eine Einteilung in Quintile (d. h. eine Zerlegung in fünf gleiche Abschnitte zu je 20 %) vermieden. Aller Wahrscheinlichkeit nach gehören die Leser des vorliegenden Buches und ihre Freunde und unmittelbaren Berufskollegen der Schicht I an der Spitze an, gehören also nach der Definition von Weiss zu den Hochbegabten des Genotyps M1M1 (vgl. S. 77ff.), zu der schmalen kleinen Glockenkurve am oberen Ende der drei Normalverteilungen (siehe Titelblatt). Freunde und Kollegen, die Sie für etwas weniger gewitzt halten, gehören wahrscheinlich der Schicht II an, also dem Genotyp M1M2, der mittleren der drei Normalverteilungen. Zur intellektuellen Elite, der Schicht I, gehören in der Bundesrepublik Deutschland gut 4 Millionen Menschen, im gesamten deutschen Sprachraum 5 Millionen. In der Terminologie der deutschen Sozialwissenschaft entspricht sie ziemlich genau dem „Besitz- und Bildungsbürgertum“. Schicht III, die Normalen bzw. Mittelmäßigen nach Herrnstein und Murray – das ist mit 50 % die Hälfte der Bevölkerung. Nach Weiss ist diese mittlere Gruppe aber genetisch nicht einheitlich, ein beträchtlicher Teil, der etwa 15 % der Gesamtbevölkerung ausmacht, gehört zum Genotyp M1M2, und ihre Kinder haben deshalb bei Ehen dieses Genotyps untereinander eine 25%ige Chance, sozial in die Schicht I aufzusteigen. Zu den Schichten II und IV gehören je 20 % der Bevölkerung, zu Schicht V (wie zu Schicht I) 5 %. Schicht IV und Schicht V sind genetisch M2M2, ebenso wie der Großteil der Schicht III. Vor allem die Abgrenzung der Schicht V hat aber auch vom Standpunkt der Humangenetik Sinn: Wenn wir auch von der Ansicht ausgehen, daß ein großer Teil der genetischen Variabilität der Intelligenz durch den M1/M2-Polymorphismus verursacht wird, so wäre es doch eine viel zu grobe Vereinfachung, wenn man nicht auch andere genetische Faktoren in Rechnung stellen würde. Und gerade am unteren Ende der Intelligenzverteilung, bei der Schicht V, muß man davon ausgehen, daß sich hier andere Intelligenz- und Persönlichkeitsfaktoren ansammeln, die zum Teil in homozygoter oder heterozygoter Form auch Krankheitswert im medizinischen Sinn haben. Motorische Unruhe, Neigung zu Drogenabhängigkeit, Störungen des Konzentrationsvermögens – das sind zum Beispiel solche Faktoren, die sich unabhängig vom Generalfaktor der Intelligenz vererben können.

Armut

Wer wird arm? Eine häufige Antwort ist, daß Menschen, die das Unglück haben, von armen Eltern geboren zu werden, arm bleiben. Das stimmt bis zu einem gewissen Grad. Amerikanische Weiße, die unter den miesesten sozialökonomischen Bedingungen (bei den schlechtesten 5 %) aufgewachsen sind, haben eine achtmal größere Wahrscheinlichkeit, unterhalb der Armutsgrenze zu bleiben, als Personen, die unter den 5 % der günstigsten Bedingungen aufgewachsen sind (Herrnstein und Murray, 1994). Doch läßt niedrige Intelligenz eine sicherere Vorhersage der kommenden Armut zu als ein sozialökonomisch sehr schlecht gestelltes Elternhaus. Weiße mit einem IQ unterhalb von Prozentrangwert 5 sind fünfzehnmal häufiger arm als Weiße mit einem IQ in der 5 %-Spitzengruppe. Wer aus dieser Spitzengruppe in Armut endet, der hat im Leben wirklich Pech. Ein Pech, das aber nicht selten mit Persönlichkeitsmerkmalen zusammenhängt und Aussteiger schafft, die dem schizoiden oder schizophrenen Formenkreis nahestehen, über dessen vielgestaltige genetische Grundlagen noch sehr wenig bekannt ist, die aber unabhängig vom IQ vererbt werden. Dazu gehört auch der Typ des „genialen“ Erfinders, der in der psychiatrischen Heilanstalt jahrzehntelang technische Entwürfe von großer Detailliertheit anfertigen kann, von denen aber niemals einer verwirklicht wird.

Allgemeine Armut war früher auch in der Bundesrepublik Deutschland verbreitet. Die Zahl der Empfänger von „laufender Hilfe zum Lebensunterhalt“ von 1,6 Millionen im Jahre 1950 sank auf den historischen Tiefststand von 749.000 im Jahre 1970, um seither wieder anzusteigen. Wenn man die Armut verringert, so führt das nicht von allein dazu, daß es weniger Kriminalität, weniger uneheliche Kinder, weniger Drogenmißbrauch und weniger andere soziale Probleme gibt, sonst wäre die Geschichte des 20. Jahrhunderts die Chronik der Abnahme dieser Probleme.

Was kann ein IQ-Wert über einen Jugendlichen aussagen, der arm aufgewachsen ist?

Die Stabilität des IQ ist in der Gesamtbevölkerung schon seit Jahrzehnten untersucht worden, und unter Fachleuten sind die Hauptergebnisse nicht strittig. Bis zu einem Lebensalter von 4 bis 5 Jahren sind die althergebrachten IQ-Tests relativ nutzlos, wenn es darum geht, den späteren IQ als Erwachsener vorherzusagen. (Inzwischen gibt es bessere Tests, die auch das weit besser können und schon bei Kindern im Säuglingsalter etwas Ähnliches wie die Informationsverarbeitungsgeschwindigkeit messen, indem den Säuglingen ihnen unbekannte Gesichter gezeigt werden und die unterschiedliche Zeit gemessen wird, wie lange der betreffende Säugling seinen Blick auf ein neues oder ein bekanntes Gesicht fixiert. Aber solche Tests liegen dem von Herrnstein und Murray verwendeten Datenmaterial nicht zugrunde.) Bis zum Alter von 5 Jahren gilt für die „klassischen" IQ-Tests: Der IQ eines Kindes für ein Alter von 15 Jahren läßt sich besser vorhersagen, wenn man dazu die IQ-Werte seiner beiden Eltern verwendet, als mit irgendeinem Testergebnis im Alter unter 5 Jahren. Aus dem Mittelwert der Eltern P läßt sich z. B. der genotypische Wert G (in unserem Fall der erwartete IQ des Kindes; es könnte aber ebenso auch die Körperhöhe sein) nach folgender Formel schätzen:

$$G = h\,(P - \overline{P}\,) + P,$$

wobei $\overline{P}$ der Mittelwert der Teilbevölkerung ist, zu der die Eltern gehören, h die aus der Eltern-Kinder-Korrelation bekannte Heritabilität.

Im Alter von 5 bis 10 Jahren steigt die Vorhersagekraft der Tests rasch an, und ungefähr ab 10 Jahren werden die IQ-Werte innerhalb der üblichen Meßfehlerschwankungen stabil. Für die offensichtlich seltenen Ausnahmen, bei denen große IQ-Veränderungen festgestellt werden, gibt es meist auch naheliegende Erklärungen. Vor einem Test kann ein Kind z. B. sehr lange krank gewesen sein, oder es gab schockartige Erlebnisse.

Der wachsende Prozentanteil der Kinder, die in Armut aufwachsen, ist eines der schmerzlichsten Probleme der Sozialpolitik. Warum leben in reichen Ländern so viele Kinder in Armut? Die Armut unter Kindern war in Familien, die nur eine alleinstehende Mutter hatten, stets größer, ob die Mutter nun geschieden war oder nie verheiratet. Unter Familien von alleinstehenden Müttern waren in den USA 1991 36 % arm, unter allen anderen Familien 6 %. Seit 1959, dem Jahr, seit dem es überhaupt derartige offizielle Statistiken gibt, waren stets mehr als 30 % aller alleinerziehenden Mütter arm. Und die Rechnung ist in den USA (Herrnstein und Murray, 1994) von brutaler Einfachheit: Je höher der Anteil der Kinder, die in Haushalten einer alleinerziehenden Frau leben, desto größer ist der Anteil der Kinder, die in Armut leben. Ein großer Teil der wachsenden Armut unter Kindern kommt dadurch zustande, daß ein steigender Anteil der Kinder in solchen Familien aufwächst.

Auch in der Bundesrepublik Deutschland gehören (nach Geißler, 1996) zu den Gruppen mit dem höchsten Armutsrisiko die Alleinerziehenden. Ihre Zahl hat durch den Anstieg der Scheidungsraten und der unehelichen Geburten stark zugenommen; in Westdeutschland lag 1992 der Anteil Alleinerziehender an allen Familien mit Kindern unter 18 Jahren bei 14 %, im Osten bei 22 %, wo 42 % der Sozialhilfebezieher Alleinerziehende waren. Im letzten Jahrzehnt mußte etwa ein Drittel der westdeutschen Alleinerziehenden unter der Armutsgrenze leben, d. h. ihr Durchschnittseinkommen lag unter der 50%-Schwelle. Wichtige Ursachen dafür sind die unzureichende Versorgung durch die Väter sowie die Arbeitsmarktprobleme und die niedrigen Einkommen der Mütter. Auch Kinderreichtum ist in Deutschland eine häufige Ursache von Deklassierung. Mit zunehmender Kinderzahl scheiden immer mehr Mütter aus dem Arbeitsmarkt aus bzw. haben im Osten bei Bewerbungen keine Chance. Insbesondere das dritte Kind spielt dabei eine wichtige Rolle; es ist häufig Anlaß für den Verlust des zweiten Erwerbseinkommens der Familie. Daher war das Armutsrisiko von kinderreichen Familien schon früher hoch, in der ersten Hälfte der achtziger Jahre hat es sich weiter erhöht. Das alles hat zur Folge, daß in Deutschland auch Kinder und Jugendliche überdurchschnittlich häufig in materielle Not geraten. Von der Sozialhilfe, die schon in den siebziger und achtziger Jahren in Deutschland ständig zunahm, sind junge Menschen unter 18 Jahren besonders stark betroffen. 1992 waren sie in Westdeutschland mit 8,7 % fast doppelt so häufig auf Sozialhilfe angewiesen wie alle Westdeutschen (4,7 %). Der Anteil der Kinder und Jugendlichen unter den Obdachlosen betrug 1993 31 %. Kinderreiche Familien mit mindestens drei Kindern machen 40–50 % der Bewohner von Obdachlosensiedlungen aus.

Armut unter Kindern: Welche Rolle spielt der IQ der Mutter?

Auch in Deutschland ist (nach Geißler, 1996) die Gefahr, an den Rand der Gesellschaft zu geraten, bei Ungelernten und Angelernten um ein Vielfaches höher als unter Hochschulabsolventen. Bei Menschen ohne Ausbildungsabschluß gibt es häufig längere Armutsperioden, bei Abiturienten und Akademikern nur in Ausnahmefällen. Auch in Deutschland wird die Armutskluft, der Abstand im Lebensstandard zwischen den Armen und dem Durchschnitt der Bevölkerung (von der Oberschicht ganz abgesehen), stetig und allmählich größer. Legt man die Kaufkraft von 1993 zugrunde, dann stieg in Westdeutschland seit 1965 der Eckregelsatz der Sozialhilfe um 197 DM, die Löhne und Gehälter dagegen um durchschnittlich 1.310 DM. Die Armen haben also in bescheidenem Maß an der Wohlstandsentwicklung teilgenommen, und sie lebten 1993 in etwas weniger kümmerlichen Verhältnissen als 1965. Gleichzeitig hat sich jedoch die Schere zwischen Armutsgrenze und Durchschnittseinkommen weiter geöffnet. Eine Minderheit, sie umfaßt etwa ein Drittel der Armen, ist sogar dazu verurteilt, mindestens fünf Jahre lang oder auch noch länger in extremer Wohnungsnot oder an bzw. unterhalb der Grenze des Existenzminimums zu leben. Bei gegenwärtig Obdachlosen werden 60 % des Einkommens für regelmäßige Zahlungsverpflichtungen aufgezehrt. Aus diesem Milieu stammende Kinder müssen zu etwa 40 % in Sonderschulen überwiesen werden, und nur etwa 20 % der Jugendlichen erlernen einen Beruf.

Kein untersuchter Indikator für Probleme des Sozialverhaltens ist aussagekräftiger als der Zusammenhang zwischen dem IQ des Kindes und dem der Mutter. Mütter, die Kinder von 6 Jahren und älter im schlechtesten Dezil der IQ-Verteilung hatten, hatten selbst einen mittleren IQ von 81. 94 % dieser Kinder hatten Mütter mit einem IQ unter 100. In der Humangenetik wird in diesem Grenzbereich immer noch mit dem Begriff „erblicher Schwachsinn" argumentiert. Man könnte ebensogut von „physiologischer Dummheit" sprechen. Dahinter verbirgt sich eine große Anzahl von Genen, bei denen der normale Stoffwechsel gestört sein kann und dann bestimmte Allele in doppelter Dosis zu beträchtlichen geistigen Ausfallserscheinungen führen können, nicht selten auch verbunden mit körperlichen Ausfällen und Mißbildungen. Der Schwachsinn ist dann sozusagen nur eine Begleiterscheinung. (In den letzten Jahren ist es gelungen, bei einer immer größer werdenden Zahl von genetischen Defekten den genauen biochemischen und genetischen Mechanismus aufzudecken, so daß die Restgruppe „erblicher Schwachsinn", für die die Ursache noch immer unklar ist, von Jahr zu Jahr kleiner wird und mit dem weiteren Fortschreiten der humangenetischen Forschung ganz verschwinden sollte.)[6]

Herrnstein und Murray schließen daraus, daß ein großer Anteil der Menschen, mit deren Verhalten und Problemen sich die Sozialpolitik

[6] Auch unser Modell, bei dem Intelligenz nur durch einen einzigen Locus mit den Allelen M1 und M2 bestimmt wird, wird sich im Laufe der weiteren Forschung als eine Vereinfachung herausstellen, durch die Wesentliches zwar richtig erfaßt wurde, hinter der sich aber eine viel komplexere Realität verbirgt. So könnten die Allele M1 und M2 die Abstraktion von zwei Allelserien sein, deren Eigenschaften sich innerhalb einer Serie nur geringfügig unterscheiden, und es könnte weitere, seltene Allele geben. Unter bestimmten Bedingungen sollten auch andere genetische Faktoren bzw. Loci von Bedeutung sein. Auch bei den Blutgruppen kannte man am Anfang nur die Haupt-Blutgruppen und ihre Eigenschaften. Inzwischen ist aber die Genetik der Blut- und Serumgruppen eine Wissenschaft für sich. Eine analoge Ausweitung und Differenzierung der Ergebnisse und Sichtweisen sollte man auch für die Genetik der Intelligenz erwarten.

befassen muß, eine niedrige Intelligenz hat. Oft bewegt sich ihre Intelligenz nahe der Grenze der Schwachsinnigkeit. Wenn man erfolgreiche Sozialpolitik machen will, dann muß man sagen, wie man die am wenigsten intelligenten Menschen erreichen will. Dies ist das praktische Problem, auf das Herrnstein und Murray aufmerksam machen.

Schulbildung

In den USA scheint, so meinen Herrnstein und Murray (1994), die Beziehung zwischen dem IQ und dem Erreichen eines bestimmten Bildungsgrades über die Zeit bemerkenswert stabil geblieben zu sein. Zwanzig Jahre zuvor stand in einem von ihnen zitierten Lehrbuch (Matarazzo, 1972; mit statistischen Daten aus den fünfziger und sechziger Jahren) über den Wechsler-IQ geschrieben, daß der mittlere IQ derjenigen, die eine schulische Grundausbildung (die High-School der USA) abgeschlossen haben, bei einem IQ von 105 lag, der Mittelwert bei denjenigen mit dem amerikanischen College-Abschluß lag bei einem IQ von 115, der Mittelwert für Personen mit abgeschlossenem Medizinstudium und Ph. D. bei 125. Interessanterweise sind das ziemlich genau die Schwellenwerte zwischen den Genotypen M1M1, M1M2 und M2M2, d. h. eben die IQ-Werte, mit denen man die drei sich überlagernden Normalverteilungen (siehe Titelblatt) am besten trennen kann.

Herrnstein und Murray können das mit ihren Zahlen fast haargenau bestätigen: der Mittelwert für Personen mit High-School-Abschluß lag bei IQ 106, für Personen mit College-Abschluß bei IQ 116, für Personen mit Hochschulabschluß bei IQ 126.

Über längere Zeiträume gesehen, bezweifeln wir aber die Richtigkeit der Konstanz dieser IQ-Werte. In allen Industrieländern ist es in diesem Jahrhundert zu einer derartigen Ausweitung der Zahl der Personen mit Hochschulabschluß gekommen, daß das ohne Absinken des mittleren IQ in einigen Fachrichtungen (z. B. in Massenstudienfächern wie den Sozialwissenschaften) gänzlich unvorstellbar ist. Auch wenn man davon ausgeht, wie Herrnstein und Murray, daß früher nur ein Teil der Hochbegabten zusammen mit Mittelmäßigen studierte, heute aber alle Hochbegabten irgendwann einmal unter den Studenten sind, bedeutet die Bildungsausweitung (Müller und Haun, 1994) zwangsläufig auch Bildungsinflation, d. h. Personen mit der formal gleichen Qualifikation haben 1990 einen niedrigeren IQ als im Jahre 1950. In Deutschland haben sich die Anteile der Qualifikationsgruppen seit 1950 in folgender Weise verändert:

Die Entwicklung der Qualifikationsstruktur der Erwerbstätigen in Deutschland von 1955 bis 1993 (in %)

	Hochschule		Fachschule Meister		Facharbeiter		Ungelernte	
	Ost	West	Ost	West	Ost	West	Ost	West
1955	1–2	2	3–4	–	26	–	70	–
1960	2	–	5	–	33	–	60	–
1965	3	3	8	5–9	36	20	48–54	62
1970	4	4–5	10	12–16	42	44	41	41
1975	6	5	12	9	51	50	29	35
1980	6	6	15	10	56	55	20	29
1985	8	6	17	11	60	56	15	25
1989	8	7	18	12	61	58	13	23
1993	10	7	19	12	57	53	14	28

Quelle: Geißler (1996), S. 251, Abb. 12.1

Wie man sieht, ist die Entwicklung in Ost und West im wesentlichen gleich verlaufen, die Entwicklungsschübe waren in der DDR sogar früher und umfassender. Aus Ungelernten wurden Facharbeiter, teils durch tatsächliche Bildung, teils durch einfache Zuschreibung von Bildung und ohne daß sich ihr M2M2-Status dadurch änderte. In beiden Gesellschaften nahm der Anteil der Absolventen von Wissenschaftlichen Hochschulen langsam, aber stetig zu. Mitte der sechziger Jahre betrug der Akademikeranteil unter den Erwerbstätigen in beiden Gesellschaften etwa 3 % und bestand überwiegend aus M1M1-Personen, 1993 hatte er in den neuen Ländern 10 %, in den alten 7,4 % erreicht, bestand aber jetzt etwa zur Hälfte aus M2M2, und der Durchschnitts-IQ des deutschen Geistes- und Sozialwissenschaftlers war damit kräftig gesunken. In Europa liegt Deutschland mit einem Anteil von 22 % Hoch- und Fachschulabsolventen bei den 25- bis 64jährigen (Stand von 1995) auf einem Spitzenplatz, aber die Unterschiede zwischen den Ländern (Müller und Karle, 1993) werden mehr davon beeinflußt, ob in einem Land auch alle Krankenschwestern und Unterstufenlehrer dieser Kategorie zugeordnet werden oder nicht, als daß es sich um reale Unterschiede handelt.

Aussagekräftiger ist, wieviel Prozent eines jeweiligen Geburtsjahrgangs das Abitur ablegen und ein Hochschulstudium beginnen. Wie man sieht, explodierte die Abiturientenquote von 6 %, überwiegend M1M1, im Jahre 1960 auf 26 % im Jahre 1993. Von diesen 26 % kön-

Die Bildungsexpansion und Bildungsinflation in Deutschland von 1960 bis 1993 (in % der Gleichaltrigen)

	Abiturstufe		**Hochschule**	
	Ost	West	Ost	West
1960	8	6	10	6
1965	14	8	17	10
1970	13	11	17	12
1975	13	15	13	14
1980	11	17	11	14
1985	13	22	12	13
1989	14	24	14	20
1993	25	26	12	24

Quelle: nach Geißler (1996), S. 253, Abb. 12.2

nen die M1M1 höchstens noch ein Fünftel ausmachen, und dementsprechend muß der Durchschnitts-IQ aller Abiturienten von etwa 126 auf etwa 117 gesunken sein. Analoges gilt für die Studienanfänger an den Hochschulen: 1993 nahmen in den alten Ländern 38 % eines Jahrgangs ein Studium an einer Fachhochschule (die durch die Bildungsinflation aus der Fachschule entstanden ist) oder Universität auf. Damit sind praktisch alle M1M1- und M1M2-Personen für ein Studium ausgesiebt, und eine Art Schallmauer ist erreicht; eine weitere Ausweitung des studierenden Personenkreises wäre nur noch durch ein deutliches Absenken des Anspruchsniveaus bzw. des mittleren IQ der Studenten, der jetzt bei etwa 115 liegt, möglich. Die Bildungsexpansion hat eine Eigendynamik entwickelt und sich zu einer Bildungsspirale ausgeweitet, die, wie die Spirale des Wettrüstens, den Keim der Selbstzerstörung in sich trägt. Junge und kluge Frauen werden in Laufbahnen getrieben, in denen sie – unter den gegenwärtigen Bedingungen der Ausbeutung des Menschen durch den Menschen in der Bundesrepublik Deutschland – für ein Familienleben keinerlei ausreichende Sicherheit mehr haben, demzufolge bereits jetzt bis zu 40 % unverheiratet und kinderlos bleiben (Schwarz, 1999). Auf diesen Punkt und seine Folgen gehen wir an anderer Stelle ausführlich ein (siehe S. 247ff.). Hier ist eine dramatische Entwicklung in Gang gekommen, auf deren Brisanz nicht genug hingewiesen werden kann.

Die zunehmende Bürokratisierung und Verwissenschaftlichung der Berufswelt hat (nach Geißler, 1996) dazu geführt, daß berufliche Werdegänge immer stärker an bestimmte Laufbahnvorschriften gebunden sind und der Einstieg in bestimmte Laufbahnen wiederum immer enger an bestimmte Schulabschlüsse gekoppelt wurde. Die Aufwertung der mittleren und höheren Abschlüsse ist im gleichen Atemzug verbunden mit ihrer Entwertung. Mittlere und höhere Abschlußzertifikate werden erheblich vermehrt und verlieren damit an Wert für zukünftige Lebenschancen. Das gilt auch für die Akademiker als Masse, nicht aber in gleichem Maß für die Eliteberufe, für die nach wie vor ein sehr hoher IQ die elementare Voraussetzung ist und wo die Anforderungen von der Sache her, wie etwa in der Theoretischen Physik, Mathematik und Biochemie, so hoch sind, daß es bisher noch zu keiner Absenkung des mittleren IQ dieser Berufe gekommen ist und kommen konnte. In den anderen Berufen aber haben die höheren Bildungsabschlüsse für die soziale Plazierung an Bedeutung eingebüßt. Ein Hochschulabschluß ist heute Voraussetzung, aber keine Garantie eines höheren Sozialstatus. Da in Deutschland formal alle Universitäten gleich gut sind, entfällt, im Unterschied zu den USA, der Besuch von Eliteuniversitäten als weiteres Differenzierungsmerkmal. In Deutschland bedeutet ein bestimmter Bildungsabschluß immer weniger, wenn man bestimmte Vorteile erlangen will; gleichzeitig wird er aber immer notwendiger, um die Chancen auf diese Vorteile zu wahren.

In Deutschland wird von den Soziologen immer wieder folgende Frage gestellt (Müller und Haun, 1994; Geißler, 1996): Wie hat sich die Bildungsexpansion und -inflation auf die schichtspezifische Ungleichheit der Bildungschancen ausgewirkt? (Vgl. dazu mit einer größeren Perspektive auch Boudon, 1973.) Leider hantiert die Bildungsstatistik der Bundesrepublik Deutschland und ihrer Bundesländer mit so unsauberen statistischen Kategorien, daß damit bei der Untersuchung dieser Frage eher zur Verkleisterung als zur Erhellung beigetragen wird. Welchen Bildungsgrad haben z. B. „Selbständige“ als Väter? Da auch die altbundesdeutsche bildungssoziologische Forschung kurioserweise von der eigentlich zutiefst marxistischen Wunschvorstellung durchdrungen ist, daß sie die Aufgabe habe, eine immer größere Angleichung der Bildungschancen nachzuweisen und nur eine solche als positives Ergebnis zu werten sei – ob nun der Forschung oder der Realität, spielt dabei keine Rolle, und wehe den Daten, wenn sie nicht die Wunschvorstellung bestätigen –, denken nicht einmal die Max-Planck-Institute für Bildungsforschung und Psychologie, deren Aufgabe es wäre, verläßliche Daten zu erheben, daran, den IQ von Vater, Mutter und ihren Kindern zu erheben und mit Bildungsgraden und Berufen in Beziehung zu setzen. Vieles muß also indirekt erschlossen werden.

Schichtspezifische Schulbesuchs- und Studierquoten in der Bundesrepublik Deutschland 1988 (in %)

Beruf und Bildung des Familienvorstandes	Die Kinder besuchen ein Gymnasium	eine Wiss. Hochschule
selbständige Akademiker	76	82
Beamte mit Abitur	77	67
Angestellte mit Abitur	73	58
Beamte mit mittlerem Abschluß	47	21
Angestellte mit mittlerem Abschluß	46	20
nichtakad. Selbständige (ohne Landwirte)	34	(mit Landwirten) 16
Beamte ohne mittleren Abschluß	28	15
Angestellte ohne mittleren Abschluß	24	13
selbständige Landwirte	17	siehe unter nicht-akad. Selbständige
deutsche Arbeiter mit Lehre	14	6
deutsche Arbeiter ohne Lehre	7	2

Quelle: nach Geißler (1996), S. 262, Abb. 12.4

Wie immer, wird auch in dieser Tabelle die soziale Herkunft allein durch den Vater bestimmt. Der Bildungsgrad und der IQ der Mutter werden völlig außer acht gelassen, obwohl gerade das interessant wäre. Geißler (1996) selbst interpretiert diese altbundesrepublikanischen Daten so: *Beim Wettlauf um die höheren Schulabschlüsse haben insbesondere die Kinder der gesellschaftlichen Mitte aufgeholt, die Arbeiterkinder, insbesondere die Ungelernten, haben weiter an Boden verloren. Noch krasser wirkt der soziale Filter beim zunehmenden Run auf die Universitäten. [...] Die universitären Studienchancen der Kinder von selbständigen Akademikern liegen mit 82 % um das 41fache höher als diejenigen der Kinder von Ungelernten, die häufiger eine Sonderschule (8 %) als ein Gymnasium (7 %) oder gar eine Universität (2 %) besuchen.* Und wie Herrnstein und Murray (1994) für die USA, so kommt Geißler für Deutschland zur selben Schlußfolgerung: *Es gibt also ein zweites Paradox der Bildungsexpansion: sie verbessert die Bildungschancen, verstärkt aber gleichzeitig die soziale Ungleichheit auf dem Weg zu den höheren Bildungsniveaus.*

Eine ähnliche Entwicklung ist auch in der DDR abgelaufen: Zu den revolutionären Umwälzungen in der Startphase der sowjetischen Besetzung und der DDR gehörte auch die „Brechung des bürgerlichen Bildungsmonopols". Ziel war die Heranbildung einer neuen sozialistischen Führungsschicht, die sich anfangs vor allem aus Söhnen und Töchtern von Arbeitern und Bauern, später aus allen Klassen und Schichten, proportional ihrem Bevölkerungsanteil, also genau der Vorgabe der kommunistischen Utopie entsprechend, rekrutieren sollte. Ab 1945 wurde mit einem ganzen Bündel bildungspolitischer Maßnahmen – Einheitsschule, Landschulreform, in Schnellkursen ausgebildete Neulehrer aus den unteren Schichten, intensive Bildungswerbung unter Arbeiter- und Bauernkindern und Behinderung des Besuchs von weiterführenden Schulen und der Aufnahme eines Studiums für Akademikerkinder – das Bildungssystem konsequent umgewälzt und wurden Hunderttausende Akademiker und Selbständige und ihre Familien über die offene Grenze in den Westen getrieben. Durch die besondere Förderung (z. B. in Arbeiter-und-Bauern-Fakultäten), aber auch durch eine gezielte Bevorzugung von systemloyalen Arbeiter- und Bauernkindern, für die „politische Korrektheit" schon damals ein wichtiger zusätzlicher Pluspunkt bei der ansonsten an Leistung orientierten Auswahl war, wurden die Universitäten für Arbeiterkinder in dramatischer Weise geöffnet. Ende der fünfziger Jahre hatte es die DDR geschafft, sich dem kommunistischen Ziel der proportionalen Chancengleichheit in beachtlichem Maß zu nähern. Aber was geschah dann?

1961 wurde die Mauer gebaut, und die soziale Entwicklung der DDR schmorte fortan im eigenen Topf. In den sechziger Jahren wuchs bei den Abiturienten von Jahr zu Jahr der Anteil derer, deren Eltern einst nach dem Krieg als Arbeiter- und Bauernkinder eine besondere Förderung erfahren hatten und die inzwischen selbst leitende Angestellte oder Angehörige der Intelligenz geworden waren. In der Statistik zählten ihre Kinder nicht mehr als Arbeiter- und Bauernkinder, und alle politischen Kunstgriffe, mit denen man z. B. hauptamtliche Parteifunktionäre, Offiziere und viele andere zu Angehörigen der „führenden Arbeiterklasse" und ihre Kinder damit ehrenhalber zu Arbeiterkindern der zweiten Nachkommengeneration deklarierte, halfen nicht darüber hinweg, daß auch die Parteifunktionäre und Offiziere inzwischen Hochschulbildung hatten und ihre Kinder nicht mehr der besonderen Förderung von Arbeiterkindern teilhaftig wurden. Das war den Vertretern der „führenden Arbeiterklasse" ärgerlich und peinlich, und man schaffte die besondere Förderung von Arbeiterkindern Mitte der sechziger Jahre ab. Inzwischen gab es auch schon in der DDR eine Sozialforschung, die, da sie mit so absichtlich verschwommenen Kategorien wie „Arbeiterklasse" nichts anfangen konnte, mit klaren Zuordnungen (klarer als im Westen) arbeiten mußte und deshalb von Bildungsschichten zu sprechen begann. In den Jahren nach 1970 definierte diese empirische Sozialforschung alle Hoch- und Fachschulabsolventen (also alle mit einem IQ von etwa über 115), unabhängig von ihrer Arbeitsstelle, Macht oder Funktion, als Angehörige der „Intelligenz". Untersuchte man nun die soziale Herkunft dieser sozialen Schicht Intelligenz, so ergab sich ein Resultat, das der Machtelite in der DDR mächtiges Kopfzerbrechen bereitete. Schon 1972 konnten die führenden Bildungsplaner der DDR in einer Dissertation (Weiss, 1972), die unter ihrer Aufsicht entstanden war und bei der es um die soziale Herkunft von Mathematik-Hochbegabten in dem historisch kurzen Zeitraum von 1963 bis 1970 ging, nachlesen: *Geht man auf die einzelnen Jahre zurück, so stellt man fest, daß 1963 54 Intelligenzkindern 65 Kinder von Hand- und Maschinenarbeitern und Bauern gegenüberstehen, und der Quotient Intelligenz : Arbeiter- und Bauernkindern beträgt 0,8. 1970 stehen jedoch 130 Intelligenzkindern 35 Kinder von Hand- und Maschinenarbeitern gegenüber, und der Quotient beträgt 3,7. Die Entwicklung ist dabei kontinuierlich, d. h. alle drei Jahre kommt es zu einer relativen Verdopplung der Zahl der Intelligenzkinder gegenüber der Zahl der Kinder von Hand- und Maschinenarbeitern und Bauern. Geht man an Hand der Fragebögen von 1970 auf die reale Qualifikation zurück (und rechnet dann alle Angestellten mit entsprechendem Studienabschluß zur Intelligenz), so stellt man fest, daß der Quotient 1970 in Wirklichkeit bereits 5,7 beträgt. [...] Seit 1963 hat sich die Zahl der Lehrerkinder mehr als verdoppelt. Aus den Fragebögen von 1970 läßt sich nun ermitteln, daß es sich bei den Vätern zu 86 % um Neulehrer handelt, die in den Jahren 1945–55 ausgebildet worden sind. [...] Von den unter „Intelligenz" Zusammengefaßten hat die knappe Hälfte ein Diplom. [...] Unter den Hand- und Maschinenarbeitern gibt es nur 14 ungelernte Arbeiter, also nur 1,2 % des Gesamtmaterials. In der Reihenfolge ungelernter Arbeiter – Facharbeiter – Meister – Ingenieur – Hochschulabsolvent – Hochschullehrer – Akademiemitglied gibt es eine ständige Steigerung der Unter- bzw. Überrepräsentation, so daß ein Kind eines Akademiemitgliedes eine fünftausendfach größere Chance hat, an der Endrunde eines Hochbegabtenwettbewerbs teilzunehmen, als das Kind eines beliebigen ungelernten Arbeiters. [...] Die theoretische Deutung dieser sozialen Prozesse wirft schwerwiegende Probleme auf, und es scheint tatsächlich nur zwei Möglichkeiten als Ursache zu geben: 1. traditionell-konservative Elemente, also etwa der Einfluß des Elternhauses, bekämen bei der Begabtenförderung in der DDR die Oberhand; oder 2. die*

Gesellschaft hat nach der Beseitigung der Bildungsschranken eine Generation später eine neue Qualität erreicht, und zum erstenmal werden für ihre innere Dynamik die Möglichkeiten der Vererbung von Begabungen relevant. Diese Dissertation wurde unter Geheimhaltung gestellt, aber am Trend der sozialen Realität, der fortan zum Herrschaftswissen der Machtelite[7] gehörte, dadurch natürlich nichts geändert (Weiss, 1992c).

Soziale Herkunft der Studenten an Wissenschaftlichen Hochschulen in Deutschland 1954 bis 1989 (in %)

	DDR		Bundesrepublik
	Intelligenz (Fach- oder Hochschulabschluß)	Arbeiter	Arbeiter
1954	12	48	5
1958	14	53	5
1960	19	39	5
1967	30	30	7
1976	–	–	13
1979	59	11–19	15
1982	69	10–15	16, Studienanfänger 14
1985	–	–	15, Studienanfänger 12
1989	78	7–10	15, Studienanfänger 9

Quelle: nach Geißler (1996), S. 265, Abb. 12.5

In einer repräsentativen Umfrage (n = 6.000) des Zentralinstituts für Jugendforschung unter den Studenten der DDR (vorwiegend des zweiten Studienjahres) stellte man 1979 (Bathke, 1990) fest, daß in 56 % der Familien mindestens ein Elternteil Hoch- oder Fachschulbildung hatte (bei 33 % beide Eltern) und nur in 9 % der Familien ein Elternteil ohne Berufsabschluß war. Zehn Jahre später, 1989, hatten sich die Prozentsätze auf 78 % mit mindestens einem Elternteil Hoch- oder Fachschulbildung und nur noch 2 % mit einem Elternteil ohne Berufsabschluß verändert (Bathke, 1990). Bei den Müttern war der Anteil von 16 % im Jahre 1977 mit Hoch- oder Fachschulabschluß auf 56 %

[7] Zur Ironie der Bildungssoziologie gehört es, daß 1983 in (Ost-)Berlin unter dem Titel „Zu Problemen der sozialen Reproduktion ausgewählter Gruppen der Intelligenz in der DDR" am Institut für marxistisch-leninistische Soziologie der Akademie für Gesellschaftswissenschaften beim ZK der SED eine geheime Dissertation (Kober, 1983; vgl. auch Wienke, 1989) verteidigt wurde, die sich u. a. auf die geheime Arbeit über die Mathematik-Hochbegabten stützte.

im Jahre 1989 gestiegen, was sowohl die gestiegene formale Qualifikation in der Generation der Mütter belegt als auch die durchschnittliche hohe Zahl an Kindern, die in der DDR von Akademikerinnen geboren wurden. Vom Vorrücken der gut ausgebildeten Frauenjahrgänge ins Alter von Studenteneltern ging ein erneuter Impuls zur Verschärfung der sozialen Auslese aus. Bei Hochschulabschluß der Mütter hatten 82 % der Väter ebenfalls einen Hochschulabschluß, 91 % mindestens einen Fachschulabschluß. Die Beziehung zwischen dem IQ der Studenten und ihrer sozialen Herkunft wird auch aus dem Zusammenhang zwischen den Abiturdurchschnittsnoten und der sozialen Herkunft deutlich: Bei einer Abiturdurchschnittsnote von 1,0 bis 1,5 bzw. einem IQ über 130 hatte (Bathke, 1993) bei 31 % mindestens ein Elternteil einen Universitätsabschluß, bei einem Durchschnitt über 2,9 nur noch 3 %. In den mathematisch-naturwissenschaftlichen Elitefächern (und der Medizin) hatte von den Studienanfängern aus den neuen Bundesländern Ende 1992 bei 79 % (bzw. bei Medizinern 84 %) mindestens ein Elternteil Hoch- oder Fachschulabschluß und bei 7 % (bzw. 2 %) nur einen Volksschulabschluß. Dennoch verkündete die offizielle Staatssoziologie der DDR noch bis in die achtziger Jahre die Doktrin, daß die Rekrutierung der Intelligenz aus allen Klassen, Schichten und sozialen Gruppen eine geschichtliche Errungenschaft sei, die nicht aufs Spiel gesetzt werden könne. In Wahrheit jedoch vollzog sich in der Schlußphase der DDR die soziale Auslese auf dem Weg in die Universitäten noch schärfer als im Westen. Bei der ersten vergleichenden deutsch-deutschen Studentenuntersuchung im Jahre 1990 stellte sich heraus (nach Geißler, 1996), daß 47 % der mitteldeutschen, aber nur 23 % der westdeutschen Studierenden einen akademisch ausgebildeten Vater hatten. Die spiegelbildliche Entsprechung dazu ist die Herkunft aus dem Arbeitermilieu: Von den Ersteinschreibungen an den Universitäten für das Wintersemester 1992/93 (Bathke, 1993) hatten aus den neuen Bundesländern 6 % einen Elternteil, der nur einen Volksschulabschluß hatte, in den alten Bundesländern 23 %.

Wie aber verarbeitet die Soziologie nach dem politischen Umbruch von 1989/90 diese simplen Zahlen? In der ersten Nummer von „Forschung und Lehre“, den Mitteilungen des Deutschen Hochschulverbandes, können wir 1994 (auf S. 48, ohne Autor) als Kommentar zu den eben genannten Zahlen lesen: *Die soziale Herkunft übt noch immer einen starken Einfluß auf die Entscheidung für oder gegen eine akademische Bildungslaufbahn aus.* Tatsächlich, *noch immer,* und dabei hat Karl Marx doch sein Manifest schon vor 150 Jahren geschrieben! Wenn man aber Vererbung von Intelligenz als eine Tatsache akzeptieren würde, dann würde man rasch feststellen, daß sich die soziale Herkunft der Abiturienten als eine reine Funktion der Leistungssiebung unter den Abiturienten selbst bzw. des prozentualen Anteils der Abiturienten am jeweiligen Geburtsjahrgang und der Kinderzahl bei Akademikern beschreiben und vorhersagen läßt. Und in diesem Punkt war die sozialistische Leistungsgesellschaft, die offiziell egalitär und kommunistisch war, nun einmal konsequenter als die, rein wirtschaftlich gesehen, offizielle Leistungsgesellschaft des Westens, die einer egalitären Soziologie an ihren Universitäten Narrenfreiheit einräumt. Das eigentliche Ideal dieser Gesellschafts- und Bildungspolitik ist es, den Zugang zu Abitur und Studium entweder allen zugänglich zu machen oder zu verlosen und alle objektiven Leistungsbewertungen, wie Schulzensuren, IQ-Tests oder Eignungstests, abzuschaffen oder zu verbieten. Kennt man aber den Zusammenhang zwischen dem IQ der Eltern und ihre Zugehörigkeit zu den Genotypen M1M1, M1M2 und M2M2, dann läßt sich, wenn soundsoviel Prozent der Eltern Abitur oder Fachschulabschluß haben, mühelos voraussagen (das Modell berechnet heute jeder Computer), wieviel Prozent der Kinder wieder Abitur haben werden, wenn soundsoviel Kinder geboren werden. Und da in den alten Bundesländern dieser Prozentsatz der Abiturienten höher ist, haben auch mehr Arbeiterkinder Abitur. Da in der DDR der Prozentanteil der Abiturienten niedriger und damit die Leistungsauslese schärfer war und die „Intelligenz" selbst mehr Kinder hatte, haben weit mehr Eltern selbst Abitur. Der ganze Zusammenhang ist letztlich ziemlich einfach. Statt das aber zu begreifen, entdeckt die altbundesrepublikanische Soziologie, jetzt zahlenmäßig verstärkt durch ihre marxistischen Blutsbrüder, eine neue und tiefe Ursache für den Zusammenbruch der DDR, nämlich (Geißler, 1996) *Erstarrungstendenzen durch die soziale Schließung des Bildungssystems. Die soziale Schließung der höheren Bildungswege und die damit verbundenen Einbußen an vertikaler Mobilität bedeuten einen Verstoß gegen das Prinzip der leistungsbezogenen Chancengleichheit und damit ebenfalls eine Abweichung vom Weg der Modernisierung.* Daß die DDR die Bildungsinflation nicht so schrankenlos mitgemacht hat, wird ihr als „Modernisierungsdefizit" angekreidet. Es scheint aber so zu sein, als könne jede Gesellschaft nur ein gewisses Maß der Irrationalität verkraften, die eine gleichmacherische Politik nun einmal darstellt. Die DDR hatte in der Wirtschaft ausgesprochen gleichmacherische Tendenzen und konnte sich dafür im Bildungswesen und im Leistungssport ein erhebliches Maß an Ungleichheit leisten; die altbundesrepublikanische Gesellschaft ist in der freien Wirtschaft eine erbarmungslose Leistungs- und Wettbewerbsgesellschaft, die ihren gleichmacherischen Elementen in den Geistes- und Sozialwissenschaften, im Bildungswesen und im öffentlichen Dienst ein breites Tummelfeld überläßt.

Bei einer Tagung für Entwicklungspsychologie im September 1995 in Leipzig stellten Psychologen aus Magdeburg und München (Rindermann und Heller, 1995) Studien über Begabtenklassen in Sachsen-Anhalt und Baden-Württemberg vor. Während in Sachsen-Anhalt die Zahl der Bewerber für diese Klassen größer war als die Zahl der Plätze und von den Eltern und der Schule mit viel Schwung getragen wurde, versuchte die inzwischen rot-grüne Bildungspolitik des Landes, ihnen das Wasser abzugraben. In dem seit Jahrzehnten CDU-regierten Baden-Württemberg waren die von der Regierung geförderten Schulklassen (die nach zwölf Jahren zum Abitur führen sollen) nicht voll, da die Presse und die öffentliche Meinung in den betreffenden Städten gegen diese neue Form von „Elitenbildung" Stimmung machten und Eltern und Schüler mit Erfolg verschreckten. So sind die Realitäten im vereinten Deutschland. Aber so schlimm ist das auch wieder nicht: Die Hochbegabten bekommen im Osten sowieso keine Anstellung und arbeiten dann nach dem Studium mit großer Wahrscheinlichkeit im Westen. So entläßt die Revolution in der nächsten Generation ihre Kinder. (Bereits 1970 betrug – nach Berg und Schwidetzky, 1989 – der Anteil der Oberschüler bei den aus Mitteldeutschland nach Rheinland-Pfalz Zugewanderten 6,2 %, bei der einheimischen Bevölkerung 2,6 %. Auch bei den Professoren stimmt der Prozentanteil der neuen Bundesländer, wenn man nach Geburtsorten klassifiziert, nur sind die meisten davon vor 1990 berufen wurden – im Westen.)

Das übliche Stereotyp von der Bauerntochter aus Oberbayern, der die Wege für die Hochschule geöffnet werden müßten, hat keinen Sinn mehr, denn auch die letzte intellektuell überdurchschnittliche Bauerntochter hat schon vor langem eine weiterführende Schule besucht. Auch die übliche Behauptung, daß es wohlhabende Eltern fertigbringen, daß ihre Kinder alle Bildungshürden überwinden, egal welche und wie, ist maßlos übertrieben. Einflüsse des Elternhauses auf die Bildungswege sind aber nach wie vor nachweisbar (Zahlen nach Geißler, 1996): Bei mittleren Schulleistungen (Notendurchschnitt 2,3–3,1) sollen noch 73 % der Oberschichtkinder ein Gymnasium besuchen, 30 % der Mittelschichtkinder und lediglich 11 % der Unterschichtkinder, obwohl es für alle diese Kinder und das Leistungsniveau am Gymnasium sicher am besten wäre, keines von ihnen würde je dorthin gehen.

In den USA verläßt ein Teil der Schüler die Schule (die sogenannte „High-School", eine sehr typische bildungsinflationäre Bezeichnung) ohne einen formalen Abschluß. In Deutschland würden wir sagen: Sie haben nicht einmal einen Grundschulabschluß.

Für die Häufigkeit von Arbeitsunfällen scheint es eine plausible Erklärung zu geben: Männer mit niedriger Intelligenz führen vor allem körperliche Arbeit aus, bei der nun einmal die Gefahr größer ist, sich zu verletzen, als bei Männern, die an Schreibtischen sitzen. Ein Angestellter, der hinkt, kann immer noch seine Arbeit ausführen, für einen körperlich Arbeitenden kann das aber schon eine ernste Behinderung bedeuten. Aber ganz so einfach ist es nicht: Denn ein Mann mit einem IQ von 85 hat eine doppelt so hohe Wahrscheinlichkeit, aus Gesundheitsgründen arbeitsunfähig zu werden, wie ein Mann mit einem IQ von 115, selbst dann, wenn er dieselbe Tätigkeit ausführt, stellen Herrnstein und Murray (1994) fest. Ein wichtiger Faktor dabei ist, daß der Intelligentere eine geringe Wahrscheinlichkeit hat, in Unfälle verwickelt zu werden. In der berühmten Terman-Studie, die Personen mit einem IQ von über 140 erfaßt, ist die Zahl der Unfälle unter den Hochbegabten deutlich geringer als in der Gesamtbevölkerung. Aus anderen Untersuchungen ist auch bekannt, daß das Risiko für Autounfälle mit dem fallenden IQ des Fahrers ansteigt.

In Deutschland tauchen seit den achtziger Jahren Langzeitarbeitslose als eine neue Randschicht auf. Die ständige Steigerung der Arbeitsproduktivität durch Maschinen und Automaten hat zur Folge, daß jährlich etwa 3 % Wirtschaftswachstum nötig wären, um die rationalisierungsbedingte Vernichtung von Arbeitsplätzen auszugleichen. Zu einem solchen Wachstum ist aber die deutsche Wirtschaft nur noch in Ausnahmejahren fähig. Von denjenigen Personen, die bereits 1990 (nach Geißler, 1996) länger als vier Jahre arbeitslos waren, verfügten 61 % über keine abgeschlossene Berufsausbildung, fast zwei Drittel von ihnen waren mindestens 50 Jahre alt, und 55 % waren gesundheitlich beeinträchtigt.

Familienleben

An Gerüchten über das Ende des traditionellen Familienlebens ist viel Wahres dran, aber dies gilt nach Herrnstein und Murray (1994) in den USA vor allem für diejenigen mit geringer Intelligenz und geringer Bildung. In Deutschland ist die Entwicklung differenzierter, und es liegen über die Zusammenhänge mit dem IQ bzw. dem Bildungsgrad keine klaren Statistiken vor. Ein Beleg für den sozialen Geltungsverlust des traditionellen Ehemodells ist (nach Geißler, 1996) die seit einigen Jahren nicht mehr zu übersehende Zunahme der nichtehelichen Lebensgemeinschaften. Die voreheliche Partnerschaft ist mittlerweile fast schon zu einer Norm geworden. Von 1972 bis 1993 ist in Westdeutschland ein Anstieg von 137.000 auf 1.220.000 nichteheliche Lebensgemeinschaften mit gemeinsamem Haushalt festzustellen. Vom Heiratsjahrgang 1980 haben 85 % der Partner vor der Eheschließung in Lebensgemeinschaft zusammen gewohnt, 1970 waren es erst 10 % und 1950 gar nur 4 %. Dominierten bei diesen Lebensgemeinschaften anfangs die höheren Bildungsschichten, so verteilen sich diese Lebensgemeinschaften inzwischen über alle Soziallagen und Regionen der westlichen Bundesrepublik. Im Osten ist der Anteil der Lebensgemeinschaften geringer. Im Unterschied zum Westen (1993: 20 %) waren dort (noch, Stand von 1991) bei mehr als 55 % der 338.000 Gemeinschaften Kinder vorhanden.

In Deutschland ist bei Männern und Frauen die Heiratsneigung innerhalb weniger Jahre drastisch gesunken. Während 1970 von 100 ledigen Männern rund 90 % eine Ehe eingingen (Frauen: 97 %), waren es 1994 nur noch 53 % (Frauen: 60 %), die zumindest einmal in ihrem Leben heirateten, mit großen sozialen Unterschieden der Bildungsschichten (vgl. S. 213f.). Trotz der absoluten Zunahme von Mehrfachehen aufgrund massiv angestiegener Scheidungsquoten sinkt bei Geschiedenen und Verwitweten insgesamt die Bereitschaft, sich wieder zu verheiraten. Der Anteil derjenigen, die nach einer Scheidung wieder heiraten, liegt bei etwa 30 %. Inwieweit das bundesdeutsche Scheidungsrecht an dieser Entwicklung beteiligt ist, lassen wir hier dahingestellt. Es gibt Meinungen, daß es für die Betroffenen zu einer Art Strafrecht werden kann – beispielsweise in den Fällen, wo in kinderlosen Ehen der geschiedene Mann zu Zahlungen an seine geschiedene Frau gezwungen wird. So etwas dürfte und sollte nur dann stattfinden, wenn die Frau zugunsten von ehelichen Kindern auf einen Teil ihrer eigenen möglichen beruflichen Entwicklung verzichtet hat.

In der Bundesrepublik Deutschland ist das durchschnittliche Heiratsalter, das 1960 bei 23,7 Jahren lag, 1994 auf 26,9 Jahre gestiegen, bei Männern im gleichen Zeitraum von 25,9 Jahren auf 29,3 Jahre. Eine ähnliche Entwicklung ist inzwischen auch in den neuen Bundesländern, wo das Heiratsalter bis 1990 deutlich niedriger lag, in vollem Gang.

An dieser Stelle lohnt sich auch einmal ein Rückblick mit einer größeren historischen Perspektive. Einige Historiker halten nämlich die

Senkung des Heiratsalter schon im 18. Jahrhundert für einen der wichtigen Ansatzpunkte der damals einsetzenden Bevölkerungsvermehrung. So schreibt z. B. Medick (1977): *Der Abstieg des Heiratsalters konnte in entscheidendem Maße den Anstieg der Bevölkerung in Regionen ländlichen Gewerbes bestimmen. [...] Die Tendenz zum niedrigen Heiratsalter gilt gleichermaßen für Männer und Frauen.*

Wie das aber oft bei akademischen Theorien ist, die man sich am grünen Tisch ausgedacht hat, ohne zuvor die empirischen Zahlen zu prüfen (vgl. Weiss, 1994b), so verhält es sich auch mit dem Zusammenhang zwischen Senkung des Heiratsalters und Bevölkerungsvermehrung (oder umgekehrt Erhöhung des Heiratsalters und Rückgang der deutschen Bevölkerung heute, wie man schlußfolgern könnte) nicht so einfach. Denn ein generelles Absinken des Heiratsalters bei der gewerblich tätigen Bevölkerung läßt sich an repräsentativem Zahlenmaterial für das 18. Jahrhundert (Weiss, 1993b) nicht belegen. Dafür findet man aber andere und hochinteressante Zusammenhänge: In ausgesprochenem Kontrast zu allen übrigen Klassen und Schichten stand nämlich das Besitz- und Bildungsbürgertum. Viele Männer erkauften Besitz und Bildung durch eine extrem späte Heirat und bezahlten ihren sozialen Aufstieg in vielen Fällen mit langer Ehelosigkeit. Bei der Heirat war ein Drittel der Männer des Besitz- und Bildungsbürgertums um 1780 älter als 31 Jahre, 10 % älter als 38 Jahre. Um 1850 tritt jedoch eine neue Gruppe auf, die jungen Unternehmer. Besonders die Gründer von Firmen heiraten früh und erfolgreich, d. h. ihre kinderreichen Ehen werden nicht geschieden. Ihr Heiratsverhalten ähnelt dem der städtischen Handwerker, von denen sie zum Teil auch abstammen.

Zusammenfassend läßt sich feststellen, daß, je höher der soziale Status ist, desto größer der mittlere Altersunterschied zwischen den Ehepartnern ist – ein einfacher Satz, der früher richtig war und heute noch richtig ist. Bei Besitz- und Bildungsbürgertum betrug der Altersunterschied zwischen Mann und Frau um 1780 über sieben Jahre, bei Vollbauern über vier Jahre, bei Stadthandwerkern und Kleinbauern drei, bei armen Häuslern nur zwei Jahre. Der in „reifen“ Jahren um die 30 heiratende Besitz- und Bildungsbürger hatte eine Ehefrau um die 22, die damit so jung war wie bei anderen Klassen und Schichten auch (bei den Bauern z. B. 21 Jahre). Demzufolge war auch die eheliche Fruchtbarkeit keineswegs geringer und wegen der niedrigeren Kindersterblichkeit die Zahl der wirklich groß gewordenen Kinder höher als bei den Armen. – Bei Statusumkehr kann es auch zu einer Umkehr des üblichen Altersabstandes kommen: Reiche Witwen heirateten früher häufig jüngere Männer oder wurden von ihnen geheiratet, und manche gealterte Filmdiva leistet sich heute einen viel jüngeren Partner, ohne daß dadurch die Welt aus den Fugen gerät. Den reichen und mächtigen Mann mit einer um Jahrzehnte jüngeren Partnerin an seiner Seite, mit der er in einer Art serieller Polygamie lebt, sehen wir täglich auf den Seiten der Illustrierten.

Auch in beiden Teilen Deutschlands gehört der in vielen Industriegesellschaften zu verzeichnende Anstieg der Scheidungen zu den hervorstechendsten Merkmalen der Ehe- und Familienentwicklung. In Deutschland hat sich die Wahrscheinlichkeit einer Eheauflösung von den Heiratsjahrgängen 1950 bis heute fast verdreifacht. Die relativ niedrige durchschnittliche Kinderzahl der Scheidungsehen von 0,75 zeigt (nach Geißler, 1996), daß Kinder die Scheidungswahrscheinlichkeit reduzieren. Dennoch läßt sich seit einigen Jahren ein Trend zu steigenden Kinderzahlen in Scheidungsehen beobachten. 1992 waren bei ungefähr der Hälfte der geschiedenen Ehen minderjährige Kinder vorhanden. Während es 1960 45.000 Zugänge an „Scheidungswaisen" gab, hat sich deren Zahl mittlerweile rasant erhöht: Obwohl es in Deutschland immer weniger deutsche Kinder gibt, waren 1993 bereits über 100.000 Kinder von Scheidungen betroffen. Der größte Teil der Scheidungen findet bereits nach vier oder fünf Ehejahren statt. Gegenwärtig werden über 65 % der Scheidungen von Frauen beantragt, und die Frauen beurteilen diesen Ausgang der Ehe deutlich positiver als die betroffenen Männer.

Eine Ursache der Scheidung wird so häufig erwähnt, daß man unbedingt darauf eingehen muß, nämlich geschiedene Eltern in der vorangegangenen Generation. Die Kinder von geschiedenen Eltern haben ein erhöhtes Risiko, selbst wieder geschieden zu werden. Die Gründe kann man sich leicht vorstellen: Sie haben selbst nicht erlebt, was eine erfolgreiche Ehe ist. Sie sehen Scheidung als eine annehmbare Alternative an. Keiner dieser Gründe hat einen direkten Zusammenhang mit der Zugehörigkeit zu einer sozialen Schicht, und es dürften nichtkognitive Persönlichkeitsfaktoren (und Gene) eine Rolle spielen.

Mittlerweile kann man geradezu von einem sich selbst tragenden Prozeß der Scheidungsdynamik ausgehen. Die Tradierung des Scheidungsrisikos ist (nach Geißler, 1996) auch in Deutschland durch statistische Zahlen klar belegt: Bezogen auf eine Zeitspanne von 20 Jahren ab Eheschließung, ist in Westdeutschland das Risiko, daß die Ehe aufgelöst wird, bei „Scheidungswaisen" doppelt so hoch wie bei Personen, die mit beiden Eltern aufgewachsen sind, so daß von einer sich selbst verstärkenden „Scheidungsspirale" gesprochen werden kann.

Unehelichkeit

Unehelichkeit der Kinder, eines der zentralen sozialen Probleme unserer Zeit, steht in engem Zusammenhang mit Intelligenzunterschieden, meinen Herrnstein und Murray und glauben, sich dabei auf die Statistik der USA stützen zu können, wo 1920 3 % aller Kinder von alleinstehenden Frauen geboren wurden, 1990 aber bereits 30 %. 1960 gab es in den USA 73.000 Mütter im Alter von 18 bis 34 Jahren, die nie verheiratet waren. 1980 waren es dann 1 Million, 1990 rund 2,9 Millionen.

Wenn der IQ ein Faktor dabei ist, so müssen wir davon ausgehen, daß er es – so sagt uns der gesunde Menschenverstand – nur in Kombination mit anderen Ursachen sein kann. Denn das Intelligenzniveau hat sich in den letzten Jahrzehnten nicht so dramatisch verändert, als daß eine solche Veränderung für das explosive Wachstum bei der Zahl der unehelichen Kinder verantwortlich sein könnte. An diese richtige Einschränkung fügen Herrnstein und Murray aber die Überlegung an: *Für die Gründe, daß Intelligenz mit der Unehelichkeit in einem Zusammenhang stehen könnte, gibt es ein einfaches kausales Modell: Je klüger eine Frau ist, desto wahrscheinlicher ist es, daß sie ein Kind mit gewollter Absicht bekommt und daß sie dafür die beste Zeit ausrechnet. Je dümmer eine Frau ist, desto wahrscheinlicher ist, daß sie vergißt, beim Sex an die mögliche Zeugung zu denken oder daß sie gar keine Ahnung von Schwangerschaftsverhütung hat und Geburten wenig plant. Dasselbe gilt für ihren nicht gerade übermäßig intelligenten Partner. Das Ergebnis sollte eine direkte und starke Korrelation zwischen IQ und Ehelichkeit bzw. Unehelichkeit der Kinder sein.*

Weiters heißt es: *Weiße Frauen bis Prozentrang 5 des IQ haben ein sechsmal höheres Risiko, als erstes Kind ein uneheliches Kind zu haben, als Frauen im 5%-Spitzenbereich. Im Spitzenquartil (intellektuelle Schichten I und II) des IQ werden die Kinder nicht nur in der Ehe geboren, sondern auch in der Ehe gezeugt; Dampfhochzeiten sind selten. In den höheren Bildungsbereichen gibt es fast keine weißen Frauen, die uneheliche Kinder haben. Die traditionelle Vorstellung war, daß die soziale Herkunft einer Frau entscheidend ist, ob sie ein uneheliches Kind bekommt oder nicht. Unehelichkeit trat besonders bei den Mädchen der Unterschichten auf, mit gelegentlichen Ausrutschern bei Mädchen der höheren Stände.*

Herrnstein und Murray ergänzen an dieser Stelle noch die Tatsache, daß in den USA die Zahl der hochgebildeten Frauen, die sich mit voller Absicht dafür entscheiden, ein Kind ohne Ehe zu haben, zweifellos im Ansteigen ist. Von 1982 bis 1992 stieg in den USA die Zahl der Frauen mit einem Hochschul-Zwischenabschluß, die ein Kind hatten, aber nie verheiratet waren, von 3 auf 6 % an. Bei weißen Frauen mit einem Diplom als Hochschulabschluß waren sogar 13 % der Kinder unehelich geboren. An diesem Punkt können und müssen wir mit unserer Kritik an den Schlußfolgerungen von Herrnstein und Murray ansetzen.

Denn daß sich innerhalb weniger Jahrzehnte der Anteil der unehelich geborenen Kinder dramatisch verändert, ist keine Besonderheit der USA. Während bis Anfang des 18. Jahrhunderts in Mitteleuropa der Prozentsatz der unehelich Geborenen sehr niedrig lag, kam es in der zweiten Hälfte des Jahrhunderts zu einem raschen Anstieg und dann bereits in dieser Zeit und im 19. Jahrhundert zu Zahlen, hinter denen sich die amerikanischen von heute nicht zu verstecken brauchen. Was war geschehen? Bis in die erste Hälfte des 18. Jahrhunderts wurden Kinder, vor allem uneheliche, in eine Welt geboren, die durch sich ständig wiederholende Hungerkrisen gekennzeichnet war. In dieser rauhen Welt hatten uneheliche Kinder kaum eine Chance, groß und erwachsen zu werden, und sie starben erfahrungsgemäß früh. Mutter eines unehelichen Kindes zu werden, galt als unverantwortlich. Gegen Ende des 18. Jahrhunderts kam es aber durch Kartoffel- und Kleeanbau sowie Sommerfütterung des Viehs zu einem Ansteigen der landwirtschaftlichen Erträge und einer allgemeinen Verbesserung der Lebensverhältnisse. Uneheliche Kinder überlebten immer häufiger. In Notfällen konnte die Gemeinde nun tatsächlich helfen und war dazu auch verpflichtet. Die Einstellung zur Geburt von unehelichen Kindern begann sich zu wandeln, die Kinder und ihre Mütter selbst wurden eher akzeptiert und die drakonische Kirchenbuße für diese Mütter abgeschafft. Als nach 1900 und der Zeit der ganz großen Land-Stadt-Wanderung die Entwicklung wieder in ruhigere Bahnen kam, verringerte sich auch wieder die Zahl der unehelichen Kinder bis auf amerikanisches und europäisches Normalniveau. Auch in Mitteleuropa galt das oben bei Herrnstein und Murray zitierte Stereotyp, daß uneheliche Kinder vor allem von armen Dienstmädchen geboren wurden und der Vater entweder aus dem gleichen Milieu stammte, ein Soldat war oder der verheiratete Arbeitgeber. Daß die Realität möglicherweise eine andere war, davon handelte ein Vortrag von H. Metzke auf der Herbsttagung 1996 des Arbeitskreises Historische Demographie der Deutschen Gesellschaft für Bevölkerungswissenschaften in Osnabrück. Metzke hatte umfangreiche Zahlen zu unehelichen Geburten vom 17. bis zum 19. Jahrhundert aus Dörfern des heutigen Sachsen-Anhalt zusammengetragen und kam zu dem überraschenden Ergebnis, daß uneheliche Kinder als Mütter vor allem sitzengebliebene Vollbauerntöchter in etwas reiferem Alter hatten, als Väter Angehörige der Unterschicht, die oft jünger als die Mütter waren. Das läßt die Vermutung zu, daß auch die Partnerbeziehungen, die zu unehelichen Kindern geführt haben, ganz normalen Marktmechanismen gefolgt sind.

Wir brauchen aber gar nicht so weit in die Geschichte zurückzugehen, um bei dem Punkt „Unehelichkeit und IQ“ Argumente gegen die Interpretation der Daten durch Herrnstein und Murray zu finden. Denn auch in der DDR waren 1982 29,3 % der geborenen Kinder unehelich (Höhn, 1984), und damit hatte die DDR zu diesem Zeitpunkt ein Niveau wie die USA im Jahre 1990. In Berlin/Ost betrug der Prozentsatz sogar 40,2 % (zum Vergleich: Bundesrepublik Deutschland im selben Jahr: 8,5 %; 1970: 5,5 %; 1997: 14,3 %). Bei der akademischen Jugend, bei den Studentinnen an den Hoch- und Fachschulen, war dieser Prozentsatz keinesfalls geringer, sondern sogar noch etwas höher. Die Studentinnen und Studenten reagierten, wie alle Betroffenen, damit in durchaus rationaler Weise auf familienpolitische Maßnahmen, die 1976 in der DDR in Kraft getreten waren. Die völlige Liberalisierung des Schwangerschaftsabbruchs und die kostenfreie Kontrazeption hatten 1972 zu einem Absinken der Geburtenzahlen in der DDR geführt, denen 1976 mit ergänzenden familienpolitischen Maßnahmen erfolgreich gegengesteuert wurde. Für die Mütter mit ehelichen und unehelichen Kindern gab es folgende Regelungen, die bis 1990 in Kraft blieben:

- die Vollversorgung mit Krippen, Kindergärten und Schulspeisung;
- kürzere Wochenarbeitszeiten für Mütter mit mehr als einem Kind ohne Lohneinbußen (z. B. 3¾ Stunden pro Woche für Vollzeitangestellte bzw. 2 Unterrichtsstunden pro Woche weniger für Lehrerinnen);
- längere Jahresurlaubszeiten für Mütter mit mehr als einem Kind (zwei bis fünf Tage, je nach Kinderzahl);
- seit 1976 26 Wochen bezahlter Schwangerschafts- und Wochenurlaub;
- Freistellung der Mutter aus dem Arbeitsprozeß (seit 1976 ab dem zweiten Kind bezahlt bis Ende 1. Lebensjahr), ausgedehnt mit Arbeitsplatzgarantie praktisch bis zum 3. Lebensjahr des Kindes;
- Pflegeurlaub zur Betreuung kranker Kinder bis 14 Jahre für Mütter und Väter im Umfang von 4–13 Wochen; für Alleinerziehende und für Eltern mit mehr als einem Kind dabei Zahlung von 70–90 % des Nettoverdienstes;
- ein bezahlter Hausarbeitstag pro Monat für alle Mütter, verheirateten Frauen und Frauen über 40 Jahre (und alleinerziehende Väter);

- Zahlung von Kindergeld und Anrechnung von zusätzlichen Arbeitsjahren auf den Rentenanspruch der Frauen; einmalige Geburtenbeihilfe von 1.000 M seit 1972;
- Familiengründungsdarlehen (5.000 M zinsfrei mit Krediterlaß von 1.000 M bei Geburt des ersten Kindes, 1.500 M beim zweiten Kind, 2.500 M beim dritten Kind).

Es waren vor allem diese Maßnahmen, die dazu führten, daß in der DDR von einem ausgesprochen kinderfreundlichen Klima gesprochen werden konnte, so daß deren Wegfall 1990 den Eindruck der Kinderfeindlichkeit der Bundesrepublik Deutschland vermitteln und verstärken mußte.

Zwiespältig in ihren Auswirkungen war (und wurde deshalb von breiten Teilen der Bevölkerung sehr kritisch betrachtet) auch in der DDR die besondere Unterstützung der sogenannten kinderreichen Familien mit vier und mehr Kindern – eine Unterstützung, die beim Bezug einer Wohnung, durch Mietzuschüsse und durch die Versorgung mit knappen Konsumgütern und Dienstleistungen sowie bei der Bereitstellung von Arbeitsplätzen wirksam werden konnte. Auch in der DDR gab es unter diesen Familien einen Teil, der sich zur Asozialität hin bewegte und diese „besonderen Unterstützungen" schamlos ausnutzte und ausbeutete. Ähnliches spielte sich in der Tschechoslowakei ab, wo eine ähnliche Sozialpolitik vor allem kinderreichen Zigeunerfamilien zugute kam; also eine Politik mit Auswirkungen, wie sie auch aus den USA berichtet werden.

Darüber hinaus gab es in der DDR eine besondere familienpolitische Komponente, die ursprünglich aus der gutgemeinten Absicht heraus Gesetz geworden war, die vorhandenen Startnachteile von unehelichen Kindern auszugleichen. Deshalb wurden alleinstehende Mütter und Väter, ob nun geschieden oder nie verheiratet, z. B. bei der Vergabe von Krippenplätzen bevorzugt oder längere Zeit als verheiratete bei der Erkrankung eines Kindes bezahlt freigestellt. (Das war also so etwas Ähnliches wie die beabsichtigte Bevorzugung der körperbehinderten Frau, die heute bei jeder bundesdeutschen Stellenausschreibung im öffentlichen Dienst Pflicht ist, in den USA gilt analog die Bevorzugung der anders befähigten farbigen Frau). Für die studierenden Mütter gab es noch zusätzliche Kinderzuschläge auf die Stipendien, großzügige Krippen und Kindergärten an Hochschulen sowie Sonderregelungen in Wohnheimen und für den Studien- und Prüfungsablauf. Die Kombination beider Faktoren – Begünstigung von alleinstehenden Müttern und besondere Förderung von Studenten mit Kindern – führte ab 1976 zu einer starken Zunahme der Zahl der Studenten mit

Kindern und insbesondere auch mit unehelichen Kindern. In Wirklichkeit hatte sich aber das Partnerverhalten wenig verändert, denn sehr viele Studenten lebten in eheähnlichen Lebensgemeinschaften zusammen und heirateten später (Neubauer et al., 1992). Waren 1974 bei Abschluß des Studiums 20 % Mütter und 24 % Väter, so betrug ihr Anteil 1986 33 % bzw. 43 %, und weitere 14 % der Absolventinnen waren zu diesem Zeitpunkt schwanger. Hinzuzufügen ist noch, daß das Durchschnittsalter dieser Absolventen in der DDR um rund zwei Jahre niedriger lag als in der alten Bundesrepublik. Das hat bevölkerungspolitische Auswirkungen, auf die wir an anderer Stelle ausführlicher eingehen (siehe S. 248f.). Als in der DDR Mitte der achtziger Jahre die Begünstigung der alleinerziehenden Mütter gegenüber den verheirateten wieder rückgängig gemacht wurde, stieg auch die Zahl der unehelichen Studentenkinder nicht mehr weiter an.

Zusammenfassend läßt sich sagen, daß junge Frauen, die in einem wichtigen Abschnitt ihres Lebens, nämlich in der Phase, in der normalerweise Frauen in der gesamten Menschheitsgeschichte ihr erstes Kind hatten, sich praktisch am Existenzminimum bewegen – ob das nun Schwarze in den USA, Universitätsstudentinnen in der DDR oder junge Zigeunerinnen in der Tschechoslowakei sind oder waren –, auf eine großzügige Unterstützung von unehelichen Kindern in durchaus gleichartiger Weise reagieren und gegebene staatliche Hilfen nutzen, zunächst einmal völlig unabhängig vom IQ; weiters, daß junge Frauen ihren natürlichen Wunsch, eigene Kinder zu haben, erfüllen, wenn das möglich ist. Daß unter verschiedenen sozialen Traditionen der Ausgang dann doch verschieden sein kann und in den USA die junge schwarze Mutter oft allein bleibt, die DDR-Studentinnen und die Zigeunerinnen aber zumeist stabile Bindungen eingegangen sind bzw. eingehen, das steht schon wieder auf einem anderen Blatt, auf dem aber die direkte Verbindung zum IQ auch nicht zu erkennen ist. Herrnstein und Murray sind an einigen Punkten der Versuchung erlegen, Korrelation mit Kausalität gleichzusetzen. Korrelationen mit dem IQ können aber sehr vielfältige Ursachen haben. In ihrer Zusammenfassung stellen die beiden durchaus richtig fest, daß sich Unehelichkeit beinahe züchten läßt: *Die Familienstruktur ist für die folgende Generation von Bedeutung. Die Chancen, daß eine weiße Frau als erstes Kind ein uneheliches Kind hat (dabei durchschnittliche Intelligenz und mittlere soziale Herkunft angenommen), waren: 8 %, wenn die Mutter, aber nicht der Vater im Alter von 14 Jahren fehlte. 10 %, wenn beide Eltern in diesem Lebensalter fehlten; 23 %, wenn die Mutter da war, aber nicht der Vater.*

Die Diskussion in den USA fassen Herrnstein und Murray auf folgende Weise zusammen: *Der niedrige IQ ist nicht die Ursache, daß Frauen uneheliche Kinder haben, sagen einige, sondern es ist die Kombination von Armut und Sozialhilfe, die Frauen veranlaßt, uneheliche Kinder in die Welt zu setzen. Die Logik der Sache ist, daß eine arme Frau, die sich sicher ist, daß sie Kleidung, Wohnung, Nahrung und ärztliche Betreuung erhalten wird, weniger dafür tun wird, eine Schwangerschaft zu vermeiden, oder, wenn sie schwanger ist, weniger Druck auf den Vater ausübt, sie zu heiraten, als eine Frau, die nicht unterstützt wird. [...] Für wohlhabende junge Frauen hat die Sozialhilfe keine Bedeutung. Sie haben aus sozialen und moralischen Erwägungen heraus ungern uneheliche Kinder, oder sie haben kein Kind, weil ein Kind sie bloß in ihren beruflichen Plänen stören würde. In den ärmsten Vierteln und Familien dagegen ist ein uneheliches Kind kein soziales Stigma mehr, und moralische Bedenken spielen auch keine Rolle. Es gilt nicht mehr als unverantwortlich, ein uneheliches Kind in die Welt zu setzen, da eine alleinstehende junge Frau recht gut ein Kind großziehen kann, auch ohne Ehemann. Und dabei spielt die Sozialhilfe eine Rolle, die für arme junge Frauen von großer Bedeutung ist, da sie die vorübergehenden wirtschaftlichen Einschränkungen mildert. Je ärmer sie ist, desto attraktiver und notwendiger wird die Sozialhilfe für sie sein. [...] Arme Frauen haben zumeist einen niedrigen IQ, und sie setzen eine große Zahl von unehelichen Kindern in die Welt.*

Bekanntlich hat die Veröffentlichung dieser Daten und Schlußfolgerungen in den USA zu Änderungen der Sozialpolitik der Clinton-Administration geführt.

Abhängigkeit von Sozialhilfe

Der steile Anstieg des Prozentanteils der Personen, die von Sozialhilfe abhängig sind, läßt sich sicher nicht durch Intelligenzunterschiede erklären und schon gar nicht allein dadurch. In der sozialen Landschaft ist es zu viel grundlegenderen Veränderungen gekommen. Auch in Deutschland steigt, wie in europäischen Staaten, die Zahl der Sozialhilfeempfänger seit 1971 stetig und kontinuierlich an. Nach dem Tiefststand von 749.000 im Jahre 1970 wurde 1975 die Millionengrenze überschritten, 1985 die Zweimillionengrenze, 1992 schon die Dreimillionengrenze. 1993 waren (nach Geißler, 1996) von 3.331.000

Sozialhilfeempfängern 2.143.000 Deutsche und 1.188.000 Ausländer. Damit hat sich in Deutschland in den letzten 25 Jahren die Zahl der Personen, die zur Sicherung ihres Existenzminimums auf staatliche Hilfe angewiesen sind, fast verfünffacht und machte 1993 schon 5,1 % der Gesamtbevölkerung aus. War 1965 noch die Hälfte aller Empfänger älter als 50 Jahre, so sank ihr Anteil 1997 auf 17 %. 3,6 % der Deutschen und 18 % der registrierten Ausländer sind auf laufende Hilfe zum Lebensunterhalt angewiesen.

Für die Haushalte der Städte entstehen damit drückende Lasten: Die Sozialhilfeausgaben der westdeutschen Gemeinden stiegen von 13 Milliarden DM im Jahre 1980 auf 55 Milliarden im Jahre 1995, zugleich fiel der Anteil der Gemeinden am Gesamtsteueraufkommen von 14,1 auf 11,6 %. Für 1999 z. B. mußte die Stadt Leipzig ihren Sozialhilfehaushalt um zusätzliche 23 Millionen DM aufstocken (Müller, 1998). Ende 1998 bezogen bereits 15.500 Leipziger Sozialhilfe, Ende 1996 waren es noch 10.600 gewesen. Insgesamt braucht die Stadt für laufende und einmalige Beihilfen, auf die die Betroffenen ein Anrecht haben, knapp 66 Millionen DM. *Knapp die Hälfte der Hilfeempfänger ist jünger als 18 Jahre!*

Wie jeder weiß, sind die Sozialhilfeempfänger in den Städten nicht gleichmäßig verteilt, und die Unterschiede zwischen ausgesprochenen Villenvierteln und den Elendsvierteln der Armen sind groß. Untersucht worden sind diese Unterschiede in Essen (Essen, 1990): 1982 reichten die Unterschiede zwischen den Stadtbezirken von einem Anteil von minimal 0,4 % „Sozialhilfebetroffenen" bis maximal 8,5 %. 1988 betrug die Spanne schon zwischen 0,5 und 17,0 %, und die Untersuchungsgruppe kam zu der Schlußfolgerung: *Die Unterschiede der räumlichen Verteilung von Sozialhilfebetroffenen sind enorm und vergrößern sich zunehmend.* Diese Schlußfolgerung ließe sich sicher durch neuere Daten und Untersuchungen in anderen Städten noch besser belegen, aber man findet derartige Daten selten veröffentlicht, und dafür gibt es vermutlich gute Gründe.

Durch geschickte Definitionen und Korrekturen versteht es die amtliche Statistik, das Ausmaß der Zahlungen zu vernebeln. So erhalten Asylbewerber (Bergsdorf, 1997) und abgelehnte Bewerber, die sich aber weiterhin in Deutschland aufhalten, *seit November 1993 anstelle der Sozialhilfe Leistungen nach dem Asylbewerbergesetz* (Sozialleistungen, 1999). Der deutliche Scheinrückgang der Sozialhilfebezieherzahl im Jahr 1994 ist damit auf die Einführung des „Asylbewerberleistungsgesetzes" zurückzuführen, das im Gesetzestext nicht, wie man fälschlich vermuten könnte, beinhaltet, was ein Asylbewerber in

Deutschland zu leisten hat, sondern festschreibt, wieviel er sich von dem von Deutschland geschenkten Geld leisten kann, ohne eigene Leistung. (Solche Mißverständnisse sind, wie es Orwell in „1984" ja auch beschrieben hat, in der Politik häufig. Das „ministry of plenty" zahlt eben solange, bis die Kasse leer ist.)

Je nach der Notlage unterscheidet man in der Sozialhilfe zwei Haupthilfearten. Personen, die ihren Bedarf an Nahrung, Kleidung, Unterkunft, Hausrat usw. nicht ausreichend decken können, haben Anspruch auf „Hilfe zum Lebensunterhalt". In außergewöhnlichen Notsituationen, zum Beispiel bei gesundheitlichen oder sozialen Beeinträchtigungen, wird „Hilfe in besonderen Lebenslagen" gewährt. [...] Die Zahl der Empfänger von laufender Hilfe zum Lebensunterhalt außerhalb von Einrichtungen, der sogenannten „Sozialhilfe im engeren Sinne", ist seit Inkrafttreten des Bundessozialgesetzes im Juni 1962 deutlich angestiegen. Wenn man sich auf diese „Sozialhilfe im engeren Sinne" beschränkt, kommt man zu folgenden Daten: Der Ausländeranteil ist von 1965 bis 1997 von 3 auf 23 % angestiegen. Alleinerziehende Frauen haben, in Deutschland somit wie in den USA, mit Abstand die höchste Sozialhilfequote. Fast jede dritte alleinerziehende Frau (28,3 %) bezieht Sozialhilfe. *Zum Jahresende 1997 bezogen gut eine Million Kinder und Jugendliche unter 18 Jahren Sozialhilfe, das sind 37,2 %.* Fast die Hälfte dieser Kinder (48,8 % bzw. 525.000 Kinder) lebte in Haushalten von alleinerziehenden Müttern.

3,2 Milliarden DM dieser „Sozialhilfe im engeren Sinne" *kamen ausländischen Haushalten zugute* (gemeint ist ausländischen in Deutschland). Die Hilfe zum Lebensunterhalt, 17,6 Milliarden DM im Jahre 1997, muß von den Gemeinden finanziert werden. In den vergangenen 35 Jahren sind diese Ausgaben der Hilfe zum Lebensunterhalt dreimal stärker gestiegen als das Bruttoinlandsprodukt oder die kommunalen Ausgaben. Gehen wir auch hier wieder von einem Ausländeranteil von einem Viertel aus, kommt man auf weitere 4 Milliarden DM. Weitere 5,2 Milliarden DM wurden 1997 nach dem „Asylbewerberleistungsgesetz" an etwa eine halbe Million Personen gezahlt. Addieren wir diese 5 Milliarden DM mit den eben genannten weiteren 4 und 3 Milliarden, dann sind wir schon bei 12 Milliarden DM, die für Asylbewerber und ausländische Sozialhilfeempfänger direkt gezahlt werden. Dazu kommen auch noch die Betriebskosten der Heime, Zahlungen in Heimen und Gefängnissen, die Verwaltungskosten der Asylbewerbungsverfahren und sicher manches mehr, das man nirgendwo im Zusammenhang aufgelistet findet, und dazu könnte man auch noch die weit höheren Arbeitslosenanteile und damit überhöhten Zahlungen aus der Arbeitslosenversicherung an Ausländer zählen. Wie man es auch dreht: Es ergeben sich mindestens 20 Milliarden DM zusätzliche Belastungen für die deutsche Bundesrepublik, vielleicht deutlich mehr. Ein Teil davon ist sicher unvermeidbar und notwendig – aber wieviel?

20 Milliarden – das ist etwa ein Jahreseinkommen der gesamten deutschen Landwirtschaft!

20 Milliarden – das ist die Steuerentlastung, die vom Bundesverfassungsgericht für *deutsche* Familien gefordert wird.

5 Milliarden allein nach dem sogenannten „Asylbewerberleistungsgesetz" – das ist deutlich mehr als der Jahresetat des deutschen Bundeshaushalts für Forschung!

Es ist zwar kein Gegenstand der öffentlichen Diskussion, aber es gibt viele gute Gründe für die Annahme, daß Mütter, die auf Sozialhilfe angewiesen sind, zum unteren Ende der IQ-Verteilung gehören. Frauen, die auf Sozialhilfe angewiesen sind, haben einen geringeren Bildungsgrad als Frauen, die keine Sozialhilfe brauchen, und chronische Empfänger von Sozialhilfeunterstützung haben weniger Bildung als nichtchronische. Aus den USA ist bekannt, daß die Lesefähigkeit von Müttern, die auf Sozialhilfe bzw. Wohlfahrtsunterstützung („welfare") angewiesen sind, um drei bis vier Schuljahre hinter einem normalen Schulabschluß liegt. Schlechte Lesefähigkeit und eine nicht abgeschlossene Schulausbildung sind aber für Bevölkerungsteile mit unterdurchschnittlicher Intelligenz charakteristisch, und man kann deshalb sogar ohne IQ-Testergebnisse schlußfolgern, daß auf Sozialhilfe angewiesene Mütter unterdurchschnittliche Intelligenz haben. Je klüger eine Frau ist, mit desto größerer Wahrscheinlichkeit wird sie eine Arbeit finden oder andere Geldquellen erschließen (bei den Eltern oder beim Vater des Kindes) und desto weitsichtiger wird sie gegenüber den Gefahren sein, auf Sozialhilfe angewiesen zu sein, meinen Herrnstein und Murray (1994).

Soziale Schicht und elterliches Verhalten

Eltern aus der Arbeiterklasse sind autoritärer als Eltern der Mittelschicht; Eltern aus der Arbeiterklasse neigen zum Prügeln und zum direkten Bestrafen; Eltern aus der Mittelschicht appellieren eher an die Vernunft. Unmittelbare Störungen wie lautes Spielen können bei Eltern der Arbeiterklasse eine Ohrfeige einbringen, während Eltern der

Mittelschicht strafen, wenn die Absichten des Kindes ein Problem sind (z. B. die Absicht besteht, ein anderes Kind zu verletzen). Insgesamt gesehen, läßt sich die Schlußfolgerung nicht vermeiden, daß Mittelschicht-Eltern im Durchschnitt bessere Eltern sind als Eltern der Arbeiterklasse, meinen Herrnstein und Murray (1994). Es ist auch vielfach bestätigt worden, daß wirtschaftlich bessergestellte Familien ihren Kindern ein geistig anregenderes Elternhaus bieten können. Das gilt für Familien und Kinder aller Rassen und Schichten.

Auf der anderen Seite konzentrieren sich Vernachlässigung und Mißbrauch der Kinder vor allem in den sozialen Unterschichten. 60 % der Familien, in denen Fälle von Kindesmißbrauch (Daten der USA vom Jahre 1967) untersucht wurden, waren abhängig von Sozialhilfe. Die Hälfte der Familien befand sich unterhalb der Armutsgrenze, die meisten nur knapp darüber. Nur in 6 % der Familien war ein mäßiges Einkommen vorhanden. Viele der Eltern in den betroffenen Familien hatten einen IQ an der Grenze zum Schwachsinn. Das sind Ergebnisse, die auch in Deutschland seit langem bekannt und bestätigt worden sind (Jürgens, 1961). Dennoch wird immer wieder von Sozialwissenschaftlern fälschlich behauptet, daß Kindesmißbrauch und -vernachlässigung und sogar Inzest alle Schichten beträfen, unabhängig von Rasse, Religion oder wirtschaftlicher Lage der betreffenden Familien. In Fachbüchern zu diesen Problemen sucht man das Stichwort „Intelligenz“ vergeblich. Auch zwischen der Säuglingssterblichkeit und dem Bildungsgrad – und damit dem IQ – besteht eine klare Beziehung. Zum Beispiel starben bei weißen Müttern im Jahre 1978 in Kalifornien von 1.000 Neugeborenen bei Frauen mit weniger als 12 Jahren Schulbildung 12,2 Säuglinge, bei Frauen mit 12 Jahren Schulbildung 8,3 und bei Frauen mit 13 und mehr Jahren Ausbildung 6,3 Säuglinge.

Diese Beziehung zwischen Bildungsgrad, sozialem Status der Mutter und der Säuglingssterblichkeit bestand vermutlich schon immer (und wurde in historischen Zeiten nur dann verkehrt, als in Frankreich die Mode aufkam, Neugeborene von Frauen aus hohem Stand zu Ammen zu geben, wo ihre Sterblichkeit dann erschreckend hoch war). Prayer (1970), der z. B. das Familienkataster der Gemeinde Dietramszell in Oberbayern vom Jahre 1817, einem Hungerjahr, auswertete, stellte fest:

Einmal stimmte die Größe der Familien zu gut mit dem wirtschaftlichen Stand zusammen. In Dietramszell hatte der Hof gewöhnlich 8 Personen, eine Hube 6,5, ein $\frac{1}{4}$ Gütl der gehobenen Unterschicht 5,9; ein $\frac{1}{8}$ Gütl 5,5; eine $\frac{1}{16}$ Leersölde der niederen Klasse 4,3 und ein $\frac{1}{32}$ Leerhäusel 3,5 Personen. […] Aber wo waren die Kinder der niede-

ren Klasse? [...] Da sie nicht als Haushaltshilfen auf größeren Höfen waren [...] bleibt nur eine Lösung des Rätsels übrig: ihre Kinder hatten eine höhere Sterbeziffer als die der anderen Klassen. Daß das in Dietramszell der Fall war, kann keinem Zweifel unterliegen. Die Kindersterblichkeit der unteren Klassen betrug im Jahre 1817 den unglaublich hohen Prozentsatz von 78,5 %.

Vor allem nach 1800, aber schon viel früher beginnend, kam es bekanntlich in weiten ländlichen Gebieten zu einem starken Anwachsen des nichtbäuerlichen und kleinbäuerlichen Anteils der Landbevölkerung. Es ist dabei von Interesse, woher diese Überschußbevölkerung gekommen ist. Politisch korrekte Forscher wie Charles Tilly sind dabei zu folgenden Hypothesen gelangt: *Während Marx die Mobilität der Arbeitskräfte von nichtproletarischen zu proletarischen Positionen als die Hauptkomponente des Wachstums des Proletariats ansah, gibt meine Bilanz* – so meint Tilly (1984, S. 54) – *dem natürlichen Zuwachs ein weit größeres Gewicht. [...] Nach jeder vernünftigen Begründung muß die natürliche Zunahme die Hauptrolle bei dem Wachstum des europäischen Proletariats seit 1500 gespielt haben.* Tilly räumt dann zwar ein, daß seine *modifizierte marxistische Betrachtungsweise der europäischen Proletarisierung [...] mehr eine begründete Spekulation als durch verläßliche empirische Daten gestützt sei; [...]* aber *diese Modifizierung paßt so schön in die Spielart marxistischer Analyse, die die Kontinuität der Kultur der Arbeiterklasse von einer Generation zur nächsten betont* (zitiert nach Weiss, 1993b). Aus marxistischer Wurzel genährt, wurde so die Hypothese aufgestellt, daß dies durch die überproportionale Selbstvermehrung der landlosen „proletarischen“ Bevölkerung erfolgt sei, da sich auf diese Weise, ähnlich wie mit der „Vererbung der erworbenen Eigenschaften“, der „Klassencharakter“ und das „Bewußtsein“ dieser Schicht, um in der marxistischen Terminologie zu bleiben, am besten erklären ließen. Das alles mündete in einer „Theorie der Protoindustrialisierung“. Für die neomarxistische Theorie, daß das Proletariat das Produkt seines eigenen Bevölkerungsüberschusses sei, spielt das Heiratsalter eine wichtige, in der Protoindustrialisierungstheorie gar eine Schlüsselrolle. So schreibt z. B. Medick (1977, S. 177): *Als kritische Funktionsgröße im Wachstumsmechanismus protoindustrieller Bevölkerung erscheint das niedrige Heiratsalter. Es zeichnet ländliche Gewerbetreibende meist nicht nur gegenüber anderen sozialen Gruppen aus, insbesondere vollbäuerlichen und handwerklich zünftigen Produzenten, aber auch Landarbeitern und Tagelöhnern, sondern erweist sich als zentrale demographische Prozeßvariable: der Abstieg des Heiratsalters im Verlaufe der*

Protoindustrialisierung [...] beeinflußte den demographischen Wachstumsprozeß hierbei auf zweifache Weise: einmal linear, durch den erheblichen Bevölkerungsgewinn, der sich aus der Verlängerung der Ehedauer und der daraus resultierenden Kinderzahl ergab, zum anderen strukturell, durch die sukzessive Reduzierung der Generationenintervalle der Bevölkerung, die auf dem Wege über eine Veränderung der Altersstruktur zu größerer Geburtenhäufigkeit in der Zeiteinheit führte.

Diese schöne Theorie von Kautsky hat – wie so manche andere politisch links angesiedelte Theorie – den häßlichen Fehler, daß sie sich empirisch nicht mit Zahlen und Tatsachen bestätigen läßt. Zur Ehrenrettung der wissenschaftlichen Objektivität der Forscher muß aber festgestellt werden, daß sie diesen Fehler inzwischen selbst bemerkt haben (siehe Übersicht bei Weiss und Münchow, 1998). Medick (1996) z. B. fand: *Männer, die in ein vollbäuerliches Anwesen einrückten oder im Wirtsgewerbe tätig wurden [...] wiesen eindeutig das jüngste Heiratsalter auf. [...] Auch bei den Frauen heirateten die Bräute der Bauern und Wirte eindeutig am frühesten. [...] Es fällt besonders auf, daß auch in der Hochphase der gewerblich protoindustriellen Entwicklung des Ortes [...] keineswegs eine Tendenz zur Senkung des Heiratsalters festzustellen ist. [...] Unter den nach Beruf und Besitz unterschiedenen Gruppen ragten die Frauen der Bauern [...] durch eine erhöhte eheliche Fruchtbarkeit heraus. [...] Auffällig ist, daß die Laichinger Weberehen keineswegs – wie im Rahmen der ursprünglichen Modellhypothesen der Protoindustrialisierungsdiskussion zu vermuten wäre – im Vergleich zu den anderen Berufs- und Sozialgruppen des Ortes eine ausgeprägt hohe Fertilität aufwiesen. [...] Das Geburtenverhalten der Laichinger Weberfrauen rangierte [...] eher am unteren Ende der Fruchtbarkeitsskala.*

In fast allen untersuchten Gemeinden ist es vor allem der vollbäuerliche Bevölkerungsanteil, der bis weit ins 19. Jahrhundert einen ständigen und oft sehr hohen Bevölkerungsüberschuß erzeugt, während die unterbäuerlichen Schichten oft so dicht am Existenzminimum verbleiben und deshalb eine so hohe Kindersterblichkeit aufweisen, daß sie nicht einmal ihre eigene Zahl reproduzieren können und in jeder Generation durch sozial absteigende Bauernsöhne und -töchter ergänzt werden müssen.

Zum Beispiel bestand bereits in der Mitte des 16. Jahrhunderts in vier besonders gewerbefleißigen Dörfern der Kirchgemeinde Markersbach im sächsischen Erzgebirge fast die Hälfte der Bevölkerung aus Handarbeitern und landarmen Häuslern, die andere Hälfte aus Bauern und anderen Erbbegüterten. Von 1547–1791 wurden in Erst-Ehen der Häusler 4,8 Kinder geboren, von denen zwei Drittel vor Erreichen des Heiratsalters starben und im Mittel nur 1,6 heirateten (Weiss, 1993b). Im Gegensatz dazu wurden in den Bauernfamilien 6,8 Kinder geboren, von denen die Hälfte, das sind 3,4, heirateten. War auch der Schwiegervater ein Bauer, so wurden sogar 7,6 Kinder geboren. In Markersbach starben in 83 % der Unterschichtfamilien Vater oder Mutter oder beide, ehe die Mutter 45 Jahre alt war, d. h., die Kinder wurden Halbwaisen oder Waisen, ehe sie selbst das Heiratsalter erreichten. Da die Verwandten dieser Kinder vielfach auch arm waren, hatten sie in Hungersnöten keine Unterstützung zu erwarten. Die frühen Todesfälle betrafen sowohl Männer als auch Frauen. Besonders auffällig sind die häufigen Arbeitsunfälle der Väter; sie verunglückten tödlich in den Hämmern und Schmieden, in den Bergwerken, unterwegs mit Fuhrwerken oder bei der Waldarbeit. Da wohlhabende Witwer eine weitaus größere Chance hatten, beim zweiten (oder wiederholten) Mal eine viel jüngere Frau zu heiraten als arme Witwer, wurden durch Wiederverheiratung die sozialen Unterschiede noch verschärft. In drei Dörfern bei Birmingham in England konnte Skipp (1978) herausfinden, daß in einer Hungerkrise drei Phasen aufeinanderfolgten: In der ersten wurden bei den Armen noch Kinder geboren, die jedoch wegen Unterernährung als Säuglinge starben; in der zweiten Phase waren die Frauen der Armen so schlecht dran, daß es zu keinen weiteren Konzeptionen mehr kam; in der dritten Phase wurden auch arme Frauen wieder schwanger, aber es kam zu vielen Fehlgeburten. Ähnliche Verhältnisse bestehen heute in den Entwicklungsländern.

In den von Adler (1991) untersuchten Gemeinden Aach und Schönmünzach in Württemberg ergab sich folgendes Bild: *In Aach galt vom Ende des 17. Jahrhunderts bis zum Ende des 19. Jahrhunderts, daß die Geburtenzahl mit der sozialen Schicht stieg. Auch in Schönmünzach ließ sich für die Zeit vor der Mitte des 19. Jahrhunderts feststellen, daß die Wohlhabenden mehr Kinder als die weniger Begüterten hatten. [...] Verursacht wurden diese sich stark unterscheidenden Geburtenzahlen wohl nicht zuletzt durch das unterschiedliche Heiratsalter, verehelichten sich doch die Oberschichttöchter wesentlich früher als jene der Unterschicht. Dadurch verlängerte sich ihre gebärfähige Phase innerhalb der Ehe, und zwar um jene Jahre, in denen die Fruchtbarkeit am höchsten war. [...] Da der Zeitpunkt der Heirat aber bewußt gesteuert werden konnte, mußte bei der Oberschicht auch die Bereitschaft dagewesen sein, viele Kinder zu bekommen. [...] Bei den ab 1880 geschlossenen Ehen verkehrte sich das während der vergangenen zwei Jahr-*

hunderte in Aach festgestellte Verhaltensmuster, demzufolge die Kinderzahl mit dem sozialen Status einer Familie stieg, ins Gegenteil. Die Kinderzahlen der Oberschicht- und Bauernfamilien verringerten sich stark, während die Taglöhnerfamilien mit 7,8 Kindern pro vollendete Erst-Ehe so fruchtbar wie nie zuvor waren. [...] Parallel dazu senkte sich das Heiratsalter der Aacher Unterschicht ab. [...] Diese Geburtenfreudigkeit in der Unterschicht hielt freilich nur etwa zwei Jahrzehnte an. Danach glich sich deren Verhalten dem anderer Schichten an. Insbesondere in der Zeit der beginnenden und bewußten Geburteneinschränkungen um 1850/1900 schränkten in vielen Gegenden die Bauern und generell die soziale Oberschicht – auch in den Städten – die Geburten früher ein als die Unterschicht. Dadurch wurden, wie eben beispielhaft zitiert, soziale Unterschiede, wie sie oft jahrhundertelang bestanden hatten, zeitweise in ihr Gegenteil verkehrt.

Im Realteilungsgebiet von Württemberg hat Röhm (1940) das Dorf Gruibingen untersucht und mit zwei anders strukturierten Nachbargemeinden verglichen: *Gruibingen zeigte sich ausgesprochen als Standort der Frühehe, und zwar sind es vor allem die Bauernehen, in denen die Ehegatten schon in sehr jungen Jahren [...] zum Heiraten kommen. In den Realteilungsgebieten ist es üblich, daß die Kinder, je nach der Größe des väterlichen Betriebes, eine bestimmte Bodenfläche als Heiratsgut vom Vater erhalten, die für den Anfang meist zur Befriedigung der Lebensbedürfnisse des jungen Paares genügt.* Die „Bauern" von Gruibingen waren in Wirklichkeit alle Klein- und Kleinstbauern, und die wirtschaftliche Struktur des Ortes mit den vielen Webern erinnert sehr an das von Medick (1996) untersuchte Laichingen. Tatsächlich heirateten die Arbeiter in Gruibingen eher als die Bauern, aber erst im Zeitraum 1866–1880, wohingegen die Protoindustrialisierungs-Theoretiker einen solchen Zusammenhang für die Zeit rund 100 Jahre zuvor annehmen. *Der Vorteil der Frühheirat und das Plus der sehr hohen Geburtenziffern ging infolge einer außergewöhnlich hohen Kindersterblichkeit fast ganz verloren.* Gruibingen im Realteilungsgebiet wird dann mit Türkheim im Gebiet mit Anerbenrecht verglichen: *In Türkheim kommt in dem hohen Heiratsalter einer der empfindlichsten Nachteile des Anerbenrechts zum Vorschein. [...] Die Verschlechterung der Heiratsmöglichkeiten nach dem Krieg rührt in Türkheim von der späten Hofübergabe und von dem Gesindemangel her. [...] Der Erbhofbauer in Türkheim kann seinen Hof nicht mit seiner Ehefrau allein bewirtschaften, wie der Gruibinger Jungbauer seinen zunächst kleinen Betrieb. Deshalb trifft man in Türkheim oft den Fall, daß sämtliche Geschwister den Hof umtreiben und der Anerbe auf die*

Heirat verzichtet, da er sonst seine Arbeitskräfte verlieren würde. Die Arbeit von Röhm (1940) belegt somit den Zusammenhang zwischen Heiratsalter, Kinderzahl und industrieller Tätigkeit bzw. Nebentätigkeit für die Industrialisierungsphase, wie er von einigen Theoretikern für die Phase der sogenannten Protoindustrialisierung fälschlicherweise angenommen wurde. Das führt zu der Vermutung, daß eine an sich richtige empirische Beobachtung in eine falsche Zeit und einen falschen Zusammenhang verlegt worden ist. (Ähnlich wie das Absinken der Kinderzahl bei den Gebildeten und der gegenläufige Anstieg der Kinderzahl bei den Armen um etwa 1880 zu dem sozialdarwinistischen Fehlschluß führten, daß nun die Intelligenz der Menschheit unmittelbar bedroht sei, und die Eugenik auf den Plan riefen. Inzwischen finden, mehr als 100 Jahre später, vgl. S. 213 und Schwarz, 1999, wieder ähnlich dramatische Verschiebungen der Kinderzahl pro Bildungsschicht statt, ohne daß dies bisher Aufmerksamkeit gefunden hätte.)

Kriminalität

Eine der am besten gesicherten Feststellungen über Rechtsbrecher ist, daß sich ihre IQ-Verteilung von der der Gesamtbevölkerung deutlich unterscheidet. Wenn man die wissenschaftliche Literatur insgesamt überblickt, dann stellt sich heraus, daß Rechtsbrecher einen Durchschnitts-IQ von 92 haben (Herrnstein und Murray, 1994). Gewohnheitsverbrecher haben noch niedrigere Werte. Manche werden behaupten, daß sehr intelligente Personen weniger häufig gefaßt werden und der Zusammenhang auf diese Weise entsteht. Aber dafür gibt es keine statistischen Belege.

Betrachten wir erst einmal einen speziellen Aspekt der sozialen Angepaßtheit: *Wegen Fahnenflucht wurden bis 30. Juni 1944 insgesamt 13.550 Wehrmachtsangehörige verurteilt. [...] Über 6.000 wurde die Todesstrafe verhängt. [...] Zu den Ermittlungsakten aller kriegsgerichtlichen Verfahren gehörte ein Auszug aus dem Strafregister des Angeklagten. [...] Die exemplarische Durchsicht von Fahnenfluchtakten zeigt, daß ein beträchtlicher Teil der Angeklagten, in einigen Verbänden sogar die Hälfte, bereits im Zivilleben vorbestraft war. Unerwartet viele hatten sogar mehrfache Gefängnisstrafen hinter sich, bevor sie eingezogen wurden. Die meisten Soldaten stammten aus einfachen Verhältnissen, oft aus zerrütteten Familien. Eine große Anzahl hatte keine abgeschlossene Schulausbildung. Ohne vollständige Berufs-*

ausbildung waren sie vor ihrer Einberufung als „Hilfsarbeiter“ tätig gewesen. Da es im Dritten Reich keine Kriegsdienstverweigerung und außer für Zuchthäusler und untauglich Gemusterte keinen Wehrdienstausschluß gab, wurden Kriminelle, häufig sogar aus dem Strafvollzug, zusammen mit den anderen Wehrpflichtigen des aufgerufenen Jahrgangs in die Wehrmacht eingezogen. Die Anpassungsschwierigkeiten, die die Vorbestraften, Einsitzenden und Arbeitsunwilligen bereits im Zivilleben aufwiesen, multiplizierten sich in der strafrechtlichen Ordnung des Truppendienstes und führten bei einigen bereits vor dem Ende der militärischen Ausbildung zur Fahnenflucht. [...] Nur ganz wenige Deserteure handelten aus politischen Gründen. [...] Überraschend viele Soldaten wurden fahnenflüchtig, weil ihnen wegen eines strafwürdigen Delikts wie Unterschlagung, Diebstahl, Schwarzhandel oder Raub ein Kriegsgerichtsverfahren drohte (Seidler, 1996). Die Korrelationen dürften bei Deserteuren aus anderen Armeen nicht viel anders sein; Deutschland tut sich deshalb schwer, den um 1990 aus der Roten Armee Desertierten dauerhaften Aufenthalt zu gewähren.

In den USA ist es, wie in vielen anderen Industrieländern, seit 1950 zu einer dramatischen Zunahme von Gewaltverbrechen (Raub, Mord, gewalttätiger Überfall und Vergewaltigung) gekommen. 1995 wurden in Deutschland 182.076 Personen Opfer eines bekanntgewordenen Delikts der Gewaltkriminalität, 6 % mehr als im Vorjahr. Insgesamt stieg in der alten Bundesrepublik Deutschland die Zahl der erfaßten Straftaten von 3,815 Millionen im Jahre 1980 auf 5,23 Millionen im Jahre 1995 und betrug in Gesamtdeutschland im selben Jahr 6,67 Millionen (Schwind, 1995). Die tatsächliche Zahl dürfte erheblich höher sein, denn die polizeiliche Kriminalstatistik enthält nur die der Polizei bekanntgewordenen Fälle, die jeweils bei Abgabe an die Staatsanwaltschaft erfaßt werden. Seit 1970 sind die Aufklärungsquoten teilweise stark gesunken: bei Mord und Totschlag von 94 auf 88 %, bei Raub von 58 auf 46 %, bei schwerem Diebstahl von 25 auf 13 %, bei Wohnungseinbruch von 34 auf 15 %. Das Risiko, für einen leichten Diebstahl oder für einen Einbruch büßen zu müssen, ist in Deutschland inzwischen lächerlich gering. Immer mehr leichte Diebstähle kommen deshalb auch gar nicht mehr zur Anzeige, da den Bestohlenen, angesichts der minimalen Erfolgschance, etwas damit zu erreichen, eine Anzeige als zwecklos erscheint und die zeitliche Belastung des Bestohlenen durch die langwierigen Prozeduren des polizeilichen Protokolls oft größer ist als der Schaden selbst.

Bei einem ausländischen Bevölkerungsanteil in Deutschland von 8,5 % im Jahre 1995 betrug der ausländische Anteil beim Rauschgifthandel als Mitglied einer Bande 72 %, bei Taschendiebstahl 65 %, bei Geldfälschung 58 % und bei Hehlerei mit gestohlenen Kraftfahrzeugen 53 % (Polizeiliche Kriminalstatistik, 1995).

Besonders bei ausländischen Jugendlichen (14 bis unter 18 Jahre) ist die Bereitschaft zur Gewalt erschreckend hoch: Erfaßt wurden 1995 3.603 Fälle von Raub, räuberischer Erpressung und räuberischem Angriff auf Kraftfahrer, verglichen mit 4.151 Fällen, verursacht durch deutsche Jugendliche

Wenn sich die Verbrechensziffern so rasch ändern, dann wird man die Ursache zuerst in veränderten sozialen Bedingungen und nicht in persönlichen Eigenschaften suchen. In welcher Weise sollten da Intelligenzunterschiede eine Rolle spielen? Herrnstein und Murray (1994) meinen, daß niedrige Intelligenz oft zu Enttäuschungen in der Schule und bei der Arbeitssuche führt. Wenn z. B. Personen mit niedrigem IQ keine Arbeit finden, dann gibt es Gründe für sie, zu versuchen, ihren Lebensunterhalt durch Verbrechen zu verdienen. Auch wenn Menschen auf normale Weise keinen sozialen Status erlangen können – wie z. B. Ausländer, die in Deutschland leben, aber keine Arbeitserlaubnis erhalten und auch nicht ausgewiesen werden oder die illegal eingewandert sind –, dann können Verbrechen für sie als ein Ausweg erscheinen.

Höhere Intelligenz gibt auch einen gewissen Schutz gegen Wiederholungskriminalität selbst für Personen, die sonst als besonders gefährdet gelten. Auch diejenigen, die in ungeordneten Verhältnissen groß geworden sind und bei Eltern, die selbst kriminell sind, und in der Kindheit Charakterzüge gezeigt haben, die prognostisch mit Kriminalität korreliert sind, sind als Erwachsene mit geringerer Wahrscheinlichkeit Verbrecher, wenn sie einen hohen IQ haben. – Nichtsdestotrotz leben die meisten Menschen mit niedrigem IQ nach Recht und Gesetz. Der Anstieg der Verbrechensrate in den letzten Jahrzehnten kann nicht an einer Veränderung der Intelligenz liegen, sondern muß anderen Faktoren zugeschrieben werden, für die ein Teil der Personen mit niedrigerem IQ ein höheres Risiko hat.

TEIL III

INTELLIGENZ IM SOZIALEN ZUSAMMENHANG

Intelligenzunterschiede zwischen Völkern

Große menschliche Populationen unterscheiden sich sowohl kulturell als auch biologisch auf verschiedene Weise. So wurde z. B. festgestellt, daß ein Teil der Menschen die chemische Substanz Phenylthiocarbamid (PTC) in wäßriger Lösung schmecken kann, ein großer Teil der Menschen aber nicht. Bei jeweils unterschiedlichen Konzentrationen empfinden jeweils verschiedene Personen die Lösung als bitter oder unangenehm bitter oder schmecken gar nichts bzw. reines Wasser. Diese PTC-Schmeckfähigkeit wird vererbt, und der Erbgang des Nichtschmeckens (Genotyp T1T1) folgt den Mendelschen Gesetzen; man bezeichnet eine solche erbliche Vielgestaltigkeit als einen genetischen Polymorphismus. Bei den Finnen haben 29 % der Bevölkerung diesen Genotyp, bei den Lappen 6 %, bei den Iren 27 %, bei Deutschen 30 %, bei Tschechen 23 %, bei Weißen in den USA 30 %, bei Schwarzen in den USA 10 %, bei den Navajo-Indianern 2 %, bei den Japanern 15 %, bei Indern im Bundesstaat Orissa 54 % und bei australischen Ureinwohnern 49 %. Auch andere Polymorphismen des Farbensehens, des Schmeckens, des Empfindens und der Wahrnehmungsgeschwindigkeit weisen zwischen verschiedenen Bevölkerungen mehr oder weniger große Unterschiede auf. Es ist deswegen keineswegs überraschend, daß sie sich auch in ihrer Intelligenz unterscheiden. Nur das Gegenteil wäre überraschend, wenn es nämlich nicht der Fall wäre. Die Auseinandersetzungen über die Bedeutung dieser Unterschiede sind die Ursache dafür, daß es in den USA über das IQ-Testen selbst zu Auseinandersetzungen gekommen ist. Bekanntlich ist die Bevölkerung der USA in sich sehr heterogen zusammengesetzt. Die Völker Europas hingegen gehören alle der weißen Großrasse an, die in sich aber wieder heterogen und nach Osten zu mit der asiatischen Großrasse gemischt ist. Völker sind Sprachgemeinschaften, Nationen dagegen werden eher als politische Einheiten verstanden, und man spricht z. B. von einer Schweizer Nation. Wie sich gerade wieder bei dem Krieg im früheren Jugoslawien gezeigt hat, können auch religiöse Grenzen für sich allein konkurrierende Teile abgrenzen, ohne durch Unterschiede in Sprache und Rasse unterlegt zu sein. Ist man sich nicht im klaren, was eigentlich für die Unterschiede primär ist, so spricht man in den letzten Jahren häufig von ethnischen Unterschieden.

Zweifellos sind die Unterschiede zwischen Einzelpersonen viel größer als die Unterschiede zwischen Gruppen. Wenn in den USA alle ethnischen Intelligenzunterschiede über Nacht verschwinden würden, dann bliebe dennoch der größte Teil der Schwankungsbreite der Intelligenz davon völlig unberührt. Die verbleibende Ungleichheit ist auch in viel homogeneren Gesellschaften, so wie das in Europa noch der Fall ist, so groß, daß die politischen Abläufe davon beeinflußt und geprägt werden. Wenn Intelligenzunterschiede der Völker oder Minderheiten diskutiert werden sollen, beginnt es in der Politik zu sieden. Wenn man unter diesen Umständen einen kühlen Kopf behalten will und muß, sollte man sich auf die Betrachtung der unumstößlichen Fakten beschränken.

Auch Herrnstein und Murray (1994) sprechen von ethnischen Gemeinschaften, in der Hoffnung, damit den Begriff „Rasse" umgehen zu können. In den USA ist ein „Schwarzer" oder ein „Latino" jemand, der sich selbst so bezeichnet. Nach ihrer Definition sind Rassen Gruppen von Menschen, die sich auf sichtbare und nachvollziehbare Weise unterscheiden. Nach Meinung von Herrnstein und Murray ist es nur eine Modeauffassung, wenn man annimmt, daß sich solche Unterschiede lediglich auf äußerlich sichtbare Merkmale beschränken. Medizin und Genetik finden ständig neue Unterschiede, ob nun bei Blutgruppenhäufigkeiten oder bei biochemischen Meßwerten des inneren Stoffwechsels, so daß nicht zu erwarten ist, daß psychische Merkmale eine Ausnahme sind.

Die Unterschiede zwischen Schwarzen und Weißen sind in den USA bisher am eingehendsten untersucht worden, da sie die größten sozialen Auswirkungen haben. Doch am häufigsten wird in den letzten Jahren die Frage nach der Intelligenz der Asiaten gestellt, da die gesamte Welt auf die großen wirtschaftlichen Erfolge der pazifischen Anrainerstaaten sieht und zugleich in den USA zu beobachten ist, wie die Kinder von Einwanderern aus Asien immer häufiger zu akademischen Ehren gelangen.

Wahrscheinlich haben die Asiaten einen höheren IQ als die Weißen, wenn man unter Asiaten Ostasiaten versteht, also Japaner und Chinesen (und vielleicht auch Koreaner). Wie groß der Unterschied ist, ist noch nicht gesichert. Lynn (1991) gab den Median-IQ der Chinesen von Hongkong, Singapur und Taiwan mit 110 an, den Median von Japanern in Japan mit 103 und ebenso den Median von Ostasiaten in den USA mit 103. Jedoch waren diese Zahlen noch nicht für die Effekte der IQ-Akzeleration korrigiert. Da Emigranten und Großstadtbevölkerungen (wie auch Paris und Berlin oder Universitätsstädte) generell einen höheren IQ haben und ein Großteil der Bevölkerung von Hongkong, Singapur und Taiwan Nachkommen von Menschen sind, die entweder ausgewandert oder aus politischen Gründen geflüchtet sind, so ist bei ihnen auch mit einem höheren mittleren IQ zu rechnen als bei den Mutterland-Chinesen, für die es keine verläßlichen Zahlen über IQ-Mittelwerte gibt.

Endgültige Ergebnisse sind auch nicht so leicht zu erwarten. Denn je kleiner die Differenz ist, desto leichter läßt sich ihre Existenz bestreiten. Zusammenfassend betrachtet, läßt sich aber nach mehreren Untersuchungen verallgemeinern und vermuten, daß in repräsentativen Stichproben Ostasiaten im mittleren IQ gegenüber Weißen um drei Punkte höher liegen.

Auf die Frage, ob sich bei standardisierten IQ-Tests die Werte der Schwarzen von denen der Weißen unterscheiden, ist die Antwort ein klares Ja für jede repräsentative Stichprobe der Bevölkerung der USA.

Wie groß ist nun der Unterschied zwischen Schwarzen und Weißen? Die übliche Antwort auf diese Frage ist: Eine Standardabweichung. Wenn man IQ-Tests diskutiert, dann wird der Mittelwert der Schwarzen in der Regel mit 85 angegeben, der Mittelwert der Weißen mit 100, und eine Standardabweichung sind 15 IQ-Punkte. Jede einzelne Untersuchung für sich stimmt selten mit diesen Zahlen überein. In der folgenden Abbildung sind 156 Untersuchungen ausgewertet worden. Der mittlere Unterschied zwischen Schwarzen und Weißen beträgt nach diesen 156 Untersuchungen 1,08 Standardabweichungen oder ungefähr 16 IQ-Punkte. (Wir stützen uns in diesem Abschnitt vor allem auf die Daten von Herrnstein und Murray [1994], die wir hier zusammengefaßt haben.)

Wenn man sich auf die Untersuchungen beschränkt, die den üblichen Kriterien bei der Stichprobenauswahl und den Eigenschaften der Tests voll genügen, so bleiben 45 Untersuchungen über, und es stellt sich heraus, daß die Unterschiede im Bereich von 0,5 bis 1,5 SD, mit einer mittleren Abweichung von 1,06 SD, liegen; auch eine noch strengere Kritik von Tests und Auswahlkriterien ändert nichts an diesem Ergebnis. Das Ergebnis ändert sich auch nicht nennenswert, wenn man über alle Einzeluntersuchungen hinweg einfach einen Mittelwert berechnet oder wenn man die Einzeluntersuchungen noch vorher nach der Größe ihrer Stichproben gewichtet.

Wenn man sich aber die Größe der Unterschiede veranschaulichen will, dann erhält man durch die bloße Angabe der Unterschiede in den Standardabweichungen keinen guten Eindruck. Man kann sich allerdings vor Augen führen, was es bedeutet, wenn von einem Unterschied von 1 SD die Prozentrangwerte 16 und 84 abgeschnitten werden (vgl. die folgende Abbildung).

Die Verteilung des IQ bei Weißen und Schwarzen (USA, 1989), Version I

Häufigkeitsverteilungen für Bevölkerungen gleicher Größe

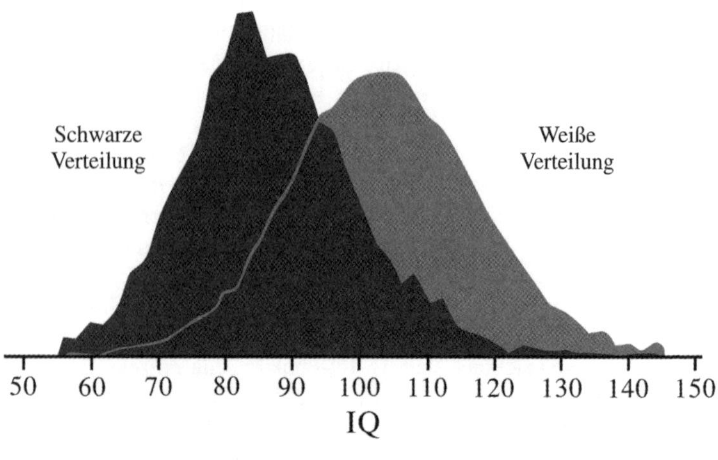

(nach Herrnstein und Murray [1994], S. 279)

In den USA kommen ungefähr sechs Weiße auf einen Schwarzen. Insgesamt zählt die schwarze Bevölkerung rund 30 Millionen Menschen. Das heißt, rund 100.000 Schwarze gehören zu der intellektuellen Schicht I mit einem IQ von 125 oder höher. 100.000 Menschen sind eine beträchtliche Zahl. Und es ist deshalb kein Wunder, daß es Schwarze in jedem Arbeitsgebiet gibt, das hohe Anforderungen an die Intelligenz stellt. Wenn wir die folgende Abbildung betrachten, stellen wir darüber hinaus fest, daß es in absoluten Zahlen am unteren Ende der IQ-Verteilung ungefähr ebenso viele Schwarze wie Weiße gibt. In der oberen Hälfte der IQ-Verteilung ergeben sich aber sehr große Disproportionen. Wenn diese Unterschiede reale Unterschiede der Intelligenz widerspiegeln, dann müssen die sozialen Konsequenzen sehr groß sein.

Die Verteilung des IQ bei Weißen und Schwarzen (USA, 1989), Version II

Häufigkeitsverteilungen proportional der rassischen Zusammensetzung der Bevölkerung

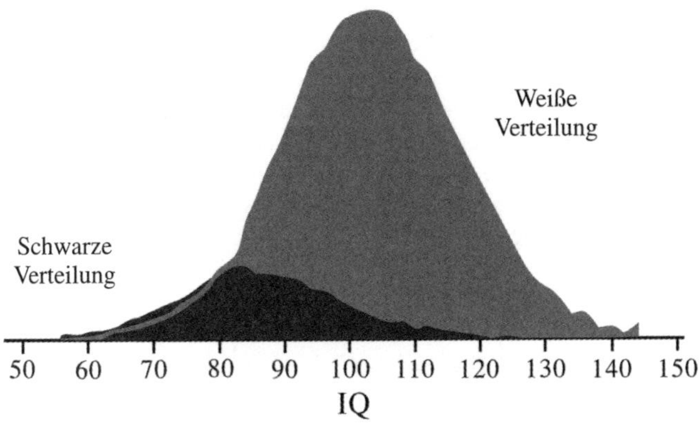

(nach Herrnstein und Murray [1994], S. 279)

Es hat viele Versuche gegeben, diese Unterschiede dadurch zu erklären, daß die Schwarzen durch die Tests benachteiligt würden, aber diese Ansätze haben zu keinen positiven Ergebnissen geführt (vgl. Jensen, 1980). Die Tests haben für Schwarze und Weiße eine annähernd gleiche Vorhersagekraft. Auch bei solchen, von Kultureinflüssen weitgehend freien Tests wie Gedächtnisspanne und Wahlreaktionszeit, die in der Informationspsychologie eine große Rolle spielen, lassen sich die Unterschiede zwischen Schwarzen und Weißen belegen.

Wenn man Schwarze und Weiße in den USA miteinander vergleicht, dann taucht oft der Gedanke auf, daß die Neger in Afrika höhere durchschnittliche IQ-Werte haben müßten, da sie nicht wie die Neger der USA die historische Erfahrung der Sklaverei und der Diskriminierung gemacht haben. Leider ist es schwierig, aus Afrika (etwa aus Nigeria, wo alle Ebenen der Sozialstruktur durch Schwarze besetzt sind) repräsentative Testdaten zu bekommen. Lynn (1991) glaubt gar, aus elf Untersuchungen den Schluß ziehen zu können, daß der Median-IQ der afrikanischen Neger bei IQ 75 liege, d. h. noch 10 IQ-Punkte niedriger als bei den Negern der USA. Der IQ der farbigen Schüler in Südafrika – also der von Mischlingen („Coloured") – ist dem der Schwarzen der USA ähnlich.

In den letzten Dekaden hat sich der Unterschied zwischen Schwarzen und Weißen in den USA um ungefähr 3 IQ-Punkte verringert. Diese Verringerung ist hauptsächlich durch eine sinkende Zahl von Personen mit sehr niedrigen Werten bei der schwarzen Bevölkerung verursacht worden und nicht durch die Zunahme der Personen mit hohen Werten. Verbesserungen der wirtschaftlichen Situation der Schwarzen, der Qualität der Schulen, die sie besuchen, der besseren Gesundheitsfürsorge und vielleicht auch des zurückgehenden Rassismus können als Ursache hierfür angesehen werden, meinen Herrnstein und Murray. Wir müssen dabei auch beachten, daß in den USA die Gene von schwarzer und weißer Bevölkerung miteinander vermischt sind. Der Anteil von Genen weißen Ursprungs bei den Schwarzen beträgt mindestens 10 %, im Norden der USA bis zu 25 %.

Genetik, IQ und Rasse

Wenn ein Thema offiziell tabu ist, wird es oft unter der Oberfläche um so heftiger diskutiert. Eine letztendliche Klärung ist aber nur durch molekulargenetische Forschungen zu erwarten. Alle Diskussionen laufen auf die Frage hinaus, ob die Gene bzw. Allele, die Intelligenz beeinflussen, bei den verschiedenen Rassen mit verschiedener Häufigkeit (Genfrequenz) vorhanden sind. Während bei der weißen und der gelben Großrasse in Asien das Allel M1, das in homozygoter Form die Voraussetzung für einen IQ von 124 und höher ist, in einer Häufigkeit von etwa 20 % vorhanden ist, sollte diese Häufigkeit bei der schwarzen Großrasse geringer sein, wenn ein Zusammenhang zwischen Genen und IQ in der von Herrnstein und Murray erwarteten Form besteht.

Demgegenüber schlägt J. Ogbu (1986), ein Anthropologe in Berkeley/Kalifornien, vor, die Minderheiten in den USA aus der spezifischen Geschichte ihrer sozialen Entwicklung und Stellung (vgl. auch Arnold, 1967) zu begreifen und so zu den Ursachen in den mittleren IQ-Unterschieden vorzustoßen. Ogbu unterscheidet drei Typen von Minderheiten: 1. „autonome Minderheiten", zu denen er Amish, Juden und Mormonen zählt, die, wenn sie teilweise auch Opfer von Diskriminierung sind, sich doch innerhalb der Hauptströmung der gesellschaftlichen Entwicklung bewegen und, wie z. B. die Mormonen im Bundesstaat Utah, alle sozialen Ebenen ausfüllen; 2. „Einwandererminderheiten", und dazu gehören in den USA die Ostasiaten, die freiwillig gekommen sind und, obwohl sie teilweise in sehr bescheidenen beruflichen Stellungen beginnen, glauben, sich gegenüber ihren Herkunftsländern nach ihrem Einkommen in gehobenen Positionen zu befinden; und 3. „kastenähnliche Minderheiten", wie die amerikanischen Neger, die unfreiwillig gekommen sind und von Geburt an in der Gesellschaft eine niedrige Stellung auf der sozialen Stufenleiter haben. Daß Ogbus Einteilung zwar wesentliche Dinge erfaßt, aber dennoch nicht voll aufgeht, zeigt das Beispiel der europäischen Zigeuner, die freiwillig gekommen sind, aber dennoch den Status einer kastenähnlichen Minderheit haben.

Ogbu meint, daß die Unterschiede in den IQ-Werten eine Folge dieser sozialhistorischen Stellung sind, und er bezieht sich dabei auf eine Anzahl von Kasten in der Welt – wie die Unberührbaren in Indien, die Buraku in Japan (De Vos und Wagatsuma, 1967) und die orientalischen Juden in Israel –, bei denen ähnliche Probleme (wie bei den Negern der USA) auftreten und wo die Bildungsfortschritte auf ähnliche Schwierigkeiten stoßen, obwohl sie in den genannten Fällen sogar zur selben Großrasse gehören, wie die Mehrheitsbevölkerung und die Zigeuner in Europa auch.

Bereits in den dreißiger Jahren machten Psychologen die Feststellung, daß die absoluten Testwerte, also die Rohwerte bzw. die Anzahl der pro Zeiteinheit gelösten gleich schweren Aufgaben, von Jahr zu Jahr stiegen und praktisch die IQ-Werte neu auf den Mittelwert 100 geeicht werden mußten. Dieser Anstieg ist inzwischen in vielen Ländern und in vielen Teilbevölkerungen (vgl. Flynn, 1996) nachgewiesen worden. Die wahrscheinlichsten Gründe dafür sind eine Verbesserung des Bildungssystems und der Einfluß der Massenmedien, vielleicht auch verbesserte Gesundheitsfürsorge und bessere Ernährung, weshalb die gesamte Erscheinung auch mit dem Begriff IQ-Akzeleration erfaßt wird. Der Anstieg der IQ-Werte kommt vor allem dadurch zustande, daß die Verteilung am unteren Ende etwas zusammengedrückt wird. In großen Untersuchungen (Teasdale und Owen, 1989) wurde herausgefunden, daß fast der gesamte IQ-Zuwachs dadurch zustande kommt, daß in der unteren Hälfte der IQ-Verteilung ein Anstieg zu verzeichnen ist. Die Fachleute sind sich einig, daß es sich bei der IQ-Akzeleration (ähnlich wie bei der Veränderung der Körperhöhen) um eine Veränderung des Phänotypus und nicht um eine des Genotypus handelt.

Wenn man aber meint, daß die Unterschiede im mittleren IQ zwischen Schichten, ethnischen Gemeinschaften oder Rassen allein genetischen Unterschieden zuzuschreiben wären oder allein Umweltfaktoren, unterschätzt man die Komplexität der Zusammenhänge. Herrnstein und Murray sind sogar der Ansicht, daß es wenig Sinn hat, die „Anteile" von beiden in Punkten oder Prozenten anzugeben oder zu schätzen. Weitverbreitet ist die völlig falsche Meinung, daß Umwelteinflüsse Einflüsse sind, bei denen man etwas ändern kann, genetische Einflüsse solche, die man hinnehmen muß und bei denen man nichts ändern kann. Das stimmt aber nicht.

Das Lehrbuchbeispiel für eine Erkrankung, die erblichen Schwachsinn verursachen kann, ist noch immer die Phenylketonurie, die 1934 erstmals als eine unterscheidbare genetische Ganzheit beschrieben worden ist. Nehmen wir einmal an, die Phenylketonurie-Patienten wären bis heute, wie viele andere noch, in der Gruppe der „erblich Schwachsinnigen" verblieben, und Mediziner, Psychologen, Soziologen und Pädagogen hätten Untersuchungen über diesen Personenkreis durchgeführt. Die Pädagogen hätten sich sicher neue Lehrmethoden ausgedacht, mit dem Ziel, das Intelligenzniveau anzuheben. Wir wollen hoffen und annehmen, daß ihren gewiß sehr aufwendigen Anstrengungen ein gewisser Erfolg beschieden gewesen wäre. Die Psychologen hätten nach den Ursachen der Persönlichkeitsstörungen gesucht und hätten Geburtstraumen, frühkindliche Erlebnisse, vielleicht gestörte Eltern-Kind-Beziehungen (wie sollten sie bei so einer Krankheit auch völlig normal sein?), gestörte Beziehungen zwischen den Eltern und andere Korrelationen gefunden, denen der eine oder andere Verfasser für die Erkrankung und die Persönlichkeitsstörungen der Kinder eine ursächliche Bedeutung zugeschrieben hätte. Die Mediziner hätten, in Unkenntnis des ursächlichen Mechanismus, Versuche mit Diätbehandlungen und Medikamenten gemacht, die zu gewissen Teilerfolgen geführt und die Schwere der Störungen gemildert hätten. Schließlich lägen auch noch neuere genetische Untersuchungen, ohne Mitwirkung des Biochemikers (so wie beim Forschungsstand zwischen 1920 und 1930), vor, die den Genetiker für eine erbliche Verursachung plädieren ließen, ohne daß diese Ergebnisse von den Vertretern anderer Fachrichtungen als schlüssiger Beweis angesehen würden, für den in der Regel die Entdeckung des genetischen Substrats als notwendig angesehen wird. – Diese Zeilen sind nicht ohne Ironie geschrieben, ähnelt die Situation doch auf vielen Gebieten der Genetik der Intelligenz dem eben beschriebenen unklaren Sachverhalt. Im Fall der Phenylketonurie ist es aber der Genetik gelungen, die eigentliche Ursache zu erkennen und eine Behandlung, in diesem Fall eine Diät, zu finden, die den ursächlichen Defekt zwar nicht behebt, aber seine Auswirkungen stark einschränkt. Die Behandlung ist eine gezielte Umweltveränderung – in diesem Fall eine Diät –, die durch tiefe Einsicht in den Kausalmechanismus möglich geworden ist. Voraussetzung dafür, solche gezielten Umweltveränderungen zu finden, ist biochemisch-genetische Forschung, von der immer wieder neue Ergebnisse und Erfolge zu erwarten sind.

Hat es überhaupt für das Alltagsleben irgendeine Bedeutung, wenn man weiß, daß der IQ-Unterschied zwischen Rassen einen genetischen Hintergrund hat? Herrnstein und Murray fürchten, daß es einige Leute geben wird, die ein solches Faktum als einen Freibrief dafür nehmen, alle Weißen so zu behandeln, als wären sie den Schwarzen intellektuell überlegen. Aber ein solches Verhalten wäre völliger Unsinn. Viele Schwarze sind klüger als eine große Anzahl von Weißen und bleiben es, auch wenn man genau wüßte, daß den Mittelwertsunterschieden zwischen den Rassen genetische Unterschiede zugrunde liegen. Unterschiede in den Mittelwerten und in den Genfrequenzen sind völlig nutzlos, wenn es um die Einschätzung von Einzelpersonen geht. Wenn ein Arbeitgeber einen begabten Menschen mit einem IQ von 130 sucht, dann hat es keine Bedeutung, ob das Gesicht des Bewerbers weiß, schwarz oder gelb ist. Und wenn man ein Lehrer ist, der vor einer Klasse steht, deren Schüler verschiedenen Rassen angehören, dann weiß der Lehrer keinen Deut mehr über seine Schüler und ihre Leistungen, wenn er irgendwo gelesen hat, daß statistische Gruppenunterschiede etwas mit Genen zu tun haben können. Und wenn man ein Beamter im Bildungsministerium ist, dann wird und soll man weiterhin versuchen, in Wohngebieten mit Ausländern die Qualität der Schulbildung und die dazugehörigen Rahmenbedingungen zu verbessern.

Gefährlich ist aber auch die durch die Massenmedien verbreitete Meinung, daß psychische Leistungsunterschiede überhaupt nichts mit Sprache und Rasse zu tun haben oder zu tun haben dürfen. Da die Alltagserfahrung vieler Menschen dieser offiziellen Meinung widerspricht, sie ihre Gedanken und Beobachtungen aber nicht rational äußern und diskutieren dürfen, kann es zu Gewalt und Haß kommen, dem nur durch offene und rationale Diskussion der Boden entzogen werden kann, nicht aber durch Tabuisierung des Themas an sich.

Unterschiede im IQ zwischen Bewohnern eines Landes mit unterschiedlicher Herkunft

In den USA werden die drängenden sozialen Probleme nach Meinung von Herrnstein und Murray oft als Rassenprobleme verstanden (wir würden aber eher sagen: verfremdet). Im Rezessionsjahr 1992 betrug die Arbeitslosigkeit unter den Weißen z. B. 7 %, bei den Schwarzen aber 14 %. 1992 waren von den Weißen weniger als 12 % als arm eingestuft, aber 33 % der Schwarzen.

In Mitteleuropa hatten wir andere Probleme, deren Auswirkungen für die gesamte Geschichte aber nicht weniger folgenreich waren und aus denen deshalb für analoge Situationen durchaus Lehren zu ziehen sind, damit sich die Vorgänge nicht wiederholen können. Gerade das wird ja immer wieder mit Recht und gutem Grund gefordert. Was aber dabei immer mehr unterbleibt, ist die Darstellung der Vorgeschichte der Ereignisse, eine Analyse der sozialstrukturellen Verwerfungen, die vorangegangen sind. Denn es ist nicht ursprünglicher Haß, Fremdenfeindlichkeit oder purer Vandalismus, der das Schreckliche bewirkt, sondern tiefe, in Jahrzehnten gewachsene gesellschaftliche Verwerfungen müssen vorhanden sein, ehe Schreckliches geschehen kann.

Die Juden

Im Juni 1925 gab es im Deutschen Reich 564.379 Juden. Das waren 0,9 % der Gesamtbevölkerung, in Preußen 1,1 %, wobei ihr Anteil in diesem Gebiet (das ja früher polnische Gebiete mit einschloß) rückläufig war und noch um 1870 1,3 % betragen hatte. Hatte man 1871 in der Provinz Posen 62.000 Juden gezählt, waren es 1910 nur noch 26.000. Das Wanderungsziel war zumeist Berlin. *Unter den hochindustrialisierten Ländern Europas hatte Deutschland bei weitem die meisten Juden, und zwar schon seit den ersten Jahrzehnten der Industrialisierung des europäischen Kontinents,* schreibt Bennathan (1966, S. 88) in seiner Arbeit über „Die demographische und wirtschaftliche Struktur der Juden". Wir stützen uns bei den folgenden statistischen Angaben gerne auf diese Arbeit, da sie eine jüdische Quelle ist, die in einem Sammelband über das politische „Entscheidungsjahr 1932" enthalten ist und die Probleme genau in dem sozialen Kontext zu erfassen sucht, mit dem wir uns hier Kapitel für Kapitel befassen.

In Berlin waren damals 4,3 % der Bevölkerung Juden, wobei es wiederum zu Konzentrationen in bestimmten Stadtteilen kam: Charlottenburg hatte 17 % Juden, Wilmersdorf 16,5 %, Mitte 15 %, Prenzlauer Berg 11 %, Schöneberg 10 %. In Berlin lebten allein 31 % aller deutschen (und 48 % aller preußischen) Juden. In Hamburg waren 1,8 % der Bevölkerung Juden. Insgesamt war der Anteil der Juden an der Einwohnerzahl von Großstädten über 100.000 Einwohner zweieinhalbmal so groß wie ihr Anteil an der Gesamtbevölkerung. Neben Berlin und Hamburg waren Frankfurt am Main, Breslau, Köln, Leipzig und München weitere Schwerpunkte des jüdischen Lebens. Insgesamt lebte allein die Hälfte der Juden in diesen sieben Städten. Dabei waren schon seit 1880 die Geburtenzahlen der Juden, als einer Bevölkerung mit starkem Bildungsbürgeranteil und deshalb früh einsetzender Geburtenbeschränkung, niedriger als bei den Deutschen. Daher war es seit 1880 zu keiner Erhöhung des relativen Bevölkerungsanteils der Juden mehr gekommen. Eine absolute Zunahme ihrer Personenzahl fand nur noch durch Zuwanderung statt. Bereits 1918 kam deshalb eine „Statistik der Juden“ (Knöpfel, 1918) zu dem Schluß: *Es zeigt sich [...] daß die Juden in vielen sozialen Beziehungen gewissermaßen ihrer Zeit vorauseilen und soziale Veränderungen bereits ausgereift aufweisen, die bei den anderen Völkern erst im Keim vorhanden sind. [...] In fast allen europäischen Staaten haben Industrie und Handel im 19. Jahrhundert gegenüber der früher allein bedeutsamen Landwirtschaft an Wichtigkeit gewonnen, hat der Wohlstand, die hygienische Fürsorge und die Volksbildung zugenommen, haben die großen Städte einen immer erheblicheren Teil der Bevölkerung an sich gezogen. Alle diese Veränderungen auf wirtschaftlichem Gebiete haben die Juden, die schon von jeher eine vorwiegend städtische, dem Handel und der Industrie angehörige Bevölkerung waren und im 19. Jahrhundert durch besonders intensive Anteilnahme an dem modernen kapitalistischen Wirtschaftsleben zu verhältnismäßigem Wohlstande gelangten, den Christen vorweggenommen. Da aber auch die meisten anderen sozialen Erscheinungen, nicht nur die Geburtenrate, sondern auch die Sterblichkeit, die Binnenwanderungen [...] usw. von jenen wirtschaftlichen Veränderungen beeinflußt werden, so kommt es, daß auch hier die Juden gewissermaßen das Barometer für die übrige Bevölkerung sind und Zustände schon jetzt zeigen, die bei jener erst in der Zukunft zu erwarten sind.*

Die Juden, die in Deutschland seit 1880 vor allem aus Galizien (damals bekanntlich ein Teil von Österreich-Ungarn) – nachdem es dort zu Aufrufen zum Wirtschaftsboykott gegen jüdische Geschäfte gekommen war und sich die Perspektiven der Juden verschlechtert hatten – nach Sachsen zugewandert waren, besaßen häufig nicht die deutsche Staatsangehörigkeit. Waren 1900 7 % der Juden im staatsrechtlichen Sinn Ausländer, so waren es 1933 19,8 % (Bennathan, 1966). Bei den neu Zugewanderten waren besonders viele ohne deutsche Staatsangehörigkeit: in Berlin 29,9 %, in Dresden 60,7 % und sogar 73,9 % aller Juden Leipzigs. 1925 waren unter den Juden Sachsens schätzungsweise 65 % erst in den letzten Jahrzehnten Zugewanderte. Bei den Verfolgungen waren diese Juden ohne deutsche Staatsangehörigkeit auch eine der ersten Zielgruppen, und sehr viele von ihnen wurden erst einmal 1938 nach Polen abgeschoben, um dann dort nach der Besetzung Polens 1939 erneut in den Machtbereich des deutschen Nationalsozialismus zu gelangen. Eine körperliche Vernichtung aller Juden, deren man habhaft werden konnte, war bis Kriegsausbruch 1939 nicht geplant worden. Ob insgesamt das Problem des Zusammenlebens von Deutschen und Juden zwischen 1933 und 1945 in andere Bahnen gelenkt worden wäre, wenn fast alle Juden 1933 die deutsche Staatsangehörigkeit allein oder die doppelte Staatsangehörigkeit besessen hätten, mag bezweifelt werden.[8]

Schon 1918 trat Nossig der weitverbreiteten Auffassung entgegen, daß *die weitaus überwiegende Majorität der Auswanderer sich aus gänzlich besitzlosen und unqualifizierten Personen zusammensetzen würde, aus Kleinhändlern und Luftmenschen, die im Einwanderungsland den erstbesten Erwerbszweig ergreifen. [...] Die Hauptmasse der jüdischen Auswanderer bestand aus qualifizierten Arbeitern. [...] Durch diese Zusammensetzung unterscheidet sich die jüdische Emigration von der aller anderen Völker. Unter den Italienern findet man 2 mal weniger qualifizierte Arbeiter, unter den Deutschen und Engländern 3 mal, unter den Polen 8 mal weniger.*

Auch die nach Deutschland zugewanderten Juden waren, wie Fernwanderer oft, eine aktive Auslese, und nach ihrer Berufszugehörigkeit (siehe z. B. Leipziger Jüdisches Jahr- und Adreßbuch, 1933) kann auf einen mittleren IQ von 115 der etwa 15.000 Leipziger Juden um 1932 geschlossen werden (also etwa wie heute der mittlere IQ der Juden in den USA; vgl. Herrnstein und Murray, 1994; Weyl und Weitz, 1986; MacDonald, 1994). Das entspricht einer Genfrequenz des Allels M1 von etwa 0,6 gegenüber etwa 0,2 in der deutschen Bevölkerung. Die drei Typen der Intelligenz sind damit unter den europäischen und amerikanischen Juden völlig anders gegenüber der übrigen Bevölkerung

[8] Und damit soll zu dieser, heute politisch aktuellen Problematik der doppelten Staatsangehörigkeit auch schon alles gesagt sein. Wenn es tiefgehende Probleme gibt, die Millionen Menschen betreffen, kann man sie damit bestenfalls übertünchen, in Einzelfällen aber mit einer doppelten Staatsbürgerschaft gewiß zu vernünftigen Lösungen beitragen.

verteilt: Etwa ein Drittel sehr Intelligente, etwa die Hälfte Mittelmäßige, etwa 15 % Einfache. (Die Vergleichszahlen der übrigen weißen Bevölkerung sind bekanntlich 5:27:68 %.) Bereits 1890 besuchten in Berlin (wo der Bevölkerungsanteil der Juden 4 % war) 25 % der jüdischen Kinder eine höhere Schule. 1905/06 waren 25 % aller Jura- und Medizinstudenten an deutschen Universitäten Juden.

1905 zahlten die Juden in Berlin durchschnittlich 357 Mark Einkommensteuer, die Protestanten 133 Mark, die Katholiken 111 Mark. 1929 war das Durchschnittseinkommen der Berliner Juden etwa doppelt so hoch wie das der anderen Stadtbewohner. Aber auch unter den Juden gab es eine arme Minderheit, die vor allem aus Einwanderern bestand, die in den letzten Jahren aus Osteuropa zugewandert waren und für die von jüdischen Organisationen Sozialhilfe geleistet wurde. Der relative Wohlstand vieler Juden war der Ausgangspunkt für die Auswanderungssteuer, die 1933 bis 1939 viele von ihnen zahlen mußten und konnten: Insgesamt nahm das Deutsche Reich auf diese Weise 3,5 Milliarden Mark ein, weitere Vermögenswerte im Wert von etwa sieben bis acht Milliarden Mark (natürlich nach damaligen Preisen) wurden enteignet (Gordon, 1984, S. 16).

1931 schrieb Lenz (S. 417) im deutschen Drei-Männer-Standardwerk der „Menschlichen Erblichkeitslehre und Rassenhygiene“: *Den einseitigen „Antisemitismus“ des Nationalsozialismus wird man natürlich bedauern müssen. Es scheint leider, daß die politischen Massen solche Anti-Gefühle brauchen, um zur Aktivität zu kommen.* Um dann aber 1936 (Baur, Fischer und Lenz, S. 766) festzustellen: *Unser deutsches Volk ist – oder wie man jetzt glücklicherweise wohl sagen darf, war – hauptsächlich durch die Mischung mit Juden bedroht.* Eine andere Meinung wäre den bis 1945 weiterhin glänzenden beruflichen Karrieren von F. Lenz und E. Fischer und damit den Lebensbedingungen ihrer Familien auch sehr abträglich gewesen. Tatsächlich war die Assimilation – wir würden heute sagen: die Integration – der Juden 1933 schon in vollem Gang. Zwischen 1920 und 1930 lebten nicht weniger als 17,5 % der Juden in Mischehen, mit deutlich steigender Tendenz (Bennathan, 1966), denn 1932 heirateten bereits 36 % aller Juden Nicht-Juden. Eine vernünftige Politik hätte wahrscheinlich diese fortschreitende Assimilation begrüßt und zu fördern versucht (und wäre dabei auf den Widerstand bestimmter jüdischer und deutschnationaler Kreise gestoßen), anstatt die Mischehen als Bedrohung zu deuten und zu empfinden. Mit den Nürnberger Gesetzen von 1935 wurden Mischehen bekanntlich sogar verboten. Jüdische Autoren (Gordon, 1984) gehen davon aus, daß diese – anfangs wenig gewalttätige – Zurückdrängung der jüdischen Wettbewerber von weiten Teilen der deutschen Bevölkerung gebilligt wurde.

Trotz dieser Anpassung an den Zeitgeist versuchte Lenz dennoch, auf wissenschaftlicher Objektivität in Sachaussagen zu beharren, und er schreibt und belegt weiterhin (Baur, Fischer und Lenz, 1936 [sic!], S. 750): *Aber daß die Juden im Durchschnitt intellektuell begabter sind als der Durchschnitt der deutschen Bevölkerung, läßt sich meines Erachtens nicht bestreiten,* und er wagt darüber hinaus, die geringere Kriminalität bei Juden (und das gilt ja für alle Bevölkerungsgruppen mit einem überdurchschnittlichen IQ) statistisch zu belegen. (Daß diese Sätze dann ab 1937 gelegentlich auch von einfachen NSDAP-Parteigenossen gelesen wurden, die darüber „sehr verwirrt" waren und bei Parteistellen nach Aufklärung verlangten, wäre ein Kapitel für sich.) Tatsächlich waren mit Stichtag 16. 6. 1933 10,9 % aller Ärzte im Deutschen Reich Juden und 8,6 % der Zahnärzte. Bei den Maklern und Kommissionären betrug der Anteil der Juden 15,1 %, bei den Rechtsanwälten und Notaren 16,3 %. Der Anteil von jüdischen Firmen am Lebensmittelhandel betrug 5 %, jedoch 62 % am gesamten Einzelhandelsumsatz des Bekleidungshandels. Die Privatbanken waren zu 45 % in jüdischer Hand, in Berlin (1923) zu 75 % (Bennathan, 1966). Während nach der Reichsstatistik von 1933 80 % aller jüdischen Erwerbspersonen Selbständige und Angestellte waren, aber nur 9 % Arbeiter, waren es bei den Deutschen 29 % Selbständige und Angestellte und 46 % Arbeiter. In Deutschland, wo die Juden – die Zahl noch einmal in Erinnerung gerufen – weniger als 1 % der Bevölkerung stellten, kontrollierten sie zwischen 1928 und 1932 etwa 25 % des gesamten Handels und stellten 50 % der 234 deutschen Theaterdirektoren, in Berlin sogar 80 % (Gordon, 1984, S. 14). Um 1930 ist die antisemitische Literatur voll von Angaben über Vetternwirtschaft an bestimmten juristischen und medizinischen Fakultäten, und nicht alle Angaben dürften frei erfunden sein.

Es sind einfach die sozialen Realitäten, die man auch nachträglich noch zur Kenntnis nehmen sollte, nein muß, wenn man ernsthaft den Anspruch erhebt, heute etwas zur Prävention ähnlicher Ereignisse beitragen zu wollen. Wem aber von den jüngeren Lesern dieses Buches waren die eben zitierten statistischen Zahlen, die 1932 in jeder Tageszeitung nachgelesen werden konten, schon bekannt? Und wer kann mit ihnen eine Bedeutung verbinden? Wo doch heute eher die Meinung vertreten wird, daß solche unterschiedlichen Anteile an verschiedenen Berufsgruppen eher unbedeutend oder nur eine vorübergehende Erscheinung seien. Man hat aus dem schrecklichen Ereignis der systematischen Judenvernichtung, zu der es dann während des Zweiten Weltkriegs kam, überhaupt keine Lehre gezogen und trägt zur Verhinderung ähnlicher Ereignisse nichts oder wenig bei, wenn man versucht, die sozialen Realitäten von 1932 zu verschleiern.

Wie verhält sich im Kreislauf der Eliten eine Bildungselite und zugleich Minderheit, die von der etablierten politischen Macht praktisch völlig ausgeschlossen ist, so wie es die Juden im Deutschen Reich um 1871 waren? Bitte, lesen Sie zur Beantwortung dieser Frage noch einmal auf den ersten Seiten die dafür zeitlose Gebrauchsanweisung nach, die Orwell dem Renegaten mit dem jüdischen Namen Goldstein in den Mund legt. Von 1893 bis 1914 waren auf der Ebene des Deutschen Reiches 400 Juden politisch aktiv und weitere 1.500 auf unteren Ebenen der Politik. Im Reichstag stellten sie in diesem Zeitraum 1,7 % aller Abgeordneten. Von 1893 bis 1916 waren 72 % aller jüdischen Reichstagsabgeordneten Abgeordnete der SPD, und sie verfolgten damit genau die Zugewinnstrategie, die man von einer Elite erwarten darf, deren Macht geringer ist als ihr tatsächliches Können und Vermögen. Die jüdische Bevölkerung selbst unterstützte nur mit 19 % ihrer Stimmen die SPD und verhielt sich damit eher konform zu ihrer eigentlichen sozialen Lage (Gordon, 1984, S. 20). Jedoch wurde dieses Verhalten der gemäßigten jüdischen Mehrheit nach außen wenig sichtbar. *Es ist unbestreitbar wahr, daß einige herausragende jüdische Politiker und Intellektuelle in den Jahren unmittelbar vor und nach dem I. Weltkrieg zum Sozialismus neigten, und viele Zionisten waren zugleich Kommunisten. Das schuf die paradoxe Situation, daß die gemäßigte jüdische Mehrheit als sozialistisch, internationalistisch und revolutionär abgestempelt werden konnte. Es hat eine Bestrebung gegeben, die wichtige Rolle einfach außer acht zu lassen, die jüdische Intellektuelle in der SPD und KPD gespielt haben, und damit einen echten und sachlichen Grund für den steigenden Antisemitismus während und nach dem I. Weltkrieg zu vernachlässigen. Viele Deutsche nahmen fälschlich an, daß die prominenten jüdischen Intellektuellen die politische Haltung der Mehrzahl der deutschen Juden widerspiegelten, und es war diese verbreitete Falschwahrnehmung, die sich für die jüdische Minderheit als politisch am gefährlichsten herausstellte. Die Unterstützung linken Gedankenguts durch jüdische Politiker und Intellektuelle war nicht einfach eine Erfindung der Nationalsozialisten, sondern ein Tatsache. [...] Ab 1890 stellten die Juden im Reichstag 10 % aller SPD-Abgeordneten. Jüdische politische Führer wie Eduard Bernstein und Rosa Luxemburg waren außerordentlich aktiv. [...] Von den 400 Juden, die von 1893 bis 1914 in der Reichspolitik aktiv waren, waren 31 % als Herausgeber, Autor, Journalist oder Propagandist für SPD-Einrichtungen angestellt. [...] Es gab enge Verbindungen und Geldüberweisungen zwischen jüdischen Selbstverteidigungs- bzw. Interessenorganisationen und SPD-Propagandaeinrichtungen. [...] Die herausragende Rolle der Juden in der Revolution von 1918 und während der ersten Jahre der Weimarer Republik ist unbestreitbar und war eine sehr wichtige Ursache dafür, daß der Antisemitismus in den Nachkriegsjahren stärker wurde* (Gordon, 1984, S. 23). – Daß Jude-Sein und linke politische Orientierung *keine* zwangsläufige Ehe sind, macht schon ein Blick in die politische Szene des heutigen Israel klar. Politische Orientierungen sind nun einmal Rollenspiele, deren Ablauf nicht in den Genen fixiert ist, sondern im relativen Ausgangspunkt und im angestrebten Ziel der Gruppen, die ihren jeweiligen Anteil zu vergrößern suchen. Nicht immer läuft jedoch das Spiel nach den Regeln der parlamentarischen Demokratie ab, sondern kann sich in Revolutionen auf gefährliche und unvorhersehbare Weise steigern und mit der Vernichtung oder Vertreibung eines oder mehrerer Bevölkerungsteile enden, ehe sich dann langsam wieder ein „normales" Rollenspiel einstellt. Etwas über die Ursachen derartiger Katastrophen auszusagen und sie damit vielleicht zu vermeiden, rechtfertigt eine tiefergehende Betrachtung, die wir fortsetzen wollen.

Im Mittelalter waren die Juden aus einigen Ländern, darunter auch England und Frankreich, vollständig vertrieben worden. In Polen tauchten die ersten Juden (die aus dem Gebiet des Heiligen Römischen Reiches Deutscher Nation kamen) etwa um 1100 auf und konnten in den entstehenden Städten einer Erwerbstätigkeit nachgehen. Betrug der Bevölkerungsanteil der Juden in Polen um 1500 noch weniger als 1 %, so stieg er auf 5 % um 1659 und 10 % im Jahre 1920 (Zahlen nach MacDonald, 1994, S. 130). In der sich allmählich entwickelnden, immer stärker arbeitsteiligen Wirtschaft besetzten sie einen Sektor, der überdurchschnittliche geistige Anforderungen stellte, bei wirtschaftlichem Erfolg aber auch günstige Entwicklungsbedingungen bot. Die Sonderstellung der Juden führte aber auch in Polen immer wieder zu Verfolgungen. Bereits im 14. und 15. Jahrhundert sind für Polen mindestens 19 derartige Verfolgungen in Form von Angriffen oder Vertreibungen aus bestimmten Städten oder Provinzen aktenkundig nachweisbar (Weinryb, 1973). Bei diesen lokalen Verfolgungen, so z. B. in Krakau 1348, 1360, 1407, 1423 und dem Pogrom von 1454, bei dem Pogrom in Posen 1367 oder bei den Vertreibungen aus Warschau 1455,

1483 und 1498 spielte auch immer wieder das Bestreben der Schuldner eine Rolle, auf diese Weise ihre jüdischen Gläubiger loszuwerden (nähere Ausführungen bei Weinryb, 1973). Trotz solcher lokaler Verfolgungen wuchs die jüdische Bevölkerung in Polen von etwa 10.000 Personen um 1500 auf knapp 100.000 um 1600 und etwa 160.000 um 1650. Obwohl es dafür nur bruchstückhafte Unterlagen, insbesondere aus den überlieferten Genealogien, gibt, ist anzunehmen, daß die ärmeren jüdischen Familien nur zwischen 1,2 und 2,4 Kinder pro Familie hatten, von den wirtschaftlich und geistig führenden Familien jedoch oft vier, sechs und manchmal sogar acht oder neun Kinder das Erwachsenenalter erreichten. *Zu den zahlreichen Gefahren, die das Überleben eines kleinen Kindes bedrohten, zählten der Hunger, der Schmutz, die langen kalten Winter und die vielen Seuchen wie z. B. die Pocken. Die Säuglinge wurden lange Zeit gestillt [...]. Nur die wohlhabenderen Familien konnten ausreichend Nahrung heranschaffen, und sie hatten die Möglichkeit, ihre Häuser warm zu halten, denn das verursachte ziemlich hohe Kosten* (Weinryb, 1973, S. 115).

Von 1500 bis 1717 kam es zu mindestens 50 weiteren lokalen Judenverfolgungen in mindestens 41 polnischen Städten, die Hälfte der Fälle davon in Posen, Krakau und Lemberg. Einen besonderen Einschnitt bedeutete aber das Jahr 1648 und die folgenden: Der Kosakenaufstand in der Ukraine, an dem die Tataren teilnahmen, brachte Einfälle der Kosaken und der russischen Armee nach Polen und Litauen mit sich, die mit schwersten Zerstörungen, Massenmord und Verschleppungen einhergingen. Da wir solche Berichte auch aus der unmittelbaren Gegenwart (z. B. Bosnien, Kosovo) kennen, können wir an dieser Stelle auf das Zitieren von Details verzichten. Etwa ein Viertel aller Juden in Polen kam um oder wurde oft auf grausamste Weise umgebracht. Aber auch hier gibt es Belege dafür, daß es den reicheren Juden eher gelungen war, rechtzeitig vor heranrückenden Truppen zu fliehen. In der Stadt Pinsk z. B. waren von 1.100 Haushalten 800 jüdische. Zwei Quellen geben an, daß es den meisten Juden gelang zu fliehen. Nur wenige „arme Juden“ blieben zurück und wurden getötet. Auch in Städten, die vollständig verwüstet waren, findet man später wieder jüdische Steuerzahler. In dem Jahrhundert nach 1667 nahm die jüdische Bevölkerung im Kronland Polen sehr stark zu und wuchs bis 1765 auf 549.000 Personen an, d. h. um 1,5–2 % jährlich, und auf 750.000 im damaligen polnischen Großstaat insgesamt. Als Ursachen für diese Zunahme, die diejenige der polnischen Bevölkerung weit übertraf, führt Weinryb an, daß die Juden keine Kriegsdienste leisteten und deshalb auch keine jungen Männer als Soldaten verloren sowie daß es bei ihnen keinen Zölibat gab. Ein Teil der jungen polnischen Frauen und Männer blieb als Dienstpersonal ehelos oder trat in Klöster ein, ein weiterer Teil der Männer, und das konnten von den Anforderungen her nie die Dümmsten sein, wurden katholische Priester. Darüber hinaus gibt es gute Gründe für die Annahme, daß es bei den wohlhabenden jüdischen Familien in ihren geräumigen Häusern mit Hygiene und Sauberkeit etwas besser zuging als bei der durchschnittlichen polnischen Familie. Auch wurden die jüdischen Mädchen früh verheiratet. – Man muß diese Dinge einfach etwas genauer betrachten, da diese starke Zunahme der Juden unter den Sonderbedingungen der polnischen Gesellschaft für alle Juden, die dann im 20. Jahrhundert lebten, ein wichtiger Ausgangspunkt ihres Selbstverständnisses, aber auch ihrer späteren Probleme geworden ist. Während die Juden in den polnischen Städten Geschäftsleute, Handwerker und Schriftkundige waren, waren die Juden in den Dörfern als Gastwirte, Gutsverwalter und Steuersammler das wirtschaftliche Bindeglied des Adels zu seinen Untergebenen, mit allen sich daraus ergebenden langfristigen Folgen. (Eine ähnliche Rolle spielten in Polen übrigens auch Armenier.) Die begrenzte Zahl von Berufen und Tätigkeiten, die Juden offenstanden, lenkte ihre sozialstrukturelle Entwicklung in eine bestimmte Richtung, und zwar in eine, in der ein überdurchschnittlicher IQ stets einen Vorteil bedeutete, ein gesicherteres Einkommen zu erlangen und eine bessere Grundlage, eine eigene Familie zu gründen und zu erhalten. Etwa 3.000 Italiener und 8.000 Schotten, die in der ersten Hälfte des 17. Jahrhunderts aus wirtschaftlichen Gründen nach Polen gekommen waren und in der Sozialstruktur ebenfalls eine gehobene Sonderstellung eingenommen hatten, wurden früher oder später assimiliert und polonisiert (Hundert, 1992). Die Mehrzahl der damals bereits 150.000 Juden war aus religiösen Gründen nicht zur Taufe und damit nicht zur Assimilation bereit.

In Rußland, das in den polnischen Teilungen große Teile des früheren Polens annektiert hatte, ging eine ähnliche Entwicklung weiter, und die jüdische Bevölkerung hatte zwischen 1820 und 1880 um 150 % zugenommen, die nichtjüdische um 87 %. In den südlichen Provinzen Rußlands hatte sich die Zahl der Juden von 1844 bis 1914 sogar um 850 % erhöht, gegenüber einer Bevölkerungszunahme um 250 % bei den Nichtjuden. *Die russischen Pogrome von 1881 hingen mit dem Bevölkerungswachstum der Juden zusammen und ihrer zunehmenden Einwanderung in die Städte, und der Aufruhr war zum Teil durch Geschäftsleute angestiftet worden, für die die Juden Konkurrenten waren* (MacDonald, 1994, S. 127).

Der Gedanke an Konkurrenz war nicht unbegründet. Im 18. Jahrhundert waren die Hälfte der gesamten städtischen Bevölkerung Polens Juden. Besonders instruktiv ist die Fallstudie der Stadt Opatów in Kleinpolen (Hundert, 1992). 1538 gab es in Opatów vier jüdische Familien, 1618 etwa 40 jüdische Haushalte, d. h. etwa 12 % aller Haushalte der Stadt. Um 1656, im Krieg gegen Schweden, wurde Opatów verwüstet. 1674 zählte man dann 475 Christen und 219 Juden. 1713 hatte die Stadt 98 christliche Haushalte, und die Juden erreichten mit 108 Haushalten zum erstenmal bei einer Zählung die absolute Mehrheit. Nach den Kopfzahlen lebten dann 1727 700 Christen in Opatów und 1.400 Juden. Die Zahl der Juden erreichte dann um 1770 mit rund 2.500, darunter 485 Steuerzahler, ihr Maximum. Um diese Zeit hatte bereits eine lebhafte Abwanderung in Richtung Warschau und nach anderen Städten eingesetzt. Von 3.512 Juden, die 1778 in Warschau lebten, stammten 173 aus Opatów. Die Juden hatten ihre eigene Sprache und ihre eigene Religion und lebten in starker Trennung von der übrigen Bevölkerung. Dennoch weist die gegenläufige Entwicklung der Bevölkerungsteile darauf hin, daß es im wirtschaftlichen Bereich zweifellos eine Konkurrenzsituation gegeben haben muß, bei der die Juden, in deren Hände im 18. Jahrhundert faktisch das gesamte Wirtschaftsleben der Stadt übergegangen war, die größere Vitalität aufwiesen. Bereits aus dem Jahre 1569 ist eine erste besorgte Äußerung von christlichen Kaufleuten über die jüdischen Wettbewerber im Handel überliefert. Die Juden traten auch als Handwerker kaum in die Zünfte der Christen ein, sondern gründeten eigene Zünfte. Aus dem 17. Jahrhundert werden antisemitische Zwischenfälle berichtet, in denen die Unterschichten ihren Haß austobten. Auch sonst ist in den gegenseitigen Beziehungen vielfach von Mißtrauen und Haß die Rede. Einige Juden waren wirtschaftlich stark geworden und begannen, die Landgüter des Adeligen zu pachten, dem die Stadt gehörte. Ende des 18. Jahrhunderts gab es in Opatów keine nichtjüdischen Fleischer, Bäcker, Schneider, Gerber und Goldschmiede mehr. Für das Wachstum der jüdischen Gemeinschaft gab es auch demographische Ursachen: Als Heiratsalter wird für die jüdischen Mädchen in wohlhabenden Familien oft bereits das 13. Lebensjahr angegeben, und die Kindersterblichkeit war relativ niedrig. Die Sorge der Männer um ihre Familie war sehr ausgeprägt.

Wie die jüdische Bevölkerung ihren überdurchschnittlich hohen IQ erlangte, könnte Inhalt eines eigenen Buches sein, ist aber bei MacDonald (1994) so ausführlich untersucht, diskutiert und belegt worden, daß an dieser Stelle auf dieses Buch verwiesen werden soll. Heute würde man sagen: Die Juden betrieben über Jahrhunderte hinweg eine gezielte und erfolgreiche gruppenbezogene Familien- und Bildungspolitik. Für einen reichen Mann war es eine Ehre, einen armen jungen, aber intelligenten Mann in seiner Ausbildung zu fördern, ja ihn zum Schwiegersohn zu haben. *Ein Mann soll alles verkaufen, was er hat, damit er die Tochter eines gelehrten Mannes heiraten kann, oder er soll seine Tochter an einen gelehrten Mann oder anderen Mann mit Charakter verheiraten, weil er dann sicher sein kann, daß seine Kinder intelligente Menschen sein werden. Denn aus der Ehe mit einem Unwissenden können nur unwissende Kinder entstammen* (b. Pesachim, 49a; zitiert nach MacDonald, 1994). Mit den Religionsstudien hatten die Juden schon frühzeitig einen internen Bildungs- und Auslesemechanismus und mit ihren Religionsgelehrten eine eigene Bildungsschicht, die nicht im Zölibat unterging, sondern sich mit den Töchtern derer verheiratete, die sich im wirtschaftlichen Konkurrenzkampf, und das waren bei den Juden Handel und Gewerbe, behauptet hatten. Die Heiratswerber im jüdischen Schtetl notierten nicht nur die Namen der Burschen und Mädchen im heiratsfähigen Alter, sondern auch die Anzahl der Gelehrten unter den Verwandten der Eheanwärter, und danach richtete sich dann die Mitgift. Der Genetiker würde sagen: Die Heiratswerber hatten eine ungefähre Vorstellung, wie man den Erbwert bzw. den Heritabilitätsindex des IQ (vgl. Weiss, 1982b, in Weiss et al., 1986, S. 45) schätzen kann. *Geleitet von den rabbinischen Lehren, beruhte das Heiratsideal der Juden [...] auf dem Intellekt der zukünftigen Schwiegersöhne und -töchter und deren Eltern. Sie hatten anscheinend einen festen Glauben an die Macht der Vererbung und handelten demgemäß. Die Reichen suchten junge Leute mit Kenntnissen, und wenn sie keinen passenden jungen Gelehrten in ihrem gesellschaftlichen oder wirtschaftlichen Kreise fanden, zögerten sie keinen Augenblick, ihre Töchter einem armen Gelehrten zu vermählen. [...] Sobald in einer Gemeinde ein Junge als befähigt und versprechend entdeckt worden war, fand sich sicher alsbald ein Reicher, der ihn solange unterstützte, bis er reif war, seines Wohltäters Tochter zu heiraten. In vielen Fällen wurde er noch jahrelang nach der Eheschließung, oft lebenslänglich, versorgt* (Fishberg, 1918).

An der überdurchschnittlichen Intelligenz der Juden hat sich nichts geändert, und der heutige Staat Israel muß deshalb mit komplizierten Problemen seiner Sozialstruktur leben und fertig werden: Da der mittlere IQ der Juden weltweit bei etwa 115 liegen dürfte, ist der mittlere IQ der Einwanderer nach Israel, vor allem auch derjenigen aus der früheren Sowjetunion, kaum niedriger. In Israel stellen Wissenschaftler, Ingenieure und Freiberufler 22 % der Bevölkerung (Reicherzer, 1992). Auf 10.000 Einwohner kommen 135 Wissenschaftler (in den USA 85). Die neuen Emigranten aus der alten Sowjetunion gehören gar zu 70 % dieser intellektuellen Elite an. Doch qualifizierte Arbeitsplätze sind in Israel Mangelware geworden, und die Folge ist eine außerordentlich hohe Arbeitslosigkeit unter Akademikern. Allein die Zahl der Ärzte schnellte in drei Jahren von 12.000 auf 22.000 hoch. Es gibt bisher keinen Flächenstaat in der Welt mit einem mittleren IQ seiner Bewohner von höher als 105, der sich als langfristig lebensfähig erwiesen hat. Israel versucht, der erste zu sein. Im Grunde bedarf es der palästinensischen Arbeiter als ständiges Korrektiv seiner verzerrten Sozialstruktur.[9] Vielleicht ist das eine Hoffnung bzw. eine Möglichkeit für einen längeren Frieden, denn man braucht einander eigentlich. Eine Folge ist aber auch, daß die palästinensische Intelligenz im eigenen Land kaum qualifizierte Arbeitsmöglichkeiten findet und auswandern muß. Da bisher in jedem Wirtschaftsraum der mittlere IQ aller Einwohner sich um 100 bewegt, bewirkt ein höherer IQ bei einem Teil der Bewohner langfristig einen niedrigeren mittleren IQ bei einem anderen Teil. Inzwischen deutet sich aber in Israel ein möglicher Lösungsweg an, der, wenn er erfolgreich weitergegangen werden sollte, zu einer weltweit bisher einmaligen Chance führen könnte: In den letzten zwei, drei Jahren ist die Software-Ausfuhr Israels in dramatischer Weise angestiegen und steigt weiter. High-Tech-Produkte machen schon 40 % der gesamten Ausfuhr Israels aus (Follath, 1999), und damit könnten Volk und Staat sich genau in die ökologische Nische der Weltwirtschaft einpassen, die der Sozialstruktur des Landes eine Überlebenschance verschaffen dürfte. So könnte es – bei vorsichtigem Optimismus – sein, daß das jüdische Volk mit seiner einmalig hohen durchschnittlichen Intelligenz und seiner daraus folgenden Sozialstruktur und seinem Sozialverhalten wieder einmal strukturelle Entwicklungen der weiteren Modernisierung[10] vorwegnimmt, die in anderen Teilen der

[9] Dazu kommen als weiteres Korrektiv derzeit noch rund 100.000 nichtjüdische – zum Teil illegale – Gastarbeiter aus allen Teilen der Welt, die einfachste Tätigkeiten verrichten und von Abschiebung bedroht sind.

[10] Wenn Intelligenz (und damit korrelierter Besitz) nämlich schon seit -zig Generationen einen großen evolutionären Vorteil gebracht hat, warum ist die Intelligenzverteilung in der Bevölkerung nicht eine völlig andere (Weiss, 1992a)? Die Menschen leben seit Jahrtausenden in den verschiedenen Erdteilen unter verschiedenen Kulturen und unter verschiedenen Selektionsbedingungen. Das Erstaunliche dabei ist, daß, wenn es überhaupt Unterschiede zwischen Völkern und Rassen gibt oder geben sollte, sie hinsichtlich der IQ-Verteilung so gering sind, setzt das doch einen Selektionsmechanismus voraus, der bei Spaniern, Japanern und Tamilen, trotz ihrer unterschiedlichen Geschichte und Kultur, irgend etwas grundlegend Gemeinsames haben muß, wenn diese starken

Welt Jahrzehnte später erfolgen werden, und daß sich Israel dank seiner Intelligenz und seines hohen Standes der Waffentechnik auch militärisch behaupten kann.

Nach Angaben des Bundesverwaltungsamtes in Köln hatten sich bis Ende 1998 bereits über 93.000 russische Juden in der Bundesrepublik niedergelassen und knapp 122.000 weitere von den deutschen Behörden eine Einreisezusicherung erhalten. Hinzu kommen über 30.000 Personen, die einen Antrag gestellt haben und auf die endgültige Entscheidung warten. Sie können sich berechtigte Hoffnung auf Zuwanderung nach Deutschland machen. Von den bis Ende 1997 den Behörden vorgelegten 185.600 Einreiseanträgen wurden weniger als 0,1 % abgelehnt. [...] Die hohe Aufnahmequote [...] demonstriert eindrucksvoll, mit welcher Liberalität die Bundesrepublik die jüdische Einwanderung handhabt, liest man bei Harris (1999, S. 248). *Jeden Monat gehen beim Bundesverwaltungsamt, das für die Durchführung und Verteilung der Zuwanderer verantwortlich ist, 2.000 Neuanträge auf Einreise ein. Wenngleich [...] jüdische Gemeinden in Deutschland in Frage stellten, daß es sich bei den Zuwanderern tatsächlich um Juden handele, deuten alle Indizien auf eine Fortsetzung der großzügigen Zulassungspraxis hin. [...] Russische Juden haben Zugang zu umfangreichen Leistungen nach dem Bundessozialhilfegesetz und sind sofort arbeitsberechtigt. [...] Russische Juden werden zwar nicht sofort deutsche Staatsbürger, als Flüchtlinge [...] steht ihnen jedoch ein Status zu, der*

sozialen Selektionsdifferentiale nicht zu einer viel stärker divergierenden Entwicklung geführt haben. Die Antwort liegt in der Universalität der sozialen Hierarchie: Es gibt so etwas wie ein konstantes zahlenmäßiges Verhältnis zwischen der Anzahl der Führungspositionen und der Anzahl der Untergebenen, die Zahl der Zwischenglieder und nachwachsenden Anwärter auf Führungspositionen inbegriffen. Dieses Verhältnis ist historisch relativ konstant und gilt auch für die multiplen Hierarchien der Staatsverwaltung und der modernen Industrie (Blau und Schoenherr, 1971), für die bei 8 bis 9 % für Stab und technisches Personal eine Sättigungsgrenze erreicht ist. Ändert sich das Verhalten, so daß ein relativer Überschuß an Hochbegabten aufwächst (wie z. B. in den Familien der französischen Hugenotten vor ihrer Vertreibung) und geht das mit einer entsprechenden Vermehrung von verdeckten Machtpositionen, z. B. wirtschaftlichen Positionen, bei einer Gruppe einher, so droht die gewaltsame Entladung der entstehenden sozialen Spannung, dann drohten bisher in der Geschichte Bartholomäusnächte und Vertreibung. Der Teil an qualifizierten und einträglichen Positionen, der von einem Bevölkerungsteil besetzt ist, kann nicht gleichzeitig auch von einem anderen Bevölkerungsteil besetzt sein. Der Spielraum, in dem soziale Systeme einen Überschuß an Intelligenz ohne Führungskompetenz ertragen, scheint gering. Unter demokratischen oder sonstwie geregelten Verhältnissen werden Kinderzahlen durch Steuern, Wohnungen und Arbeitsplätze reguliert, und die Sozialdemokratie sorgt dafür, daß eine Steuerpolitik mit qualitativen Aspekten für die Bevölkerung keine allzu große Chance hat, je ein Thema zu sein (vgl. dazu aber auch Schwartz, 1995). Ein solches Ziel läßt sich nur dann (wie in der DDR) teilweise realisieren, wenn es offiziell kein Ziel ist und nicht als solches offen diskutiert wird, sondern aus dem schweigenden Einverständnis der politisch Handelnden überparteilich wächst. In den totalitären Auswüchsen des Kreislaufes der Eliten (KZ, Gulag) hingegen werden die Menschen der Gegenelite regelrecht verheizt, in Kambodscha mit einer solchen Gründlichkeit bis zur Auszehrung des Landes, und auch die wirtschaftlichen Probleme Rußlands und der Ukraine dürften *ihnen nach sieben Jahren Aufenthalt den deutschen Paß garantiert. [...] Da die meisten jüdischen Zuwanderer einen urbanen und akademischen Hintergrund haben, empfinden sie die Enge einer dörflichen Umgebung als psychologisch belastend. [...] Viele Juden, die kleinen Gemeinden zugewiesen werden, beantragen anschließend ihre Umsiedlung in größere Städte. [...] Aufgrund der Überrepräsentanz von Berufen in den Bereichen des Ingenieurwesens, der Medizin und der Naturwissenschaften ist es für viele jüdische Migranten schwer, auf dem deutschen Arbeitsmarkt eine Anstellung zu finden. Das Problem wird durch die Tatsache erschwert, daß akademische Grade der ehemaligen Sowjetunion in Deutschland nicht anerkannt werden. [...] Das Arbeitspotential dieser Zuwanderer liegt weitgehend brach. Über drei Viertel aller Einwanderer mit professioneller Ausbildung sind entweder erwerbslos oder unterbeschäftigt.*

Durch seine Religion, seine einzigartige Geschichte und deshalb auch in seiner Bildungs- und Berufsstruktur unterscheidet sich das jüdische Volk von anderen und ist um diesen Preis immer wieder Zielscheibe von Vertreibungen und Verfolgungen geworden. Das Wort Pogrom ist ein ukrainisches, Auschwitz ein deutscher Städtename. Wenn die Geschichte ein Lernprozeß ist, dann dürfte man insoweit Optimist sein, daß sich an diesem Punkt die Geschichte in Mitteleuropa nicht wiederholt.

---

darin eine wesentliche Ursache haben. Was vernichtet und ausgerottet worden ist, ist nicht nur Intelligenz, sondern ein risikobereiter, zugleich aber verantwortungsvoller Typ von Personen, der als Gründer in einer freien Wirtschaft unerläßlich ist. Auch die Flucht vom Osten nach dem Westen Deutschlands hat dem Osten diesen Persönlichkeitstyp entzogen. Natürlich ist er noch vorhanden, aber in zu geringer Zahl und zu geringem Bevölkerungsanteil.

Das allbekannte schöne Beispiel, daß unsere Wahrnehmungen darauf gerichtet sind, soziale Einseitigkeiten aufzuspüren, beschönigt auch hier den Sinn und die mögliche Brutalität dieses Mechanismus, der dazu führt, daß die weiße Krähe von den schwarzen gehackt wird. Eine biologische Art konkurriert nämlich nicht nur gegen die geographische Umwelt und gegen alle anderen biologischen Arten, sondern es gibt auch Mechanismen, um die innerartliche Varianz zu begrenzen. Je größer diese Varianz ist, desto größer ist auch die Anpassungsbreite einer Art (stellen wir uns das Berufsspektrum einer Menschheit vor, die in ihrer Körperhöhe von 10 bis 300 cm schwanken würde), desto größer wird aber die Gefahr, daß die Art in mehrere Arten zersplittert, die dann voll gegeneinander konkurrieren. Entwicklungen wie Adel und Kasten waren bisher keine ernste Gefahr, weil sie keiner sinnvollen und völlig durchgehaltenen genetischen Separation entsprachen. Ob es irgendeiner sich selbst manipulierenden intellektuellen Elite je gelingen kann oder sinnvoll erscheint, sich der sozialen Kontrolle der Gesamtart voll zu entziehen, kann hier nicht beantwortet werden. Das ist aber der Stoff, von dem die Science-fiction lebt.

Für die Betroffenen ist der angesprochene „Mechanismus des Bewahrens des Mittelmaßes" (Reumann, 1992) dumm, gemein und bösartig; und dennoch unzweifelhaft vorhanden und manchmal geradezu Alltag. Die Hexen, die auf den Scheiterhaufen verbrannt worden sind – was mögen sie gedacht haben und was ihre Denunzianten? Wir sind aber mit größerer Wahrscheinlichkeit die Nachkommen der letzteren.

Die Chinesen in Indonesien – die Juden des Hinteren Orients?

In der Antisemitismusforschung ist schon seit langem die Frage danach aufgetaucht, ob es in der Welt nicht noch andere „Juden" gibt, die trotz aller positiven Leistungen für die Gesellschaften diskriminiert werden. In der Tat scheint dies im Falle der Chinesen in Indonesien ganz eindeutig zuzutreffen, schreibt Liem (auf S. 1) in seiner in Deutschland bereits 1986 erschienenen Dissertation. Gerade vor kurzer Zeit, da in den Nachrichten wieder Meldungen von Pogromen in Indonesien gebracht wurden, hätte man gemeint, daß auch Interesse an den Hintergründen bestünde, von Anteilnahme mit den Betroffenen ganz zu schweigen. Aber man erfuhr erstaunlich wenig über diese Dinge und schon gar nichts über die erschreckende Parallelität von Chinesenverfolgung in Südostasien und Judenverfolgung in Europa. Man erfuhr, daß die 5 % Chinesen angeblich etwa 80 % des Sozialprodukts in Indonesien kontrollieren, doch wo findet man verläßliche Statistiken?

Sicher gibt es auch wesentliche Unterschiede: Die Chinesen in Südostasien haben keine religiöse Ideologie, auf der sie unbedingt beharren möchten und mit der sie der Assimilierung, so wie die Juden, widerstanden, aber ansonsten sind Ursachen und Folgen erstaunlich ähnlich. In Indonesien unterscheidet man zwei Gruppen von Chinesen, die schon seit langem Ansässigen bzw. ihre Nachkommen, die Perinakan, und die erst in den letzten Jahrzehnten Eingewanderten, die Totok. Die Chinesen sind ursprünglich keinesfalls als Geschäftsleute eingewandert, sondern als Kulis, die in den Bergwerken und Plantagen beschäftigt wurden (so wie anfangs auch ein Teil der Ostjuden als bettelarme Leute nach Deutschland oder in die USA gelangt ist). Die Kulis waren zumeist Männer, und da keine oder nur wenige chinesische Frauen zur Verfügung standen, mußten sie einheimische Frauen heiraten, womit bereits ein natürlicher Integrationsprozeß eingeleitet wurde, wie er für die Perinakan allgemein üblich ist. Schärfer heben sich dagegen die neu Eingewanderten, die Totok, von ihrer Umgebung ab, und sie sind es auch, die in den letzten Jahrzehnten den schärfsten Diskriminierungen und Pogromen ausgesetzt waren und weiter ausgesetzt sind, was sie oft zur Flucht in die Großstädte veranlaßt hat.

Zwischen 1945 und 1977 wurden in Indonesien bei diesen sich mehrfach wiederholenden Verfolgungswellen 27.000 Chinesen umgebracht, d. h. bis dahin rund 0,9 % der etwa 3 Millionen Auslandschinesen in Indonesien (Zahlenangaben nach Liem, 1986). 619.000 Auslandschinesen verloren Wohnung und Besitz und mußten fliehen. Bis

1975 waren 460.377 ins westliche Ausland abgewandert. Das sind Dimensionen, die der Judenverfolgung der dreißiger Jahre in Deutschland (also vor dem Holocaust) in keinem Punkt nachstehen. Aber es sind keine aktuellen Zahlen. Wie viele Tausend man seit der jüngsten Verfolgungswelle im Jahre 1998 noch hinzufügen muß, ist leider nicht bekannt.

Dabei waren die Chinesen in Südostasien schon relativ gut integriert, wenn man andere Einwanderergruppen nach Europa als Vergleichsmaßstab nimmt. Um 1980 benutzten bereits rund 70 % im Alltag die indonesische Sprache als ihre eigene Sprache, und viele Chinesen veränderten ihre Familiennamen, um weniger aufzufallen. Aber ihr ausgeprägter Familiensinn fällt immer wieder auf. Um 1980 gab es bei ihnen 2 bis 3 Millionen Fälle (Liem, 1986) mit ungeklärter Staatsangehörigkeit. Viele hatten eine doppelte Staatsangehörigkeit, faktisch oder potentiell. Diese trug zwar wenig zur Lösung ihrer Probleme und zur Verringerung ihrer Gefährdung bei, erhöht aber im Krisenfall ihre legalen Fluchtmöglichkeiten.

Denn das Stigma, daß die Zahl der sozialen Aufsteiger unter den Auslandschinesen sehr hoch war und ist, wurden sie nicht los. 1956 waren 90 % aller Chinesen Indonesiens im Handel beschäftigt, der somit weitgehend in ihren Händen war, wie auch die Handelsgewinne. Intellektuell dürften die Chinesen Südostasiens eine Auslese mit einem mittleren IQ von deutlich über 100 sein, also ähnlich wie die Juden. Das wird auch aus den Testwerten aus Singapur bestätigt. Dort sind die Auslandschinesen staatstragend geworden, in Indonesien sind sie eher soziale Elite und dürften also auch hier einen noch höheren mittleren IQ haben. Von der ursprünglichen Kolonialmacht, den Holländern, war die Ansiedlung der Chinesen im damaligen Niederländisch-Indien gefördert worden. (Die Chinesen übernahmen damit für die Holländer eine ähnliche Rolle wie die Juden für den polnischen Adel.) Folglich wird von der ersten Chinesenverfolgung durch die einheimische Bevölkerung auch schon aus dem Jahre 1740 berichtet. Für die Chinesen als soziale Elite *bietet die Nähe zur politischen Elite und die Identifikation mit ihr zusätzliche Angriffsflächen, die in Zeiten sozialer Unruhen die Elite der Aggression unzufriedener Schichten aussetzt,* schrieb Liem 1986, und er sagte damit den Ablauf der Ereignisse voraus, wie er sich 1998 bei Sturz des Suharto-Regimes, unter dessen Herrschaft die Geschäfte der Chinesen zuletzt geblüht hatten, tatsächlich in Form einer neuen Verfolgungswelle abzuspielen begann. Auch andere Minderheiten, wie die Christen, werden in Indonesien verfolgt, und die Analyse und die richtige Prognose von Liem (1986) zeigen, daß das, was wir in diesem Buch versuchen, nämlich durch eine sozialstrukturelle Analyse die künftigen Konfliktlinien bloßzulegen, in der Hoffnung, so zu ihrer Vermeidung beizutragen, einen tiefen Sinn hat.

Es hat in Indonesien nicht an politischen Versuchen gefehlt, die Auslandschinesen stärker zu integrieren, bis hin zu dem Vorschlag, den Chinesen per Gesetz 25 Jahre lang die Schließung von Ehen untereinander zu untersagen (Liem, 1986) – also eine Art Nürnberger Gesetze mit umgekehrtem Vorzeichen zu erlassen.

Ebenso könnte man die Inder in Uganda anführen, die von der schwarzen Bevölkerung in der Regierungszeit Idi Amins vertrieben, enteignet und teilweise umgebracht worden sind. Sie wären sicher ein weiteres sehr gutes Beispiel, wenn man verläßliche Sozialstatistiken, mittlere IQ-Testwerte und die Verfolgungsstatistik kennen würde; auch ein glänzendes Beispiel dafür, daß es nicht um die Verfolgung einer bestimmten Hautfarbe oder Religion geht, sondern primär um die Verfolgung der intellektuellen Elite, die besonders dann gefährdet ist, wenn sie sich nicht nur durch ihre Funktion, sondern darüber hinaus durch weitere Eigenschaften abhebt, also durch andere Sprache, Herkunft, Religion und Rasse, wobei schlimmstenfalls eine einzige dieser Eigenschaften ausreicht, z. B. die Religion, damit eine Minderheit – so wie die Hugenotten in Frankreich – im sozialen Krisenfall Verfolgungen auf sich ziehen kann.

Wenn man Geschichte und Gegenwart systematisch absucht, dann wird man immer mehr Fälle finden, für die diese Charakterisierung zutrifft. Warum haben z. B. die Deutschen im Baltikum ihre Heimat verloren? Wie ähnlich wird, ganz nüchtern betrachtet, über einen längeren Zeitraum und damit letztendlich das Schicksal der Weißen in Kenia, Rhodesien (heute Simbabwe) oder gar Südafrika sich gestalten, wenn sich in letzterem die Konflikte weiter zuspitzen? Wie sehen die Entwicklungen auf den multirassischen Fidschiinseln oder in den Nachfolgestaaten der drei Kolonien von Guayana in Südamerika aus? Es gibt Konfliktlinien und Linien der sozialen Überlagerung und sozialen Überschichtung, die kaum jemand in der Welt kennt und wahrnimmt, wie z. B. die Konflikte im Inneren der Saharastaaten zwischen Schwarz und Weiß, und andere, die geradezu brennen und weltweite Aufmerksamkeit finden, wie die in Ruanda und Burundi. Es geht uns hier aber nicht um eine weltweite oder gar erschöpfende Analyse der Fälle.

Der Schmelztiegel Brasilien

Stellvertretend für viele andere Länder Mittel- und Südamerikas, in denen es ebenfalls eine soziale Schichtung gibt, bei der sich die ursprünglichen Herrschafts- und Machtverhältnisse zwischen den weißen Eroberern und Einwanderern und den unterdrückten indianischen Ureinwohnern oder importierten schwarzen Sklaven mehr oder weniger noch immer wiederfinden lassen, wollen wir uns Brasilien zuwenden. Ich erinnere mich an eine Rundfunksendung vor Jahren, bei der die Quizfrage gestellt wurde, wie das Land heißt, in dem bei einem eindrucksvollen Anteil (den damals genannten Prozentsatz habe ich vergessen) an schwarzer Bevölkerung kein einziger schwarzer Abgeordneter im Parlament sitzt. Die überraschende Antwort lautete nicht Südafrika oder die USA, sondern Brasilien. Und die „Neue Zürcher Zeitung" wußte am 13. 6. 1997 zu berichten: *In Brasilien, der neuntgrössten Wirtschaftsmacht der Erde, leben gemäss einer neuen Studie die Schwarzen wie in den unterentwickelten Ländern Afrikas. In der von Wissenschaftlern des angesehenen Sozialforschungsinstituts Fase erstellten Untersuchung wird betont, dass Brasilien gemäss dem Uno-Index über menschliche Entwicklung auf dem 63. Platz rangiere; seine dunkelhäutige Bevölkerungshälfte befinde sich gemäss den Uno-Kriterien indessen an 120. Stelle, zusammen mit Lesotho und Simbabwe. Es seien [...] durchweg offizielle brasilianische Angaben verwendet worden, erläuterte Fase. Danach liegt die Lebenserwartung der Brasilianer durchschnittlich bei 65 Jahren, die der 70 Millionen Dunkelhäutigen indessen bei nur 59 Jahren. Von diesen sind zudem über ein Drittel Analphabeten, was nur auf 15 Prozent der Hellhäutigen zutrifft.* Brasilien hat nie eine Apartheid gekannt, und die portugiesischen Männer haben sich in allen ihren Kolonien, so auch in Brasilien, Partnerinnen aus der einheimischen Bevölkerung genommen. Die entstehende Mischlingsbevölkerung erwies sich als wirtschaftlich und militärisch tüchtig. Weiße (Branca) und schwarze (Preta) Bevölkerung sind deshalb in Brasilien weit weniger stark getrennt als in den USA, denn sie verbindet eine breite Mischlingsbevölkerung, die als „Braune" (Parda) bezeichnet wird. Da die Vermischung sich fortsetzt, nimmt die Zahl der Weißen und Schwarzen ständig ab, die der Braunen absolut und relativ deutlich zu. Während es 1980 (Silva und Hasenbalg, 1992, S. 20) in der Altersgruppe von 70 Jahren und älter 60,7 % Weiße, 7,2 % Schwarze und 30,8 % Braune gab, waren es bei 5- bis 9jährigen Kindern 49,1 % Weiße, 5,6 % Schwarze und 44,5 % Braune, wobei der Anteil der Braunen von Altersgruppe zu Altersgruppe kontinuierlich zunimmt. Sicher, dabei spielen außer fortschreitender Vermischung auch unterschiedliche Kinderzahlen der Sozialschichten, unterschiedliche Lebenserwartung und Einwanderung eine Rolle, aber dennoch scheinen in einem Land wie Brasilien die Ideale der multikulturellen Gesellschaft in Erfüllung zu gehen, wenn man beide Augen vor den Problemen verschließt, die alle mittel- und südamerikanischen Staaten mit ihren multirassischen Gesellschaften haben. Nach den Volkszählungsergebnissen von 1980 (Silva und Hasenbalg, 1992, S. 24) hatten die weißen Frauen in Brasilien mit abgeschlossener Fruchtbarkeit (das waren also die vor 1935 Geborenen) durchschnittlich 3,5 Kinder, die braunen 5,6, die schwarzen 5,1, was ja allein schon, auch ohne immer stärkere Vermischung, zu einer relativen Vergrößerung des Mischlingsanteils führen muß. Wenn es in diesen Ländern Rassismus gibt, dann äußert er sich zumeist in einer stärker verdeckten Form. Die soziale Wirklichkeit ist nicht so grundsätzlich anders als anderswo. In Brasilien spielt sich das gesellschaftliche Leben der Mittel- und Oberschicht in exklusiven Klubs ab, von denen schwarze Brasilianer praktisch ausgeschlossen sind (Twine, 1997); auch die Wohngebiete sind mehr oder weniger getrennt. Offiziell sind alle gegen Rassismus, die Weißen, die auf sich halten, aber dennoch bestrebt, untereinander zu heiraten. In São Paulo waren 99 % aller im Zeitraum von 1948 bis 1957 (Silva und Hasenbalg, 1992, S. 27) 200.504 von Weißen geschlossenen Ehen solche von Weißen mit Weißen, nur 0,2 % Ehen mit Schwarzen. Die Schwarzen heirateten zu 77 % unter sich. 11 % der schwarzen Männer heirateten weiße Frauen, so wie 25 % der braunen Männer. Dennoch tragen diese Prozentsätze und die unterschiedlichen Kinderzahlen dazu bei – da es ja keine nennenswerte schwarze Einwanderung mehr gibt –, daß die brasilianische Bevölkerung von Generation zu Generation durchschnittlich „brauner" wird („Pardizacao" nennen das die Brasilianer), auch wenn sich der Anteil derjenigen, die in eine andere Hautfarbengruppe einheiraten, von Generation zu Generation nicht erhöht. Hatte Brasilien 1890 noch 15 % Tiefschwarze, so sind es heute 5 %.

Tiefschwarze Brasilianer, die erfolgreich eine Universität abgeschlossen haben, sind fast so selten wie in Europa Zigeuner mit Hochschulbildung. In Brasilien hatten 1982 (Silva und Hasenbalg, 1992, S. 83) 14 % der Weißen im Alter bis 24 Jahre eine mit dem Abitur vergleichbare Schulbildung, aber nur 1,6 % der gleichaltrigen Schwarzen und 2,8 % der Braunen. Die Schwarzen bleiben sehr oft bereits in den niederen Schulklassen der allgemeinbildenden Schulen hängen bzw. besuchen die Schule unregelmäßig, so daß die übliche

Mischung von sozialen Ursachen und möglicherweise geringerer durchschnittlicher Intelligenz zu vermuten wäre. Im Alter von 10 Jahren gibt es unter den Weißen 15 % „Sitzenbleiber“, unter den Schwarzen 33 %, unter den Braunen 35 %. Diese Unterschiede wirken sich entsprechend im späteren Erwerbsleben aus: 15 % der Weißen, 30 % der Schwarzen und 36 % der Braunen (Stand 1988; Silva und Hasenbalg, 1992, S. 122) haben ein Pro-Kopf-Familieneinkommen, das unter der offiziellen Armutsgrenze Brasiliens liegt, die mit einem Viertel des jährlichen Minimaleinkommens festgelegt ist. Das Dreifache dieses Einkommens haben immerhin 12,8 % der Weißen, aber nur 2,5 % der Schwarzen und 2,9 % der Braunen. Diese Einkommensunterschiede dürften durch regionale Unterschiede noch verstärkt werden, denn 65 % der Weißen leben in den am stärksten entwickelten Gebieten des Südens und Südostens Brasiliens. Daraus erklärt sich vielleicht auch, warum Braune und Schwarze nach den Daten von 1976 nur das halbe Einkommen haben, auch wenn sie den gleichen Bildungsgrad haben (Silva und Hasenbalg, 1992, S. 23). Es gibt auch nur wenige weitere Parallelen mit den Statistiken der USA: So sind Schwarze in Brasilien weniger häufig verheiratet als Weiße und haben eine größere Zahl unehelicher Kinder (Andrews, 1991). In einer sehr großen und repräsentativen Elektrizitätsfirma in São Paulo sind 6,7 % der Weißen in leitenden Stellungen, aber nur 0,8 % der Schwarzen, einfache Arbeiter sind bei der ersten Einstellung am Arbeitsplatz 26,2 % der Weißen und 52,5 % der Schwarzen (Andrews, 1991).

Nach seinem Selbstverständnis ist Brasilien eine „rassische Demokratie“, in der – im Unterschied zu den USA oder gar dem alten Südafrika – Rassenunterschiede keine Rolle spielen und nicht wahrgenommen werden. Seit 1980 werden Rassenunterschiede bei Volkszählungen auch gar nicht mehr erfaßt. *In Brasilien gibt es keine Rassenvorurteile. [...] Wenn Schwarze einige Schwierigkeiten haben, in diesem Land der rassischen Gleichheit voranzukommen, dann liegt das nicht an den Weißen, sondern an ihnen selber. Das war eine schmerzliche Schlußfolgerung, aber die Logik der rassischen Demokratie läßt keine Ausflüchte zu. Wenn man Brasilien als ein Land der Gleichheit akzeptiert, dann kann man das Versagen von schwarzen Brasilianern nur ihren eigenen Mängeln zuschreiben,* so gibt Andrews (1991, S. 135) die in São Paulo üblichen Ansichten wieder. Eine weiße Frau zu heiraten, ist für viele Schwarze ein Ideal, *denn schwarz ist das Symbol von Elend und Hunger* (S. 178). Die vorhandenen Gegensätze faßte der Gründer der Schwarzen Front Brasiliens, A. Veiga dos Santos, in den Worten: *Der größte Feind der Schwarzen ist der Weiße, der ein*

Enkel von Schwarzen ist zusammen (zitiert nach Andrews, 1991, S. 178). Was die Weißen Brasiliens fürchten, ist die vor allem unter den Schwarzen ständig steigende Kriminalität.

Manchmal wird auch in einem Hinterzimmer die Furcht geäußert (so z. B. in einer Denkschrift eines Regierungsberaters des Staates São Paulo im Jahre 1982; Andrews, 1991, S. 228), daß die „rassische Demokratie" zusammenbrechen und die Nicht-Weißen sich als eine einheitliche politische Kraft begreifen und dank ihrer ab dem Jahre 2000 gegebenen zahlenmäßigen Überlegenheit die Macht übernehmen könnten. Die Gefahr erscheint aber gering, wenn auch in Krisenzeiten vorhanden. Denn Brasiliens Oberschicht hat bisher im großen und ganzen das zustande gebracht, wovon jede regierende Klasse – selbst in einem „kommunistischen" Land – nur träumen kann oder konnte: Die vorhandenen sozialen Unterschiede sind gewaltig und werden durch rassische Unterschiede sogar noch verstärkt. Dennoch ist der weitaus größte Teil der Gesellschaft der Ansicht, daß diese Unterschiede keine große Bedeutung haben und „rassische Demokratie" besteht. (Die ironischerweise dann in Gefahr käme, wenn sich die Mehrheit ihres demokratischen Gewichts bewußt würde. Diese Gefahr hat man aber in einer eleganten Form von brasilianischer „politischer Korrektheit" gemindert, indem man Rassenzugehörigkeit statistisch nicht mehr erfaßt.) Die Wirtschaft floriert und wächst (wenn nicht gerade wieder einmal eine Krise oder eine kleine Revolution im Gange ist). Den Herrschenden in Südafrika und manchem anderen Land kann man nur empfehlen: Seht auf Brasilien!

Eigenartigerweise haben Herrnstein und Murray (1994) keinen Wert auf den internationalen Vergleich ihrer Daten und Behauptungen gelegt. Die soziale Lage der Schwarzen in England, Frankreich, Kuba, Brasilien und Südafrika und ihre IQ-Verteilungen mit den Ergebnissen in den USA zu vergleichen, wäre ein lohnendes Thema. Da aber in all den genannten Ländern die Schwarzen aus historischen Gründen eher der Unterschicht angehören und sich diese Zugehörigkeit in einem Land wie Brasilien durch selektives Ausheiraten und „Weißwerden" sozial aufsteigender Nachkommen eher noch verstärkt statt aufhebt, ist es nicht möglich, aus den Zusammenhängen zwischen sozialer Schichtung und IQ den Schluß zu ziehen, daß die Schwarzen generell und an sich einen niedrigeren IQ als Weiße haben. Wenn man diese Frage wirklich prüfen wollte und eine solche Prüfung irgendeinen praktischen Sinn hätte – aber sie hat vermutlich keinen –, dann müßte man repräsentative Stichproben beispielsweise von Schweden, Nigeria und Japan miteinander vergleichen, also solcher Länder, in denen alle sozialen Positionen von nur einer Großrasse besetzt sind. Besteht aber zu solch sauberen Untersuchungen und Vergleichen irgendein Anlaß, wenn methodisch unsaubere Vergleiche und Behauptungen beim Publikum und Gegenpublikum ein viel größeres Interesse finden und einen stärkeren Widerhall haben?

Die Zigeuner – eine neue erbliche Unterschicht?

Ein Problemfall, wenn auch ganz anderer Art, sind die Zigeuner. Auch sie sind seit Jahrhunderten sich wiederholenden Verfolgungen ausgesetzt. Einzelne Autoren bestreiten gar, daß es sich um ein eigenes Volk handelt. Denn nach J. J. Kemeny (zitiert in Szabo, 1991, S. 138) ist die *zigeunerische Lebensform die Subkultur der untersten Gesellschaftsschicht.* In der Tschechischen Republik, wo sich die Zigeuner von rund 100.000 um 1945 auf rund 600.000 natürlich vermehrten (Srb, 1987), gibt es ernste Probleme (Kalibova und Pavlik, 1988). In den Grenzkreisen zu Sachsen, wo früher Sudetendeutsche wohnten, stellen die Zigeuner heute mehr als 4 % der Bevölkerung. 1980 kamen auf eine Zigeunerfrau 5,9 Kinder. 27,6 % der Zigeunerkinder besuchten Hilfsschulen (im Vergleich dazu 2,6 % der Tschechen und Slowaken), 14,9 % (1 % im Vergleich) hatten in Grundschulen schlechte Zensuren und bewegten sich an der Grenze der Hilfsschulbedürftigkeit. 1980 besuchten 0,3 % der Zigeuner eines Jahrgangs eine Universität, im Vergleich dazu 7,1 % der Tschechen und Slowaken. Aus den Prozentrangwerten der Bildungsstufen läßt sich so für die Zigeuner der früheren Tschechoslowakei ein mittlerer IQ von 85 ermitteln.

Die Kriminalitätsrate der Zigeuner (Kalvoda, 1991) ist sechs- bis achtmal höher als die der Tschechen (50 % aller Raubüberfälle und 69 % aller Diebstähle in der Tschechischen Republik werden Zigeunern zugeschrieben), ähnlich die Arbeitslosigkeit, die inzwischen bei den unqualifizierten Zigeunern (Koch, 1998) auf über 70 % gestiegen ist, und etwa dreimal höher sind die Sozialausgaben. Die Sozialstatistiken von Ungarn und Rumänien liefern ähnliche Zahlen (Szabo, 1991). Auch in Ungarn hat sich die Lage der Zigeuner – mit etwa 5 % Bevölkerungsanteil die größte Minderheit – seit 1990 (Kovacs, 1998) dramatisch verschlechtert: Mehr als 70 % sind arbeitslos, gebietsweise im Norden über 90 %. 55 % aller Inhaftierten sind Zigeuner.

Inzwischen versucht man einen neuen Ansatz. In Kolin bei Prag öffnete 1998 (Koch, 1998) eine „Soziale Roma-Mittelschule", in der Sozialarbeiter für die eigenen Leute ausgebildet werden sollen. *Einige der 45 Kandidaten für das Abitur der besonderen Art in Kolin drückten im Vorjahr noch Hilfsschulbänke. Dann wurden sie gründlich getestet und für gut befunden. Einige tschechische Grundschulen, hieß es, wollten ihre Roma-Schüler offenbar um jeden Preis loswerden. Das neue Projekt, vom Staat und einer internationalen Roma-Stiftung finanziert, soll nun den Beweis antreten, daß die Kinder der Minderheit, sofern man auf sie eingeht, zu ähnlichen Leistungen fähig sind wie ihre weißen Altersgefährten.* Auch im ungarischen Pécs (Fünfkirchen) gibt es eine ähnliche Schule, das Gandhi-Lyzeum, das vom Staat und aus einer Spende des amerikanischen Multimillionärs George Soros finanziert worden ist (Kovacs, 1998). Die Eltern der meisten Schüler haben nur die Hilfsschule besucht, aber aus ihren Kindern soll eine Elite entstehen, die dazu beitragen soll, alle Zigeuner in die ungarische Gesellschaft zu integrieren. Während man in anderen Ländern das Geld vielleicht in die Empfängnisverhütung investiert hätte, versucht man in Ungarn und der Tschechischen Republik jetzt diesen Weg.

Seit 1989 drängen Zigeuner verstärkt nach Deutschland. In einem Bericht des Bundesinstituts für ostwissenschaftliche und internationale Studien können wir nachlesen (Oschlies, 1993), daß das Kontingent der Zuwanderer aus Rumänien zu 60 % und mehr aus Zigeunern besteht – mit der Folge, daß die „Rumänen“ den zweiten Platz nach der Zahl der Tatverdächtigen in der deutschen Ausländer-Kriminalstatistik einnehmen. Inzwischen hat sich durch die Repatriierungspolitik des Bundesinnenministeriums die Lage wieder etwas entspannt. 1993 wurden an Deutschlands Ostgrenze 16.485 illegale Einwanderer abgefangen, von denen 44,2 % Zigeuner aus Rumänien waren. Dabei darf aber nicht außer acht gelassen werden, daß nicht eine Bevölkerungsgruppe insgesamt kriminell ist, sondern immer nur Einzelpersonen. Auch bei Zigeunern ist die Mehrzahl der Personen nicht an kriminellen Handlungen beteiligt, nur ihr prozentualer Anteil ist wegen der besonderen sozialen Lage und Geschichte und der sich daraus ergebenden Probleme, wie bei allen mobilen Bevölkerungsgruppen, vergleichsweise höher.

Die „Leipziger Volkszeitung“ vom 14. 7. 1993 schrieb auf S. 16: *Im Polizeirevier für den gesamten Leipziger Nordosten machen von den insgesamt 90.000 Einwohnern die 350 Roma mehr als ein Drittel der operativen Arbeit der Polizei aus.* Bereits am 21. 6. 1993 hatte es dieselbe Zeitung gewagt, auf S. 23 einen Leserbrief zu veröffentlichen: *Sie suchen Schutz bei uns, aber wer schützt uns vor ihnen? Dieser Gedanke beschäftigt mich fortwährend, nachdem ich in der vergangenen Woche ganz schamlos und gezielt von einer Gruppe junger, kräftiger Roma-Frauen bestohlen worden war. In der Art, wie das vor sich ging, handelte es sich nicht etwa nur um einen gelegentlichen Taschendiebstahl, weil ich vielleicht leichtsinnig mit meiner Geldbörse umging. Keinesfalls, denn ich wurde am hellichten Tage in der Straßenbahn sitzend von sechs oder sieben jungen Frauen laut schnatternd umringt und durch Bettelgesten mit vorgestreckten Händen direkt vor meiner Nase derart bedrängt, daß mein Versuch der Abwehr mit dem freien Arm (mit der anderen Hand hielt ich meine verschlossene Handtasche und Einkaufsbeutel fest) erfolglos bleiben mußte. Erst als mir zwei junge Männer halfen, ließen sie von mir ab und stiegen an der nächsten Haltestelle aus. Aber in diesen wenigen Sekunden hatten sie bereits ihr Ziel erreicht. Wie ich erst später merkte, hatten sie unbemerkt den Reißverschluß meiner Geldbörse mit der für eine Rentnerin nicht unbeträchtlichen Summe von 450 Mark gestohlen, die ich zwei Stunden zuvor von der Sparkasse abgehoben hatte. Die Justiz wird diesen Vorgang Trickdiebstahl nennen. Für mich jedoch stellt diese ganze Aktion einen Gewaltakt dar. Denn was macht man als älterer Mensch gegen so einen Trupp junger Leute? Als Trost gab es dann bei meiner Anzeige bei der Polizei verständnisvolle und bedauernde Worte, aber natürlich nicht mehr. Wie sollte es auch? Wenn ich dann in den Medien die Reden verschiedener politischer Gruppierungen über eine multikulturelle Gesellschaft höre, so ist nicht nur dieses Wort fürchterlich abgedroschen, denn damit haben auch andere Probleme, sondern es kommen sicherlich nicht nur mir Bedenken um unsere Sicherheit. Es wird behauptet, daß diese Volksgruppen z. B. in Rumänien verfolgt werden und damit ein Recht auf ein umständliches und langwieriges Asylverfahren haben, obgleich sie aus einem sogenannten sicheren Land kommen. Benehmen sich Menschen so, die aus Angst um ihr Leben fliehen müssen? Ich bin überzeugt, daß sie zwar hin und wieder Übergriffe erleiden, aber nur, weil die dort lebenden Menschen sich nicht alles gefallen lassen und zur Selbstjustiz greifen. Auch das geflügelte Wort von den schwarzen Schafen trifft hier nicht zu, zu viele Beispiele könnten bestimmt viele Leipziger Geschäftsleute aufzählen. Diese Übergriffe ereignen sich ja auch nicht aus einer Notlage heraus, z. B. als Mundraub. Die Familien bekamen ein Dach über den Kopf und sind durch Sozialhilfe sichergestellt in einer Höhe, wie in keinem anderen Land Europas. Ich finde, manche Sinti und Roma legen eine recht seltsame Art von Dankbarkeit für die Aufnahme an den Tag. Oder sind wir ein einziger großer Selbstbedienungsladen?*

Zu drastischen Problemlösungsversuchen neigte man in der kommunistischen Tschechoslowakei. Die Zigeunerin Irena Brabkowa, 25 Jahre alt, die in Košice in der Slowakei lebt, berichtet selbst über diese

Praktiken unter der Überschrift „Den Weißen helfen sie sofort" (in einem von Fienbork et al. 1992 herausgegebenen Sammelband auf S. 103): *Sie locken die Frauen mit dem Geld zur Sterilisation und sagen ihnen auch, daß ein oder zwei Kinder doch schon genug seien. Meine Schwägerin hat schon fünf Kinder gehabt und sich operieren lassen, bei der war das ganz gut. Sie hat dafür 25.000 Kronen bekommen, 5.000 auf die Hand und restliche 20.000 als Scheck. [...] Ich aber wollte mich nicht sterilisieren lassen.* Am 5. 2. 1993 weiß die „Leipziger Volkszeitung" (der Artikel ist geschrieben von Wolf und Brössler) unter der Überschrift „Den tschechischen Roma drohen harte Zeiten. Frühere ČSFR eint ein gemeinsames Problem: die Zigeuner" zu berichten: *Der tschechische Generalstaatsanwalt Jiři Setina hat ein Gesetz vorgeschlagen, nach dem der „auffälligen Konzentration" von Roma mit hohen Geld- und auch Haftstrafen begegnet wird. [...] Aber auch in slowakischen Zeitungen heißt es, die Minderheit solle nicht mehr bevorteilt werden. Unter dem Titel „Wir wollen keine Apartheid" klagt das Gewerkschaftsblatt „Prace", daß die Minderheit die Mehrheit terrorisiere. Slowaken ließen „sich bestehlen, vergewaltigen und ermorden und wissen keinen Rat"*. Unter den Kommunisten, so eine weitverbreitete Ansicht, wurden Roma bevorzugt. Tatsächlich wurden in der früheren Tschechoslowakei in großangelegten Programmen Wohnungen für sie gebaut. In vielen Fällen stand schon nach kurzer Zeit nicht viel mehr als die Grundmauern.

Sehr lange Erfahrungen im Zusammenleben mit Zigeunern haben die Deutschen in Siebenbürgen gemacht. In Rumänien werden die ersten Zigeuner urkundlich 1340 genannt, in Deutschland 1407. Überblickt man die Situation der Zigeuner in Ungarn und Siebenbürgen vom 15. bis zum 18. Jahrhundert und vergleicht sie mit ihrer Lage in Deutschland, so wird man zumindest sagen können, daß sie im Südosten zwar auch am Rande der Gesellschaft lebten, aber dort weniger Pressionen ausgesetzt waren. Das Volk der Zigeuner wanderte im 19. Jahrhundert bis auf relativ wenige Sippen, die an der Peripherie von Ortschaften seßhaft geworden waren, umher. Die ersten zuverlässigen Zahlen über Zigeuner in Ungarn stammen aus der Josephinischen Konskription von 1780 bis 1783, laut der man in Ungarn 43.609 Zigeuner zählte. 1880 hatte Ungarn insgesamt 90.921 Zigeuner, davon 56.006 in Siebenbürgen. Das waren 2,7 % der Bevölkerung Siebenbürgens. Die relativ meisten Zigeuner lebten im Kreis Mieresch, zu dem auch das Dorf Zendersch gehört. Über dieses Dorf gibt es eine umfangreiche Gemeindegeschichte von Georg und Renate Weber (1985), auf die wir uns im folgenden stützen: 1978 lebten in Zendersch 212 Zigeuner (von denen 185 = 87 % in der Gemeinde geboren waren). Das waren 18,5 % aller Einwohner des Dorfes. Die ersten Zigeuner müssen zwischen 1722 und 1750 nach Zendersch zugewandert sein, um hier bodenständig zu leben. 1880 hatte ihr Bevölkerungsanteil 4,8 % betragen, 1941 7,7 %. Bis 1982 stieg ihr Anteil dann auf 30,1 % an (344 Personen). 1978 betrug ihre Kinderzahl pro Familie 5,1. In der Bundesrepublik Deutschland betrug die Vergleichszahl in dieser Zeit für die Zigeuner 3,4 Kinder, für alle Familien mit Kindern unter 18 Jahren 1,8. Von den insgesamt 32 Zigeunerfamilien in Zendersch hatten 14 (44 %) vier bis fünf Kinder und zehn Familien (31 %) sechs und mehr.

Noch eklatanter ist ihre Abweichung vom Mittel der Siebenbürger Sachsen und Rumänen bei der Schulbildung. 99 % aller nicht mehr schulpflichtigen Zigeuner hatten höchstens vier Klassen Grundschule besucht, nur eine Zigeunerin, von Beruf Lehrerin, das Gymnasium. Sehr viele waren faktisch Analphabeten. 1956 lauteten die entsprechenden Zahlen für alle Zigeuner Siebenbürgens: weniger als 4 Jahre Schule: 25,0 %, 4 bis unter 7 Jahre: 73,8 %, 7 Jahre: 1,2 %, und höhere Schule: 0,01 %. Ein ähnliches schulisches Qualifikationsdefizit hatten aber auch die Zigeuner in der Bundesrepublik Deutschland, denn 1978 hatten 91 % der erwachsenen Zigeuner und Landfahrer einen schulischen Ausbildungsgrad von Volksschule ohne Abschluß, Sonderschule oder gar keine schulische Ausbildung (Freese et al., 1980). Nach dieser Statistik bezogen (1980) Zigeuner etwa fünfmal häufiger Sozialhilfe, als es ihrem Bevölkerungsanteil entspricht; 35 % waren 1980 arbeitslos. *Das Problem der Mischehe liegt zumeist darin, daß sich der nicht-zigeunerische Partner der Sippe der Zigeuner unterwerfen muß, aber nur in den seltensten Fällen deren vollständige Anerkennung erlangen kann. Gleichzeitig muß er häufig die Kontakte zur eigenen Familie abbrechen, wodurch er in die Gefahr großer Isolation gerät.*

Nach allem, was wir heute von der Blutgruppengenetik und der Analyse ihrer sprachlichen Herkunft wissen, stammen die Zigeuner aus Nordindien, von wo sie vor etwa 1.000 Jahren begonnen haben, sich in Richtung Kleinasien und später zum Balkan in Bewegung zu setzen. Noch heute lebt in den Ebenen Nordindiens eine Anzahl nomadischer Stämme, von denen einige lange Zeit als „kriminelle Kasten“ klassifiziert und verfolgt wurden (Fuchs, 1962, S. 106ff.). Noch heute gehören diesen Stämmen und Kasten mehrere hunderttausend Menschen an (und ihre Zahl wächst absolut und relativ an). Viele üben die verschiedensten Wanderberufe aus oder sind fahrende Händler, Wahrsager, Schausteller und Musiker, ein Teil von ihnen ernährt sich aber aus Handlungen, die auch in Indien als kriminell gelten, wie Viehdiebstahl, organisierte Raubüberfälle und Diebstähle. In der Beschreibung dieser in sich heterogenen Stämme finden wir Elemente wieder, wie sie auch bei Zigeunern statistisch gehäuft auftreten. – Auffällig ist ferner der geringe Wortschatz der Zigeunersprache Romani (Vekerdi, 1981), die nur 800 Primärworte kennt, davon etwas mehr als die Hälfte indischen Ursprungs. Die Sprache der Zigeuner enthält keinerlei Begriffe, aus denen sich schließen ließe, daß ihre Vorfahren in Indien jemals eine produzierende Tätigkeit, etwa im Ackerbau, ausgeübt hätten. Ihrer Sprache fehlen alle Begiffe, mit denen Arbeitsteilung und soziale Hierarchie beschrieben werden können.

In der auch in Rumänien mehr und mehr auf Bildungsauslese beruhenden und erziehungsorientierten Prestigeordnung spielen die Zigeuner die Rolle von Analphabeten. Diese Rolle scheint den noch schulpflichtigen Zigeunerkindern tradiert zu werden, denn die meisten Zigeunerschüler in Zendersch besuchen – trotz Schulpflicht und Bemühungen der Lehrer – den Unterricht nur gelegentlich, die am Dorfrand wohnenden überhaupt nicht. Sie werden das Analphabetentum fortsetzen. Dafür sprechen miserable frühkindliche Sozialisationsbedingungen wie: Raumenge, die Zigeunersprache Romani als Muttersprache, Sippenzentriertheit der sozialen Beziehungen, soziales und räumliches Außenseitertum, Erziehungsziele wie Einhaltung von Tabus, Anerkennung von Autoritäten im Rahmen eines ausgeprägten und oft ritualisierten geschlechts- und altersspezifischen Rollenverhaltens mit besonderen Vorstellungen von Sittlichkeit und Ehrenhaftigkeit, Entwicklung körperlicher Wendigkeit auf Kosten intellektueller Fähigkeiten, weitgehende Fehlanzeige von Leistungsbewußtsein und starke Schwankungen im Erziehungsstil. Im Unterricht tauchen dann solche und viele andere Defizite aus dem vorschulischen Raum auf, z. B.: Verständigungsschwierigkeiten aufgrund schlechter rumänischer Sprachkenntnisse, gering ausgeprägte Durchhaltebereitschaft und Leistungsmotivation nebst Planungsvermögen, mangelnde Pünktlichkeit und Regelmäßigkeit, Konzentrationsschwierigkeiten, überdurchschnittliche motorische Fähigkeiten und Bedürfnis nach körperlicher Bewegung, was den Unterricht stört. Nimmt man noch die Unfähigkeit und mangelnde Motivation der Eltern, die schulische Ausbildung ihrer Kinder zu unterstützen, hinzu, so wird die Prognose, die junge Zigeunergeneration in Zendersch wird das gesellschaftliche Schicksal ihrer Eltern einholen, verständlich.

Da auch im heute rumänischen Siebenbürgen die berufliche Qualifikation und die Berufsposition eng mit dem schulischen Leistungsniveau und dem IQ zusammenhängen, ist für die Zigeuner in Zendersch ein relativ hohes berufliches Qualifikationsdefizit zu erwarten. Den eklatanten Mangel spiegeln folgende Zahlen wider: Nicht nur alle Arbeitsfähigen, sondern überhaupt alle Männer und Frauen hatten 1978 keinerlei Berufsausbildung – ausgenommen die erwähnte Lehrerin von außerhalb. Die Vergleichszahl von 91 % für die von Freese et al. (1980) untersuchten Zigeunergruppen in Deutschland ist nicht viel besser. Entsprechend fehlenden beruflichen Qualifikationen, geforderter Regelmäßigkeit und Pünktlichkeit, arbeiten nahezu alle Zenderschen Zigeuner in einem nicht festen Arbeitsverhältnis in der Landwirtschaft. Lediglich neun Männer pendeln in die Stadt nach Schäßburg aus und verdienen dort als Bauarbeiter ihr Geld. Damit scheint sich die Situation der Zigeuner von heute, verglichen mit der Zeit vor 1944, strukturell wenig verändert zu haben, denn bereits damals waren alle Zenderschen Zigeuner Analphabeten, ohne Berufsausbildung, arbeiteten sporadisch als Tagelöhner in der Landwirtschaft, flochten Körbe oder schnitzten Löffel, formten und brannten Ziegel, suchten Pilze und Erdbeeren, strichen bei Hochzeiten nach Gefühl und Wellenschlag ihre Geigen, verdienten als Abdecker ab und zu Lebensmittel oder lebten von Betteln und gelegentlichem Mundraub. Hierin bildeten die Zenderschen Zigeuner keine Ausnahme, denn die berufliche Situation der Zigeuner, auch in Ungarn insgesamt, wird ähnlich beschrieben. Sie stellen also auch heute noch das entspannte Leben vor den wirtschaftlichen und sonstigen Erfolg. Noch immer ähneln sie Mitgliedern von Urgesellschaften, die, ohne auf Mehrwert zu schielen, gerade soviel arbeiten, daß es zum Leben reicht.

Auch heute noch hausen die Zigeuner in Zendersch in erbärmlichen Lehmhütten mit zerzausten Stroh- oder Schilfdächern. Durch die offene Tür sieht man in einen einzigen dunklen Raum, in dem sich das gesamte häusliche Leben abspielt und der durch ein einziges winziges Fenster Licht erhält. Eine ganze Menge von schwarzbraunen, glutäugigen Kindern lungert um das Feuer auf dem Erdboden herum. Über der offenen Herdflamme hängt der Kessel, in dem die Mutter den Paulukes, einen in Wasser gekochten Maisbrei, das Nationalgericht, zubereitet.

Die Randstellung der Zigeuner wird auch durch die Vorurteile der Bevölkerungsmehrheit tradiert. [...] Bei allem sonstigen Streit in der Forschung ist man sich in einem Punkte einig: Vorurteile sind keinesfalls angeboren, sondern werden in sozialen Lernprozessen erworben. [...] Da man den Zigeunern mehrere negative Merkmale, Eigenschaften und Verhaltensweisen mit Erfolg zugeschrieben hat, begegnet man ihnen dementsprechend. Von den rein äußeren Rassemerkmalen der

Zigeuner schloß und schließt man auf alle anderen Verhaltensweisen und Eigenschaften. Zigeuner zu sein, bestimmte und prägte wie keine andere Tatsache die Stellung eines Angehörigen jener Gruppe auf lokaler Basis und damit auch den Umgang mit ihm. [...] Trotz Kollektivierung und Sozialismus hat sich nach unseren Beobachtungen in der Einstellung zu den Zigeunern wenig geändert. Weder verkehren Siebenbürger Sachsen und Rumänen sozial mit ihnen, noch möchte man bei der Arbeit mit ihnen an einem Strang ziehen. Die ethnische und rassische Grenze bildet eine klare und sozial überwachte Trennlinie. [...] Das ist bei den Zigeunern leicht möglich, weil sich mehrere Statusmerkmale bei ihnen häufen: niedriger IQ, Analphabetentum, mangelnde Berufsqualifikation, fremde Sprache und anderes Arbeitsethos. [...] Fragt man nicht nur nach den Folgen, sondern weiter nach den Funktionen von Stigmatisierungen, so müssen mindestens zwei Ebenen unterschieden werden, die des einzelnen und die der ethnischen Gruppe in der Gemeinschaft. Für den einzelnen haben die negativen Merkmale oder Stigmata eine Orientierungsfunktion im Umgang miteinander, denn die Zeichen beinhalten bestimmte Erwartungen und Verhaltensweisen des jeweils anderen. Man kann das Verhalten des anderen aufgrund seiner Merkmale abschätzen und sich darauf einstellen. Eigene Unsicherheit wird dadurch vermindert. Doch diese Entlastung im Umgang miteinander hat auch eine Kehrseite. Sie verzerrt die Wahrnehmung des anderen und blockiert mögliche neue Erfahrungen mit ihm. [...] Hinzu kommt, daß dem Zigeuner die Vorurteile der Mehrheit ihm gegenüber als Verhaltenserwartungen erscheinen. (zitiert nach Weber und Weber, 1985). Die Stigmata regulieren den sozialen Verkehr zwischen den Gruppen, insbesondere zwischen Deutschen und Rumänen einerseits und Zigeunern andererseits. Letzteren versperren sie den Zugang zu knappen Gütern wie Status, Berufschancen, Ehepartner, politische Führung, Wohnlage im Ort usw. Das Vorhandensein der kastenähnlichen Gruppe der Zigeuner wirkt auf diese Weise systemstabilisierend. Wird z. B. nicht geerntet, wie erwartet, so kann die Führungsgruppe von Rumänen und Deutschen in der Landwirtschaft nicht nur das Wetter, sondern auch die mangelnde Arbeitsleistung der Zigeuner dafür verantwortlich machen.

Die Anhäufung von sozialem Zündstoff

Jaromir Konecny schreibt in „Die Zeit“ vom 9. 2. 1996: *Einige Zeit nach der samtenen Revolution besuchte ich mit einem deutschen Freund Prag. Wir spazierten nachts über den Wenzelsplatz, und er wunderte sich über die Mengen an dunkelhäutigen Schwarzmarkthändlern und Zuhältern dort: Ob die Tschechen damit keine Probleme hätten? Ich lobhudelte noch über die angeborene Toleranz der tschechischen Seele, als plötzlich Scharen aufgeschreckter Zigeuner in die Nebenstraße flüchteten, Kinder, Männer, Frauen, viele mit Babys in den Armen. [...] Plötzlich hallte uns eine tschechische Parole entgegen: „Zigeuner raus", und dann zog eine Horde tschechischer Skinheads Richtung Museum. An die hundert brüllende Idioten im Zentrum von Prag. Die Polizei ließ sich nicht blicken. [...] Als in Rostock die Asylantenheime brannten, war ich zufällig wieder in der Tschechischen Republik und hörte in der Kneipe vor dem Fernsehen Kommentare wie: So was wäre bei uns nie möglich. Seitdem sind dreißig Zigeuner von tschechischen Skinheads getötet worden. [...] Ich blättere durch die tschechische Presse: Statistische Untersuchungen, die die sehr hohe Kriminalität der Zigeuner bezeugen, Beschwerden der Bürger über Zigeuner in der Nachbarschaft und Berichte über kriminelle Aktivitäten der Zigeuner sind an der Tagesordnung. Im vorigen August ging durch die Presse ein Bericht mit der Überschrift: „Für Roma bruchsichere Häuser". Der Artikel handelte von den Plänen des Vorsitzenden der slowakischen Regierungspartei (Slowakische Nationale Partei), Jan Slota, die Zigeuner in selbständigen Dörfern zu konzentrieren. Ich vernahm in den tschechischen Medien keine einzige Stimme, die diese geplanten Lager in der Slowakei kritisiert hätte.*

Dramatische Meldungen kommen auch aus Bulgarien. So berichtete z. B. die „Frankfurter Allgemeine" am 26. 7. 1997 (Trojanow, 1997) aus der Stadt Lukowit: *Der Bürgermeister [...] schildert die Probleme, die seiner Ansicht nach vor allem in der demographischen Entwicklung verankert sind. Die vierzig Prozent Roma nehmen sprunghaft zu, die Bulgaren werden immer weniger. [...] Neugeborene gibt es wenige. [...] Dieses Bild sei kennzeichnend: Die Frühgeborenen und die Untergewichtigen werden zahlreicher, ein normales bulgarisches Baby dagegen sei eine Rarität. Nur die Zigeuner vermehren sich wie die Karnickel [...]. Die Bulgaren leben in Elend, doch die Lebensverhältnisse bei den Roma sind eine Katastrophe. Sie können nur betteln oder stehlen, behaupten die Bulgaren. Wir haben immer nur die schmutzigste und gefährlichste Arbeit bekommen, entgegnen die Roma. Die Bulgaren: Sie lügen und verstehen kein einziges Wort. Die Roma: Sie verteilen die Sozialhilfen an ihre Bekannten, sie erklären uns nicht, wer etwas bekommt und wieso. Die Fronten sind unversöhnlich. Die Roma leben in einem eigenen Viertel, in einem klassischen Ghetto am Rande der Stadt.*

In Frankreich leben rund 400.000 Zigeuner. Die Hälfte von ihnen ist nicht seßhaft. „Ihr Ansehen kann nicht schlechter sein, als es schon ist" – unter dieser Schlagzeile macht „Le Monde" am 11. 8. 1998 einen Bericht (Sasportas, 1998) über sie auf. *Die Zigeuner sind wie die Pferde, um glücklich sein zu können, müssen sie frei sein. [...] Die Schule ist nicht für uns gemacht.*

Anläßlich der Ereignisse in Rostock-Lichtenhagen berichtete „Der Spiegel" (vom 7. 9. 1992): *Keine andere Zuwanderergruppe provoziert zugleich soviel Widerwillen in der Bevölkerung, von offener Ablehnung bis zum blanken Haß, wie die „Tigan", wie sie in Teilen Rumäniens heißen. Ausgerechnet dieses nonkonformistische Nomadenvolk, die wohl am schwersten integrierbare aller Zuwanderergruppen, stellt mittlerweile das größte Kontingent in der ohnehin angefeindeten Notgemeinschaft der zu Tausenden anreisenden Asylbewerber. [...] Das teilweise noch archaisch anmutende Verhalten der Einwanderer kollidiert allerorten mit dem Normenkodex deutscher Normalbürger. „Die haben hingemacht, wo sie gingen und standen", empörten sich Einwohner der Rostocker Trabantensiedlung Lichtenhagen – wohl nichts hat die ausländerfeindlichen Krawalle der vorletzten Woche in der einst roten Ostseemetropole stärker aufgestachelt als die Besudelung deutschen Saubersinns und Ehrgefühls durch die öffentliche Fäkalpraxis der Fremdländischen. [...] Als die Zigeuner kamen und in Rostock-Lichtenhagen „auf der Wiese regelrechte Claims abgesteckt, ihre Nischen mit Plastetüten abgedeckt und bisweilen ihre Frauen und Kinder gezüchtigt" hätten, so beobachtete Jörg Rauhut vom Innenministerium Mecklenburg-Vorpommerns, sei den Leuten die Galle hochgekommen. [...] In der Spar-Filiale Güstrower Straße in Rostock-Lichtenhagen hatte die Diebstahlsquote das 10- bis 15fache von anderen Filialen betragen.*

Am 20. 4. 1995 mußte die „Leipziger Volkszeitung", dabei wieder der Sprachregelung folgend, daß es keine Zigeuner gibt, unter der Überschrift „Besonders Rumänen organisieren regelrechte Raubzüge" berichten: *Immer mehr – vor allem rumänische – Banden gehen mit bisher ungewohnter Brutalität vor und überfallen Banken, Sparkassen, Postämter, brechen in Einfamilienhäuser, Büros und Wohnungen ein. Allein in Leipzig sind derzeit 54 rumänische Straftäter in Untersuchungshaft – die Hälfte unter 21 Jahre alt. Die Probleme mit rumänischen Banden gibt es bundesweit. [...] Die zunehmende Risiko- und Gewaltbereitschaft bereitet der Polizei Sorgen. So werden Polizeikontrollen durchbrochen, Wach- und Sicherheitskräfte angegriffen, Zeugen bedroht und Schußwaffen eingesetzt. Die überwiegende Mehrheit der*

Täter halten sich illegal in Deutschland auf. 90 % der Festgenommenen behaupten, erst am Vortag durch einen Grenzfluß nach Deutschland geschwommen zu sein und dabei ihren Ausweis verloren zu haben.

Es ist sehr wenig bekannt, daß dieses Problem der Existenz einer zahlenmäßig mehr oder weniger großen Kaste – denn die Abgrenzung der Zigeuner von der übrigen Gesellschaft durch sie selbst (Mischehen sind auch aus ihrer Sicht hochproblematisch) und umgekehrt weist Züge einer Kaste auf – nicht nur für Europa ein Problem ist, sondern in abgewandelter Form sich bei allen großen Kulturvölkern wiederholt. Wer weiß schon, daß z. B. in Japan, wo für uns Europäer die Leute erst einmal alle gleich aussehen, eine kastenähnliche Unterschicht – die Buraku – existiert, die aus Tätigkeitsgruppen entstanden ist, die sich mit „unreinen Beschäftigungen" (vgl. Metzke, 1993 und 1998) abgeben? 1871 wurden diese von der übrigen Gesellschaft Ausgeschlossenen aus ihrem rechtlosen Status befreit, ohne daß sich damit an ihrer Situation viel änderte. Ihre Zahl betrug damals 383.000. Innerhalb von 60 Jahren vervierfachte sich ihre Zahl, während die Zahl der Japaner sich nur verdoppelte.

Wenn auch für soziale Kasten, wie für die Neger in den USA, die Zigeuner in Europa und die Buraku in Japan, ein mittlerer IQ von etwa 85 typisch zu sein scheint, so gibt es doch im Sozialverhalten sehr große Unterschiede. Sind bei den Negern der USA Mütter mit unehelichen Kindern und Väter, die sich aus dem Staub machen, häufig, so haben die Zigeuner hingegen ein eindrucksvolles, noch sehr patriarchalisch geprägtes Familienleben. Die Männer der Zigeuner sorgen für ihre kopfstarken Familien.

Es hat in den letzten Jahrzehnten nicht an Idealismus gefehlt, die Lage der Zigeuner dauerhaft zu verbessern, und es wird auch weiterhin daran nicht fehlen. 1994 z. B. wurde Karin Reemtsma, Nichte von Jan Philipp Reemtsma, Mitarbeiterin der Internationalen Romani Union, die sich für die Rechte der Zigeuner einsetzt. Selbst innerhalb dieser Bürgerrechtsbewegung ist umstritten, ob es so etwas wie eine „zigeunerische Lebensweise" gibt. Der prominenteste Vertreter dieser Sicht ist der Vorsitzende der Union, Rajko Djuric (der früher einmal Chefredakteur der kommunistischen Zeitschrift „Borba" in Jugoslawien gewesen war), während Karin Reemtsma eine derartige Sichtweise immer als eine Projektion von außen, also eine der Nicht-Zigeuner, begriff und ablehnte. Sie hat sich ihr Leben lang für die Anerkennung der Zigeuner als nationale Minderheit eingesetzt und, als der Krieg in Jugoslawien tobte, für die Aufnahme bosnischer Flüchtlinge in Europa. Im Juni 1997 wurde Karin Reemtsma von ihrem langjährigen Lebensgefährten und Vater ihrer zwei kleinen Kinder, einem Zigeuner aus Serbien, erstochen. Rajko Djuric (1997) schreibt in seinem Nachruf: *Der Tragödie der Karin Reemtsma ging ein langjähriges Drama voran. In diesem Drama kreuzten sich persönliche, familiäre, psychosoziale, historische und politische Wege und Momente. Ihr Kampf und ihr Tod könnten Motiv für einen politisch-soziologischen Roman sein. [...] Karin Reemtsma hat entdeckt, wie schwer und wie tragisch die Wahrheit über die Sinti und Roma ist, und sie hat verstanden, wie schwer und tragisch diese Wahrheit für die Roma und Sinti ist. Die Feinde dieser Tatsachen wurden so zu ihren Feinden.*

Das Beispiel „Zigeuner“ wurde ausführlicher belegt, da es zeigt, wie durch Steuerung oder Nichtsteuerung von Einwanderung eine furchtbare Mischlage von sozialem und ethnischem Konflikt geschaffen oder verhindert werden kann. Nichts wäre auf die Dauer verhängnisvoller für den sozialen Frieden in Deutschland, als wenn weite Teile der Bevölkerung dunkles Haar und dunkle Augen mit Elend und krimineller Gefahr assoziierten.

Der Vollständigkeit halber soll erwähnt werden, daß es neben den echten Zigeunern auch Gemeinschaften sogenannter Landfahrer gibt, die in ihrem Sozialverhalten und in ihrer Stellung in der Sozialstruktur den Zigeunern ähnlich sind. Keuschnig (1973) z. B. untersuchte ein Gebiet der stärksten Besitzzersplitterung im Realteilungsgebiet in Tirol, die Gemeinden Karres und Karrösten, die Winterquartiere und Stützpunkte der Tiroler Landfahrer, der Karrner, sind, die fast drei Viertel des Jahres mit ihren gesamten Familien auf zweirädrigen Karren als Hausierer und Händler ein Nomadenleben führen, mit den entsprechenden sozialen Begleiterscheinungen. Keuschnig bemerkt dazu u. a.: *Die Trunksucht ist bei Karrnern sehr verbreitet, was nicht zuletzt Ausdruck der mangelnden Hemmung ihres primitiven Charakters und Kompensation ihres Außenseiterdaseins ist. Hervorzuheben ist hier, daß die Frauen die Rauf- und Trinkgewohnheiten der Männer angenommen haben und auch ihre sonstige Lebensweise sich durch nichts unterscheidet. Die Aufgabe der Kindererziehung wird vollkommen mißachtet, obwohl sie sehr an den Kindern hängen. Das abnorme Familienleben läßt die Kinder bereits von klein auf verwahrlost erscheinen. [...] Der Schulbesuch ist äußerst unregelmäßig, einerseits durch das ständige Wandern, andererseits wird auch von seiten der Eltern wenig Wert auf eine schulische Ausbildung gelegt. Viel wichtiger erscheint es ihnen, daß die Kinder Kniffe und Schliche erlernen [...]. Üblicherweise heiraten Karrner untereinander und führen ein ähnliches Leben wie ihre Eltern und Großeltern. Sollte jedoch ein*

Karrner eine Nichtkarrnerin heiraten, wird er von der Gemeinschaft ausgeschlossen.

Ethnische Unterschiede bei Erfolgen in Bildung und Beruf

Zur Situation in Deutschland schreibt Geißler (1996): *Mit der steigenden Aufenthaltsdauer haben sich die Chancen der Ausländerkinder im deutschen Bildungssystem erheblich verbessert. Während in den 70er Jahren mehr als die Hälfte ohne Schulabschluß blieb, schafften 1993 vier von fünf mindestens den Hauptschulabschluß, und ein immer größerer Anteil absolviert erfolgreich die weiterführenden Schulen. 24 % haben Abitur. Angesichts ihrer besonderen Situation (Aufwachsen in zwei Kulturen, enge Wohnverhältnisse, besonders häufig berufstätige Mütter) ist es schon erstaunlich, daß die Kinder von ausländischen Arbeiterfamilien die Bildungsdefizite zu den Kindern aus deutschen Familien mit einer vergleichbaren Qualifikation der Väter zwischen 1976 und 1989 fast beseitigen konnten. Der bessere Schulerfolg spiegelt sich auch in einem zunehmenden Anteil von Kindern ausländischer Arbeitnehmer unter den Studierenden wider.*

In einer repräsentativen Zählung wurde 1989 in der alten Bundesrepublik Deutschland herausgefunden (Alba et al., 1994), daß die Kinder von drei ethnischen Gruppen, nämlich die Italiener, die Türken und die Jugoslawen, häufiger eine Hauptschule besuchen und häufiger das Bildungssystem ohne Lehrabschluß verlassen als ihre deutschen Mitschüler. (Welches Ethnos die „Jugoslawen" sind, wissen allein die zitierten Autoren, für die die Staatsangehörigkeit offensichtlich auch schon ein Ethnos definiert. Bedauerlich ist nur, daß sich die streitenden Parteien im Bosnienkrieg nicht auch auf das Niveau der deutschen Hochschulsoziologie begeben haben.) Hingegen besuchen griechische Schüler sogar häufiger Gymnasien, als dies bei deutschen der Fall ist. Eine Problemgruppe sind die Türken, deren mittlere Qualifikation und Bildung in Deutschland deutlich niedriger liegt, Ergebnisse von repräsentativen IQ-Tests sind von ihnen nicht bekannt. Von den 16 bis 18 Jahre alten Türken besuchten 1989 nur 7 % ein Gymnasium (zum Vergleich: Deutsche 29 %, Griechen 36 %). Die für Deutschland als Gastarbeiter gewonnenen Türken (und Kurden) haben damit vermutlich eine andere IQ-Verteilung als die Einwohner der Türkei insgesamt.

Die USA haben mehr Einwanderer als jedes andere Land der Welt, so wie Deutschland in den letzten Jahren mehr Personen (Ausländer und Aussiedler) aufgenommen hat als jedes andere europäische Land, gemessen an der Bevölkerungszahl sogar mehr als die USA. Der IQ von freiwilligen Fernwanderern liegt in der Regel etwas über dem Durchschnitt, und das hätte auch für die weißen Einwanderer in die USA zutreffen können. In einer komplexen Gesellschaft mit einer vollständigen Hierarchie stellen sich aber bald die üblichen Selektionsbedingungen ein, durch die sehr hohe Intelligenz eher benachteiligt wird, und das gilt auch für die USA, so daß ein erhöhter IQ bei der weißen Bevölkerung der USA, mit Ausnahme der Juden, deren mittlerer IQ bei 115 liegt, nicht nachzuweisen ist. In der Geschichte der USA ist den neuen Einwandererwellen von den bereits Ansässigen häufig mit Mißtrauen begegnet worden, das sich in mehrfachen Wellen zu Fremdenfeindlichkeit und offenem Rassismus gesteigert hat, wie Herrnstein und Murray feststellen müssen. In den achtziger Jahren trug die Einwanderung zu 29 % zur Bevölkerungszunahme der USA bei, das ist mehr als in irgendeinem Jahrzehnt seit dem Zweiten Weltkrieg. Wenn man die illegale Einwanderung noch dazuzählen würde, wären die Zahlen noch weit höher. In den achtziger Jahren waren die legalen Einwanderer von folgender Herkunft: 41 % Latinos, 21 % aus Ost- und Südostasien, 11 % Weiße Nicht-Latinos, 9 % Schwarze, 7 % Filipinos, 11 % aus dem Mittleren Osten, Südasien und andere. Herrnstein und Murray meinen, daß man daraus auf einen mittleren IQ der Einwanderer von 95 schließen könne. Man sollte dieser Schätzung aber sehr kritisch gegenüberstehen. Zwar haben wandernde Bevölkerungen oft einen anderen IQ als seßhafte, man muß aber immer bedenken, daß die Einwanderer, vor allem in der ersten Generation, nicht geringe Anpassungsschwierigkeiten haben. Das gilt auch für Europa und Deutschland. Unterschiedliche Sprache und Kultur führen zu einem Dauerstreß, und das Einkommen der Einwanderer liegt in der Regel unter dem Durchschnitt. Die Tests, denen sie unterzogen werden, sind oft nicht sprachfrei. Auch die genannten Streß- und Umweltfaktoren können zu einem schlechteren Testergebnis beitragen. Daß dem so ist, zeigt das Beispiel der Juden. Es gab in den zwanziger Jahren in den USA Stimmen, die auch den einwandernden Ostjuden eine unterdurchschnittliche Intelligenz bescheinigen wollten. Das Gegenteil ist aber der Fall. Herrnstein und Murray meinen jedoch, daß das Bild des selbstselektierten Einwanderers, der sich mühsam seine Existenz aufbauen mußte, nicht mehr zutreffe. In der Gegenwart wandern nicht nur besonders leistungswillige, sondern auch Personen mit geringen Fähigkeiten, die sich erhoffen, mit den Wohlfahrts- bzw. Sozialhilfeleistungen im Zielland besser leben zu können als in ihrem Ausgangsland. Bei der Einwandererwelle, die 1980 aus Mexiko kam, war das

Einkommen um 15 % niedriger als bei denjenigen, die 1955 kamen, bei denen aus der Dominikanischen Republik um 30 % niedriger. Auch aus Westindien waren anfangs schwarze Einwanderer gekommen, deren mittleres Einkommen (und damit wohl auch ihr mittlerer IQ) 1969 in der zweiten Generation höher lag als dasjenige der Weißen. In der Welle von 1980 lag aber das Einkommen der aus Jamaica, Haiti und Trinidad/Tobago Eingewanderten um 25 bis 52 % unter dem Durchschnitt der USA. Hinzugefügt werden muß allerdings, daß ein großer Teil der Einwanderer mit Einsatz und Energie arbeitet, ob das nun in bescheidenen Tätigkeiten ist oder in Forschungszentren.

Im Familienverhalten weisen (nach Herrnstein und Murray, 1994) die Schwarzen der USA gegenüber den Weißen und den Latinos grundlegende Unterschiede auf. Diese Unterschiede sind in den letzten Jahrzehnten sogar noch größer geworden. 1960 wurden 24 % aller schwarzen Kinder unehelich geboren, aber nur 2 % aller weißen Kinder. 1991 waren bei den Schwarzen 68 % aller geborenen Kinder unehelich, bei den Latinos 39 % und bei den nicht-hispanischen Weißen 18 %. Bei den Schwarzen wurde die nichteheliche Geburt geradezu zum Regelfall.

Die Demographie der Intelligenz

Bisher haben wir die Verteilung der Intelligenz als eine feste Größe behandelt. Doch wenn sich die Bevölkerung eines Landes von Generation zu Generation durch Geburten und Einwanderung erneuert, werden die Menschen, die sterben, nicht immer im Verhältnis 1:1 durch Menschen mit demselben IQ ersetzt. Das verstehen wir unter Demographie der Intelligenz (Rindfuss et al., 1980). Wenn Frauen mit niedrigem IQ ihre Kinder früher in die Welt setzen als Frauen mit hohem IQ, dann wird der mittlere genotypische IQ der Bevölkerung sinken, auch wenn die Kinderzahlen bei beiden Bevölkerungsschichten gleich groß sein sollten. Und wenn die Kinderzahl über die IQ-Verteilung hinweg nicht gleich ist und Schwankungen unterliegt, so wird die nächste Generation eine unterschiedliche Verteilung von IQ-Werten haben. Wenn man über die Zukunft eines Volkes eine Aussage machen will, dann ist erst einmal die Beobachtung wichtig, ob und wie sich die IQ-Verteilung verändert. Eine zweite Frage ist dann das Warum.

In allen Industrieländern ist mit der Modernisierung ein Fallen der Geburtenzahlen einhergegangen, ein Vorgang, der in der Fachterminologie als Demographische Transition bezeichnet wird. Da bei den gebildeten, den „studierten" Frauen die Geburtenzahlen früher, rascher und stärker fallen als bei den ungebildeten – ein Vorgang, der sich derzeit in vielen Entwicklungsländern in breiter Front vollzieht –, läßt sich daraus ein Sinken des mittleren IQ in der nächsten Generation erwarten. Es reicht für diesen Effekt auch schon aus, daß die gebildeten Frauen ihre Kinder in einem höheren Lebensalter bekommen, so wie das auch tatsächlich der Fall ist. Im allgemeinen geht man davon aus, daß 2,1 Geburten pro Frau das Minimum sind, um die vorhergehende Generation zu ersetzen. In den USA hatten 1992 die Frauen mit akademischen Abschlüssen 1,56 Kinder, das ist 1 Kind weniger als die Frauen ohne jeden Schulabschluß (Herrnstein und Murray, 1994).

Der Durchschnitts-IQ der Mütter in den USA ist demnach nicht 100, sondern knapp 98. Das heißt aber, daß der genotypische Wert der nächsten Generation etwa einen IQ-Punkt niedriger sein dürfte. In der für die USA repräsentativen Längsschnittuntersuchung, die den meisten Graphiken von Herrnstein und Murray zugrunde liegt, war der durchschnittliche IQ der Mütter sogar nur 96. Das mittlere Alter der Mütter, als die Kinder geboren wurden, betrug bei Weißen 24,3 Jahre, bei Latinos 23,2 Jahre, bei Schwarzen 22,3 Jahre. Der mittlere IQ aller geborenen Kinder für die Stichprobe von 4.200 Personen, die 1979 auf den Mittelwert 100 genormt worden war, betrug 1988 nur 92. Herrnstein und Murray hoffen, daß dies nicht der endgültige Wert ist, da gerade von hochintelligenten Frauen in höherem Lebensalter noch Kinder geboren werden und so der Mittelwert noch etwas steigen sollte.

1992 hatten die Frauen der USA im Alter von 35 bis 44 Jahren durchschnittlich 1,94 Kinder; weiße Frauen hatten 1,89 Kinder, schwarze 2,23 und Latino-Frauen 2,47. Daß mit dem Bildungsgrad der Frauen die Zahl ihrer Kinder fällt, gilt für alle ethnischen Gruppen der USA gleichermaßen.

Auch in den alten Bundesländern Deutschlands ist schon lange eine dramatische Entwicklung im Gang, die von der Politik bisher völlig ignoriert wird. Nach dem Mikrozensus der Volkszählung von 1997 betrug die Zahl der Kinder bei deutschen Akademikerinnen nur noch 1,14 (gegenüber 2,39 noch 1970). Ungelernte hingegen haben 2,01 Kinder, was ungefähr dem Geburtenniveau der Ausländerinnen in Westdeutschland entspricht (Schwarz, 1999). Nahezu 40 % der westdeutschen Akademikerinnen von 40 Jahren sind kinderlos und werden es, von ganz wenigen Ausnahmen abgesehen, auch bleiben. Selbst von den verheirateten Akademikerinnen sind fast 20 % kinderlos. Wie keine andere Gruppe in diesem Maß, so sind auch verheiratete Akademikerinnen erwerbstätig. In den Risiken des Erwerbslebens und der mangelnden sozialen Unterstützung der Frauen und Familien sind zweifellos dafür die Ursachen zu finden. Die Zahlen für die Akademiker würden noch schlechter ausfallen, wenn zu den Akademikerehen nicht die Lehrerehepaare hinzugehören würden, die sich mit ihren Arbeitszeitregelungen und Beurlaubungen noch familienfreundlicher Privilegien erfreuen können.

Diejenigen, die die Bedeutung dieser Entwicklung nicht begreifen, führen die „Regression zur Mitte" als Grund und Entschuldigung an. So führen Herrnstein und Murray dafür als Beleg einen Leitartikel der „New York Times" an, in dem zu lesen ist, daß die Kinder von Müttern mit unterdurchschnittlichem IQ einen IQ-Wert aufweisen, der näher bei 100 liegt als der IQ ihrer Mütter, verbunden mit der Schlußfolgerung dieser Zeitung, daß auf diese Weise auch die mittleren IQ-Unterschiede zwischen Schwarzen und Weißen verschwinden würden. Das ist aber ein Trugschluß. Wenn man Personen testet oder mißt und den Test wiederholt, dann zeigen Gruppen von Personen, je weiter sie vom Mittelwert der Bevölkerung beim ersten Test entfernt sind, beim zweiten Test einen immer größeren „Rückschlag zur Mitte". Und das ist sowohl vom negativen wie auch vom positiven Pol der Verteilung zum Mittelwert hin der Fall.

Für die Ursache dieser statistischen Regression gibt es eine einfache Erklärung aus der Meßtheorie: Je weiter der Wert einer Messung sich vom Mittelwert der Bevölkerung entfernt, desto größer ist der Meßfehler, mit dem er behaftet ist, was sich bei Wiederholung der Messung für statistische Gruppen leicht beweisen läßt. Bildet man aus den Meßwerten von Vater und Mutter einen Mittelwert und stellt die Mittelwerte ihrer Kinder dagegen, dann findet man die gleiche Erscheinung der statistischen Regression, die auf der Verteilung der Fehlervarianzen beruht, d. h. die Kinder zeigen einen Rückschlag zur Mitte. Hat sich dabei aber genetisch irgend etwas abgespielt? Nein, denn die Regression ist ein rein statistisches Phänomen und kein biologisches. Die Genfrequenzen der Kindergeneration entsprechen der Generation der Eltern (sofern die Kinderzahlen über die Verteilung nicht verschieden sind, wie es hinsichtlich des IQ in der alten Bundesrepublik Deutschland ist, aber das lassen wir an dieser Stelle einmal außer Betracht). Von Regression wird aber leider auch gesprochen, wenn man den Meßwert nur eines Elternteils mit dem seiner Kinder vergleicht. Dabei ergibt sich ein sehr starker Rückschlag zur Mitte, und zwar um so stärker, je mehr man sich zu den Extremen der Verteilung – sehr niedrigem oder sehr hohem IQ z. B. – hin bewegt. Das aber liegt einfach daran, daß eine extreme Person nur mit geringer Wahrscheinlichkeit einen ebenso extremen Ehepartner hat, mit größerer Wahrscheinlichkeit liegt der Ehepartner näher zum Mittelwert. Dadurch müssen die Kinder eines extremen Elternteils dann ja im statistischen Mittel auch Meßwerte näher zum Mittelwert haben.

Eine genetisch reine Linie bleibt genetisch eine reine Linie. Eltern, die für hohe Intelligenz homozygot M1M1 sind, haben Kinder, die alle wieder M1M1 sind. Die Paarung von Homozygoten mit Homozygoten desselben Allels ergibt immer wieder nur Homozygote mit unveränderten wahren genotypischen Werten, unbeschadet einer dabei auftretenden statistischen Regression der Meßwerte. Erst wenn wir auch Nebengene betrachten, wird das alles etwas komplizierter. Jedoch werden durch statistische Regression niemals Genfrequenzen verändert. Es ist deshalb grundfalsch, Regression als einen selbständigen Mechanismus ins Feld zu führen, der über Generationen hinweg ein allgemeines Einebnen von Unterschieden bewirken könne. Deutlich wird das auch durch folgende Überlegung: Die Kinder von Eltern mit hohem IQ zeigen eine Regression ihrer mittleren Meßwerte. Nun kehrt man die Logik und Reihenfolge um: Als Folge zeigen die Eltern von Kindern mit einem hohen IQ die Regression zur Mitte. Jetzt sind die Kinder zuerst gemessen und nach ihren Meßwerten in Gruppen geordnet worden, danach die Eltern. Auf einmal ist die Streuung der Kinderwerte größer als die der Elternwerte, und man könnte bei dieser Betrachtung also von „umgekehrter Regression“ sprechen.

Die erfolgreiche qualitative Bevölkerungspolitik der DDR

Anfang der siebziger Jahre erlangte eine lose Gruppe von Personen, die sich über die Zusammenhänge von IQ und Kinderzahl ernsthafte Gedanken machte, Einfluß auf die Sozial- und Studentenpolitik der DDR, und es gelang dieser Gruppe, eine Reihe von politischen Weichenstellungen zu veranlassen, die auf eine qualitative Bevölkerungspolitik hinausliefen, wenn auch dieser Begriff niemals gebraucht wurde und es niemals eine öffentliche Diskussion über diese Thematik gab. (Vielleicht ist das auch die einzige Möglichkeit – parteipolitisch übergreifender Konsens mit möglichst geringer öffentlicher Diskussion –, um auf diesem Gebiet jemals etwas in einer Demokratie zu erreichen.) Vor wenigen Jahren wurde eine Tabelle veröffentlicht (Dorbritz und Schwarz, 1996), aus der die Ergebnisse dieser Politik abzulesen sind, noch dazu im Vergleich mit der alten Bundesrepublik Deutschland.

Kinderlose Frauen im Alter zwischen 30 und 39 Jahren in Deutschland – Stand 1994 (in %)

Beruflicher Bildungsabschluß der Frau	Alte Bundesländer	Neue Bundesländer
ungelernt	15,0	11,4
angelernt	21,0	12,7
Lehre/Facharbeiter	20,1	5,7
Meister	20,4	6,3
Fachschule	31,0	5,0
Hochschule	37,2	7,9

Quelle: Dorbritz und Schwarz (1996), S. 244, Tab. 11

Diese Tabelle beweist, daß die DDR zwischen 1970 und 1990 der einzige Staat der Neuzeit war, in dem es gelang, eine außerordentlich erfolgreiche qualitative Bevölkerungspolitik durchzusetzen. Die zahlreichen Kinder der Frauen mit Fach- und Hochschulabschluß dürften Wanderungsverluste, die seit 1945 in Richtung Westen entstanden waren, voll ausgeglichen haben, und es wuchs um 1990 in der DDR eine Generation heran, die sich in ihrem mittleren IQ mit Ostasien messen konnte. Es ist die Ironie der Geschichte, daß die Früchte dieser Politik jetzt von der alten Bundesrepublik Deutschland geerntet werden, die auf diese Weise ihre eigene kinderfeindliche, dysgenische Bevölkerungspolitik korrigieren und kaschieren kann. Denn die wenigsten der heute Studierenden werden in den neuen Bundesländern einen Arbeitsplatz erhalten, die meisten werden westwärts ziehen.

Kurt Starke, der vom Zentralinstitut für Jugendforschung in Leipzig aus mit seinen Forschungsergebnissen in maßgeblicher Weise diese Studenten- und Bevölkerungspolitik beeinflußt hatte, zog 1989 folgende Bilanz: *Zu einer bedeutsamen Größe wuchs in den vergangenen 15 Jahren der Anteil der Studenten, die bereits während des Studiums eine Familie gründen und beginnen, ihren Kinderwunsch zu erfüllen. Zwei Drittel der Männer und Frauen äußern sowohl am Anfang als auch am Ende des Studiums einen Zwei-Kinder-Wunsch, 18 % der Absolventen möchten einmal drei Kinder und 11 % nur ein Kind. Diese*

Vorverlegung der Familiengründung in die berufsvorbereitende Phase, die vor einigen Jahren noch ausschließlich der akademischen Bildung vorbehalten war, geht einher mit psychosozialen Prozessen, zu denen [...] die Einstellungen zu einer dauerhaften Partnerschaft, eigenen Kindern und Familien gehören. [...] Während bereits 7 % der Studienanfänger verheiratet sind (doppelt so viele männliche wie weibliche), ist am Studienende jeder zweite Absolvent bzw. Absolventin verheiratet. 17 % sind noch ohne Partner, die restlichen Absolventen tragen sich mit Heiratsabsichten oder leben überwiegend in eheähnlichen Verhältnissen. Insgesamt möchten rund 80 % der Absolventen (männliche wie weibliche) einmal verheiratet sein. Besonders stark angewachsen ist der Teil jener Studenten, die während des Studiums bereits Vater bzw. Mutter werden. Während von den Absolventen des Jahrgangs 1974 nur 20 % Mutter bzw. 24 % Vater waren, sind dies von den Absolventen 1986 33 % (31 % 1 Kind, 2 % 2 Kinder) bzw. 43 % (32 % 1 Kind, 10 % 2 Kinder). 14 % der Hochschulabsolventinnen sind schwanger. Diese enorme Zunahme der Studenten-Eltern steht im Einklang mit dem hohen Stellenwert, den Kinder in der Lebenswertehierarchie einnehmen. 38 % der studierenden Mütter oder Väter sind ebenfalls mit einem Studenten oder einer Studentin verheiratet. Obwohl Schwierigkeiten der verschiedensten Art im Alltag der studierenden Mütter nicht ausbleiben, bestätigen 94 % von ihnen eine überwiegend gute Vereinbarkeit von Mutterschaft und Studium. 96 % würden – noch einmal vor die Frage gestellt – wieder mit Kind studieren. Dabei leben 81 % der studierenden Mütter mit ihrem Kind zusammen. [...] Zwei von drei Studentinnen, die im Studium ein Kind bekommen, schließen eine Fördervereinbarung ab, deren Wirksamkeit allerdings von den Betroffenen unterschiedlich beurteilt wird. [...] Die Leistungsunterschiede zwischen Studentinnen mit und ohne Kind sind nicht so gravierend, als daß es einen Grund gäbe, in Zukunft studierende Mütter abzulehnen. Die Studentenehe und die Elternschaft sind in einem historisch kurzen Zeitraum Alltag im Studium geworden. Ganz offensichtlich können Väter und insbesondere Mütter quantitativ weniger Zeit für das Studium aufbringen. [...] Es ist daher nur verwunderlich, daß studierende Mütter und Väter hohe Studienleistungen (darunter auch überdurchschnittlich hohe) erbringen und recht effektiv, zeitökonomisch und geschickt studieren.

Nach 1990 war es mit diesen Studentenmüttern in kürzester Zeit wieder vorbei. Wenn man davon ausgeht, daß die jungen Leute auch heute noch Kinder haben möchten, so ist es wohl die Angst der jungen Frauen, auf dem Arbeitsmarkt nach Abschluß des Studiums mit einem oder zwei kleinen Kindern keine Chance auf eine Ersteinstellung zu haben, was sie davon abhält, bereits als Studentinnen Kinder zu haben. In einer freien Wirtschaft muß es deshalb zu einer grundlegenden Änderung der Voraussetzungen für die Beschäftigung von Müttern kommen. Wir werden in Teil IV – der politischen Diskussion – auf diese Kernfrage der sozialen Entwicklung zurückkommen.

TEIL IV

ALTERSSTRUKTUR DER WOHNBEVÖLKERUNG, EINWANDERUNG UND POLITIK

Die politischen Grunddimensionen „links“ und „rechts“

Es hat Versuche gegeben und wird sie immer wieder geben, die politischen Entscheidungsmöglichkeiten auf die Entscheidung zwischen nur zwei Dimensionen zu reduzieren, und „rechts“ und „links“ sind dafür die gängigsten Begriffe. Sich nur scheinbar davon abhebend, schreibt G. Radnitzky (1998): *Unser Jahrhundert ist gekennzeichnet durch den Gegensatz zweier politischer Philosophien: der kollektivistischen Gesellschaftstheorie einerseits und des klassischen Liberalismus auf der anderen Seite. [...] Seit dem Zerfall der Sowjetunion ist freilich der bekennende, fundamentalistische Sozialismus unverkäuflich geworden. Der Sozialismus tritt daher nur mehr in der Form des schleichenden Sozialismus auf, unter dem Deckmantel der Demokratie. [...] Nahezu alle westlichen Demokratien sind teilweise sozialistisch. [...] Ein grober, aber brauchbarer Indikator für den Grad von „sozialistisch“ ist die Staatsquote: der Anteil von Steuern und anderen Zwangsabgaben am Volkseinkommen. Die Besteuerungsquote stieg ständig. 1960 betrug sie 33 Prozent, heute liegt sie weit über 50 Prozent. Ein anderer wichtiger Indikator ist die Abgabenquote. Sie ist definiert als der Anteil vom Durchschnittseinkommen eines Arbeitnehmers, der ihm in Form von Steuern und Sozialversicherungsabgaben abgezogen wird. Sie liegt in Deutschland ebenfalls höher als 50 Prozent. [...] Sie ist ein Indikator für das Ausmaß, in dem der Staat seinen Bürgern ansieht, ihre eigenen Geschäfte verantwortungsvoll zu führen. Die Abgabenquote ist eine Art Entmündigungskoeffizient oder Gängelungskoeffizient. Nicht minder wichtig ist die Regelungsdichte, aber sie ist schwierig zu messen. In Deutschland bildet sie eine Art Dschungeldickicht – von Baugenehmigungsverfahren [...] bis zu den Ladenschlußzeiten.*

[...] Ein anderer wichtiger Indikator ist die staatliche Schuldenquote. Sie ist eine Art „Leben-auf-Pump"-Koeffizient. Der kreditfinanzierte Ausbau des Wohlfahrtsstaates hat uns eine interessante Entwicklung beschert: Die Schuldenquote stieg in raschem Takt: 1970 waren es 20 Prozent, 1981 schon 35 Prozent, 1996 rund 60 Prozent. [...] Gleichzeitig hält die Tendenz zur Nivellierung an. [...] Ideologische Pfadfinder [...] konstruieren den Begriff der Umverteilungsgerechtigkeit. [...] Der Effekt der Umverteilungsmaßnahmen besteht vor allem darin, daß die Verbindung zwischen Beitrag und Leistung einerseits und Nutzen oder Belohnung andererseits verdünnt und im Endeffekt zerschnitten wird. Auf längere Sicht führt das stets zwangsläufig dazu, daß die Wirtschaft und letztlich der Staat zerstört werden, wenn nicht irgendwann zuvor das Steuer herumgerissen wird. Radnitzky geht dann darauf ein, wie schwer dies ist, da das Zusammenwirken von Massenmedien, Erwartungshaltung von weiten Kreisen der Bevölkerung und Parteipolitik eine solche Wende praktisch unmöglich macht und in demokratischen Wahlen der verliert, den den notwendigen „Sozialabbau" erst einmal eingeleitet hat oder einleiten will. Die Krise muß schon sehr weit fortgeschritten sein, ehe eine demokratische Mehrheit zum Umdenken bereit ist.

Radnitzkys Begriffspaar „kollektivistisch" gegen „liberal" erweist sich bei näherem Hinsehen nur als eine Lesart von „egalitär" gegen „antiegalitär", „sozialistisch" gegen „nichtsozialistisch", „Freiheit" gegen „Gleichheit". Das ist nicht völlig deckungsgleich mit „rechts" gegen „links", da wir auf der rechten Seite auch das Phänomen der nationalen Sozialismen haben, die antiliberale und totalitäre Tendenzen aufgewiesen haben oder aufweisen. Von links gesehen wird „rechts" stets in diesen totalitären Zusammenhang gestellt und „bekämpft"; umgekehrt – die Tendenz gibt es aber bereits auch in den eben zitierten Sätzen von Radnitzky – wird „links" die latente Neigung zu totalitär-kommunistisch unterstellt. Dennoch scheint das Begriffspaar „rechts" und „links" im Verständnis der meisten Menschen etwas auszudrücken, was einen tiefen und erstaunlich klaren Sinn hat.

Politik gibt es eigentlich nur, weil es Ungleichheit gibt (Fried, 1967). Ameisen brauchen und haben keine politischen Parteien. Aber schon bei höheren Tieren, die in sozialen Verbänden leben, gibt es Rangordnung und Ansätze zur Politik. Jüngere Tiere schließen sich zusammen, um gemeinsam gegen das ältere Leittier vorzugehen. Eine Mehrzahl von statusniederen Tieren kann entdecken, daß sie durch ihre größere Zahl den statushöheren Vorrechte streitig machen kann. Ist in einem Hühnerhof erst einmal die Hackordnung an der Spitze in Frage gestellt worden, muß sie zwischen vielen Tieren neu bestimmt werden. Ähnlich ist es in einem Wolfsrudel.

Daß es sich lohnen kann, dem Volk aufs Maul (und damit in den Kopf und in die Gedanken) zu schauen, haben die Meinungsforscher bewiesen. Es war eine große Überraschung für sie (Noelle-Neumann, 1998), daß sich bei der „Internationalen Wertestudie“ herausstellte, daß es *in allen Ländern der Welt weitgehend verwandte Werte gibt, die von den Linken hochgehalten werden, und eine ähnliche Übereinstimmung findet man unter denjenigen in der ganzen Welt, die sich als rechts eingestellt beschreiben. [...] 1978 erscheint zum ersten Mal in einem Allensbacher Interview die Frage: „Parteien werden ja manchmal danach eingestellt, ob sie links, in der Mitte oder rechts stehen. Ich habe hier ein Blatt, auf dem ein Bandmaß aufgezeichnet ist.“ (Interviewer überreicht Bildblatt mit Bandmaß.) „Wie würden Sie Ihren eigenen politischen Standort beschreiben, wo auf diesem Bandmaß würden Sie sich selbst einstufen?“ Das Bandmaß zeigte Werte von 0 = ganz links bis 100 = ganz rechts.* 1981 wurde der Fragebogen mit diesem Maß zur „Internationalen Wertestudie“ in allen teilnehmenden Ländern eingesetzt, 1990 dann bei der ersten Wiederholung der Wertestudie in 43 Ländern auf fünf Kontinenten. Es war bis dahin für die empirische Sozialforschung ein ungelöstes Rätsel, daß die Frage nach dem eigenen politischen Standort – links oder rechts – in mehr als vierzig Ländern der Welt von fast einhundert Prozent der Bevölkerung mit einer konkreten Angabe beantwortet wird. Wir möchten an dieser Stelle die Auffassung vertreten, daß dieses Selbstverständnis links oder rechts in sehr starkem Maß darauf beruht, ob der Befragte bereit ist, die „natürliche Sozialstruktur“ als gegeben zu akzeptieren oder sie ändern will. Da Intelligenz, Persönlichkeitsstruktur, Beruf und soziale Stellung deutlich miteinander korrelieren, kann man das als gegeben hinnehmen oder dagegen opponieren. Ist man der hochintelligente Sohn eines Facharbeiters und hat man in der Gesellschaft, in der man lebt oder zu leben gezwungen ist, nur eingeschränkte individuelle Aufstiegsmöglichkeiten, dann wird man wahrscheinlich nach links tendieren; ist man der mittelmäßig intelligente Sohn einer reichen Familie, wird man nach konservativ bzw. rechts tendieren. „Rechts“ und „links“ sind deshalb keine verrotteten Wegmarken der politischen Landschaft, sondern ihre grundlegende Dimension. Wenn rings um den Globus repräsentative Bevölkerungsquerschnitte zu über neunzig Prozent ihren eigenen politischen Standort mit den Begriffen „rechts“ und „links“ beschreiben, dann muß diesen Begriffen ein sehr wichtiger Sachverhalt zugrunde liegen. Leider fehlt aber den Daten der Meinungsforscher gerade dieser Bezug zu den „harten Fakten“, also zum IQ der Befragten, ihrem Einkommen, ihrem Beruf und ihrer sozialen Herkunft, so daß im Moment nur eine indirekte, aber keine direkte Argumentation möglich ist, die als Beweis gelten kann. *Als wichtigstes Ziel nennen „Recht und Ordnung aufrechterhalten“ im Durchschnitt der sechs europäischen Länder Westdeutschland, den Niederlanden, England, Frankreich, Spanien und Italien die Linksstehenden zu zwölf Prozent, die Rechtsstehenden zu 44 Prozent; in den USA und Kanada die Linksstehenden zu neun Prozent, die Rechtsstehenden zu 33 Prozent* (Noelle-Neumann, 1998). Wie sollte es auch anders sein, bedeutet Links-Sein doch Veränderung des Bestehenden, und das läßt sich in der Regel nur über den Durchgangszustand der Unordnung erreichen, die jeder richtige junge Linke offen oder heimlich begrüßen muß, wenn sich seine eigenen Chancen zur Machtteilhabe oder Machtübernahme verbessern sollen.

Noelle-Neumann stellt die Hypothese auf, *daß der Polarität von Links und Rechts zwei Werte entsprechen müssen, die in einem antagonistischen Verhältnis zueinander stehen, so daß je höher der eine Wert in der Gesellschaft rangiert, desto tiefer der andere angesiedelt ist und umgekehrt. Dies trifft nun genau auf die Werte von Gleichheit und Freiheit zu [...]. Wenn man nun prüft, wie die empirisch mit Umfragen in der ganzen Welt festgestellten linken Werte zu diesem antagonistischen Werte-Paar stehen, so kann man mühelos erkennen, daß die linken Werte die als soziale Gerechtigkeit verstandene Gleichheit befördern – nicht Chancengleichheit, wie oft schnell unterstellt wird, sondern faktische Gleichheit, Gleichheit des sozialen Ranges, Gleichheit der Einkommen, Gleichheit der äußeren Erscheinung* (also Mao-Look, Anm. d. Autors)*, um nur einige Stichwörter zu nennen.* Noelle-Neumann erkennt richtig, daß es sich um das uralte, in seinem innersten Wesen kommunistische Ideal handelt, das viele Menschen seit eh und je ihrer Wahrnehmung der realen biologischen und sozialen Ungleichheit entgegensetzen. Das zentrale Problem, um das sich jede Politik dreht, ist, wie man mit der sozialen Ungleichheit umgeht und wie damit, daß die Mitmenschen sich in ihrer Intelligenz unterscheiden.

Am anderen Ende der politischen Polarität läßt sich die Nähe zwischen den rechten Werten und dem Grundwert der Freiheit erkennen: nicht so leicht wie die Nähe der linken Werte zum Wert der Gleichheit, aber dennoch ganz unverkennbar. Alle gesellschaftlichen Modelle, bei denen dem Individuum so viel Entscheidungsfreiheit wie möglich eingeräumt wird – Wettbewerb, Schutz des Eigentums, Übernahme von Verantwortung, Risiko, Betonung von Rangunterschieden, Distanz,

Unterschiede des religiösen Glaubens –, beinhalten rechte Werte, wobei hier unterschieden werden muß zwischen den Werten rechtsgerichteter Demokraten [...] und dem rechtsextremistischen Weltbild, das in weiten Teilen auf fundamental anderen Grundwerten beruht, meint Noelle-Neumann weiter. Es gibt eine einfache Fassung für das Ideal der politischen Rechten: Freiheit zur Ungleichheit, auf den Punkt gebracht in der einprägsamen Antithese Freiheit statt Sozialismus! Das heißt, die Freiheit, verschiedene soziale Ränge zu erreichen und diesen Rang und seine Leistung nicht verheimlichen zu müssen; die Freiheit, verschiedene Bildungswege gehen zu können; die Freiheit, viel verdienen zu können, und der Schutz des Eigentums; die Freiheit zur Mode, die Freiheit zum Wettbewerb und vieles mehr. Wer hingegen kommunistische Ideale ernst nimmt und sie verwirklichen will, muß – da er die natürliche Ungleichheit und die unterschiedliche Intelligenz der Menschen nicht aus der Welt schaffen kann – zu Methoden der Unfreiheit und der Repression greifen: Einheitsschule, Abschaffung der Zensuren, einheitliches Kindergeld, exzessive Besteuerung und Reglementierung, Beschränkung der Freizügigkeit (die wurde in allen kommunistischen Staaten beschränkt), Abschaffung der Gewerbefreiheit, praktische Einschränkung der Religionsfreiheit, Enteignung von Betrieben usw. – das ist und das war stets das Repertorium der Gleichmacherei und der Unfreiheit.

Die Kommunisten, auch die Genossen der SED in der DDR, wollten den „Unterschied zwischen geistiger und körperlicher Arbeit“ aufheben, d. h. im Grunde genommen die Arbeitsteilung durch Berufe und den „Unterschied zwischen Stadt und Land“. Da das mit einer modernen Wirtschaftsweise, die im Gegensatz dazu auf immer größere Differenzierung der Berufe und der Siedlungsstruktur hinausläuft, unvereinbar war, gab es die unterschiedlichsten Arten von geistiger Verrenkung, um Theorie und Praxis irgendwie aufeinander zu beziehen. Für den Verfasser, der selbst jahrzehntelang in gesellschaftswissenschaftlichen Forschungseinrichtungen der DDR gearbeitet hat, waren diese geistigen Verrenkungen der Kollegen so sehr ernstgemeinter Alltag, daß man staunt, wie rasch man die Erinnerung daran fast bis zur Unwirklichkeit verdrängen kann. Die angestrebte Gleichmacherei war aber von den kommunistischen Dogmatikern ernst gemeint, für die eher sozialdemokratischen SED-Genossen hingegen ein ideologisches und ritualisiertes Glasperlenspiel, mehr nicht.

Die Aufhebung der erblichen Standesschranken in der Französischen Revolution bedeutete, daß fortan stärker das Prinzip der eigenen Leistung gelten sollte. Die Modernisierer von damals versprachen

„Freiheit, Gleichheit und Brüderlichkeit". Goethe bemerkte dazu: *Gesetzgeber oder Revolutionäre, die Gleichheit und Freiheit zugleich versprechen, sind entweder Phantasten oder Scharlatane.*

Zu den Mechanismen, die der Erhaltung der sozialen Gruppenidentität dienen, gehören auch Formen der erzieherischen Aggression, die Konformität erzwingen und damit der Erhaltung der jeweiligen Gruppennormen dienen. Mitglieder von traditionellen Kleinverbänden, die einander gut kennen, nehmen Anstoß am deutlich abweichenden Aussehen oder Verhalten eines Gruppenmitgliedes. Individualität ist nur innerhalb einer bestimmten Schwankungsbreite erlaubt. Wer von der Schwankungsbreite abweicht, wird Objekt kollektiver Aggressionen. Der Außenseiter wird ausgelacht, verspottet, ja sogar angegriffen. Das veranlaßt ihn in der Regel, sein Verhalten wieder nach der Gruppennorm auszurichten.[11] Vermag er das nicht, dann droht ihm der Ausschluß. Dieses Anstoßnehmen hat mit der Normangleichung auch eine egalisierende Wirkung. Ähnliche Wirkungen hat auch das Streben nach „political correctness". Während in Orwells „1984" Sprachregelungen durch ein totalitäres Regime erzwungen werden, erleben wir einen ähnlichen Vorgang durch die Selbstzensur, die sich in einer sogenannten „freien Welt" in immer stärkerem Maß etabliert. Wer abweicht, hat z. B. keine Chance mehr, jemals in einem ordentlichen Berufungsverfahren an einer Hochschule von einer Mehrheit der Berufungskommission akzeptiert zu werden.[12]

Man muß sich schon die Augen reiben, wenn man in einer für Studenten bestimmten Zeitschrift („Unicum. Das Hochschulmagazin", 16 [1998], Nr. 1, S. 12), die kostenlos in großer Auflage in jeder deutschen Universität ausliegt, liest: *Zufrieden ist (der) Asta-Vorsitzende an der Fachhochschule Münster/Steinfurt trotzdem nicht. Schon seit Jahren sei (seine) „rassistische und antidemokratische Gesinnung" bekannt gewesen. Er habe [...] eine Reihe „geschichtsrevisionistischer" Bücher aus dem Programm einschlägiger Verlage bestellt. [...] Die Bücher würden seitdem „unter Verschluß" liegen.* Man mag über die Sache denken, wie man will – und die Kritik an dem FH-Professor, auf dessen Namen es hier nicht ankommt, kann sehr berechtigt sein –, der

[11] Dem gleichen Mechanismus sieht sich auch der kreative, hochintelligente Wissenschaftler oder Erfinder ausgesetzt (Sternberg, 1998). Nur erwartet man von ihm, daß er sich durchsetzen sollte. Das ist aber eine rein ideale Forderung. Je origineller seine Theorien und seine Erfindungen sind, desto länger ist der Zeitraum, bis sie Anerkennung (Weiss, 1982a) finden werden. Außerordentliche Kreativität kann deshalb einen Lebensweg bedeuten, der immer neue Konflikte mit sich bringt. Dem ruhigen Beamten bleibt das erspart.

[12] Schwanitz in „Der Zirkel" (1998) läßt noch die Berufung eines Rene Schneider mit abweichenden Ansichten zu; in Wirklichkeit ist der Fall so schon unmöglich.

letzte Satz sollte, allein für sich gesehen, für jeden Demokraten Anlaß sein, Sturm zu laufen, genau so, als hätte man irgendwo ein Haus mit Ausländern angezündet. Was war das doch 1990 für die DDR-Bürger für eine Errungenschaft, als die jahrzehntelang gesperrte und verbotene Literatur auf einmal frei zugänglich wurde![13] Und dann rühmt sich 1998 eine Studentenzeitschrift, daß man Bücher freiwillig „unter Verschluß legt“? Bücher, an deren Inhalt man seine kritische Meinung bilden sollte, was man erwachsenen Menschen mit Abitur in einer demokratischen Gesellschaft ja zutrauen könnte und sollte. Aber mir ist kein Aufschrei der Empörung, der durch alle Medien hätte laufen müssen, bekannt geworden. Die selbstverordnete Unfreiheit ist schon Normalität.

Für den altbundesrepublikanischen Teil Deutschlands läßt sich tatsächlich (vgl. Noelle-Neumann, 1997, 1998) im Zeitraum 1990 bis 1998 eine dramatische Verschiebung im Ringen um die Werte Freiheit

Das Ringen um die Werte Freiheit und Gleichheit

Ergebnisse einer Dialogfrage: Was hat Priorität?
Westdeutschland 1976 bis 1998

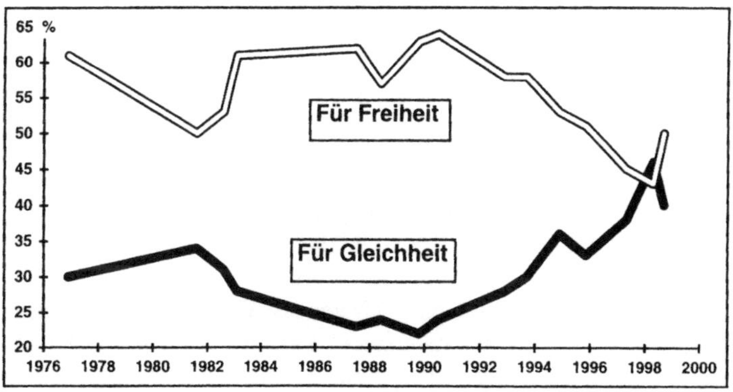

An 100 fehlende Prozent: Unentschieden.

Quelle: nach Noelle-Neumann (1998), S. 12

[13] Von den ersten Reisen nach Westen brachte ich für mich und meine Verwandten Orwells „1984“ und „Animal Farm“, Solschenizyns „Archipel Gulag“, Bauers „Soweit die Füße tragen“ und andere Bücher mit, deren Besitz, Lektüre und Weiterverbreitung in der DDR mit mehreren Jahren Zuchthaus bedroht waren, insbesondere galt das für Orwell. Und in den wissenschaftlichen Bibliotheken wurden die „Giftschränke“ geöffnet, und die bisher gesperrte Literatur – darunter z. B. Augenzeugenberichte (Esser, 1969; Leidensweg, 1995; Klier, 1998) über die Vertreibung der Deutschen aus den Ostgebieten und Erlebnisberichte (Melcher, 1985; Hildebrandt, 1993) aus Zwangsarbeits- und Kriegsgefangenenlagern, also Bücher über Sachverhalte, über die man bisher nur hinter vorgehaltener Hand etwas erfahren hatte können – wurde frei zugänglich.

und Gleichheit feststellen. Am Beginn des Wahljahres 1998 hatte zum erstenmal der Wert „Gleichheit, soziale Gerechtigkeit" einen Vorsprung vor der „Freiheit". Für nur noch 54 % der Menschen im Westen hat Freiheit ihren klassischen Sinn behalten: *Freiheit bedeutet, für sich selbst verantwortlich zu sein, sich frei für einen bestimmten Beruf zu entscheiden, für ein Land, eine Stadt, in der man leben möchte, und sich für ein Ziel einsetzen zu können, das man erreichen möchte.* Angesichts dieses Trends war also der Wahlsieg der SPD und das Entstehen einer linken Regierungskoalition im Jahre 1998 in Deutschland keine Überraschung.

Wenn man die Wähler in allen Ländern der westlichen Welt fragen würde, wie sie die Parteien auf der Rechts-Links-Skala einstufen würden, so käme ein ähnlich klares Ergebnis zustande wie bei der Einstufung der Einzelpersonen selbst. Die Parteien bedienen sich sogar bewußt dieser Skalierung. Fast keine Partei versäumt, ihren Standort im Parteienspektrum anzugeben: rechte Mitte, linke Mitte, linkssozialistisch, rechtsliberal oder sonstwie. Traditionell verstehen sich linke oder sozialistische Parteien eher als Arbeiterparteien, selbst dann noch, wenn die Arbeiter in der Mitgliedschaft nur noch eine Minderheit stellen, so wie das bei der SED der DDR in der Schlußphase ihrer Herrschaft der Fall war. Linke Parteien bringen aber mehr oder weniger klar zum Ausdruck, daß sie ihre Wähler eher in den einkommensschwächeren und „unterprivilegierten" Teilen der Gesellschaft suchen oder vermuten, und tragen den Erwartungen und Wertvorstellungen ihrer Wähler in ihren politischen Forderungen Rechnung, die in irgendeiner Weise und mehr oder minder deutlich auf eine Verringerung der sozialen Ungleichheit hinauslaufen. Das sollte dazu führen, daß die Wähler der großen Volksparteien, die links wählen, einen im Durchschnitt um 5 bis 10 Punkte niedrigeren mittleren IQ haben als Wähler, die rechts wählen. (Komplizierter ist das bei „nationalen" Parteien. Es hängt stark davon ab, wie stark ihre soziale Komponente ist, die man heute meist, wenn eine Partei damit Erfolg hat, als „populistisch" abzutun versucht.)

Statistische Zahlen aus Deutschland, die den Zusammenhang IQ zu Wahlverhalten eindeutig belegen, gibt es nicht, aber eine ganze Menge sozialer Hintergrundstatistiken, die belegen, daß die Aussage im wesentlichen richtig sein dürfte. Dies dürfte auch für die USA gelten und für Großbritannien oder für andere Länder, in denen die politischen Lager immer wieder klar definiert sind. Instruktive Zahlen sind bisher nur in Großbritannien veröffentlicht worden, wo ja die Unterscheidung Labour Party zu Konservativen der Unterscheidung Sozialdemokraten zu Christdemokraten in Deutschland ähnelt. In einer Sozialstudie der

Universität Oxford wurden im Jahre 1972 10.000 Männer befragt, die für die gesamte Bevölkerung repräsentativ waren. Heath (1981), der das Material aufbereitete, faßte die stärker differenzierte Gliederung der ursprünglichen Untersuchung zu drei großen Sozialschichten zusammen. In der Abbildung auf S. 226 werden diese Sozialschichten so bezeichnet: 1 Oberschicht, 2 Mittelschicht, 3 Unterschicht.

Hat ein Mann der Oberschicht einen Vater und einen Schwiegervater der Oberschicht, so ist er in Gruppe 111 zu suchen; d. h., die zweite Ziffer bezeichnet stets die Sozialschicht des Vaters, die dritte diejenige des Schwiegervaters. Die Abbildung macht es möglich, den vermuteten Auswirkungen der eigenen sozialen Herkunft und der Herkunft der Ehefrau nachzugehen und beides in Zusammenhang mit der eigenen Stellung zu sehen. Da die eigene soziale Stellung und die Herkunft wieder mit dem eigenen IQ, dem der Ehefrau und der beiderseitigen Väter korrelieren, läßt sich so indirekt auch auf die Auswirkungen des IQ schließen. Die Ergebnisse liegen genau in der erwarteten Richtung: Die Zahl + 56 bedeutet, daß die Konservative Partei bei der Gruppe 111, wo die Befragten (deren mittlerer IQ mindestens 115 sein dürfte, wenn nicht deutlich höher), ihre Väter und Schwiegerväter alle der sozialen Oberschicht angehören, einen Vorsprung von 56 % der Wählerstimmen gegenüber dem Anteil der Labour Party hat. Im konkreten Fall waren das 70 % der Stimmen für die Konservativen und 14 % für Labour. Die Größe der Rechtecke steht für die absolute Anzahl der Personen. Erwartungsgemäß stimmt die Gruppe 333, der unqualifizierte Arbeiter und der Facharbeiter mit ebensolchem sozialem Hintergrund, deren mittlerer IQ bei 90 oder darunter liegen dürfte und die fast ein Viertel aller Befragten ausmacht, in ihrer überwiegenden Zahl für die Labour Party. Immer dort, wo man einen Effekt des sozialen Hintergrunds vermuten dürfte, gehen die Abweichungen in die erwartete Richtung. Aber selbst bei den Absteigern bis in die Unterschicht, also den 311 oder den anderen in dieser Zeile, überwiegen die Labour-Stimmen. Man sieht, nebenbei bemerkt, auch, daß ein solcher Abstieg zwei Schichten hinunter binnen einer Generation ein sehr seltenes Ereignis ist. Wer selbst einmal eine solche Berufs- und Sozialklassifikation bei einer großen Zahl von Personen gemacht hat, weiß, daß eine solche Arbeit immer mit unzureichenden oder ungenauen Angaben bei Einzelfällen zu kämpfen hat und sich deshalb eine gewisse Unschärfe der Ergebnisstatistiken nie ganz vermeiden läßt. Da die Fehler bei Befragtem, Vater und Schwiegervater der Schichten 1 und 3 immer nur in eine Richtung gemacht werden können, nämlich hin zu 2, tragen diese Fehler zu einer Nivellierung der Ergebnisse bei. Die tatsächlichen

Soziale Schichtenzugehörigkeit und Wahlverhalten in England 1972

1 = Elite, 2 = Mittelschicht, 3 = Unterschicht; 111 = Der Wähler selbst, sein Vater und sein Schwiegervater gehören zu 1; 222 = Der Wähler selbst, sein Vater und sein Schwiegervater gehören zu 2 usw.
+ 56 bedeutet: Der Stimmenanteil für die Konservative Partei liegt 56 % über dem Stimmenanteil für die Labour Party (im konkreten Falle für 111 70 % der Stimmen für die Konservativen, 14 % für Labour)

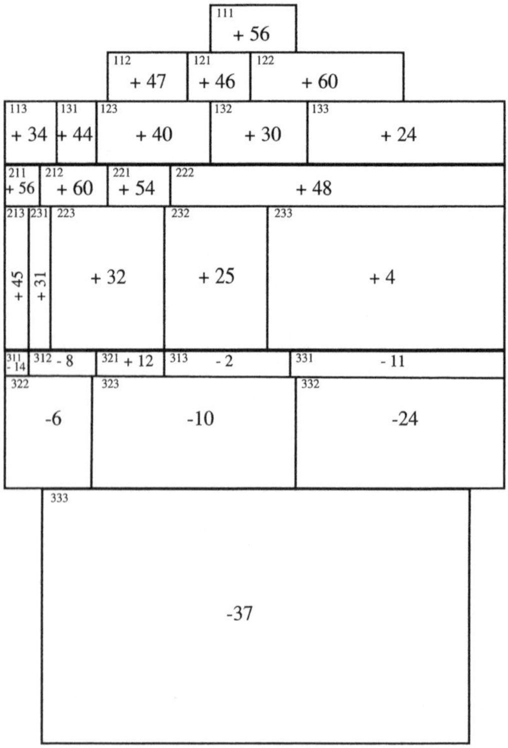

Stichprobe: Oxford Social Mobility Group; 10.000 Männer im Alter von 25 bis 64 Jahren
Die absoluten Zahlen in jedem Rechteck sind: 111–86; 112–85; 121–65; 122–159; 113–67; 131–46; 123–150; 132–122; 133–261; 211–34; 212–67; 221–67; 222–345; 213–74; 231–55; 223–384; 232–304; 233–755; 311–7; 312–24; 321–24; 313–42; 331–75; 322–218; 323–502; 332–533; 333–2371.

Quelle: nach Heath (1981), S. 240

Unterschiede sind stets größer, im Falle der von Heath (1981) veröffentlichten Untersuchung aber groß genug, um langgehegte Vermutungen klar zu bestätigen. Die Statistiken der deutschen Bundestagswahl 1998 dürften in eine ähnliche Richtung weisen, wenn man sie ähnlich analysiert hätte oder analysieren könnte.

In welch starkem Maß der Nationalsozialismus eine zweifellos linke Komponente (Niekisch, 1932) hatte, soll an zwei Zitaten aus Hitlers „Mein Kampf“ (1925) verdeutlicht werden: *Daß ich* (Hitler selbst über seine Jugend) *mittellos und arm war, schien mir noch das am leichtesten zu Ertragende zu sein, aber schwerer war es, daß ich nun einmal zu den Namenlosen zählte [...]. Dazu kam noch die Schwierigkeit, die sich aus meinem Mangel an Schulen ergeben mußte. Die sogenannte „Intelligenz“ sieht ja ohnehin immer mit einer wahrhaft unendlichen Herablassung auf jeden herunter, der nicht durch die obligaten Schulen durchgezogen wurde und sich das nötige Wissen einpumpen ließ. Die Frage lautet ja doch nie: Was kann der Mensch, sondern was hat er gelernt? Diesen „Gebildeten“ gilt der größte Hohlkopf, wenn er nur in genügend Zeugnisse eingewickelt ist, mehr als der hellste Junge [...]* (S. 243). *Im allgemeinen sind es die Kinder höherstehender, zur Zeit gut situierter Eltern, die wieder einer höheren Ausbildung für würdig erachtet werden. Fragen des Talents spielen dabei eine untergeordnete Rolle. [...] Ein Bauernjunge kann weit mehr Talente besitzen als das Kind von Eltern aus einer seit vielen Generationen gehobenen Lebensstellung [...]. Würde der talentierte Bauernknabe von klein auf ebenfalls in solcher Umgebung herangewachsen sein, so wäre seine geistige Leistungsfähigkeit eine ganz andere. [...] Unerträglich ist der Gedanke, daß alljährlich Hunderttausende vollständig talentlose Menschen einer höheren Ausbildung gewürdigt werden, während andere Hunderttausende von großer Begabung ohne jede höhere Ausbildung bleiben. [...] Wenn in den letzten Jahrzehnten der Reichtum an bedeutenden Erfindungen besonders in Nordamerika außerordentlich zunahm, dann nicht zuletzt deshalb, weil dort wesentlich mehr Talente aus untersten Schichten die Möglichkeit einer höheren Ausbildung finden, als dies in Europa der Fall war. [...] Der völkische Staat [...] hat nicht die Aufgabe, einer bestehenden Gesellschaftsklasse den maßgebenden Einfluß zu wahren, sondern die Aufgabe, aus der Summe aller Volksgenossen die fähigsten Köpfe herauszuholen und zu Amt und Würden zu bringen. Er hat nicht nur die Verpflichtung, dem Durchschnittskind in der Volksschule eine bestimmte Erziehung zu geben, sondern auch die Pflicht, das Talent auf die Bahn zu bringen, auf die es gehört. Er hat es vor allem als seine höchste Aufgabe zu be-*

trachten, die Tore der staatlichen höheren Unterrichtsanstalten jeder Begabung zu öffnen, ganz gleich, aus welchen Kreisen sie stammen mögen. [...] Es wird die Aufgabe eines völkischen Staates sein, in seinem Unterrichtswesen dafür Sorge zu tragen, daß eine dauernde Erneuerung der bestehenden geistigen Schichten durch frische Blutzufuhr von unten stattfindet (S. 481). (Der letzte Nebensatz könnte auch von Mao Tse-tung anläßlich der Kulturrevolution geäußert worden sein.)

Man muß dabei berücksichtigen, daß Hitler um 1900 selbst noch in einer Zeit groß geworden ist, in der die alte Standes- und Klassengesellschaft noch bestand und gerade dabei war, sich in eine leistungsbestimmte Schichtengesellschaft umzuwandeln. Diese Modernisierung, die in der Kaiserzeit bereits voll einsetzte, gewann in der Weimarer Republik an Tempo, und die sozialrevolutionären Elemente der Zeit von 1933 bis 1945 sorgten dafür, daß die Modernisierung des Ausbildungswesens ungebrochen weiterging – in noch viel stärkerem Maß dann nach 1945, gleichermaßen in Ost und West. Eine tiefere Analyse von Hitlers Zitat würde die Mischung aus der Haltung von linkem Revolutionär und rechter Grundhaltung, nämlich Anerkennung von natürlicher Hierarchie und ererbter Begabung, deutlich machen können, doch dürfte das Zitat bereits in dieser Länge dazu ausreichen.[14]

Das Ungewöhnliche an der Sozialstruktur der Ostblockstaaten 1989

Ursprünglich waren die kommunistischen Parteien der Ostblockstaaten mit einer zweifelsfrei linken oder sogar extrem linken Ideologie an die Macht gekommen. Einmal an der Macht, mußten sie diese auch ausüben und wollten sie festigen. Sie gerieten damit in das Dilemma aller linken Ideologen, über das wir im Vorwort und im Nachwort dieses Buches bei Orwell nachlesen können, dem Orwell aber in der Satire „Animal Farm" („Die Farm der Tiere")[15] eine zeitlose und so klassische Form gegeben hat, daß man dem eigentlich kaum etwas hinzufügen müßte. Das Dilemma besteht vor allem darin, daß zur Ausübung hochqualifizierter und leitender Funktionen selbst in einem Staat mit kommunistischer Ideologie ein überdurchschnittliches Maß

[14] Weggelassen haben wir einige Sätze, in denen Hitler einen gebildeten Neger als *Wunderdressur eines [...] gebildeten Halbaffen* bezeichnet und den *schlauen Juden* dafür verantwortlich macht, daß er den Völkern die *Theorie von der Gleichheit der Menschen* eintrichtern will, d. h. jüdisch ist für Hitler faktisch gleich kommunistisch. Solche das eigene Selbst überschätzenden Meinungen sind für einen auf die eigene Gruppe zentrierten „nationalen" Standpunkt typisch. Aus wenigen Sätzen lassen sich so Glanz und Elend eines nationalen Sozialismus ableiten und erkennen.

[15] Wenn Sie das Büchlein noch nicht als Schulkind gelesen haben sollten, sollten Sie es rasch nachholen.

an Intelligenz von Vorteil ist, und sei es auch nur darum, um seine Intelligenz zu benutzen, seinen eigenen kritischen Standpunkt zu verbergen. Das kommunistische System vermochte nicht, seine eigenen Prognosen in die Tat umzusetzen, und der Aufbau des Kommunismus mußte in immer größere historische Entfernungen gerückt werden, so daß am Schluß nur noch von Sozialismus oder entwickeltem Sozialismus die Rede war. Da der Kommunismus im Idealfall von einem Menschenbild ausgeht oder es anstrebt, das mit den tatsächlichen Leistungsunterschieden, vor allem im intellektuellen Bereich, letztendlich wenig zu tun hat, war das in der Sowjetunion entwickelte und den anderen Ostblockstaaten aufgezwungene Wirtschaftssystem uneffektiv und verlor gegenüber dem kapitalistischen Wirtschaftssystem, das im privatwirtschaftlichen Bereich (aber nicht im öffentlichen Dienst) durch freien Wettbewerb und einen weit größeren Realismus im Menschenbild gekennzeichnet ist, zusehends an Boden – was die Kommunisten und entwickelten Sozialisten in immer größere Schwierigkeiten brachte, von ihren eigenen Versprechungen und der von ihnen behaupteten wirtschaftlichen Überlegenheit abzulenken und die Nachteile wenigstens propagandistisch wettzumachen. Bereits Ende der siebziger Jahre war es für jeden, der interne Wirtschaftsdaten kannte, klar, daß sich die Schere auseinanderzuentwickeln begann und die Ostblockstaaten in ihrer Gesamtheit Jahr für Jahr an Boden verloren. Die relative Situation der Arbeiter und nach der Kollektivierung der Landarbeiter – die angeblich als „Arbeiter- und Bauernklasse“ die Herrschaft ausübten –, die sich am Anfang des Systems kaum von der Situation in einem westlichen Staat unterschieden hatte, schon gar nicht in ihren Befugnissen am Arbeitsplatz, verschlechterte sich, vor allem in den Konsummöglichkeiten, im Vergleich mit dem bundesdeutschen Arbeiter schließlich von Jahr zu Jahr. Auch die Propaganda vermochte, in Anbetracht des wachsenden Einflusses des auch in der DDR zugänglichen Westfernsehens, gegen diese Wahrheit und Einsicht nicht mehr abzuschotten. Die Arbeiter, für die sich ja mit der kommunistischen Herrschaft im Endeffekt wenig geändert hatte, zeigten deshalb, entgegen allen Werbungen und Beteuerungen der Partei, auch wenig Interesse, der Kommunistischen Partei – oder wie auch immer sie sich nannte, SED bekanntlich in der DDR – beizutreten. Mitglieder der Partei, zu der in der DDR 20 % der erwachsenen Bevölkerung gehörten, waren in weit überproportionalem Maß Intellektuelle bzw. „Angehörige der sozialistischen Intelligenz“ und Angestellte (letztere von dem Persönlichkeitstyp, der heute im Entscheidungsfall stets eine Tätigkeit im öffentlichen Dienst – möglichst als Beamter –

einer Tätigkeit in der Privatwirtschaft vorziehen würde). Unter den Intellektuellen gab es verschiedene Gruppen[16]: Die technische Intelligenz, d. h. vor allem die Leiter in den Produktionsbetrieben, aber auch die Offiziere, gehörte der SED oft aus reinen Karrieregründen an, da Beförderungen in bestimmte leitende Stellungen von der Zugehörigkeit zur SED abhingen. Politisch stand dieser Personenkreis oft sonstwo und verabschiedete sich Ende 1989 auch rasch und ohne Gewissensbisse von der SED. Darüber hinaus war aber ein erheblicher Teil der Machtelite, auch im akademischen Bereich, mit der SED verbunden und machte, im Grunde genommen, sozialdemokratische Realpolitik. Die Zahl der echten kommunistischen Dogmatiker war klein, ihre Namen waren bekannt, und die meisten waren sich darin einig, daß, wo die Dogmatiker auch immer auftraten, ihr Einfluß zurückgedrängt werden müsse. Es gab in den letzten zwei, drei Jahrzehnten stets bestimmte Floskeln und Seitenhiebe, an denen sich „SED-Realos" gegenseitig erkannten und auch für Parteilose erkennbar waren,[17] ohne daß dazu offene oder geheime Absprachen notwendig gewesen wären.

---

[16] Es ist richtig, daß es in der DDR – im Gegensatz etwa zu Polen und der Tschechoslowakei – keine offene Gegenelite gab. Nach 1945 und unter den Bedingungen der offenen Grenze in Berlin bis 1961 hatte es für die Rückkehrer aus der Kriegsgefangenschaft die freie Wahl zwischen Ost und West gegeben und bis 1961 Fluchtmöglichkeiten, was zu einer Siebung von Persönlichkeitstypen führte, durch die eine mögliche Opposition ausgedünnt wurde. Mit der Ausweisungspolitik der DDR wurde das später fortgesetzt. Wer geblieben war, mußte sich mehr oder weniger arrangieren, da fast der gesamte Arbeitsmarkt und damit alle Existenzmöglichkeiten – mit Ausnahme weniger Stellen bei den Kirchen – vom Staat kontrolliert werden konnten. Auch der Verfasser hat alle Prüfungen in Marxismus-Leninismus im Studium mit Eins bestanden. Ich habe mich – wie Tausende andere – dazu motiviert, indem ich eine solche Prüfung als eine geistige Übung auffaßte, bei der es darauf ankam, auf einem zwischen mir und dem Prüfer gedachten Spiegel ein virtuelles Bild zu entwerfen, dem das vom Prüfer gewünschte Bild möglichst genau entsprach. Da der Kommunismus als geistiges System in sich logisch ist, ist das gar nicht so schwer. Er geht nur von bestimmten utopischen Prämissen über tatsächliche oder erstrebenswerte Gleichheit aus, aus denen sich dann die Folgerungen ergeben. Hat man das logisch durchschaut, ist es kein Problem mehr für einen „Nicht-Gläubigen", streng innerhalb der kommunistischen Gedankenwelt zu denken und zu argumentieren und an diesem Täuschungsspiel sogar noch einen gewissen Reiz zu finden. Man wollte es doch so, und wenn man nicht Hilfsarbeiter bleiben wollte, konnte man sich nicht anders verhalten.

[17] In manchen Fällen war das alles aber nicht so einfach: In den zwanzig Jahren, die ich mit SED-Genossen, jahrelang dabei einmal als einziger Parteiloser an einem von Genossen dominierten Institut, zu tun hatte, sind mir auch Persönlichkeiten begegnet, die in sich tief und echt zerrissen waren, in der einen Frage dogmatisch, in der anderen realistisch; einerseits z. B. kritischer und auf seinem Gebiet ernstzunehmender Wissenschaftler, andererseits aber wieder dogmatisch oder haltlos opportunistisch oder einfach nur ängstlich. So war es einfach, und man mußte damit leben. Zu einem tiefen Konflikt führt z. B. jede Beschäftigung eines Wissenschaftlers mit linken Ansichten, Bildungshintergrund oder Elternhaus, wenn er sich mit Humangenetik oder gar der Genetik der Intelligenz befassen sollte bzw. mit deren Ergebnissen konfrontiert wird. Einerseits ist er der Objektivität wissenschaftlicher Arbeit und ihren Grundsätzen ernsthaft verpflichtet, andererseits der Parteilichkeit seiner Ansichten. Nicht jeder, der sich in diesem Dilemma befindet, macht es sich so einfach, daß er bestimmte Forschungsgegenstände einfach als nicht vorhanden oder irrelevant bezeichnet oder sich mit einem Tabu abfindet.

1990 gab es in der DDR keine erklärte Gegenelite. Das führte zu einem regelrechten Mythos und zu einer völligen Fehleinschätzung der Rolle der „Bürgerrechtler“ in der Schlußphase der DDR. 1989 begann die Revolution in der DDR zu einer Zeit, da die Öffentlichkeit der alten Bundesrepublik bereits weitgehend vom linken Zeitgeist dominiert war. Für die Vertreter dieses Zeitgeistes war die Entwicklung, die nun vor sich ging und die sie staunenden Auges mit ansehen mußten, ein Vorgang, der ihren sämtlichen Denkschemata widersprach. Sahen viele der linksgesinnten Zeitgenossen zwar auch die Mängel des Sowjet- und DDR-Systems, so hielten die meisten das System doch für so gefestigt und für in sich reformfähig, daß es – nach diesen Reformen – doch die bessere Alternative zum kapitalistischen System der Bundesrepublik darstellen würde. Das war ihr geistiger Ausgangspunkt. Und nun traten in der Schlußphase der DDR Reformer und Bürgerrechtler auf, die genau solche Reformabsichten hatten und die DDR verbessern, aber nicht abschaffen wollten. Das mußte doch die Aufmerksamkeit und den Beifall der westlichen Medien finden, was auch geschah. Einige Linksintellektuelle, die die Narren der ersten Stunde waren, haben sich damit in der Medienlandschaft einen Ruf erworben, von dem sie heute noch zehren und leben.

So beginnen die Ereignisse in der DDR im September 1989 mit der Legende von der friedlichen Revolution für einen besseren Sozialismus, die dann später von liberalkonservativen Kräften weitergetrieben worden sei, die am Anfang überhaupt nicht beteiligt gewesen wären. Den „Revolutionären der ersten Stunde“ wäre die Revolution aus den Händen genommen worden. Diese Behauptung ist nicht dadurch wahr geworden, daß sie schon oft wiederholt worden ist. Wahr daran ist allerdings, daß die Personen, die sich für einen besseren Sozialismus oder eine bessere DDR einsetzten, am allerersten in der Öffentlichkeit mit Namen und Organisationsformen auftraten. Ihre Naivität war ihr Vorsprung. Die Gründung von Parteien bzw. parteiähnlichen Strukturen, ja schon das Bekanntwerden von Opposition folgte deshalb in der Reihenfolge auch genau der ideologischen Nähe zum linken bzw. kommunistischen Gedankengut (Zwahr, 1997). Zuerst hatten sich Reformkommunisten wie Havemann und Bahro einen Namen gemacht, dann folgten die sogenannten Bürgerrechtler und das Neue Forum, schließlich als erste formale Parteigründung im September 1989 die Wiedergründung einer SPD-Ost, dann von der Stasi mitinszenierte Aktivitäten wie die Gründung des „Demokratischen Aufbruchs“. Erst im November 1989 traten dann eindeutig bürgerliche, nichtlinke Gruppen in Erscheinung,[18] die sich dann im Januar 1990 zur Deutschen Sozialen Union (DSU) zusammenschlossen.

Wer im September oder Oktober 1989 zu der Einsicht gelangt war, daß es notwendig sei, für Reformen des Systems einzutreten, der hatte die Ehrlichkeit für sich und auf seiner Seite. Wer dagegen zu diesem Zeitpunkt bereits der Ansicht war, daß die Entwicklung viel weiter gehen müsse, hin zu einer freiheitlich-demokratischen Grundordnung und zur staatlichen Einheit Deutschlands, der hätte, angesichts der intakten Stasimacht und der persönlichen Erfahrung jahrzehntelanger politischer Unterdrückung, schon ein Selbstmörder sein müssen, wenn er es offen erklärt hätte. Und so zogen die liberalkonservativen Kräfte in Leipzig im Oktober mit, mit dem Sprechchor „Neues Forum zulassen!“ und inmitten von Demonstranten, die die Internationale sangen. Denn „konservativ“ bedeutete in diesem Moment nicht das Bewahren des Bestehenden, sondern den völligen Umbruch, „liberalrevolutionär“ wäre also richtiger gewesen. Denn es galt, eine nach offizieller Lesart linke Regierung und ein linkes System nach dessen jahrzehntelanger Herrschaft zu stürzen.

Tatsächlich gab es 1990 in der DDR, wie auch in mehreren anderen Ostblockstaaten, eine – historisch gesehen – seltene Konstellation: Die Mehrheit der Bevölkerung, die jahrzehntelang massiver kommunistischer und sozialistischer Propaganda ausgesetzt war, wandte sich in freien Wahlen von der linken Ideologie ab und setzte den Wert der Freiheit höher als den der Gleichheit (Noelle-Neumann, 1991). Eine Befragung des Allensbacher Instituts hat das bestätigt (siehe die folgende Abbildung).

Die Abbildung zeigt auch, daß das Pendel in den folgenden Jahren kräftig zurückgeschlagen hat. Man darf sich nicht darüber wundern. Während es in der DDR Vollbeschäftigung gab, bedeutete die wiedererlangte Freiheit für sehr viele dann erst einmal Freiheit von Arbeit und Freiheit für unseriöse Geschäftemacher.

In den folgenden Jahren hat sich in der ehemaligen DDR das Verhältnis von Intelligenz und sozialer Stellung der Befragten und ihrer Parteienbindung von Wahl zu Wahl in eine Richtung entwickelt, wie sie für eine bürgerliche Demokratie normal ist – während es in Revolutions- und Krisenzeiten durchaus möglich ist, daß sich die Mehrheit der Arbeiter und Bauern, vor allem als Antwort auf linke

[18] Wenn es je eine Chance für eine neue bodenständige und nicht mit der SED in irgendeiner Art verbundene und damit auf echte Weise nichtlinke politische Gegenelite gegeben hat, dann vielleicht im November/Dezember 1989 für eine selbständige, sich nicht als Ableger der „CSU in Bayern“ betrachtende „CSU in Sachsen“.

Das Ringen um die Werte Freiheit und Gleichheit

Ergebnisse einer Dialogfrage: Was hat Priorität?
Deutschland – neue Bundesländer 1990 bis 1998

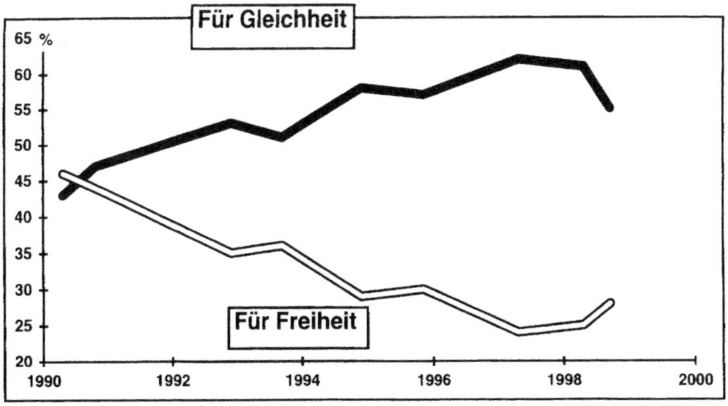

An 100 fehlende Prozent: Unentschieden.

Quelle: nach Noelle-Neumann (1998), S. 13

Mißwirtschaft, für nationale und liberalrevolutionäre Bewegungen und Parteien entscheiden kann, sofern diese Bewegungen und Parteien zu erkennen geben, daß sie der sozialen Verantwortung für das Gemeinwohl gerecht werden wollen. Bekanntlich gibt es sogar Parteien, wie die CSU in Bayern, die lange und sehr langfristig dieser sozialen Verantwortung gerecht werden und damit beweisen, daß Mehrheitsparteien nicht immer und nicht zwangsläufig von dem durchschnittlich weniger intelligenten Wähler gewählt und wiedergewählt werden. Wer die Arbeiter auf Leipzigs Straßen marschieren sah, unentwegt, Woche für Woche, bis das Ziel erreicht war, bekam wieder einmal bestätigt, daß das einfache Volk in Not- und Krisenzeiten einen sehr gesunden Sinn für effektive Führung und Hierarchie haben kann. Dieses Vertrauen auf den gesunden Sinn der meisten Menschen ist das eigentliche Vertrauen in die Demokratie. Volksparteien ringen um eine Mitte, der es vor allem auf die Aussicht auf reformerische Tatkraft ankommt. Scheint diese gegeben, so ist ein Teil der Wähler durchaus bereit, eine stärker linke Politik erst einmal verbal zu akzeptieren, in der Hoffnung, daß die Realitäten dieser Politik dann von allein Grenzen setzen. Da jede konsequente linke Politik die Leistungskraft der Gesellschaft herabsetzt, ist die notwendige Inkonsequenz und Doppelbödigkeit vieler linker Politiker[19] geradezu ein Segen für die Gesellschaft, ohne den die bürgerliche Demokratie gar nicht lebensfähig wäre. Je weiter ein ursprünglich linker Radikaler in der sozialen Hierarchie aufsteigt, desto friedfertiger und vernünftiger wird er, bis er dann am Ende sogar Minister ist und den Zorn seiner früheren radikalen Mitstreiter auf sich zieht.

Lohnnebenkosten, Altersstruktur der Bevölkerung und gegenwärtige Kinderzahlen

Reagiert die jüngere Generation nicht völlig normal und richtig auf sich verengende Entwicklungsräume, wenn sie die Zahl der Kinder beschränkt und allen bevölkerungspolitischen Maßnahmen nur kurzzeitige Erfolge beschieden sind, langfristig sich aber immer wieder derselbe Trend darstellt (Bahle, 1995)? Daß dieser Prozeß in allen entwickelten europäischen Ländern zugleich stattfindet und die Uhren nur wenig gegeneinander verstellt sind, daß sich andeutet, daß auch hochentwickelte überseeische Industriestaaten wie Japan früher oder später in die gleiche Krise geraten – unabhängig davon, ob die Länder jetzt oder seit Jahrzehnten von Konservativen, Sozialisten oder Kommunisten regiert werden, und unabhängig davon, ob die Politiker die Krise wahrhaben wollen, sie verschweigen oder schönreden –, läßt vermuten, daß die Ursachen sehr schwerwiegender und sehr tiefgreifender Natur sind.

Am Beispiel der Krankenversicherung kann gezeigt werden (Birg, 1995), wie stark allein die demographische Alterung die für die Lohn-

[19] In eben diesem Dilemma befindet sich die PDS der Bundesrepublik Deutschland, die als „Partei des Demokratischen Sozialismus“ die Nachfolgeorganisation der SED der DDR darstellt. Da die Zahl der Führungspositionen stets geringer ist als die Zahl der dafür Geeigneten, so war man sich in SPD, CDU, FDP und bei Bündnis 90/Grüne in den neuen Bundesländern einig, daß die alte Machtelite der DDR, das alte Establishment, von den neuen Futtertrögen, zumindest in der Politik, auszuschließen sei. Das hat aber den Nachteil, daß die alte Machtelite, die mit ihrer Verwandtschaft rund 20 % des Wahlvolkes stellt, sich nunmehr außerhalb der üblichen Machtstruktur befindet. Als alte Machtelite ist diese PDS-Anhängerschaft überdurchschnittlich qualifiziert und demzufolge auch überdurchschnittlich intelligent. Als politische Nische ist für sie aber nur eine linke, Regionalinteressen betonende oder gar linksextreme Position verblieben, da in der Bundesrepublik Deutschland alle anderen Positionen besetzt sind. So kommt es dazu, daß sich diese Partei nun z. B. betont für die Rechte von Ausländern einsetzt, während dieselben Genossen in der DDR, als sie Regierungsverantwortung hatten und Realpolitik zu machen hatten, streng darauf achteten, daß es nicht zu viele Ausländer wurden und diese alle streng unter Kontrolle waren. Im großen und ganzen ist diese Partei damit weiterhin der Doppelbödigkeit verpflichtet, zu der sie als scheinlinke Regierungspartei einst gezwungen war. Wenn man die Partei 1990 verboten hätte, aber die anderen Parteien sich in den folgenden Jahren für die früheren Mitglieder der SED geöffnet hätten, wäre eine SED-Nachfolgepartei heute bedeutungslos. (So war man ja 1945 mit der NSDAP und ihren Mitgliedern verfahren.)

nebenkosten wichtigen Ausgaben für das Gesundheitssystem erhöhen wird. Die Pro-Kopf-Ausgaben für die Krankenhausbehandlung, für Sachleistungen, Arzneimittel und ärztliche Leistungen in den Altersgruppen über 60 Jahre liegen etwa um den Faktor 2 bis 3 höher als bei den Altersgruppen zwischen 20 und 60. Nach den demographischen Vorausberechnungen – und in diesem Fall ist die Vorausberechnung nicht schwierig und ziemlich zuverlässig – wird sich der Altenquotient, d. h. die Zahl der über 60jährigen auf hundert 20- bis 60jährige, von 1990 bis nach 2020 von rund 35 auf rund 70 erhöhen. Legt man nun diesen steigenden Altenanteil zugrunde und geht man davon aus, daß diese Alten nach 2020 wenigstens die Gesundheitsfürsorge erwarten, die heute für die über 60jährigen üblich ist – von Verteuerung der Behandlung ist also noch gar keine Rede –, dann muß man schon bei dieser einen Annahme erwarten, daß sich die Gesundheitsausgaben pro Kopf der Bevölkerung auf etwa das Anderthalbfache von heute erhöhen werden, d. h. der Beitragssatz der Krankenversicherung muß dann von 13,2 % für 1995 (1999 13,9 %) auf 20 % und mehr steigen. Für die Rentenversicherung läßt sich auf ähnliche Weise eine Steigerung von 17,5 % (1993) und 20,3 % (1997) auf über 26 % prognostizieren.[20] Da jetzt auch der Staat meint, die Pflegekosten umverteilen zu müssen, wird auch diese neugeschaffene Pflegeversichung nicht mit einem Beitragssatz von 1,7 % auskommen. Inzwischen bildet die erste Universität schon Diplom-Altenpfleger aus – auch das will bezahlt sein. 1995 betrug die Summe der Lohnnebenkosten 40,6 % (dabei sind die 6,5 % für Arbeitslosenversicherung eingeschlossen). Prognosen für die Jahre nach 2020 müssen mit 60 % echten Lohnnebenkosten rechnen.[21]

Auch dem österreichischen Sozialsystem droht der Zusammenbruch. Die 100 Milliarden Schilling zusätzliche Staatsverschuldung 1995 reichten nicht aus (Kohmaier, 1996): weder konnte damit der Familienlastenausgleichsfonds noch das Defizit der Pensionsversicherung bei den im Budget vorgesehenen 58 Milliarden gehalten werden. Ab dem Jahre 2008 werden auch in Österreich die Alten, d. h. alle, die in Pension oder unmittelbar davor sind, wegen des Geburtenrückgangs die politische Mehrheit der Stimmbürger stellen. Auch in Österreich werden ernsthaft Abschläge bei den Pensionen der Kinderlosen und die Einführung einer Singlesteuer diskutiert. Die Pflegeversicherung startete in Österreich mit

20 Wenn man nicht zu solchen Tricks greift und, wie z. B. im Jahre 1999, den Fehlbetrag der Rentenkasse aus der Erhöhung der Mineralölsteuer finanziert. Gelöst werden dadurch keine Probleme, sondern nur verlagert.

21 Wer die Entwicklung in der DDR mitgemacht hat, weiß, daß zwischen zwei so unvereinbaren Zahlen und Zeitpunkten irgendwo eine Katastrophe liegt, eine soziale und politische Revolution, im schlimmsten Fall ein offener Bürgerkrieg.

0,8 %, wird aber durch die Überalterung auf mindestens 3 % steigen müssen, wenn nicht, wie schon in den Niederlanden, auf 5 %.

In Deutschland ist, wie in fast allen europäischen Ländern (eine deutliche Ausnahme ist nur noch das rückständige Albanien), die Fruchtbarkeit weit unter das Selbstreproduktionsniveau gesunken. Das heißt, die Geburtenzahl pro Frau ist kleiner als 2,0 bzw. 2,1. In Deutschland betrug sie 1996 1,3, aber auch in Italien und Spanien ebenfalls nur 1,2, in Österreich 1,4, in der Schweiz und den Niederlanden 1,5. Von kurzfristigen Erholungen und Schwankungen abgesehen, ist von einem Wiederanstieg auf 2,1 nirgendwo in Europa die Rede. Es ist ein sichtbares Zeichen der Sinnkrise, in die das alte Europa getreten ist. Gleichzeitig steigen die Ansprüche der Bevölkerung an die medizinische Versorgung. Den Ärzten wird die Arbeit mit Sicherheit nicht knapp werden, warten doch im Jahre 2020 in Deutschland mehr als fünf Millionen kranke, unfallverletzte oder pflegebedürftige Rentner auf ihre Hilfe. Die Zahl der Hochbetagten über 80 Jahre wird sich dann – wenn nicht dazwischen ein Bruch liegt, der alle diese Voraussagen zu Makulatur macht – von 2,9 Millionen heute auf 3,8 bis 5,4 Millionen gesteigert haben. Angesichts hoher Scheidungsquoten, weitverbreiteter Kinderlosigkeit und der Auflösungserscheinungen der Familien schätzt man die Zahl der Pflegebedürftigen zu diesem Zeitpunkt auf 1,6 Millionen. Schon innerhalb der letzten 15 Jahre ist in der alten Bundesrepublik die Zahl der Arbeitnehmer im Gesundheitswesen von 997.000 auf 1,5 Millionen gestiegen. Hinzu kommen die Selbständigen (110.000 Ärzte, 50.000 Zahnärzte) und die geringfügig Beschäftigten, so daß die Gesamtzahl der Arbeitsplätze, die aus den Lohnnebenkosten des produktiven Sektors zu finanzieren sind, noch sehr viel höher liegt. Das Gesundheitswesen in Westdeutschland hat inzwischen einen Beschäftigungsanteil von 7 %; 1980 waren es erst 4,7 %.

Unsere Eltern haben hart gearbeitet, damit es ihren Kindern einmal besser geht. Sie haben viel erreicht, und auch ihnen selbst geht es besser. Verglichen mit früher, haben sie eine viel höhere Rente und fahren nahezu jährlich nach Mallorca. Ihre Lebenserwartung ist weiter gestiegen, auch ihre Leistungskraft in fortgeschrittenerem Alter. Gesundheits- und Sozialausgaben des Staates sind in astronomische Höhen geklettert, ebenso die Beiträge zur Rentenversicherung. Auch den Kindern geht es endlich besser. Aber sie haben Schwierigkeiten, eine dauerhafte Existenz zu gründen, und sie haben keine oder nur wenige Kinder, denn sie wollen kräftig am Konsum teilhaben und wenig als Vorschuß auf eine ungewisse Zukunft einbringen. Der Anteil der Alten ist viel höher als je zuvor. Sie dominieren die Gesellschaft, die Parteien und bestimmen mit ihrer Überzahl den Ausgang der Wahlen. Sie sind wie ein Berg, ein Altenberg, der im Weg liegt und alles Neue versperrt und aufhält. Sie sind zum Teil satt und selbstzufrieden – in Deutschland, in der Schweiz, in Schweden, in den Niederlanden, beinahe überall in Europa. Die Lebenserwartung der Menschen ist in den letzten Jahrzehnten ständig gestiegen. Nach den Zahlen der gesetzlichen Rentenversicherung von 1997 hatten in Deutschland die Männer nach dem Eintritt in den Ruhestand im Durchschnitt noch 13,6 Jahre als Rentner vor sich und Frauen sogar noch 18,5 Jahre.

Wenn man die mittlere Lebenserwartung in allen Ländern der Erde auf einer Achse einträgt und die mittleren Kinderzahlen pro Frau auf einer anderen, dann versammeln sich alle hochentwickelten und hochindustrialisierten Länder der Welt in einer Ecke: Es sind die Länder mit einer mittleren Lebenserwartung von 75 und mehr Jahren und einer mittleren Kinderzahl pro Frau deutlich unter 2 (Langner, 1996). Das sind fast alle europäischen Länder, aber auch Japan, Südkorea und weitere. Der Zusammenhang kann deshalb kein Zufall und auch nicht vorübergehend sein, sondern eher von einer fast naturgesetzlichen Art. Wenn die mittlere Lebenserwartung eine bestimmte Schwelle überschritten hat, sind in all diesen Ländern die Sozialausgaben in einem bisher nicht bekannten Maß angestiegen. Und es wird zuwenig Geld in Kinder investiert. Wir haben das 1998 in Deutschland erlebt: Eine neue Regierung trat mit dem Wahlversprechen an, Renten- und Sozialkürzungen der alten Regierung rückgängig zu machen und das Kindergeld zu erhöhen. Beides wurde auch erst einmal verwirklicht. Haben Sie sich aber schon einmal mit einer Bettdecke zugedeckt, die einfach zu kurz war? Sie können sie nach oben ziehen, da fehlt es bei den Zehen, Sie können sie nach unten ziehen. Sie können sie auch ganz straff ziehen und oben und unten festklammern, wie es diese Regierung jetzt getan hat, die auch nicht mehr Geld auszugeben hat als die vorige, eher weniger. So ähnlich stellt sich das Problem in allen industrialisierten Ländern. Das Beunruhigende dabei ist, daß der Geldbedarf für die Renten- und Sozialausgaben nicht geringer werden wird, sondern in absehbarer Zeit noch deutlich steigen wird. Um im Bild zu bleiben: Die Decke wird jedes Jahr kürzer. Wir haben es durch unser verständliches Streben nach Gesundheit, Wohlstand und einem erfüllten Leben dazu gebracht, daß wir einen naturgesetzlichen Zusammenhang, nämlich den vom optimalen Verhältnis der Generationenanteile, sowohl zeitlich als auch materiell gründlich aus den Fugen gebracht haben, wozu mangelnde politische Voraussicht noch weiter beigetragen hat und täglich beiträgt (Birg, 1998).

Englische Wissenschaftler (Westendorp und Kirkwood, 1998)[22] sind der Frage nachgegangen, ob Lebenserwartung und Zahl der Nachkommen in einem bestimmten optimalen Verhältnis zueinander stehen. Aus Forschungen bei Tieren ist der Zusammenhang schon längst bekannt, und er durfte also auch beim Menschen erwartet werden. Tatsächlich zeigt sich der in nationalen Statistiken nachgewiesene Zusammenhang (Langner, 1996) auch in statistischen Untersuchungen, die das Leben von Einzelpersonen bzw. Familien auswerten: Etwa bei einer Lebenserwartung von 75 und mehr Jahren sinkt die mittlere Zahl der Kinder[23] wieder deutlich ab. Das Optimum liegt zwischen 60 und 70 Jahren.

Da die alten Menschen aber nicht selbst zu wenige Kinder hatten, sondern die heute 18- bis 40jährigen Frauen und 23- bis 45jährigen Männer, die studieren oder voll im Berufsleben stehen, werden die Auswirkungen der Probleme bei dieser Generation voll durchschlagen, und Reformen des Systems müssen vor allem diese Generation im Auge haben. Denn es ist nicht das Kindergeld und seine Erhöhung, was die demographische Situation nachhaltig verändern kann. Es sind Arbeitsplätze und die eigene selbständige und relativ sichere Existenz, gemeinsam für ein Ehepaar auf mehrere Jahre an einem Ort, mit geringen oder mäßigen Steuern und Abgaben, was schon in jungen Jahren, mit 25 oder 30 und nicht später, für die Mehrzahl junger Familien wieder erreichbar werden muß. Nur so wird und kann sich etwas ändern. Die ältere Generation sollte ihre Ansprüche selbst zurückschrauben,[24] wenn sie nicht zurückgeschraubt werden will. Für diese Generation sollte es Angebote für ein früheres Ausscheiden aus dem Arbeitsleben geben, verbunden mit einem großen Spektrum von freiwilligen Aktivitäten. Gesegnet sind vielleicht auch Länder, in denen es religiöse Minderheiten wie Mennoniten und Hutterer gibt, bei denen junge Paare mit etwas gedrosselten Ansprüchen noch immer große Familien haben, die somit zeigen, daß eine gewollte wirtschaftliche Existenz

[22] Die englischen Forscher hatten ihre Daten den Stammlisten des englischen Hochadels entnommen. Dieser ewige Prinz Charles kann einem auch wirklich leid tun. Noch lebt seine Großmutter und wird bald hundert Jahre alt, und seine Mutter klebt am Thron. Er steht geradezu symbolisch für diese europäische „Prinz-Charles-Generation", die in ihrem Leben viel zu lange auf einen richtigen Wirkungsplatz warten und hinarbeiten muß, ohne ihn vielleicht je zu bekommen.

[23] Man hätte auch die Zahl der Enkel zur Lebenserwartung ihrer Großeltern in Beziehung setzen sollen.

[24] Reichle hat bereits 1953 bei der Untersuchung der Erbfolge in 21 Gemeinden des Allgäus gefunden: *Nur wenige Bauern übergeben im Allgäu noch im rüstigen Alter. Die Regel ist, daß sie erst übergeben wollen, wenn Krankheit oder Tod eines Ehepartners sie unmittelbar bedrohen. [...] Im allgemeinen werden die Bauernhöfe mit 32 Jahren übernommen und nach 38 Jahren abgegeben. Bei 17 % aller Betriebe der jetzt wirtschaftenden Betriebe beträgt die Bewirtschaftungsdauer schon mehr als 38 Jahre. Daß dabei ein normaler Arbeitsanschluß von den Großeltern zu den Enkeln unmöglich ist, liegt auf der Hand.*

unterhalb des letzten Standes der Technik noch möglich und insgesamt gesehen sinnvoll sein kann. Denn nach der Ausweitung der Lebenserwartung ist die steigende Produktivität nicht nur Segen, sondern droht zunehmend zum Fluch zu werden. In Europa sind bereits Millionen Bauernhöfe verwaist. Wo früher kopfstarke Familien wohnten, sind heute nur noch Ruinen. Die Produktion mit der Energie aus fossilen Brennstoffen und mit Maschinen hat zu einer solchen Steigerung der Produktivität geführt, daß heute nur noch wenige Menschen arbeiten müssen, um das Brot für sich und hundert andere zu schaffen. Eine ähnliche Entwicklung geht bekanntlich in der Industrie vor sich.

Eine gebildete Generation, die in Wohlstand aufgewachsen ist, sieht keinen Sinn darin, ihre Einkommenserwartungen herunterzuschrauben und in relativer Bescheidenheit selbst Kinder in die Welt zu setzen und großzuziehen. Ein Drittel aller Frauen und Männer bleibt völlig kinderlos und beutet die Arbeit und die Leistungen der Familien mit Kindern aus. In Deutschland wird mehr Geld für Hundefutter (und Silvesterknaller) ausgegeben als für Babynahrung. Man kann aber nicht der gebildeten jungen Generation, die jetzt die Kinder haben und großziehen müßte, dafür allein die Schuld zuweisen. Und was sollte es auch bringen? Denn die Wertvorstellungen, die zur Bedrohung der europäischen Kulturvölker werden und die jetzt in Frage gestellt werden sollten, stammen aus der Generation ihrer Eltern und Großeltern, deren durchschnittliche Lebenserwartung noch immer anwächst und die bei relativ guter Gesundheit nicht nur lange und allzulange die Schaltstellen der Macht und der Wirtschaft besetzt halten, sondern ebenso mit der größten Selbstverständlichkeit einen Anteil des Volksvermögens konsumieren, der in keinem Verhältnis zu den Ausgaben steht, die heute für Kinder und Kindeskinder und gemeinschaftliche Zukunftsinvestitionen aufgebracht werden. Der Ablauf des Geschehens folgt vielmehr einer objektiven Eigengesetzlichkeit. Wie der abwärts führende Gang der Spirale durchbrochen werden könnte, wird inzwischen zwar angedacht, aber die meisten Politiker der etablierten Parteien fürchten sich vor einem offenen Wort. Denn noch haben Kinder (bzw. ihre Eltern für sie) bei Wahlen keine Stimme. *Die Renten sind sicher*, tönte es mit der Monotonie und Einfalt einer tibetanischen Gebetsmühle jahrzehntelang durchs Land, und man versucht, den Glauben an diesen Spruch noch immer aufrechtzuerhalten. Dabei reicht das einfache Einmaleins schon aus, um sich vom Gegenteil zu überzeugen. Manche ziehen durch das Land und empfehlen eine Grundrente, unabhängig davon, ob die Frau oder der Mann ein, zwei, drei oder vier arbeitsfähige Kinder in Deutschland hat oder gar keines.

Notwendige Reformvorschläge, wie freiwillige Steigerungsbeiträge für eine wahlweise schwankende Rentenhöhe und private Zusatzversicherung, tauchen in der beginnenden Diskussion in Ansätzen auf, obwohl sich solche Veränderungen schon mittelfristig nicht mehr umgehen lassen werden, wenn der Wirtschaftsstandort Deutschland und Europa noch konkurrenzfähig bleiben will. Die eine Regierung kürzt die Rentenerhöhung, die nächste löst ihr Wahlversprechen ein und beseitigt die Kürzung, um dann bald festzustellen, daß das Geld sowieso nicht reicht; die eine Regierung erhöht die Lebensarbeitszeit, damit die nächste dann mit Vorschlägen aufwarten kann, sie wieder zu kürzen. Was fehlt, sind grundsätzlich andere Antworten; was fehlt, ist ein grundsätzlich neues Denken, nicht nur in Deutschland, Österreich und der Schweiz, sondern in vielen europäischen Ländern.

Zweimal Anschluß an Deutschland und zweierlei Folgen

Wenn Politik zumeist eher dem Zeitgeist folgt, als ihn zu bestimmen, so ist sie dennoch nicht machtlos. Die Wirkungen des politischen Umfeldes auf die demographische Entwicklung seien an zwei Beispielen gezeigt, die lebhaft miteinander kontrastieren: Nach dem Anschluß der DDR an die Bundesrepublik Deutschland, einem Vorgang, bei dem bekanntlich „blühende Landschaften“ prognostiziert worden waren, sank die Zahl der Geburten von 1989 bis 1993 von 199.000 auf 81.000, das heißt um 60 %, und dürfte damit mit 0,8 Lebendgeborenen pro Frau den niedrigsten Stand erreicht haben, den es irgendwo in der Welt gibt. Sie ist seitdem (Stand von 1999) auch nur sehr gering wieder angestiegen. An anderer Stelle lesen wir aber: *Der Anschluß Österreichs an das Deutsche Reich und die damit verbundene Abschwächung der Wirtschaftskrise brachten eine Wende, denn nun schnellte die Geburtenzahl von 77 im Jahre 1938 auf 137 für das Jahr 1939* (es geht hierbei um die Stadt Kitzbühel in Tirol, zitiert nach Rohn, 1967, S. 209) *hinauf. Diese außerordentliche Zunahme der Geburten ist in ganz Österreich eingetreten (laut Statistischem Amt für die Reichsgaue der Ostmark 1939, 20/30). Der Zweite Weltkrieg wirkt sich nur schwach auf die jährliche Geburtenzahl aus, da diesmal günstigere Bedingungen (im Vergleich mit dem Ersten) für Heiratende geschaffen worden waren.* Jedes Statistische Jahrbuch weist für das Großdeutsche Reich für 1944, ja auch noch für 1945 hohe Geburtenzahlen auf (ebenso auch für die tschechische Bevölkerung im „Protektorat Böhmen und Mähren“). Denn die Frauen mit kleinen Kindern waren von der Arbeitsverpflichtung in der Kriegswirtschaft freigestellt worden. Natürlich ist das in Zusammenhang mit den langfristigen politischen Zielsetzungen dieser Zeit und dieses Systems zu sehen: Aber gerade darum geht es, nämlich daß Politik nicht weitgehend machtlos gegenüber dem demographischen Verhalten der Bevölkerung ist, so wie das heute von den deutschen Bevölkerungswissenschaftlern[25] zumeist behauptet wird. Warum sollte Politik in einer demokratischen Gesellschaft in diesem Punkt völlig machtlos sein?

An der Universität ist die Thematik ganz tabu. Und so kommt es dann zu solchen Ergüssen, wie eben zitiert, oder zu dem folgenden, fast fatalistischen Expertenurteil (Birg, 1996, in der „Frankfurter Allgemeinen Zeitung“): *Durch die Abnahme der Geburtenzahl in der Vergangenheit sinkt in der Zukunft die Zahl der ins Alter von 15 bis 45 Jahren nachrückenden potentiellen Mütter drastisch, so daß die Bevölkerungszahl Deutschlands in Zukunft selbst dann weiter schrumpfen muß, wenn die Zahl der Geburten pro Frau wieder zunähme, was jedoch ohnehin von keinem Experten angenommen wird.* Birg selbst schreibt aber nur wenige Zeilen weiter: *Bei den Ausländern stieg die Zahl der Geburten allerdings in einem einzigen Jahr (von 1986 auf 1987) von 1,5 auf 1,9. Die Ausländer haben offensichtlich die Vorteile der 1986 eingeführten Verbesserungen der familienpolitischen Leistungen schnell erkannt (Kindergeld, Erziehungsgeld, Anrechnung von Erziehungszeiten in der Rentenversicherung) und im Gegensatz zu den Deutschen mit einer sprunghaften Erhöhung der Geburtenzahl pro Frau reagiert. In Frankreich ist die öffentliche Anerkennung der Familien mit Kindern wesentlich größer und die Vereinbarkeit von Familienarbeit und Erwerbsarbeit wegen des ausgebauten Systems der Kinderbetreuungsmöglichkeiten wesentlich günstiger als hierzulande,*

---

25 Wie weit die Pervertierung des Verständnisses von Bevölkerungswissenschaft geht, kann ein Zitat aus den „Acta Demographica“, einer offiziellen Publikation der Deutschen Gesellschaft für Bevölkerungswissenschaft, belegen, gedruckt im Jahre 1996 (Ruf, 1996, S. 36). Wir lesen da: *Bevölkerungswissenschaft sollte sich mit der Kritik von Frauen an Bevölkerungspolitik auseinandersetzen. Das beinhaltet m. E. auch eine Auseinandersetzung mit der eigenen Geschichte. Als zwölfjähriges Mädchen habe ich in der Schule im Religionsunterricht von der Bevölkerungspolitik im Dritten Reich erfahren. Unter anderem haben wir einen Text gelesen, der beschrieb, wie in einem KZ zwei bis auf die Knochen abgemagerte Gestalten – ein Mann und eine Frau – nackt in einer Zelle zusammengesperrt wurden und Bevölkerungswissenschaftler* (sic!) *sie daraufhin beobachteten, ob sie sich „paaren“ würden oder nicht. Daß Frauen nicht die Objekte bevölkerungspolitischer Programme und Maßnahmen sein wollen (mit welcher Terminologie auch immer diese daherkommen mögen), sollte auf diesem Hintergrund mehr als ernst genommen werden.* Wie weit sind diese Sätze von den statistischen Fakten und der historischen Wahrheit doch entfernt! Der Verfasser, Geburtsjahrgang 1944, betont ausdrücklich, daß er nicht das Ergebnis eines solchen Paarungsversuches, wo auch immer, gewesen ist. Armes Deutschland, wenn seine Bevölkerungswissenschaftlerinnen darauf angewiesen sind, ihr historisches Fachwissen aus einem Religionsunterricht zu beziehen, dessen Anschaulichkeit vielleicht durch die Phantasien und durch die sexuelle Lebenserfahrung eines katholischen Priesters angeheizt worden ist.

aber die Kinderzahl pro Frau ist auch dort viel niedriger als 2,1 [...] und liegt heute bei 1,6 bis 1,7. Der Grund für die niedrige Geburtenrate in Industrieländern wie Deutschland und Frankreich sind nicht in erster Linie die hohen direkten Kosten von Kindern, auch nicht die sogenannten „Opportunitätskosten" – das sind die entgangenen Erwerbseinkommen, wenn eine Frau auf Erwerbsarbeit verzichtet, um Kinder großzuziehen –, der wichtigste Grund sind die langfristigen biographischen Festlegungen im Lebenslauf, die mit Kindern unauflöslich verbunden sind und die sich auch nicht durch eine noch so perfekt organisierte Vereinbarkeit von Familienarbeit und Erwerbsarbeit aufheben lassen. [...] Der mangelnde politische Gestaltungswille unseres Landes auf demographischem Gebiet läuft auf einen demographischen Selbstversuch hinaus, auf ein Experiment mit zweifelhaftem Ausgang, das auch unsere Nachbarn mit Besorgnis erfüllt, insbesondere Frankreich.

Für einen Wiederanstieg der durchschnittlichen Kinderzahl deutscher Eltern auf wenigstens 2 Kinder müßten zwei Voraussetzungen erfüllt sein: Der Anteil der Kinderlosen (der jetzt schon fast 30 % erreicht) müßte wieder sinken, und der Anteil der Frauen mit drei und mehr Kindern müßte wieder deutlich zunehmen. In Schweden hat politisches Handeln bewirkt, daß von 1983 bis 1991 die durchschnittliche Kinderzahl von 1,6 Kindern je Frau auf knapp 2,2 gestiegen ist, sie liegt aber heute wieder niedriger.

Die Gesellschaft der Bundesrepublik Deutschland ist in ihrem Kern kinderfeindlich

Die Gesellschaft der Bundesrepublik Deutschland ist in ihrem Kern kinderfeindlich und versucht, diese Feindlichkeit durch kleine äußere Wohltaten für die Familien mit Kindern und durch ein paar Mark mehr zu verbrämen. Eine Neu- und Höherbewertung der Leistungen, die mit der langfristigen Übernahme von Elternverantwortung verbunden sind, ist der überfällige Wendepunkt der deutschen Bevölkerungspolitik (Wingen, 1996). Noch immer wirkt ein Denken nach, das schon im vergangenen Jahrhundert der Nationalökonom Friedrich List in kritischer Auseinandersetzung mit seiner Zeit etwas sarkastisch auf die Formel gebracht hat: Wer Schweine aufzieht, ist ein produktives Mitglied der Gesellschaft; wer Kinder aufzieht, ist ein unproduktives Mitglied.

Die Familien und – unter den bestehenden geschlechtsspezifischen Verteilungen der Risiken und der Arbeitsbelastungen – insbesondere die Mütter sind die am stärksten vernachlässigten Leistungsträger der

Gesellschaft (Liminski, 1998). Anerkennung von gesellschaftlich äußerst wichtiger Leistung muß sich sowohl einkommenspolitisch als auch moralisch niederschlagen. Die deutsche Gesellschaft ist derzeit eine überwiegend marktzentrierte Gesellschaft, die durch die zunehmende Polarisierung zwischen einem immer kleiner werdenden Familiensektor der Bevölkerung, der für die Sicherung der Generationenfolge einsteht, und einem Teil und Sektor der Bevölkerung, der zeitlebens kinderlos bleibt, wenn auch nicht immer unverheiratet, gekennzeichnet ist.

Der verlorengegangene Zusammenhang zwischen Rente und eigenen Kindern

Bis in die zweite Hälfte des vorigen Jahrhunderts bestand ein klarer Zusammenhang zwischen eigenen Kindern, materiellem Besitz und eigener Altersvorsorge. Wenn ein Bauer, Bürger, Häusler oder sonstwer ein bestimmtes Alter erreichte und die Relation seiner eigenen Arbeitsfähigkeit zu der seiner Kinder einem bestimmten Punkt zusteuerte, über den zu entscheiden jeder seinen eigenen Ermessensspielraum hatte, dann wurden Kinder und Schwiegerkinder vor dem Dorf- oder Stadtrichter zusammengerufen, und dem ältesten oder jüngsten Sohn (oder Schwiegersohn) wurden, je nach Erbrecht der Landschaft, Haus und Hof übergeben. Dabei wurden Zahlungen an die Geschwister sowie Zahlungen und weitergehende Teilnutzungen, etwa eines Gartens, für das Elternpaar festgelegt, das sich auf das Altenteil begab. Wer nichts hatte, konnte auch nichts vererben und hatte dann in den meisten Fällen auch keine Alters- oder Krankenversorgung. Er fiel den öffentlichen Armenkassen zur Last. Jeweils zuständig waren die Heimatgemeinden, also die Heimatdörfer. Gegen Ende des vorigen Jahrhunderts kam es aber zu einem solchen Zustrom in die Städte, daß dieses System zusammenbrach. Die Heimatdörfer waren nicht mehr imstande, die sehr große Zahl von abgewanderten Personen in hohem Lebensalter zurückzunehmen oder zu versorgen, die städtischen Armenkassen waren aber ebenso überfordert. In dieser Zeit kam die Idee einer allgemeinen Renten- und Krankenkassen-Pflichtversicherung auf, die für ihre Zeit einen großen Fortschritt darstellte. Mehr als hundert Jahre später muß man aber feststellen, daß sich das System verselbständigt hat und dabei ist, die europäischen Völker in ihrer Substanz auszulaugen. Für die heute Lebenden ist der Zusammenhang zwischen Kapital und lebendiger Arbeit verlorengegangen. Man zahlt in eine anonyme große Kasse ein, aus der man bei Krankheit oder im

Alter viel erwartet, unabhängig davon, ob man eigene lebende Nachkommen hat (die früher direkt zahlten) oder nicht. Das Renten- und Pflichtversicherungssystem hat sich zu einem gewaltigen und in seinen Auswirkungen zerstörerischen Mechanismus der Umverteilung von Leistungen der Familien zugunsten der Kinderlosen und Kinderarmen entwickelt, und es hat mit der Einführung der Pflegepflichtversicherung seinen letzten absurden Höhepunkt erreicht. Die Pflege der Alten, das war Aufgabe der Familie, und auch diese Pflege wird jetzt noch in ein System einbezogen, das sich letztlich nur noch selbst zerstören kann und damit Raum für einen neuen Anfang freigeben wird. Dieser neue Anfang muß und kann nur ein Familienleistungsausgleich sein, der den Zusammenhang zwischen der Zahl und der Leistungsfähigkeit der eigenen leiblichen Kinder und den Sozial- und Rentenleistungen wiederherstellt.

Die Idee eines wirklichen Familienleistungsausgleichs ist nicht neu. Es ist noch nicht lange her, da wurde feierlich an Wilfried Schreiber erinnert, den Erfinder der dynamischen Rentenformel, die der Bundesrepublik Deutschland so hohe und stabile Renten beschert hat. Unterschlagen wurde bei diesen Feiern völlig, daß gerade Schreiber alles andere als glücklich über die schließlich umgesetzte Reform und noch heute wirksame Rentenformel war. Seine ursprünglichen Vorschläge (Schreiber, 1955) bestanden nämlich aus zwei zusammenhängenden Teilen, der dynamischen Rentenformel und der Einführung der „Kindheits- und Jugendrente“, wie Schreiber den Familienleistungsausgleich nennen wollte. Umgesetzt wurde damals in den fünfziger Jahren nur die dynamische Rentenformel, wegen Abstimmungsschwierigkeiten zwischen verschiedenen Ministerien wurde damals der andere Teil der Reform vertagt und sollte nachgeholt werden. Bei dieser Absichtserklärung ist es bis heute geblieben. Schreiber war darüber so empört, daß er auch dem verwirklichten Teil seiner Reform den Segen verweigern wollte, und man konnte ihn nur mit Mühe davon abhalten, seinen Unmut auch öffentlich zu äußern. *Mit der Einrichtung der Altersrente ist das Problem der Repartierung des Lebenseinkommens auch auf die „unproduktiven“ Lebensphasen Alter und Kindheit erst zur Hälfte gelöst,* meinte Schreiber (1955, S. 31).

Was wollte er eigentlich erreichen? Schreiber (1955, S. 20) beginnt mit einer elementaren Einsicht, die allen ins Stammbuch geschrieben werden muß, die glauben, Rente könne langfristig aus ersparten Kapitalien finanziert werden: *Die Altersrenten [...] der Bevölkerung können immer nur aus dem laufenden Sozialprodukt aufgebraucht werden. Eine andere Möglichkeit ist praktisch nicht gegeben. Wir folgern: eine*

Reservebildung wäre sowohl überflüssig wie schädlich. Das, was wir heute vielleicht „kostendeckendes Kinder- und Erziehungsgeld" nennen würden, wollte Schreiber (S. 32f.) „Kindheits- und Jugendrente" nennen, er argumentierte so: *Jedes Kind hat bis zur Vollendung des 20. Lebensjahres Anspruch auf eine Unterhaltsrente in Höhe von b Prozent des Arbeitseinkommens seines Ernährers. Jeder Arbeitstätige ist von seinem 35. Lebensjahr an zur Rückerstattung der in der Kindheit und Jugend erhaltenen Vorschußrente verpflichtet. Die Erstattungsrate bemißt sich nach einem Prozentsatz vom Brutto-Arbeitseinkommen, gestaffelt nach dem eigenen Familienstand [...]. Die „Kindheits- und Jugendrente" ist ein Vorgriff auf das spätere Arbeitseinkommen des Kindes und Jugendlichen. Der Zwanzigjährige ist mithin mit einer „Darlehensschuld" belastet, die er von seinem 35. Lebensjahr an an die Gesellschaft zurückerstatten muß. Nicht seine Eltern werden mit einer „Zeugungsprämie" belohnt, sondern das Kind selbst erhält ein Vorschußeinkommen. Das ist der wahre Sachverhalt. Die Erstattungspflicht des Herangewachsenen wird nach seinem eigenen Familienstand gestaffelt. Als normal gilt der Erstattungsfaktor von c Prozent des Arbeitseinkommens nach Erreichung des 35. Lebensjahres für den arbeitstätigen Ehemann mit zwei Kindern. Für Arbeitstätige anderen Familienstandes gelten folgende Erstattungssätze: für Unverheiratete 2c, für Verheiratete ohne Kinder 1,5c, für Verheiratete mit 4 Kindern 0,5c, für Verheiratete mit 2 Kindern 1c. Diese Staffelung dient nur als Beispiel. Es ist natürlich auch jede andere, numerisch verschiedene, aber gleichsinnige Staffelung denkbar.* Der Grundgedanke einer solchen wirksamen, in sich gestaffelten Belastung war in den fünfziger Jahren schon nicht mehr neu. Der Anfang dürfte mit Gesetzgebungen in Frankreich gemacht worden sein, das bereits Jahrzehnte früher als erstes europäisches Land vor den bevölkerungspolitischen Problemen stand, vor denen heute alle Länder Europas (mit Ausnahme noch von Albanien) stehen. Auch in der Zeit des deutschen Nationalsozialismus gab es Entwicklungen und konkrete Reformvorschläge (z. B. Frielingsdorf, 1942), die auf einen Familienleistungsausgleich nach dem Krieg abzielten. Warum sind derartige Reformen bisher steckengeblieben?

Mit welchen Begriffen oder Begründungen diese Vorschläge (vgl. dazu Oeter, 1989; Borchert, 1993) im einzelnen auch operieren und wie unterschiedlich die vorgeschlagenen Zuschläge und Belastungen sein mögen, eines ist ihnen allen gemeinsam, und die bestehende Steuerpolitik geht ja heute zweifellos bereits in diese Richtung, wenn auch weniger konsequent: Ab einem bestimmten Lebensalter, in dem man erwarten sollte, daß Kinder vorhanden sind, sollten Kinderlose und

– in geringerem Maße – auch Personen und Familien mit nur einem Kind kräftig zur Kasse gebeten werden, damit mit diesem Geld Familien mit zwei und insbesondere drei und mehr Kindern stärker entlastet werden können.

Vielleicht hat zum Scheitern der Schreiberschen Gesamtreform auch beigetragen, daß seine Argumentation im unverwirklichten Teil unglücklich und möglicherweise psychologisch ungeschickt war. Eltern ziehen nämlich ihre Kinder seit eh und je groß, ohne von diesen eine direkte Rückzahlung der Aufziehungskosten zu fordern. Unsere Eltern haben das bei ihren Eltern auch nie gefordert. Und warum sollte jetzt der Staat ein solches Recht auf Rückzahlung beanspruchen? Wenn es je eine direkte Rückzahlung von Kindern an Eltern gegeben hat – und dieser Zusammenhang ist heute in Vergessenheit geraten –, dann war es in Form der Altersversorgung der Eltern durch ihre eigenen Kinder. Schreiber war das völlig klar, wenn er schreibt (S. 34): *Wer kinderlos oder kinderarm ins Rentenalter geht und, mit dem Pathos des Selbstgerechten, für gleiche Beitragleistung gleiche Rente verlangt und erhält, zehrt im Grunde parasitär an der Mehrleistung der Kinderreichen, die seine Minderleistung kompensiert haben.* So wird das Argument griffig: Wer mit 40 Jahren kinderlos ist, muß nicht seine eigene „Kinderrente“ abzahlen, sondern sollte seine eigene Altersrente vorausfinanzieren, indem er heute die Kinder der anderen mit unterhalten muß, da deren Erwerbsarbeit dann später – in seinem Alter – die Auszahlung seiner Rente gewährleistet.

Denn alle Rentenleistungen werden letztlich von den Kindern aufgebracht. Wer zwei geistig und körperlich gesunde leibliche Kinder großzieht oder großgezogen hat, braucht deshalb für diese „Versicherung“ – um in den üblichen Begriffen zu bleiben – nur sehr wenig zu bezahlen, fast nichts. Wer nur ein Kind hat, muß die reichliche Hälfte aller voraussichtlichen Leistungen – bei Frauen beginnend ab 27. Lebensjahr, bei Männern ab 30. Lebensjahr – ansparen; wer keine Kinder hat, sollte den Gesamtbetrag ansparen. Die Belastungen sollten bereits im genannten frühen Lebensalter in voller Höhe (oder sich binnen etwa drei Jahren auf die volle Höhe steigernd) einsetzen und nach Qualifikation gestaffelt bzw. prozentual vom Einkommen sein, so daß sich jeder junge Mann und jede junge Frau schon mit 20 Jahren ausrechnen kann, welche drastischen zusätzlichen Abgaben auf einen zukommen, wenn man keine Familie gründet. Das Gründen einer Familie sollte so die ökonomischere Verhaltensvariante werden, und noch für die 30- und 40jährigen Deutschen sowie insbesondere für die Besserverdienenden müßte ein echter und starker wirtschaftlicher Anreiz geschaffen werden, sich ein weiteres Kind zuzulegen, wenn die Kinderzahl nicht schon drei oder vier beträgt. Hat ein Partner (und das wird in den meisten Fällen die Frau sein) wegen der häuslichen Arbeitsbelastung kein Arbeitsverhältnis, so wäre er bei der Festlegung von Zuschlägen entsprechend seinem Bildungs- und Qualifikationsgrad einzustufen. Das gilt analog auch für Studenten.

Diese Anreize für Familien mit mehreren Kindern sollten sich aus den Belastungen der Kinderlosen und Ein-Kind-Eltern selbst finanzieren,[26] so wie das heute von der Rentenversicherung auch erwartet wird und wie es das Ziel der ursprünglichen Schreiberschen Doppelreformvorschläge gewesen ist. Der Nettoleistungstransfer, der derzeit von den Familien mit mehreren Kindern zu den kinderlosen und kinderarmen Bevölkerungsgruppen verläuft, muß umgekehrt werden. Auszahlungen an Familien mit drei und mehr Kindern sollten auf Familien mit gesundem Leistungsverhalten beschränkt werden und auf Familien, bei denen mindestens ein Partner deutscher Staatsbürger ist (oder Europäer aus einer kulturell nahestehenden Nation, also z. B. Niederländer oder Tscheche). Das Erziehungsgeld, das heute gezahlt wird, kann erst ein Anfang sein.[27]

Besonders dramatisch sind die Auswirkungen der ungleich verteilten Kinderzahlen über die IQ- und Qualifikationsskala (vgl. S. 210 und Tabelle auf S. 213). Gegenwärtig sind von den 30- bis 39jährigen Frauen in der alten Bundesrepublik 37 % derjenigen mit Hochschulabschluß kinderlos, aber nur 15 % der Ungelernten, d. h. der IQ der in der alten Bundesrepublik von deutschen Frauen geborenen Kinder liegt nach seinem genotypischen Wert um 95. Der Ausgleich erfolgte bisher durch Zuwanderung, vor allem aus dem Gebiet der früheren DDR, wo die Relationen umgekehrt waren und von den Frauen mit Hochschulabschluß nur 8 % keine Kinder hatten, mit Fachschulabschluß gar nur 5 %, von den Ungelernten 12 %, so daß hier der genotypische Wert der Kinder bei IQ 102 lag. Es ist nicht so, daß die Studentinnen und Hochschulabsolventinnen in der DDR Kinder wollten, in der Bundesrepublik aber nicht. Nein, es ist die Furcht, nach Abschluß des Studiums auf dem freien Arbeitsmarkt keine Chance zu haben. Wenn es zu Änderungen kommt, dann nur dadurch, daß sich die

[26] Zur Deckung von möglichen Fehlbeträgen der Rentenversicherung könnte man überlegen, ob man große Vermögen, wenn sie von Kinderlosen oder Eltern von nur einem Kind vererbt oder verschenkt werden, in erhöhtem Maß besteuert, sofern sie nicht an nahe leibliche Verwandte mit mehreren Kindern vererbt werden.

[27] Auch eine private Altersversicherung ist unsozial. Während es dem verdienenden, kinderlosen Single leichtfällt, eine solche Versicherung anzusparen, wäre sie für Familien mit mehreren Kindern eine Zumutung. Es sind aber dann diese Kinder, die durch ihre Arbeit dem Single-Rentner seine Rente zahlen.

Wettbewerbssituation für die Mütter im Arbeitsleben grundlegend verbessert. In einer freien Wirtschaft, in der der Arbeitgeber, der eine Mutter von kleinen Kindern beschäftigt, die Risiken, z. B. durch erhöhte Ausfallzeiten bei Krankheit der Kinder und geringere Disponibilität der Frau, voll zu tragen hat, entsteht in zunehmendem Maß – allen offiziellen Beteuerungen zum Trotz – ein durch und durch kinderfeindliches Klima. Eine durchgreifende Änderung ist nur möglich, wenn sich in der Arbeitswelt etwas ändert. Würden die Risiken des Arbeitgebers bei der Beschäftigung von Müttern durch eine *drastische Reduzierung des Arbeitgeberanteils bei den Lohnnebenkosten* kompensiert und überkompensiert, sollte sich das kinderfeindliche Klima auch in einer freien Wirtschaft ändern oder wenigstens bessern lassen. Deshalb ein Vorschlag, der an der richtigen Stelle ansetzt: Für berufstätige Frauen mit *deutscher* Staatsbürgerschaft, *die Mütter von drei und mehr Kindern sind, sollte der Arbeitgeberanteil für die Renten-, Pflege- und Krankenversicherung auf Null reduziert werden,* für Mütter von zwei Kindern die Renten- und Pflegeversichung auf Null reduziert und schon bei einem Kind verringert werden. Für berufstätige Frauen und Männer mit deutscher Staatsbürgerschaft, die keine leiblichen Kinder haben, sollten ab dem 26. Lebensjahr bei Frauen und ab dem 30. Lebensjahr bei Männern hingegen die Arbeitnehmerbeiträge der Renten- und Pflegeversicherung deutlich erhöht werden, in geringerem Maß erhöht bei nur einem Kind. Studierende Frauen mit Kindern sind besonders zu fördern (so ähnlich, wie das in der DDR schon einmal der Fall war, vgl. S. 213f.). Man könnte auch an die Schaffung eines Fonds denken, mit dem für befähigte Akademikerinnen, die Mütter sind, in der Forschung auf längere Zeit befristete Arbeitsstellen von acht oder zehn Jahren mit zusätzlichen Freijahren und Verlängerungsmöglichkeiten geschaffen werden, denn die derzeitige Notwendigkeit der Männerwelt, alle zwei oder drei Jahre einen neuen, mit immer neuer Unsicherheit belasteten Antrag auf Förderung zu stellen, zerstört das Familienleben der „studierten“ Frauen.

Nichts wäre jedoch verkehrter als eine unterschiedslose Ausschüttung von Zuzahlungen auf alle im Staatsgebiet Anwesenden. Profitieren würden davon dann kinderreiche asoziale Familien, für die Deutschland zu einer Art Sammelplatz würde.

Studenten mit Kindern sollten eine Selbstverständlichkeit sein

Es ist ein sehr altmodischer Zopf, daß Studenten von ihren Eltern unterhalten werden oder Ausbildungshilfe (BAFÖG) gemäß dem Einkommen ihrer Eltern erhalten. Es wäre ein Zeichen der Modernität, endlich an alle – und wirklich alle – Stipendien zu zahlen und Leistungszuschläge. Nicht mehr die Eltern sollten im Vordergrund stehen, sondern ab einem bestimmten Lebensalter sollte das Kind mit seinen Leistungen die Höhe der Zuzahlungen und Stipendien selbst beeinflussen können und damit auch den Grad seiner Abhängigkeit vom Elternhaus. Gymnasiasten und die Eltern von Gymnasiasten sollten demzufolge höhere Zahlungen erhalten als gleichaltrige Nicht-Gymnasiasten; Studenten in anspruchsvolleren Studienrichtungen höhere Stipendien und Leistungszulagen als solche in Fächern mit durchschnittlich geringeren intellektuellen Anforderungen. (Denn gerade dieser leistungsfähige Personenkreis wird später als Steuerzahler doch kräftig zur Kasse gebeten.) Und warum macht eigentlich heute die deutsche Industrie noch nicht davon Gebrauch, in den Fächern, die ihr eigener Nachwuchs studiert, gezielte Leistungsstipendien auszuschreiben? In Wirklichkeit vergibt sich der bundesdeutsche Staat mit seiner stark egalitär beeinflußten Bildungsideologie viele Möglichkeiten, mehr Leistung im Studium einzufordern und zu belohnen, wo die kommunistische DDR mit ihrer bildungspolitisch viel realistischeren Einstellung längst nicht so zimperlich war.

Wenn auch inzwischen in Deutschland für Akademiker eine durchschnittliche Ausbildungsdauer von 20 Jahren erreicht worden ist und das mit Recht für beunruhigend befunden wird, so ist es bisher den Kultusministerkonferenzen dennoch keine Bemerkung wert gewesen, daß es ein Unterschied sein könnte, ob es Männer oder Frauen betrifft. Wenn 40 % aller Frauen studieren sollten und ihr Studium im Alter von 26 oder 28 Jahren abschließen würden, dann kann einen das nur gleichgültig lassen, wenn man Bevölkerung nur als Quantität, aber nicht auch als eine Qualität versteht. In der DDR, die in diesem Punkt zielgerichtete und erfolgreiche Sozialpolitik betrieb, hatten 1986 43 % aller Hochschulabsolventinnen Kinder (32 % 1 Kind, 10 % 2 Kinder), darüber hinaus (alle Angaben nach Starke, 1989, S. 127) waren 15 % bei Studienabschluß schwanger. Zu beachten ist dabei, daß das Durchschnittsalter der Absolventinnen um zwei Jahre niedriger war als in der alten Bundesrepublik. Nach der Wiedervereinigung tendiert die Kinderzahl vor Abschluß des Studiums inzwischen wieder gegen Null, was nur als ein weiterer Ausdruck für die Kinderfeindlichkeit des altbundesrepublikanischen Systems gewertet werden kann.

Der Gegenbeweis, daß sich mit finanziellen, organisatorischen und ideellen Anreizen und der Rückendeckung des Staates auch bei der akademischen Jugend ein Geburtenniveau erreichen läßt, das Hoffnung macht, ist aber in der DDR erbracht worden. Die Hoffnung war eine losgelöste, da sie in eine marode Wirtschaft eingebettet war. Warum sollen aber derartige Anreize in einer freien Wirtschaft nicht möglich sein und nicht greifen? Mit Almosen wird es allerdings nicht getan sein.

Die Freiheit zur korporativen Selbsthilfe

Eine Voraussetzung der Gesundung ist, daß die korporativen Rechte von freiwilligen Verbänden gewahrt und ausgebaut werden. Wodurch wird heute eigentlich ein privatrechtlicher Familienverband oder eine Familienstiftung gehindert, eine Umverteilung der Mittel im Verband zugunsten seiner Familien mit Kindern vorzunehmen? Vielleicht durch das Steuerrecht. Dann sollten dieses Recht und andere Rechtsvorschriften so geändert werden, daß Familienclans oder berufsständische Vereinigungen und lokal oder regional gebundene Stiftungen weitgehende Möglichkeiten erhalten, in ihren Reihen Mittel auf leistungsfähige junge Familien mit mehreren Kindern umzuverteilen. Der Staat könnte nämlich auch nur den gesetzlichen Rahmen liefern, bräuchte aber nicht selbst der Umverteiler zu sein oder nur in geringerem Maße. Die Zukunft der politischen Gestaltung sollte und könnte auch Familien- und Sippenverbänden gehören, berufsständischen Vereinigungen, Stiftungen und Glaubensgemeinschaften, für die nicht ein ererbtes materielles Vermögen entscheidend ist oder ein ererbter Familienname, sondern eine ererbte Leistungsfähigkeit, geistig und körperlich. Niemand hindert solche Verbände, man denke z. B. an die „Mensa"-Mitglieder, heute schon familienpolitisch und -fördernd tätig zu werden. Man muß nur ohne viel Aufhebens damit beginnen, ohne mutwillig Neid und Mißgunst zu provozieren. Aus solchen Minderheiten der Leistungsfähigen, die sich zu scheinbar vergangenen Werten bekennen, wird die Gemeinschaft der Überlebenden erwachsen. Die anderen, die Kinderlosen und Kinderarmen, sind schon voll dabei, ohne weiteres Zutun ihr Aussterben in Kauf zu nehmen oder sich „umvolken" zu lassen.

Wenn es gelänge, das Geburtenniveau bei deutschen Frauen wieder auf etwa 1,8 Kinder pro Frau zu heben (das Wunschziel wäre natürlich 2,1 Kinder, und das überall in Europa), dann wäre einem großen Teil der Probleme, die sich dramatisch verschärfen werden, die Spitze genommen. Realistisch gesehen, fehlt aber für ein derartiges Umsteuern der Politik heute und morgen jede Grundlage. Die Alten in ihrer großen Zahl und mit ihrem weiter wachsenden Bevölkerungsanteil blockieren in einem demokratischen System jeden echten und tiefgreifenden Reformansatz. Die CDU ist 1957 im selben Jahr Regierungspartei geworden, in dem sie die dynamische Rentenanpassung Gesetz werden ließ. Und es war zwar kein Geringerer als Ludwig Erhard, der Vater des Wirtschaftswunders, der sich gegen die dynamische Rente und den Versorgungsstaat wandte, der sich damit aber nicht gegen Adenauer durchsetzen konnte, dennoch mit seiner Auffassung – aus heutiger Sicht – einen außerordentlichen Weitblick bewies. Den Politikern fehlt jeder Anreiz für ein Umdenken, solange derjenige mit Stimmen belohnt wird, der die Sicherheit der Renten vertritt, der selbstzufrieden ist und nichts Entscheidendes ändern will und kann. Wie weit die CDU von einem Umdenken entfernt ist, wird einem klar, wenn man liest, wie sich z. B. Blüm (1999) zum Thema „Familienleistungen" äußert: *Eine Alternative zu den Kindererziehungszeiten ist die Berücksichtigung der Kinderzahl bei der Beitragsaufbringung. [...] Eine Beitragsanpassung würde sich auf Bezieher hoher Einkommen günstiger auswirken als auf Bezieher niedriger Einkommen. Denn ein Prozent Beitragsermäßigung bei 4.000-DM-Einkommen macht einen anderen Betrag aus als ein Prozent Beitragsermäßigung bei 2.000-DM-Einkommen. Die Kinder von Höherverdienenden würden also höher bewertet. Das ist ein in der Sozialversicherung unbekannter Gedanke.* Die selbst stark egalitär beeinflußte deutsche CDU hat sich bisher als unfähig erwiesen, die notwendigen Reformen durchzusetzen, weil sie, sobald sie doch zu der rationalen Einsicht gelangt ist, die notwendigen Schritte zu gehen, auf den Widerstand einer Opposition (oder eines großen Koalitionspartners) trifft, für die es wiederum eine vordringliche Aufgabe ist, ihre Klientel und den Sozialneid zu bedienen, so daß die beiden großen Volksparteien zusammen völlig unfähig sind, der Bevölkerung einen qualitativen Aspekt abzugewinnen.

Man könnte sich auf den Standpunkt stellen, daß bei der hohen Bevölkerungszahl und -dichte in Europa die niedrigen Geburtenzahlen kein Grund zur Aufgeregtheit sind, ließe sich doch ein Absinken der Bevölkerungszahl auch als eine Anpassung verstehen, die durchaus auch Raum zu neuen gestalterischen Möglichkeiten böte, etwa durch eine Verringerung der Umweltbelastung.[28] Ein solches Absinken der absoluten Bevölkerungszahl bräuchte auch tatsächlich keine Katastrophe zu sein, wenn es mit dem Sinken der absoluten Zahl zu einer gleichzeitigen Verbesserung der Bevölkerungsqualität käme und zu einer Qualität, so wie sie für das nächste Jahrtausend erforderlich ist. Es gibt

[28] Wie wir sie gegenwärtig in den neuen Bundesländern auf angenehme Weise erleben, in diesem Fall aber verursacht durch den Zusammenbruch der Industrie.

aber wenig Anzeichen dafür, daß eine solche Verbesserung der Qualität im Gang ist, obwohl man die Erhöhung des allgemeinen Bildungsniveaus (und damit die IQ-Akzeleration) und des allgemeinen Gesundheitszustandes, die in West- und Nordeuropa lange Zeit stattgefunden hat, in dieser Richtung interpretieren könnte. Es gibt auch keine Anzeichen dafür, daß die Gesellschaft eine Mentalität auszubilden beginnt, die es hochintelligenten Personen erträglich werden läßt, in bescheidenen, aber gut bezahlten beruflichen Positionen zu verbleiben und zufrieden zu sein, d. h. eine Mentalität, die hohe Intelligenz zuerst einmal als Verpflichtung zum Dienst am Gemeinwesen begreift[29] und so die Gefahr des gegenseitigen politischen Zerfleischens der nicht an der Macht beteiligten Intelligenz und der Machtelite reduziert.

Einwanderer als geeignetes Mittel der Problemlösung?

Vor allem die bei sinkender Bevölkerungszahl langfristig ständig wachsende Belastung der Renten- und Sozialsysteme hat die Politiker in den Industrieländern dazu veranlaßt, vom Wunschbild einer stationären Bevölkerung auszugehen. Deutsche Politiker glauben, daß eine stationäre Bevölkerung durch Einwanderung erreicht bzw. aufrechterhalten werden könne, und sie gehen dabei von der Assimilierung der Zuwanderer und der Anpassung ihres demographischen Verhaltens an das der Deutschen und damit der Aufrechterhaltung des sozialen Friedens aus.

Dabei muß man aber stillschweigend annehmen, daß die Einwanderer sich erstens im gesamten Land gleichmäßig verteilen und zweitens in der zweiten oder wenigstens den folgenden Generationen sich gleichmäßig auf alle sozialen Schichten verteilen. Sind diese Bedingungen erfüllt und überschreitet die Zahl der Einwanderer nicht einen bestimmten Schwellenwert, dann könnte die Rechnung einige Jahrzehnte lang tatsächlich aufgehen, nicht nur in Deutschland, sondern analog z. B. auch für Frankreich oder die Schweiz, wobei Frankreich

[29] Da bereits im Mittelalter beim Adel weit mehr als zwei Kinder das Erwachsenenalter erreichten, wurden 30 % aller Töchter ins Kloster abgeschoben. Von den erstgeborenen Söhnen wurden 79 % zur Heirat zugelassen, 14 % Geistliche, von den zweitgeborenen 40 % Geistliche, von den drittgeborenen 48 %, von den viertgeborenen 63 %, von den fünft- und sechstgeborenen 75 %, von den siebtgeborenen 100 % (Spiess, 1993). Parallele Zahlen würde man aus den Verlustlisten der adeligen brandenburgisch-preußischen Offiziere in den Kriegen ihres Königs ermitteln können. Wer eine simple Eugenik predigt, der ist eben einfach naiv. Allein schon die Probleme, denen sich das jüdische Volk immer wieder ausgesetzt sah und sieht, sollten gründlich zu denken geben.

in Europa die längsten Erfahrungen mit einem solchen sozialen Experiment hat.

Die soziale Realität – und insbesondere auch die aus Frankreich bekannte – weckt jedoch nicht nur Zweifel an den genannten frommen Annahmen, sondern es lassen sich bei genauerer Betrachtung durchaus Faktoren nennen, die ebenfalls berücksichtigt werden sollten und die nachdenklich machen müssen.

Denn überall in der Welt gesellt sich gern gleich und gleich, und es kommt bei der Auswanderung zur räumlichen Ballung der Wandernden. Das galt z. B. für die europäische Auswanderung nach Nordamerika ebenso, wie es jetzt für die Einwanderung in Europa gilt. Freunde, Bekannte und Verwandte ziehen zusammen, helfen sich so gegenseitig über die ersten Schwierigkeiten hinweg, und Freunde, Bekannte und Familienangehörige folgen ihnen (Weiss, 1980b). Das gilt auch schon für die deutschstämmigen Rücksiedler aus der ehemaligen Sowjetunion, die, der deutschen Sprache nach jahrzehntelanger Repression oft nicht mehr mächtig und häufig mit Nichtdeutschen verheiratet, als Treibsand der Geschichte zu uns zurückkehren und an unsere verdammte Pflicht und Schuldigkeit appellieren, sie aufzunehmen. War für die Jugendlichen, die im Zeitraum 1990/92 nach Deutschland kamen, die Familiensprache noch bei 13 % Deutsch und bei 50 % gemischt Deutsch und Russisch, so hat sich das in den Folgejahren dramatisch geändert, und bereits bei den 1993/94 eingereisten war nur noch bei 4 % Deutsch die Sprache in der Familie. Die mit eingereisten Jugendlichen fühlen sich als „Russen“, und so können Konflikte nicht ausbleiben – vor allem dort, wo sich die Aussiedler in besonders großer Zahl zusammengefunden haben, wie z. B. in einigen Gemeinden der Landkreise Osnabrück (Aussiedleranteil in Bersenbrück 22 %, Alfhausen 19 %) und Emsland (Werlte 17 %). Besuchten 1996/97 in Nordrhein-Westfalen 23 % aller Schüler ein Gymnasium, so waren es von den Aussiedlern aus der früheren Sowjetunion nur 7 %. *Die befragten Aussiedlerjugendlichen, die in Deutschland ein Gymnasium oder eine Hochschule besuchten, hatten häufiger zumindest einen akademisch gebildeten Elternteil als die befragten Aussiedler an Haupt- und Realschule* (Dietz, 1999).

Versehen mit Wertvorstellungen, die hier schon Geschichte sind, und bereit und gewöhnt an einfache Arbeit, stellen diese Aussiedler durchaus ein Regulativ dar. Man darf, bei allen Problemen mit diesen Rückwanderern, davon ausgehen, daß sie mittel- und langfristig integrationswillig sind, auch wenn ihre Sprachkenntnisse und ihre Qualifikation immer mehr zu wünschen übrig lassen und die noch zurückgebliebenen Rußlanddeutschen immer mehr zu einer relativ wenig intelligenten Restbevölkerung werden, deren intelligentere Teile bereits nach Deutschland abgewandert oder in den Städten schon vor Jahrzehnten russifiziert worden sind.

Arbeitsplätze für die Zuwanderer gibt es nicht überall, sondern nur in bestimmten Branchen, so daß allein dadurch sich räumliche Konzentrationen ergeben können. Die Zuwanderer brauchen anfangs billigen Wohnraum – und schon haben wir einen weiteren triftigen Grund für ihre Ballung, etwa in bestimmten Stadtteilen. Sprache und Religion, allgemeiner ausgedrückt Kulturferne oder -nähe der Zuwanderer zur deutschen Bevölkerung und der verschiedenen Herkunftsländer untereinander, spielen dabei für die räumliche Verteilung und Ballung der Zuwanderer eine wichtige Rolle. Lebt in einer Siedlung nur eine Familie mit fremder Herkunft und Sprache, so werden die Kinder dieser Familie in der Schule die Landessprache erlernen, die gesamte Familie früher oder später im Alltag oder am Arbeitsplatz. Ziehen mehrere fremde Familien, aber mit verschiedenen Sprachen, zu, ändert sich erst einmal wenig. Die Regel ist aber der andere Fall, nämlich daß Freunde, Bekannte und Verwandte einer sprachlichen Herkunft dicht beieinander wohnen. Subjektiv ist ihre Lage damit anfangs besser, ihre Assimilierung verzögert sich aber. Wenn man es wissenschaftlich untersucht, dann wird man eine mathematische Funktion finden, die die Geschwindigkeit der Assimilierung in Abhängigkeit von der Dichte der Zuwanderer aufzeigt. Und an einem bestimmten Punkt hat diese Kurve sogar einen Umschlagpunkt, bei dem nicht mehr die Zuwanderer assimiliert werden, sondern zunehmend die ursprüngliche Wohnbevölkerung (Francis, 1976; Weidlich, 1996). In einer Schule ist dieser Punkt z. B. dann erreicht, wenn in einem Stadtviertel wie Berlin-Kreuzberg die Zahl der schulpflichtigen türkischen Kinder die der deutschen deutlich übersteigt und die üblichen Kinderrangeleien nicht mehr mit deutschen, sondern mit türkischen Kraftausdrücken begleitet werden. *Im Durchschnitt hat Berlin einen Ausländeranteil von 13 %. Aber diese Zahl sagt wenig. In vielen Schulen haben 40 oder 50 % der Schüler Deutsch nicht als Muttersprache gelernt, in einigen Fällen sind es sogar fast 80 %. Von normalem Lernen kann hier keine Rede mehr sein. Immer mehr deutsche Eltern melden deshalb ihre Kinder anderswo an – mit der Folge, daß die Probleme wachsen. Die Eltern begründen ihren Schritt auch damit, daß ihre Kinder überfordert seien, soziale und sprachliche Probleme ausländischer Kinder zu kompensieren und zur Integration beizutragen. „Wer soll eigentlich wen integrieren?“ fragt der zuständige Vertreter der Senatsschulver-*

waltung angesichts von Klassen, in denen die Zahl deutschsprachiger Schüler an einer Hand abgezählt werden kann. Wenn weniger als ein Drittel einer Klasse der deutschen Sprache mächtig sei, seien alle überfordert, die Lehrer genauso wie die Kinder (Mönch, 1997).

Nach den internationalen Erfahrungen „kippen" Gebiete bei einem Zuwandereranteil von ungefähr 15 % (Maninger, 1998). Bei diesem Prozentsatz beginnt die einheimische Bevölkerung das Gebiet regelrecht zu räumen. Diesen Prozentsatz haben inzwischen zahlreiche deutsche Großstadtviertel erreicht oder überschritten, Hessen hat als Flächenland bereits 14 % Ausländer. 15 % Ausländer bedeuten, da sie von der Alterszusammensetzung ja jünger sind und die Kinderzahl größer ist, in der Regel schon 30 oder 40 % Kinder von Ausländern in den Schulklassen, wenn nicht noch mehr; und bei derartigen Zahlen ist die Grenze der Integrationsfähigkeit schon erreicht oder längst überschritten. Zuerst kippen einzelne Wohngebiete, dann Stadtviertel oder ganze Regionen und schließlich ein Land. Diese letzten zwei Stufen sind aber noch nirgendwo in der Welt kampflos vor sich gegangen, das muß klar und deutlich gesagt werden.

Wie schreibt doch Professor Herwig Birg vom Institut für Bevölkerungsforschung und Sozialpolitik der Universität Bielefeld in seinem aufrüttelnden Aufsatz „Demographisches Wissen und politische Verantwortung" (1998) in der wichtigsten deutschsprachigen Zeitschrift der Bevölkerungswissenschaft: *Nach Berechnungen des Landesamtes für Datenverarbeitung und Statistik des Landes Nordrhein-Westfalen wird sich der Ausländeranteil in der wichtigsten Altersgruppe der 20- bis 40jährigen schon bis zum Jahr 2010 auf 40 bis 50 % erhöhen [...]. In Duisburg von 17,4 % (1992) auf 45,9 % (2010), in Remscheid von 18,1 % auf 44,7 %, in Köln von 19,3 % auf 42,9 %, in Gelsenkirchen von 14,8 % auf 42,0 %, in Düsseldorf von 17,8 % auf 41,6 %, in Wuppertal von 17,2 % auf 40,9 %, in Solingen von 17,5 % auf 40,0 %. [...] Die Deutschen im Sinne der heutigen Definition des Staatsangehörigkeitsrechts werden ihre Bevölkerungsmehrheit im nächsten Jahrhundert an die Zugewanderten und ihre Nachkommen verlieren. Zuerst wird dies in den großen Städten der Fall sein, wo heute bereits in einigen Städten ein Viertel bis ein Drittel Ausländer sind, später flächendeckend auch im Landesdurchschnitt. In Berlin (West) wird z. B. der Anteil der Ausländer bei den unter 20jährigen von heute 25 % schon bis 2015 auf 52 % zunehmen. Na und? könnte man sagen: Haben sich die Einwanderer aus Polen in das Ruhrgebiet nicht auch problemlos integriert? Der Unterschied zwischen den damaligen und den heutigen Einwanderern liegt auf der Hand: Erstens geht es heute um Millionen von Einwanderern, nicht um Hunderttausende wie damals. Zweitens verlief die damalige Integration keineswegs reibungslos. Der Gebrauch der polnischen Sprache und die Kulturvereine wurden mit polizeilichen Maßnahmen gewaltsam unterdrückt. Im Unterschied dazu gibt es heute in Deutschland Fernseh- und Rundfunksendungen, Zeitungen und Schulen für fremdsprachige Einwohner. Im Zeitalter des Satellitenfernsehens kann man in Deutschland durchaus in seiner Herkunftskultur leben, ohne hier zu Hause zu sein. Wie schnell und radikal sich die Zeiten ändern, sieht man z. B. auch daran: Noch vor wenigen Jahren sprach man davon, daß die Einbürgerung erleichtert werden müsse. Heute herrscht die Sorge vor, daß nicht genug Ausländer dazu bereit sein werden, die deutsche Staatsbürgerschaft überhaupt anzunehmen, wenn sie dafür ihre bisherige aufgeben müßten. [...] Es gibt in Deutschland keine Einwanderungspolitik, obwohl Deutschland zum wichtigsten Einwanderungsland unter den Industrieländern wurde.*

Der Professor für Theoretische Physik, W. Weidlich (Stuttgart), der sich mit soziodynamischen Modellen unserer Entwicklung befaßt, hat versucht, das in seinen Konsequenzen durchzurechnen, was sich gegenwärtig abspielt, und er kommt (1996) zu folgender Schlußfolgerung: *Stammten die aufgenommenen Ausländer aus Herkunftsländern mit großer kultureller Distanz (das heißt zum Beispiel mit anderer Religion und anderem Gesellschaftssystem) und übersteigt ihre Zahl einen gewissen (im voraus nicht genau festlegbaren, aber jedenfalls existierenden) kritischen Prozentsatz der Gesamtbevölkerung, so würde es zu einem populationsdynamischen Phasenübergang kommen, der aus einer kulturellen und höchstwahrscheinlich auch räumlichen Ghettobildung bestehen würde. Dieser würde insbesondere dann stattfinden, wenn der langfristige Anpassungsprozeß soziopsychologischer Trendparameter, und damit der Inkulturationsprozeß, einer zu großen und zu schnellen Einwanderung nicht folgen könnte. Der dann einsetzende Ghettoisierungsprozeß würde unser bisheriges relativ homogenes Kultur- und Gesellschaftssystem grundlegend ändern. Wir hätten dann tatsächlich eine andere Republik. Wegen einer solchen Eigendynamik würde ein solcher Prozeß durch Politiker dann kaum mehr steuerbar beziehungsweise in erwünschte Bahnen lenkbar sein. Denn wir haben zwar gesehen, daß sich schnell in einem Volk kulturspaltende destruktive Emotionen erzeugen lassen, der umgekehrte Prozeß des Entstehens gegenseitigen Verstehens und von Kultursynthese entwickelt sich dagegen nur langsam und ist durch noch so wohlgesinnte Aktivitäten von Politikern und Medien nur partiell beeinflußbar. Vom*

Standpunkt unserer Wertungsprinzipien wäre ein solcher Phasenübergang also höchst unerwünscht, weil er den Zerfall unseres Systems in geistige oder sogar räumliche Ghettos bewirken würde. Er würde dadurch sowohl seine Kulturfähigkeit wie seine bisher stabile demokratisch-rechtsstaatliche Struktur gefährden. Was hier als Ergebnis einer nüchternen Analyse in einer wenig volkstümlichen Fachsprache „populationsdynamischer Phasenübergang" genannt wird, der den Händen der Politiker entgleiten und den demokratischen Rechtsstaat gefährden wird, aber immerhin in der führenden politischen Zeitschrift der damaligen Regierungspartei CDU veröffentlicht wurde, ist im Klartext nichts anderes als die Prognose des Bürgerkriegs auf deutschem Boden, ist eine Prognose von drohendem Bevölkerungswandel und Umvolkung.

Es verhält sich wie in dieser alten Geschichte: Ein Gutsherr mit einem großen See bringt von einer Reise zwei schöne Teichrosen mit, die er aussetzt und die sich auf dem See langsam vermehren. Als er den Gärtner nach seiner Meinung fragt, teilt dieser zwar auch seine Ansicht über die Schönheit der Rosen, zeigt sich aber darüber beunruhigt, daß sich die Zahl der Teichrosen jährlich verdoppelt. – Solange die Fremden nur einen Bruchteil der Fläche einnehmen, scheint das wenig zu bedeuten. Ist aber erst einmal ein Prozentsatz von 10 erreicht (und das dürfte etwa im Jahr 2000 der Prozentsatz der legal oder illegal in Deutschland sich aufhaltenden Ausländer sein, wobei diese 10 % sich ja sehr ungleichmäßig auf die einzelnen Altersgruppen verteilen und 10 % im Durchschnitt aller Altersgruppen schon mindestens 20 % bei den 20jährigen bedeuten), dann bedeutet dies eine Verdopplung innerhalb der nächsten Generation – also um die Jahre 2015 bis 2030, d. h. durch Eigenvermehrung dieser durchschnittlich jüngeren Zuwanderer und weitere Zuwanderung –, so daß das gesamte Land zu kippen droht, auch wenn die Politiker das heute noch nicht wahrnehmen wollen (Birg, 1998).

Als sich um 1986 die Infektionsrate von AIDS, d. h. die jährliche Verdopplung, deutlich abzeichnete und erste Schätzungen über die Zahl der weltweit bereits Angesteckten vorlagen, kam der Verfasser auf einfache Weise zu einer Schätzung der im Jahre 2000 voraussichtlich Infizierten von etwa 100 Millionen. Leider habe ich mit dieser Schätzung, die ich damals an den Rand einer wissenschaftlichen Arbeit notierte, annähernd recht behalten. Rechnet man die Verdopplungsraten und die Folgekosten weiter, so kommt man, allein durch die Ursache AIDS, zwischen den Jahren 2005 und 2015 auf eine weltweite Krise, auf die es bisher noch keine Antwort gibt und von der wir alle noch hoffen, daß sie teils durch ein medizinisches Wunder, teils durch Verhaltensänderungen abzuwenden ist. Inzwischen haben mehrere ost- und südafrikanische Länder einen solchen Durchseuchungsgrad bei AIDS erreicht – man spricht von 20, 30 oder 40 % aller Erwachsenen, die bereits angesteckt sind –, daß alle demographischen und wirtschaftlichen Prognosen für diese Länder jetzt nach unten zu korrigieren sind, die durchschnittliche statistische Lebenserwartung schon um bis zu 20 Jahre. Die weltweite Korrekturprognose wagt aber noch niemand.

Jahre- und jahrzehntelang kann eine Entwicklung allmählich vor sich gehen, und man kann sich langsam daran gewöhnen. Scheinbar gibt es nur einen geringen Handlungsbedarf, niemand ist besonders beunruhigt, und schon gar kein erfolgreicher Politiker. Wenn es aber einen stetigen und ungebrochenen Zuwachs gibt, dann ist ein Prozentsatz von 6 % eben nur noch drei Verdopplungszeiträume von etwa der Hälfte entfernt. Von 10 % bis zur Hälfte der Bevölkerung brauchen es nur noch wenige Jahre zu sein, bei AIDS nur etwa vier Jahre. Im Gesamteindruck und im Gesamtbild ergibt sich aber binnen dieses sehr, sehr kurzen Zeitraumes eine völlig neue Qualität – bei dem See mit den Teichrosen ein völlig zugewachsener See, so wie es in den letzten Jahren mit dem riesigen Victoriasee in Ostafrika tatsächlich geschehen ist, der von einer eingeschleppten fremden Wasserpflanze völlig zugewuchert worden ist, so daß der Lebensraum der einheimischen Fische bedroht oder verschwunden ist.

Nun sind Ausländer keine Wasserpflanzen, keine bedrohliche Seuche und keine Krankheit, sondern in sich verschiedengestaltig und oft eine angenehme Bereicherung. Ausländer sind in sich keine Einheit und empfinden sich den Deutschen oder Europäern gegenüber nicht als Einheit. Binnen einer Generation wird ein Teil bereits integriert oder assimiliert sein und sich gegenüber weiteren Zuwanderern als Deutsche fühlen und handeln, so hofft man als deutscher und europäischer Staatsbürger. Der Vordenker der Neuen Rechten in Frankreich, Alain de Benoist, meint deshalb (1998a) optimistisch: *Einwanderung bedroht unsere kollektive Identität nicht. [...] Die Idee einer zwischen souveränen Staaten aufgeteilten Welt, die innerhalb ihrer Grenzen eine perfekte Einheit des Volkes, von einer Sprache, einer Kultur und einem Territorium verwirklicht, ist eine Illusion aus dem Zeitalter der Nationalitäten, das heißt des 19. Jahrhunderts. Kaum zehn Prozent der Staaten, die heute bestehen, haben eine völlig homogene Bevölkerung.*

Ist aber eine krisenhafte Entwicklung erst einmal in Gang gekommen, dann wird die soziale Krise durch unqualifizierte Einwanderer zunehmend verschärft. In Frankreich z. B. hat rund jeder vierte Franzose (von Münchhausen, 1993), 16 von 58 Millionen Franzosen, unter seinen Großeltern wenigstens einen Ausländer. *In der Vergangenheit war die Französische Republik mit Recht stolz auf die Assimilation oder Integration von Hunderttausenden von Einwanderern aus allen Ländern Europas. [...] Dieser gut eingespielte Mechanismus ist seit etwa 20 Jahren ins Stocken geraten. Die wichtigsten Faktoren der Anpassung haben ihre Wirksamkeit verloren. [...] Die Arbeitswelt als Schmelztiegel zerbricht unter der wachsenden Arbeitslosigkeit. Früher sprachen die Einwanderer nicht Französisch, aber sie arbeiteten. Heute sprechen sie Französisch, aber sie haben keine Arbeit.*

Einwanderung und Assimilierung in Deutschland (und Europa) können nur funktionieren, wenn von der Zuwanderungspolitik beachtet wird, daß eine Bevölkerung räumlich und sozial in sich strukturiert ist. Multikulturelle Entwicklungen führen oberhalb eines Schwellenwertes unweigerlich früher oder später in Teilgebieten (oder Stadtteilen) zu Krisensituationen, die den sozialen Frieden gefährden. Allerdings muß man sich auch im klaren darüber sein, daß jede Weltstadt in einer freien Welt einen erheblichen und großen Raum für Multikultur bieten muß, zu der auch der Raum für Geschäftsleute, Studenten und Touristen neben dem Raum für Einwanderer und Gastarbeiter gehört. Es ist ein absolut unerträglicher Zustand (und muß es auch sein), daß ein Mensch in irgendeiner Stadt Europas in einem öffentlichen Verkehrsmittel wegen seiner Hautfarbe, Sprache oder Religion angepöbelt wird oder daß für Staatsbürger diese Gesichtspunkte bei der Zulassung zu weiterbildenden Schulen eine Rolle spielen. Das ist aber nur durchsetzbar, wenn die latenten sozialen Konflikte nicht außer Kontrolle geraten. Besteht kein Gespür für dieses Maß und geht es immer mehr verloren und muß der deutsche Bauarbeiter auf deutschen Baustellen unter Artenschutz gestellt werden, dann kommt es auf niedrigem Bildungsniveau zu Reaktionen, bei denen immer mehr Bürger wegzusehen beginnen.

Während sich die Zahl der deutschen Sozialhilfeempfänger (im alten Bundesgebiet) von 1980 bis zum Jahre 1996 etwas mehr als verdoppelt hat (1980 – 840.733; 1996 – 1.785.044), hat sich die Zahl der ausländischen Unterstützungsempfänger insgesamt mehr als verdreizehnfacht (1980 – 81.413; 1996 – 618.418 Sozialhilfeempfänger, dazu kommen noch 452.539 Asylbewerber). Die Zahl der arbeitslosen Ausländer ist doppelt so hoch wie die der Gesamtbevölkerung (Gesamtbevölkerung 1996 10,1 %, Ausländer 18,9 %, bei Türken 24,4 %).

Unter den insgesamt 1,83 Millionen Tatverdächtigen befanden sich 1992 genau 550.583 Ausländer. Das entspricht einem Anteil von 30 %.

Im Jahre 1984 waren es von insgesamt 1,25 Millionen Tatverdächtigen 207.612 Ausländer gewesen, also nur 16,6 %. Aus einer amtlichen Statistik des Bundeskriminalamtes (zitiert in der „Welt am Sonntag" vom 18. 4. 1993) läßt sich entnehmen, daß sich die Anzahl der Ausländer unter den Tatverdächtigen seit 1984, also innerhalb von neun Jahren, nahezu verdreifacht hat. (Seit 1991 beziehen sich die Zahlen auf das wiedervereinigte Deutschland.) 1992 betrug der Anteil der Ausländer an der Gesamtbevölkerung Deutschlands nach offiziellen Angaben 8 %, ihr Anteil an der Kriminalität dagegen 30 %. An der Spitze der deutschen Ausländerkriminalitätsstatistik liegen die „Rumänen", zu deren tatsächlicher Identität wir bereits anderes statistisches Material zitieren konnten. In vielen Polizeiberichten wird jedoch kein Wort über die Nationalität der Täter verloren. Der Sprecher der Polizeidirektion Braunschweig sagte dazu: *Wir dürfen die Staatsangehörigkeit eines Tatverdächtigen nicht nennen. Es soll der Ausländerfeindlichkeit nicht Vorschub geleistet werden.* Dazu hat z. B. der niedersächsische SPD-Innenminister Gerhard Glogowski in einem am 17. 2. 1993 erneuerten internen Runderlaß (zitiert ebenfalls nach „Welt am Sonntag" vom 18. 4. 1993) verfügt: *Name, Beruf, Nationalität/Ausländereigenschaft und Lichtbilder [...] dürfen nur in Ausnahmefällen bekanntgegeben werden. [...] Während die Zahl der Deutschen, die in den Jahren von 1976 bis 1996 rechtskräftig verurteilt wurden, von 626.028 auf 556.375 sank, stieg die Zahl der ausländischen Verurteilten im gleichen Zeitraum von 73.331 auf 207.315. In diesem Zeitraum war die Anzahl der in Deutschland lebenden Ausländer von rund 4 Millionen auf 7,3 Millionen gestiegen. Die Anzahl der Verurteilten hatte sich jedoch verdreifacht* (von Stahl, 1999).[30]

Betrug die Zahl der Einwanderer in den Vereinigten Staaten von Amerika 1983 bis 1988 pro 100.000 Einwohner und Jahr 245, so waren es in Kanada 479, in Australien 694, in der alten Bundesrepublik Deutschland hingegen 1.022. Durch den Zusammenbruch des Ostblocks stieg die Zahl der nach Deutschland Zugewanderten nach 1989 sogar auf 1.566 pro 100.000 Einwohner (für 1993), das ist das Sechs-

[30] Die wirkliche Oberschicht stört das alles weniger: Sie lebt viel stärker abgeschottet, sie transferiert im echten Krisenfall ihr Kapital ins Ausland und folgt rechtzeitig nach. Superreiche sind transnational. Sie kennen kein Vaterland, sie werben auf Plakaten für die doppelte – oder besser noch: mehrfache – Staatsangehörigkeit, denn das erleichtert ihnen, die Steuern auf ihre Einkünfte möglichst niedrig zu halten. Superreiche verteidigen kein Vaterland, sondern nur ihre Einnahmequellen. Im Notfall erschließen sie andere. Superreiche leben jenseits von Gut und Böse – wenigstens solange man nicht ihre Kinder entführt, sie erpreßt und selbst an Leib und Leben bedroht. Dann rufen sie nach dem Staat als Beschützer. Der ist aber immer noch ein Nationalstaat oder vielleicht einmal ein europäischer Bundesstaat und auf die Groschen der lokalen Steuerzahler angewiesen.

fache der Zahl für die Vereinigten Staaten im Zeitraum 1983 bis 1988. Von den 6,9 Millionen Ausländern in der Bundesrepublik Deutschland lebten 1993 50 % bereits zehn Jahre oder länger und 27 % zwanzig Jahre oder länger in Deutschland.

Wie schon festgestellt, ist in Deutschland die Arbeitslosigkeit unter Ausländern in den vergangenen Jahren dramatisch gestiegen und war Ende 1996 mit 19 % schon fast doppelt so hoch wie unter Deutschen, in Berlin dreimal so hoch. Dramatisch steigt die Zahl der Sozialhilfeempfänger an (wobei die Flüchtlinge nicht mitgerechnet sind) und hat sich z. B. in Berlin in wenigen Jahren versechsfacht. Besonders schwerwiegend und für den sozialen Frieden auf längere Sicht gefährdend ist es, wenn die Zuwanderer sich nicht proportional ihrem Bevölkerungsanteil in die deutsche Bevölkerung einpassen, sondern dauerhaft in der sozialen Ober- oder Unterschicht stark überrepräsentiert sind. Fernwanderer (und damit Zuwanderer in Deutschland) sind häufig aktive Personen, die in ihren Fähigkeiten eher ein wenig über dem Durchschnitt der Bevölkerungen liegen, aus denen sie kommen, und über derjenigen, in die sie einwandern. Das gilt z. B. in Deutschland für die Einwanderer aus Griechenland. (Ein Teil der Einzelpersonen ist aktiv auch im negativen Sinn: Auch die Deutschen im Ausland sind in den Kriminalitätsstatistiken dort häufiger vertreten, als es ihrem Bevölkerungsanteil entspricht.) Wenn man unvoreingenommen ist, dann sollte man – unabhängig von Sprache, Rasse oder Religion – von Einwanderern in der Regel eine Bereicherung erwarten, und diese Erfahrung läßt Länder wie die USA, Kanada und Australien eine gezielte Einwanderungspolitik betreiben. Nur zum Teil haben die Zuwanderer von Anfang an so qualifizierte Berufe, daß sie relativ leicht ihren Platz finden. Die Regel ist und war (auch bei der deutschen Auswanderung nach Übersee im vorigen Jahrhundert oder der jüdischen Auswanderung aus Galizien nach Deutschland), daß es sich um leistungswillige Menschen handelt, die aus relativ einfachen Verhältnissen kommen und mit leeren, zur Arbeit entschlossenen Händen sowie mit Wertvorstellungen, die auch in Deutschland einmal vor 100 oder 50 Jahren – nach der Vertreibung aus den Ostgebieten – die Motoren des wirtschaftlichen Aufstiegs waren. Auf diese Weise wurde und wird die Geschichte der Einwandererfamilien dann zur Geschichte des sozialen Aufstiegs innerhalb der nächsten zwei Generationen; nicht für alle, aber ein wenig mehr Aufstieg als bei der deutschen Bevölkerung in vergleichbaren Wohnvierteln. Denn es ist eine Tatsache, daß auch die Einkommensschichten der deutschen Bevölkerung auf die einzelnen Wohngebiete nicht gleich verteilt sind. Wer Geld und Arbeit hat, zieht heute ins Umland der Städte, wer wenig hat, muß bleiben. Gelingt den Zuwanderern der soziale Aufstieg nicht, dann kommt es immer mehr zur Anhäufung von deutscher Unterschicht und Zuwanderern in bestimmten Wohnvierteln, die für Ober- und Mittelschicht immer unattraktiver werden. Und so gibt es zunehmend soziale Konflikte zwischen deutscher Unterschicht und Zuwanderern mit einer Tendenz zur ethnischen Segregation nach Straßenzügen und zur Ghettoisierung. Noch treffender ausgedrückt: Es kommt zur Amerikanisierung deutscher Städte und zur Slumbildung, praktisch zu einer Apartheid, mit ständig steigenden Sozialausgaben und Kosten für die Kriminalitätsbekämpfung. In den USA leben bereits 4 Millionen Menschen in abgeschlossenen und scharf bewachten Sondersiedlungen, zu denen man nicht ohne weiteres Zutritt hat und in denen die Oberschicht, in zunehmendem Maß auch schon die Mittelschicht, ihre eigene heile Welt aufbaut oder erhält, mit Straßen, auf denen Kinder noch radfahren können, und mit Wegen, auf denen Frauen abends allein noch ohne K.o.-Spray gehen können. Dieser Absonderungsprozeß ist auch in deutschen Großstädten und besonders in Großstadtvororten bereits in vollem Gang. Frankfurt am Main hat heute bereits einen Anteil von offiziell registrierten Nichtdeutschen von 30 %, von den Illegalen ganz abgesehen. Paris, Lyon, Marseille oder London und ihr Umland stehen vor ähnlichen und größeren Problemen, und die ethnischen Revolten und Ausschreitungen, die schon stattgefunden haben, sowie die politische Radikalisierung eines beträchtlichen Teils der Franzosen sind ein Vorgeschmack dessen, was uns in Deutschland noch bevorstehen kann. Einher geht das mit der möglichen politischen Radikalisierung, wobei Teile der einheimischen Unter- und Mittelschicht Front zu machen beginnen gegen die „Landnahme“ durch die Fremden bzw. dazu aufgestachelt werden.

In Hamburg-Wilhelmsburg z. B. prallen die sozialen Gegensätze aufeinander, lesen wir in „Die Zeit“: *Knapp 50.000 Menschen leben in Wilhelmsburg, davon ein Drittel Ausländer. „Kanaken“ schimpfen einige, „nichtdeutsche Mitbürger“ dozieren andere. „Sozi“ hieß mal Sozialdemokrat, als Wilhelmsburg noch Milieu und Quartier der Hafenarbeiter war. „Sozi“ bedeutet heute Sozialhilfe, Lebensunterhalt für 6.800 Wilhelmsburger, nachdem Werften und Schwerindustrie im internationalen Preiskrieg starben. [...] Seit der Bürgerschaftswahl 1993 bleibt die Zahl der Verbitterten stabil: Im September 1997 stimmten 2.696 Menschen bei den Wahlen zum Bezirksparlament für DVU und Republikaner, 16,7 %, 95 Stimmen weniger für die Rechtsradikalen als vier Jahre zuvor. Aber weil inzwischen gut 40 % aller Wilhelmsburger nicht mehr zur Wahl gehen, konnten die Rechten ihr Ergebnis leicht verbessern. [...] Nach Verbitterung muß man in Wilhelmsburg nicht lange suchen. [...] Vor acht Jahren hätten hier noch alle für die SPD gestimmt, sagt Hermann, Bauarbeiter [...]. Jetzt wählten sie „Protest". [...] Längst spürt der Hamburger Senat, daß Wilhelmsburg das politische Frühwarnsystem der Großstadt ist. [...] Gibt es überhaupt noch politische Lösungen für Wilhelmsburg? [...] Von „amerikanischen Verhältnissen" sei Wilhelmsburg weit entfernt, doch ebenso von der [...] „bundesdeutschen Großstadtgesellschaft der siebziger Jahre"* (Klawitter und Willeke, 1997). *„Kanaker" zu sagen ist hier das Normalste in der Welt. Das ist ein Wort, das raus soll, nicht hinter vorgehaltener Hand, sondern laut, offensiv. Wer „Mitbürger" sagt, ist schon unten durch. [...] Nein, keine Photos und keine Namen. „Sonst schlagen uns die Kanaker tot. Die lesen doch nach, was wir sagen." Nur soviel vielleicht: Die Treppen vom S-Bahnhof hinunter, vorbei an einer türkischen Jugendbande mit Pitbulls, hinein in die Fußgängerzone, die Dönerbude passieren und den Treffpunkt der Afrikaner* („Schwarze" oder „Neger" ist für „Die Zeit", aus der wir hier zitieren, nicht politisch korrekt; Weiße aus Südafrika sind auch nicht gemeint, sie dürften als Flüchtlinge erst in Zukunft eine Rolle spielen), *dann auf die schmuddelgelben Hochhäuser zu – genau dort werden sie auf der Bank sitzen, vier, fünf ältere Männer, jeden Nachmittag, solange die Herbstsonne scheint. „Deutsche Rest-Rentner" nennen sie sich. „Früher", sagt einer, „war hier Wilhelmsburg. Jetzt ist hier Kanakistan"* (Kleine-Brockhoff, 1997).

Bevölkerung hat nicht nur eine Quantität, sondern auch eine Qualität. Die Ausländerpolitik sollte flexibel sein, sich nicht in selbstgefertigten Tabus verfangen und die Möglichkeit bieten, leistungsfähige Zuwanderer gegebenenfalls auch rasch durch Erteilung der vollen Staatsbürgerschaft zu integrieren – nicht nur bei Spitzensportlern aus Osteuropa, wo solche Fälle von Flexibilität ja durchaus vorkommen und bekannt werden, sondern auch bei dem Facharbeiter oder türkischen Arzt oder chinesischen Restaurantbesitzer, deren Kinder schon in der zweiten Generation in Deutschland aufwachsen.

Nach dem Jahr 2000, wenn die Rückwanderung der Auslandsdeutschen aus dem Osten weitgehend abgeklungen sein dürfte, sollten auch in Deutschland nach dem Vorbild der klassischen Einwanderungsländer Quoten, mit denen gezielt Einwanderer einer bestimmten Herkunft und Qualifikation gesucht werden, kein Tabu mehr sein. Der tatsächliche Spielraum ist, wenn überhaupt vorhanden, sowieso gering. Hauptgrund ist die illegale Einwanderung, die schon einen solchen Einwanderungsdruck schafft, daß unter den Bedingungen der offenen Grenzen zwischen den Ländern der Europäischen Union eine wirksame Kontrolle sehr schwer ist. (Ehe Sie diese Zeilen zu Ende gelesen haben, ist schon wieder ein Boot an der Küste Italiens gelandet, ein zweites an der spanischen, auf den Flughäfen haben sich mehrere Asylbewerber gemeldet, und eine Gruppe von Flüchtlingen hat irgendwo illegal die grüne Grenze nach Sachsen überschritten.) Aus dem Kosovo sind im Sommer 1999 70.000 Zigeuner geflüchtet bzw. von den Albanern vertrieben worden und irren durch die Länder Europas, von denen keines sie aufnehmen möchte. Nach Presseberichten ist Deutschland das Wunschziel für viele.

Was die legale Zuwanderung betrifft, so fehlt ein wirksamer und klarer gesetzlicher Rahmen. Eine Möglichkeit zur Lösung dieses Problems könnte die Verlagerung der Entscheidungsgewalt über den jeweiligen Ausländeranteil auf die kommunale bzw. regionale Ebene sein, wo sich die Aufnahmebereitschaft der deutschen Bevölkerung unmittelbar artikulieren kann und wo auch alle positiven und negativen Folgen der Zuwanderung konkret spürbar werden.

Obwohl Osteuropa selbst auch keinen Bevölkerungsüberschuß mehr „erzeugt", ist doch zumindest in den nächsten zwei Jahrzehnten aus wirtschaftlichen Gründen mit einem Wanderungsdruck aus den Ländern des früheren Ostblocks zu rechnen, und oft sind es Angehörige der Intelligenz dieser Länder, die allein oder mit ihren Familien den Weg in den Westen suchen. Es wäre eine der möglichen Alternativen, die erwünschte und notwendige Zuwanderung, wenn sie denn schon unumgänglich ist und mit den Mitteln einer freien Gesellschaft nicht gestoppt werden kann und soll, vor allem aus dieser Richtung zu erleichtern bzw. zu kanalisieren, da deren Assimilierung, mit sehr verschiedener nationaler Herkunft, aber in hohem Maße christlich geprägt oder säkularisiert, problemloser sein dürfte als die von Millionen aus islamisch geprägten Ländern.

Die Türken in Deutschland

Gibt es eine Ausländergruppe oder eine kulturelle Einheit, die sich selbst aufgrund ihrer Zahl und Andersartigkeit gegenüber Deutschen und Europäern als konkurrierende Einheit begreifen könnte? Ja, die nunmehr über 2 Millionen Türken in Deutschland und die Anhänger des Islam in Europa – sie hätten diese Größenordnung, und eigentlich auch nur sie. Sie könnten zu einer politischen Größe werden, wenn sie es nicht schon längst sind.

In einer demokratischen Gesellschaft erhöht sich das Gewicht einer Zuwanderergruppe, wenn ihre biologische Fruchtbarkeit auf längere Zeit höher ist als die des Einwanderungslandes. Die Geschichte kann mit 0 % beginnen und dort enden, wo heute der Kosovo steht – denn dort ist genau eine solche Entwicklung abgelaufen. Die Zuwanderer, deren Ausgangsposition am Anfang immer zu wünschen übrig lassen wird, sollten oder könnten also mittelfristig ein Interesse haben (Francis, 1976), mehr Kinder und größere Familien zu haben, auch wenn das ihren raschen sozialen Aufstieg eher bremst.

Nun sind von der sinkenden Fruchtbarkeit alle europäischen Staaten betroffen, so daß die Zuwanderer in das christlich geprägte Europa und nach Deutschland vor allem aus Nordafrika und Vorderasien kommen dürften – also aus vorwiegend vom Islam geprägten Gebieten. Werden die Einwanderer aus islamischen Gebieten in Deutschland bei ihrer Assimilierung säkularisiert (oder Christen), so werden sich die Probleme in Grenzen halten. Aber man sollte schon aufmerksam beobachten, ob nicht bereits in Frankreich oder anderswo ein militanter Islam Fuß zu fassen beginnt, der auch mit dem Mittel des Bevölkerungsdrucks agiert, solange eben noch Gelegenheit ist, ohne schwere Gefährdung des inneren Friedens gegenzusteuern. Nach dem Stand von Februar 1996 (laut „Spiegel" vom 12. 2. 1996) sympathisieren rund 20 % der Türken in Deutschland mit den Islamisten. In Deutschland unterhalten die Islamisten eigene Jugendzentren. *Mit einer Vielzahl von eigenen Einkaufsläden, Sport- und Kulturvereinen und Teestuben haben sich die türkischen Islamisten in Deutschland eine türkische Parallelgesellschaft geschaffen. Mit dem Anspruch, sich nicht in die westliche Gesellschaft einbinden zu lassen, sondern eine eigenständige Gruppe zu bleiben, die nach den Regeln des Propheten lebt. [...] Viele ihrer Anhänger rekrutieren die Islamisten aus dem wachsenden türkischen Arbeitslosenheer in Deutschland. [...] Aber der Vorbeter in der Moschee am Cottbuser Tor in Berlin-Kreuzberg stellt fest: „Wir legen noch Wert auf Kinder statt auf Hunde und Katzen wie die Deutschen", und bezeichnet im weiteren die Juden „als eine im Heiligen Koran verfluchte Nation". [...] Experten kommen deshalb immer häufiger zu der Schlußfolgerung: Der Trend der Integration geht rückwärts. Es kommt zu einem Rückzug von türkischen Jugendlichen aus gemischt deutsch-türkischen Vereinen.* In Deutschland hat sich, weitgehend unbeachtet, eine zweite Medien- und Meinungslandschaft entwickelt – die türkische. *Nationalistische Töne werden lauter, mit antideutschen Ressentiments gemischt. [...] Wer sich in Deutschland etwa zum Thema „Kurden“ nicht an die in der Türkei gültigen Denkverbote hält, wer die türkische Ehre vermeintlich kränkt, der muß damit rechnen, daß er steckbrieflich mit Photo, Adresse, Telephon- und Faxnummer auf der Titelseite landet. Und dann bekommt man Post mit meist unschönen Inhalten, die von Beschimpfungen bis zu unverhüllten Gewaltdrohungen reichen* (Uebel, 1996). Während die Zigeuner keinen Staat als Fürsprecher haben, haben die Türken einen solchen Fürsprecher, und es gibt Interessengruppen in ihrem Heimatland, denen soziale Konflikte in Deutschland für ihre eigenen politischen Ziele wie gerufen erscheinen können.

1996 hatten in Berlin-Kreuzberg 53 % aller Grundschüler eine andere Sprache als Deutsch als Herkunftssprache. Selbst diejenigen, die vorher den Kindergarten besuchen, können dort nicht mehr ausreichend Deutsch lernen, weil 80 % der anderen Kinder auch türkischer Herkunft sind. In den jetzt schon problematischen Bezirken wird der Anteil der Ausländer (also im Durchschnitt aller Altersgruppen) im Jahre 2010 in Kreuzberg bei 40 % liegen, in Wedding bei 37 % und in Tiergarten bei 34 %. In diesen Vierteln verändert sich heute schon immer sichtbarer das kulturelle Umfeld des Wohngebietes, einschließlich Religionsausübung und -unterricht. Und in Städten, in denen ein Jahrtausend lang die christlichen Kirchenglocken läuteten, rufen heute die Mullahs die Gläubigen zum Gebet. Mit 1,1 Millionen Erwerbstätigen stellen die Türken heute die höchste Zahl von ausländischen Erwerbspersonen, obwohl ihre Erwerbsquote damit außerordentlich niedrig ist. *In Kreuzberg leben rund 150.000 Menschen, der Bezirk entspricht also der Einwohnerzahl einer mittleren Großstadt. Nur: eine solche Stadt wäre längst pleite bei einer ähnlichen Sozialstruktur wie Kreuzberg, denn beinahe jeder sechste lebt hier von der „Stütze“, die Arbeitslosenquote ist mit fast 30 % höher als in allen anderen deutschen Großstädten, und die Jugendarbeitslosigkeit liegt hier bei rund 50 %. Dafür ist man denn auch besonders fortschrittlich: Im Kreuzberger Rathaus steht ein Automat – der einzige in Deutschland –, der per Chipkarte die Sozialhilfe ausspuckt. [...] Tatsache ist, daß in der überwiegenden Mehrzahl der Fälle Abschottung betrieben wird und statt Integration eine [...] Hinwendung zur Politik, zur Tradition und zur Religion des Heimatlandes zu beobachten ist. Eines der zentralen Übel dabei ist das Fernsehen. Über Satellit können die Menschen zum Teil drei türkische Programme empfangen. [...] Über 88 % aller arbeitslosen Ausländer [...] waren im September 1997 ohne Berufs-*

abschluß, gegenüber 32 % bei den arbeitslosen Deutschen (Kleinert, 1998).[31]

In Westeuropa lebt derzeit eine islamische Migrantengemeinde von zwölf Millionen Muslimen, die (nach Tibi, 1995), wenn sich die gegenwärtige Entwicklung ungebrochen fortsetzt, nach dem Jahr 2020 auf rund vierzig Millionen Menschen angewachsen sein wird. Fundamentalistische Kreise innerhalb dieser Gemeinde verlangen die Anerkennung der Scharia als muslimisches Recht und fordern somit ein islamisches Ghetto. Liegt tatsächlich eine große soziokulturelle Distanz zwischen zwei Populationen vor, andererseits aber auch ein großes inneres Zusammengehörigkeitsbewußtsein, dann führt das früher oder später immer zur Ghettoisierung. Müssen aber nicht das Grundgesetz und andere säkulare Verfassungen europäischer Staaten als rechtliche Basis für alle in Europa lebenden Menschen, unabhängig von ihrer Herkunft, gelten? In der Europäischen Union könnte man dabei viel aus den Erfahrungen der Indischen Union lernen (von der man nicht weiß, ob sie unter einer einheitlichen Verwaltungssprache der Elite, dem Englischen, weiter zusammenwächst oder sich gerade auf dem Weg in den Zerfall in mehrere Nationalstaaten befindet), beispielsweise daß dort, wo eine einheitliche Gesetzgebung existiert, sie im Namen des inneren Friedens zu bewahren ist. Und dies gilt nicht nur für die einheitliche Gesetzgebung.

Bevölkerungswandel durch friedliche Einwanderung

Die Menschen gehen mit wenigen Ausnahmen an einer der hervorstechendsten Eigenschaften der Natur vorbei: der inneren Abgeschlossenheit der Arten sämtlicher Lebewesen dieser Erde und einer teilweisen Abgeschlossenheit von Populationen innerhalb der Arten als Vor-

[31] Wer meint, daß rund 350 Jahre nach dem letzten großen Religionskrieg in Deutschland, dem Dreißigjährigen Krieg, die Toleranz von allen geteilt wird und mit allen zu teilen sei, sollte wenigstens auf Anzeichen achten, daß sein Wunsch nicht ein einseitiger bleibt, solange er noch die Macht hat, gegen Straßenblockaden, Bombenanschläge, Entführungen, Bedrohungen von Politikern, Boykottaufrufe durch die türkische Presse und ähnliche Dinge wirksam einzuschreiten, noch ehe als opportun bzw. politisch korrekt gilt, vor Druck und Bedrohung zurückzuweichen, und noch ehe sich ein schleichender Bürgerkrieg zu etablieren beginnt. – Wenn heute Katholiken und Protestanten in unseren Städten ohne Probleme zusammenleben und die möglichen Konflikte in jahrhundertelanger Entwicklung in einem Verfassungsstaat aufgehoben sind oder scheinen, dann ist auch das nur um den Preis einer langen religiösen Apartheid geschehen, denn der Landesherr bestimmte die Konfession des Landes. Wem das nicht gefiel, der hatte das Land zu verlassen. Selbst heute noch korrelieren die Gebiete, in denen die SPD bei der deutschen Bundestagswahl 1998 die absolute Mehrheit schaffte, in hohem Maße mit den protestantischen Territorien von 1648.

aussetzung ihrer weiteren Entwicklung. Abgrenzung als Grundlage jeder weiteren Entwicklung beobachten wir auf allen Ebenen des Lebendigen. Der Reviergesang vieler männlicher Singvögel signalisiert in unermüdlicher Wiederholung: „Hier ist ein Mann mit Wohnung. Das Revier ist besetzt.“ Eibl-Eibesfeldt (1994) hat sich auf besonders treffende Weise über Territorialität und Vorbehalte gegen Fremde geäußert: *Menschen besetzen und verteidigen ebenfalls Territorien, und zwar bereits auf der Stufe der Jäger und Sammler. Das Heim einer Familie ist bereits auf dieser Stufe ein von anderen als Eigentum respektierter und notfalls auch gegen sie verteidigter Privatbezirk. [...] Die verschiedenen Lokalgruppen beanspruchen Rechte auf das Land, von dem sie leben, und verteidigen diese auch. [...] Im Laufe der Geschichte wuchsen die Kleinverbände zu größeren Gemeinschaften heran. Grund für diese Entwicklung war wohl die Tatsache, daß eine Gruppe in Konkurrenz mit anderen Vorteile hat, wenn sie mehr Personen als der Gegner zur Verteidigung oder für Eroberungskriege rekrutieren kann. [...] Die Lokalgruppen der Naturvölker umfassen selten mehr als 100 Personen, dann teilen sich die Gruppen wegen innerer Reibereien. Die Hutterer in Nordamerika, die nach einem christlich-egalitären Ethos leben, wissen, daß für diese Art Leben eine Gruppengröße von 150 Personen nicht überschritten werden sollte. Nur in einer kleinen Gruppe funktioniert die persönliche Normenkontrolle. Eine Schlüsselerfindung in der kulturellen und intellektuellen Entwicklung der Menschheit ist sicher die Führungshierarchie. Erst durch sie wird es möglich, größere Gemeinschaften auf der Basis persönlicher Verbundenheit zu regieren.* Im Prinzip funktioniert das auch in großen Betrieben, in Vereinen und in der Verwaltung der modernen Staaten[32] auf diese und ähnliche Weise.

Die Geschichte kennt hinreichend Beispiele für Bevölkerungswandel, der durch friedliche Einwanderung und Siedlung ausgelöst worden ist (vgl. Siegmund, 1931). Ein gutes Beispiel dafür ist aus neuerer Zeit die Entwicklung in Siebenbürgen, das heute bekanntlich zu Rumänien gehört. Ende des 16. Jahrhunderts hatte Siebenbürgen (nach Weber und Weber, 1985, S. 109) 425.000 Einwohner, von denen 16,5 % Rumänen waren, 60 % Ungarn und 16,5 % Deutsche, die zumeist in

[32] Für den Platz – auch in der ursprünglichen Hierarchie – hat die Intelligenz schon immer eine Rolle gespielt, auch wenn es nicht immer nur die Schläue war, sondern Verschlagenheit, List und böse Intrige, die dazu dienten, einen bestimmten Platz zu erringen oder zu behaupten. Mit den Gesetzen sind die Kontrollmechanismen stärker geworden und in der repräsentativen medienbestimmten Demokratie die Mechanismen gegen bösen Machtmißbrauch sogar relativ effektiv. Vielleicht ist das – bei aller Kritik an Auswüchsen – sogar der eigentliche Hauptgrund und die Hauptberechtigung für den Siegeszug der Demokratie.

ethnisch getrennten Siedlungsgebieten lebten, also etwa so ähnlich, wie die Schweiz organisiert ist. 1730 war die Einwohnerzahl auf 725.000 gestiegen, von denen 58 % Rumänen, 26 % Ungarn, 15 % Deutsche und 1 % andere waren. 1850 zählte man 1.822.000 Einwohner, davon 58 % Rumänen, 27 % Ungarn, 11 % Deutsche und 4 % Zigeuner. 1930 waren es nur noch 8 % Deutsche, 1966 5 %. Obwohl von 1850 bis 1930 die absolute Zahl der Deutschen von 190.000 auf rund 240.000 gestiegen war, war ihr Anteil an der Gesamtbevölkerung gesunken. Gründe dafür sind ein gegenüber den Rumänen geringerer Geburtenüberschuß und Auswanderung. Die Rumänen sind dabei in Siebenbürgen friedlich eingewandert, haben oft untergeordnete Stellungen als Schäfer und Knecht angenommen, dann Familien und eigene Dörfer gegründet und sind auf diese Weise von einer Minderheit zu einer das gesamte Land beherrschenden Mehrheit geworden. Derartige Vorgänge spielten sich in der Geschichte überall ab (aktuellstes Beispiel ist die Umvolkung des Kosovo durch die Albaner, die anfangs dort nur eine Minderheit waren) und sind keinesfalls an einem Ende angelangt, sondern gehen unablässig weiter. Wer das vergißt oder leugnet, hat in dem Moment des Leugnens schon etwas von seinem Selbst aufgegeben.

In der Gegenwart wird von vielen die Ausgleichspolitik des früheren Habsburgerreiches als vorbildlich für die Sprach- und Nationalitätenpolitik in einem geeinten Europa angesehen.[33] In Wirklichkeit brachte die Politik Österreich-Ungarns für die deutsche Sprache und Kultur seit der Mitte des 19. Jahrhunderts, insbesondere seit 1866, bis 1914 einen ständigen Substanzverlust. Die Ungarn führten in ihrem Teilstaat eine konsequente Madjarisierungspolitik gegen alle Anderssprachigen durch. In Banska Bistrica, heute mitten in der Slowakei gelegen, damals zum ungarischen Teilstaat der Habsburgermonarchie gehörig, waren 1880 62 % der Einwohner Slowaken, 20 % Deutsche und 17 % Ungarn, eine Generation später (1910) 41 % Slowaken, 8 % Deutsche und 49 % Ungarn. In allen 40 Städten der heutigen Slowakei zusammen war im selben Zeitraum der Anteil derjenigen, die sich zur slowakischen Sprache bekannten, von 42 auf 31 % gesunken, der deutschen Sprache von 30 auf 17 %, der ungarischen Sprache aber von 27 auf 49 % gestiegen. In der Hauptstadt Budapest war im selben Zeitraum der Anteil der Deutschen von 34 auf 9 % gesunken (alle Zahlen nach Hapák, 1984). Eine ähnliche Entwicklung war in Böhmen und Mähren abgelaufen. Nach der Steuerrolle von 1654 lebten in Böhmen schätzungsweise 500.000 Deutsche und 300.000 Tschechen. Hinzuzufügen

[33] Eine derartige Überzeugung spielt z. B. in der deutschen Sektion der Paneuropabewegung eine große Rolle.

ist aber, daß im Dreißigjährigen Krieg die Bevölkerungsverluste in der von den Tschechen besiedelten Ebene weit größer gewesen waren als in den von den Deutschen besiedelten gebirgigen Randgebieten. Nach der Landesbeschreibung von 1846 waren 39 % der Einwohner Böhmens Deutsche. In Prag betrug der deutsche Bevölkerungsanteil zu dieser Zeit beinahe zwei Drittel, und der deutschen Sprache waren vier Fünftel der Einwohner Prags mächtig. Bis 1914 sank aber der deutsche Bevölkerungsanteil in Böhmen auf insgesamt rund ein Drittel ab (nach Müller, 1939). Deutsche Sprachinseln wurden in das tschechische Volk eingeschmolzen. In der Stadt Iglau z. B. ging die Zahl der Deutschen von 19.269 im Jahre 1880 auf 12.229 im Jahre 1930 zurück, während die Zahl der Tschechen im selben Zeitraum vom 3.715 auf 17.968 stieg. Von den 117 Gemeinden der Iglauer Volksinsel waren ursprünglich 117 vorwiegend deutsch gewesen, 1855 58 Gemeinden, 1880 48 Gemeinden und 1930 noch 27 Gemeinden (und seit der Vertreibung 1945 ist es keine mehr). Wie überall in Mittel- und Westeuropa, so kam es auch in Böhmen und Mähren in der zweiten Hälfte des 19. Jahrhunderts bis 1914 zu einer dramatischen Zunahme der Einwohnerzahlen der Städte. In Prag war es aber vorwiegend die Überschußbevölkerung der tschechischen Dörfer, die sich in den Arbeiterdörfern rund um die Stadt ansiedelte und deren Nachkommen auf diese Weise zu Bürgern Prags wurden. Die sozialen Aufsteiger aus den früheren Dörfern brachten für das tschechische Nationalbewußtsein einen massiven Schub, und viele früher eher zur deutschen Kultur neigende Bürger Prags sprachen nun eher tschechisch und damit die Sprache, die sie schon bei ihren Kindermädchen gelernt hatten. Analoge Vorgänge fanden in Laibach, Budapest, Preßburg, Brünn, Reval (heute Tallinn) und Riga statt, wo überall der deutsche Sprachanteil zurückging und sich junge Nationen in ihren Zentren zu konstituieren begannen. 1867 waren von den insgesamt 102.590 Einwohnern Rigas 43 % Deutsche, 25 % Russen und 24 % Letten; 1897 hatte Riga 255.879 Einwohner, davon 42 % Letten, 26 % Deutsche und 17 % Russen. (Der Vollständigkeit halber muß an dieser Stelle erwähnt werden, daß Personen polnischer Herkunft, die nach Berlin kamen, und tschechische Zuwanderer im Sudetenland und in Wien von der deutschen Bevölkerung assimiliert wurden.)

Während vor der Jahrhundertwende 30 % der deutschbaltischen Bevölkerung auf dem Land in Intelligenzberufen (z. B. Pastoren, Doktoren, Apotheker, Förster), als Gutbesitzer und -verwalter tätig gewesen waren, fanden 1933 nur noch 17 % der Volksgruppe ihr Einkommen auf dem Lande, von denen ein erheblicher Teil Kleinbauernhöfe bewirtschaftete (Lange, 1996). Waren vor der lettischen Agrarreform 1920 48 % des gesamten Landbesitzes deutsch, so waren es nach der Agrarreform noch 1,3 %. Die 62.144 Deutschen in Lettland, die 1935 noch 3,2 % der Bevölkerung des Landes ausmachten, brachten aber 16,2 % der Einkommensteuer dieses Landes auf.

Genau in dieser Zeit, in der diese dramatischen sozialen Veränderungen und Verschiebungen der Sprachgrenzen stattfanden, besuchte ein Schüler namens Adolf Hitler (geb. 1889) die Realschule in Linz in Oberösterreich, der später (1925) auf den ersten Seiten von „Mein Kampf" schrieb: *Wenn ich nun nach so viel Jahren mir das Ergebnis dieser Zeit prüfend vor Augen halte, so sehe ich zwei hervorragende Tatsachen als besonders bedeutungsvoll an: Erstens: ich wurde Nationalist. [...] Das alte Österreich war ein „Nationalitätenstaat". Der Angehörige des Deutschen Reiches konnte im Grunde genommen, wenigstens damals, gar nicht erfassen, welche Bedeutung diese Tatsache für das alltägliche Leben des einzelnen in einem solchen Staate besitzt. [...] Von dem ewigen unerbittlichen Kampfe um die deutsche Sprache, um deutsche Schule und deutsches Wesen hatten nur ganz wenige Deutsche aus dem Reiche eine Ahnung. [...] Denn es ist das Bemerkenswerte des Sprachenkampfes wohl überhaupt, daß seine Wellen vielleicht am schwersten gerade die Schule, als Pflanzstätte der kommenden Generation, umspülen. Um das Kind wird dieser Kampf geführt, und an das Kind richtet sich der erste Appell dieses Streites. [...] Auch ich hatte so einst die Möglichkeit, schon in verhältnismäßig früher Jugend am Nationalitätenkampf des alten Österreich teilzunehmen. Für Südmark und Schulverein wurde da gesammelt. [...] Der Junge ward dabei politisch geschult in einer Zeit, da der Angehörige eines sogenannten Nationalstaates meist noch von seinem Volkstum wenig mehr als die Sprache kennt. Daß ich damals schon nicht zu den Lauen gehört habe, versteht sich von selbst. In kurzer Zeit war ich zum fanatischen „Deutschnationalen" geworden. [...] Der einheitliche Volksstaat kann vermöge der natürlichen Trägheit seiner Bewohner und der damit verbundenen Widerstandskraft manchmal erstaunlich lange Perioden schlechter Verwaltung oder Leitung ertragen, ohne daran innerlich zugrunde zu gehen. [...] Anders aber ist dies bei einem Reiche, das aus nicht gleichen Völkern zusammengesetzt [...] ist.*

Wir haben an dieser Stelle einen Mann, der in der Geschichte Europas eine zweifellos außergewöhnliche und in der deutschen Geschichte tragische Rolle gespielt hat, wörtlich zitiert, weil uns diese Zeilen besonders geeignet scheinen, nicht nur die psychologischen Wurzeln des Nationalismus aufzudecken, sondern auch die Folgen einer verfehlten und zum Nationalismus führenden Politik. Doch tatsächlich: Über die Sprache wird in der Schule entschieden.

Die heutigen Nationalstaaten Europas sind sprachlich und kulturell noch relativ einheitlich, aber mit einer großen biologischen Variationsbreite. Man kann durchaus die Bevölkerung Europas von Sevilla bis zum Ural und von Oslo bis Athen als Angehörige einer Rasse oder einer Population betrachten. Es handelt sich im wesentlichen um Mischungen von Bevölkerungen europäischen Ursprungs, und in dem einen Nationalstaat ist ein rassischer Unterbestandteil stärker vertreten als in dem anderen. Die Wurzeln der europäischen Völker sind keineswegs grundverschiedene: Kelten, Germanen, Slawen, Römer und andere Mittelmeervölker standen einander kulturell und rassisch nahe und hatten sich ihrerseits aus Mischbevölkerungen entwickelt. Aber auch heute noch haben wir es mit Basken, Türken, Kurden, Serben, Armeniern, Esten, Deutschen und Franzosen zu tun, und die meisten wollen auch als solche respektiert werden. Multikultureller Eifer, gar von außen aufgezwungen, schafft die bestehenden Nationen kurzfristig nicht aus der Welt, kann sich aber bereits mittelfristig als vergeblich erweisen und kostet sehr viel Geld, wie jetzt in Bosnien und im Kosovo.

In der Regel wünschen die Völker, ihr Leben in einem geschlossenen Territorium und einem eigenen Staat gestalten zu können, und sie setzen sich gegen Fremdherrschaft zur Wehr, sofern sie in dem Hin und Her der Geschichte nicht schon den Mut zu ihrer Identität verloren haben – so wie es im Elsaß offensichtlich geschehen ist, in Südtirol hingegen noch nicht.

Denn Umvolkung kann auch eine Folge von Machtpolitik sein, und in dieser Beziehung ist die französische Sprachpolitik ernüchternd: Kommt man in das Elsaß und weiß, daß dieses Land einmal eine ausschließlich deutschsprechende Bevölkerung hatte, dann kann man das heute an keiner einzigen Aufschrift mehr feststellen. Der Besuch eines jeden Dorffriedhofs ist Anlaß zu doppelter Trauer, nämlich über die Toten und über den Verlust der Identität. In den Läden und auf den Märkten, in der Öffentlichkeit, wird ausschließlich französisch gesprochen. Spricht man dann aber jemanden deutsch an und bittet um eine Auskunft, erhält man in den meisten Fällen auch die Antwort in deutsch. Es ist jedoch völlig versäumt worden und wohl niemals das politische Ziel gewesen, das Elsaß in einer echten Zweisprachigkeit zu erhalten und ihm damit für Europa eine wichtige Brückenfunktion zu geben. Man müßte annehmen, daß eine solche sprachliche Assimilierungspolitik unter der Perspektive eines langfristig zusammenwachsenden Europas, in dem Deutschland und Frankreich engste Partner sein wollen und müssen, irgendwann einmal geändert worden wäre, und ist von der Realität bitter enttäuscht. Wenn das, was im Elsaß abgelaufen ist, woanders geschehen wäre, wäre es Anlaß zur Entrüstung, nicht aber im oder für das Elsaß. Es wird jedoch auf die Dauer nicht angehen, daß ein Volk mehr für Europa zahlt als alle anderen.[34]

Wer im Elsaß heute noch im Umgang miteinander deutsch spricht, das sind die Handwerker und einfachen Leute in manchen Dörfern. Wenn man den IQ der heute noch Deutschsprechenden im Elsaß mit dem der Französischsprechenden vergleichen würde, käme man zu dem Schluß, daß Deutsche dümmer sind als Franzosen. Hätte man hingegen den IQ der Baltendeutschen getestet, die jahrhundertelang eine Oberschichtbevölkerung waren, so hätte man feststellen können, daß Deutsche durchschnittlich um etwa eine Standardabweichung intelligenter sind als Letten und Esten. Wie leicht man doch zu völlig falschen Schlüssen gelangen kann, wenn man nicht versteht, Sozialgeschichte und Psychometrie zu verbinden! Wie viele von den tatsächlichen oder angeblichen IQ-Unterschieden zwischen Völkern und Rassen beruhen auf solchen Schlüssen?

Die Abgrenzung der Arten, ihre Territorialität und auch die der Populationen innerhalb einer Art, also der Völker, ist ein grundlegendes Phänomen. Der geographische Raum ist in mehrfacher Hinsicht strukturiert. Bevölkerungen, die in verschiedenen Räumen leben, ob nun Tiere oder Menschen, sind nicht identisch, sondern ungleich, sie unterscheiden sich mehr oder weniger voneinander und bilden geographisch oder ökologisch – d. h. auch sozial – verschiedene Bevölkerungen, Völker und Rassen. Die Amseln in Korea sehen etwas anders aus und singen etwas anders als die Amseln in Frankreich. Auch Bevölkerungsgruppen innerhalb einer Art, und nicht nur Bayern und Preußen, sondern auch größere Völker, leben in einer ständigen Kon-

[34] Dennoch und trotz allem sollten gerade die Deutschen zur europäischen Einigung und Währungsunion, nachdem sie nun einmal in Gang gekommen ist, mit Nibelungentreue stehen. Denn wenn es wieder zum Zerfall dieser Währungsunion kommen sollte, glaubt man wirklich, daß jedes der Einzelländer seine eigene Währung wieder haben will, also Deutschland eine eigene, die Niederlande eine eigene, Österreich eine eigene usw.? Nein – wenn, dann dürfte das Euro-Währungsgebiet in Blöcke zerfallen. Und es besteht eine große Wahrscheinlichkeit, daß ein Block aus zentraleuropäischen Staaten bestehen würde. Mehr oder weniger würde dieses Kern- oder Resteuropa auch wieder eine Verwaltungsgemeinschaft und eine politische Gemeinschaft darstellen. Wie Europa sich auch entwickeln wird, uns Deutschen wird, sofern wir – mit einer demographischen Minusbilanz – als Kulturnation dann noch weiterbestehen sollten, über die Weiterentwicklung Europas und die Osterweiterung der Europäischen Union die zentrale Rolle auf der Drehscheibe in der Mitte wieder zuwachsen, ob wir es wollen oder nicht, und damit eine Rolle, um die wir nicht zu beneiden sind (vgl. Hildebrand, 1999).

kurrenz miteinander, die zuweilen auch unfriedlich ausgetragen werden kann. Die Geschichte der europäischen Völker ist die Geschichte von vielen Jahrhunderten Rangordnungskämpfen, Kriegen, Gebietsabtretungen und Wanderungen, vor allem in den letzten zwei Jahrhunderten der ausgesprochen nationalen Kämpfe. Manche meinen, das hätte heute ein Ende, da man eine europäische Friedensordnung vereinbart hat. Da man aber die grundlegenden Ursachen des Wandels nicht ausschalten kann, als da wären unterschiedliches Wirtschaftswachstum, unterschiedliche Kinderzahlen sowie Ein- und Auswanderung, kommt es mittelfristig zu neuen Konflikten und Konfliktherden, auch in Europa und erst recht in der weiten Welt. Die Umvolkung des einst serbischen Amselfeldes in das albanische Kosovo ist das jüngste Beispiel. Wenn man in einem solchen Fall einen Frieden verordnet, dann kann der Moment kommen, wo die ständige Aufrechterhaltung des Friedens bzw. des friedlichen Anscheins der multiethnischen Utopie teurer zu stehen kommt, als ein siegreicher Krieg für die eine oder andere Seite oder ein Schiedsspruch und eine Teilung zur rechten Zeit gekommen wäre. Ist so ein Konflikt erst einmal offen ausgebrochen, hat es früher oder später immer Krieg gegeben, und es wäre ein Wunder, wenn die Welt anders geworden wäre. Wer glaubt, daß ein glückseliger Zustand ewigen Vorfriedens schon erreicht sei, der hat sich aus der Geschichte freiwillig abgemeldet. Und wer seine Augen zuhält und glaubt, daß die Verhältnisse so stabil seien, daß sich eine Situation von sozialen und ethnischen Konflikten nicht zu einem inneren Krieg ausweiten könne, der schafft Tag für Tag die Grundlagen für den kommenden schweren Konflikt.

Rassismus als weltweites Problem

Die großen und grausamen inneren Konflikte der unmittelbaren Gegenwart entspringen alle Unterschieden, bei denen Sprache, Religion oder äußeres Erscheinungsbild (zusammengenommen oder nur einer dieser Unterschiede) mit großen sozialen Unterschieden zusammenfällt, d. h. ohne daß erkennbar ist, daß die Kluft durch soziale Mobilität, durch sozialen Aufstieg in wenigen Generationen überbrückbar ist. Rassismus (van den Berghe, 1967; Greenberg, 1980) ist kein speziell europäisches Problem und schon gar kein deutsches. Beispielsweise hatten Einwanderer aus Indien in Uganda eine führende Rolle in Handel und Gewerbe, ehe sie durch pogromartige Ereignisse enteignet und vertrieben wurden. In Ruanda reichten jüngst die längeren Finger der früheren Oberschicht, der Tutsi, um sie bei den von den Hutus verübten Metzeleien zu Todeskandidaten zu machen; in Burundi lösten dieselben Ursachen einen schleichenden Bürgerkrieg aus, der, wenn diese Zeilen gedruckt worden sind, schon denselben Ausgang genommen haben kann wie in Ruanda. Dabei deutete sich sich der Konflikt schon seit Jahrzehnten an. Bereits 1961 schrieb z. B. der Ethnologe Maquet: *Für die Macht der Tutsi, die eine kastenähnliche Oberschicht bilden, die zwischen 10 und 15 % der Bevölkerung ausmacht, waren die Unterschiede im äußeren Erscheinungsbild wichtig. Die Tutsi waren schlanker, größer und hellhäutiger als die Hutu, was aber nicht auf alle Personen zutraf. Entscheidend war vielmehr ein Stereotyp. Eine solche Minderheit, die sich bereits durch das äußere Erscheinungsbild auszeichnet, besitzt eine große soziale Sichtbarkeit. Wenn eine solche Minderheit am Boden der Gesellschaft lebt, fallen ihre Mitglieder einer ständigen Verachtung anheim, und sie selbst entwickeln dementsprechende konträre Verhaltenseigenschaften. In der Folge sind sie fast hoffnungslos auf ihre Gruppe angewiesen, und sie haben fast keinerlei Chance, ihren Einfluß zu vergrößern. Das war bei den Twa der Fall, einer anderen kleinen Minderheit in Ruanda, in deren äußerem Erscheinungsbild alle Züge betont sind, die die Meinung stützen, daß der Mensch vom Affen abstammt. Die Tutsi hingegen wurden als „schön" angesehen, und das sollte den Anspruch auf eine angeborene Überlegenheit stützen. [...] Weil ein Hutu nicht mit den äußerlichen Tutsi-Merkmalen ausgestattet war, konnte er die Kastenschranke nicht überwinden.*

Wir haben also hier genau die Gemengelage an tatsächlichen Unterschieden und Vorurteilen, die bisher in der Welt noch stets irgendwann irgendwo die schlimmsten Massenmorde ausgelöst hat und wieder auslösen kann. Aktive Politik sollte deshalb alles daransetzen, das Entstehen einer solchen Situation – nämlich das Zusammenfallen von Unterschieden im äußeren (rassischen darf man ja nicht sagen) Erscheinungsbild mit dramatischen sozialen Unterschieden – zu vermeiden. Europäische und deutsche Politik scheint aber geradezu blind in diese Falle zu tappen.

Malaysia hat seine Probleme beim sozialen Ausgleich zwischen Malaien und zugewanderten Indern und Chinesen. In Los Angeles wurden bekanntlich auch Koreaner zur Zielscheibe bei gewalttätigen Krawallen von Schwarzen. Brasilien hat im Verhältnis von Schwarzen und Weißen durchaus ähnliche sozialstrukturelle Tendenzen wie die USA, aber das einigende Band von gemeinsamer Religion und Tradition bei Schwarzen und Weißen verdeckt nach außen die Parallelen mit den USA.

Auch jahrhundertelanges friedliches Zusammenleben von unterschiedlichen ethnischen und religiösen Gruppen garantiert im Konfliktfall nicht den Frieden für alle Ewigkeit, man denke an Beirut oder Sarajewo, noch besteht ein Automatismus, der stets zum ethnischen, religiösen und sozialen Konflikt führen muß und ihn mit Bestimmtheit voraussagen läßt – so wie man etwa die Niederschlagsmenge bei aufziehendem Gewitter vorhersagen kann –, wenn die Zahl der Vernünftigen kleiner und ihre Stimme schwächer wird. Man soll sich aber im klaren darüber sein, daß, wenn das Konfliktpotential einen Schwellenwert überschreitet, der Gang der Ereignisse dann nicht mehr durch das Abbrennen von Mahnkerzen aufgehalten werden kann. Besser ist es, weitsichtig gegenzusteuern, solange noch ausreichend Raum und Gelegenheit dafür ist.[35] Die Völker Europas, die für ihre Nationalstaaten einen hohen Preis gezahlt haben, sollten gründlich überlegen, wie rasch und um welchen Preis sie den ethnisch relativ geschlossenen Nationalstaat aufs Spiel setzen (und dies zu einer Zeit, in der Völker auf dem Balkan noch immer bereit sind, für ein geschlossenes Territorium zu kämpfen und zu sterben). Auch in einem Europa der Regionen braucht nicht notwendigerweise jede Großstadt ein Los Angeles im kleinen zu sein – ein Los Angeles, in dem ein paar Bilder im Fernsehen genügen, um gegen Minderheiten gerichtete Krawalle und Plünderungen der schlimmsten Art auszulösen.

Weltlabor Südafrika

Größtes Weltlabor für all diese Probleme ist jedoch Südafrika, ein Land, das nach allem rationalen Urteil auf lange Sicht kaum in Frieden gedeihen kann, so sehr ihm ein solches friedliches Gedeihen zu wünschen wäre. In der von der Friedrich-Naumann-Stiftung der FDP herausgegebenen Zeitschrift „liberal" (Ropp, 1996) lesen wir im Mai 1996 unter der Überschrift „Vom Umbruch zum Zusammenbruch?":

Wer Anfang 1996, aus Südafrika zurückgekehrt, die deutsche und ausländische Berichterstattung über die Kap-Republik liest oder die

[35] Wer, wie der Autor, bereits ab 1969 Grosny, Suchumi, Tbilissi und Tallinn kennenlernen konnte, dem konnte es in diesen Städten schon damals passieren, wenn er in russisch auf der Straße oder an einem Kiosk um irgendeine Information bat, daß sie ihm in dieser imperialen Verwaltungssprache nicht gegeben wurde, obwohl der Gegenüber sehr wohl verstanden hatte. Erst wenn ich mich auf russisch entschuldigte, daß ich Deutscher sei und der Landessprache nicht mächtig, bekam ich plötzlich auf russisch Antwort. Mir ist das oft genug passiert; die latenten nationalen Konflikte in Osteuropa und auf dem Balkan waren seit Jahrzehnten greifbar.

Äußerungen ausländischer Besucher ebendort hört, mit denen sie den friedlichen Wandel in dem einstigen Apartheid-Staat preisen, der fragt sich, ob hier wohl Ignoranten oder Zyniker am Werk sind. Denn jede Statistik belegt, daß Südafrika – sieht man von den Kriegsschauplätzen ab – heute das gewalttätigste Land der Welt ist. Die Schwäche der staatlichen Verwaltung, hier insbesondere der Polizei, daraus resultierende Anfänge der Anarchie (vor allem im östlichen Kap), eine horrende, häufig strukturelle Arbeitslosigkeit und eine in vielen Fällen hieraus sich ergebende Gewaltkriminalität bedrohen Südafrika abermals mit den ungezählten Varianten der Barbarei. [...] Bereits heute werden alle 24 Stunden 48 Menschen ermordet; ungezählt ist die Zahl der Opfer versuchter Mordanschläge. Im selben Zeitraum werden 80 Vergewaltigungen, je 240 Raubüberfälle und Kfz-Diebstähle, 480 Diebstähle aus Kfzs, 720 Wohnungseinbrüche sowie – eine südafrikanische Spezialität, bei der die Opfer häufig getötet werden – 27 Autoentführungen begangen. [...] Und der nationale Polizeikommissar muß feststellen, daß Südafrika Gefahr läuft, ein Gangsterstaat zu werden, in dem die demokratischen Rechte durch die Verbrecher in den Staub getreten werden. [...] Eine der Ursachen, die Südafrika zu zerstören drohen, ist die illegale Zuwanderung von, das sind heute nur noch grobe Schätzungen, vier oder sechs oder acht oder zehn Millionen Bürgern Mozambiques und anderer afrikanischer Länder. [...] Häufig sind unter den Zugewanderten Kriminelle, etwa nigerianische Drogenhändler. Es heißt, daß heute an die fünfhundert Syndikate in Südafrika ihr Unwesen treiben. [...] Wer an letzterem zweifelt, der besuche die Hospitäler, in denen unzählige Opfer fehlgeschlagener Mordanschläge, die jetzt an einem Trauma leiden, untergebracht sind. Jeder potentielle in- und ausländische Investor wird vor diesem Hintergrund zögern, sich heute in Südafrika zu engagieren. Wer kann schon an die Stabilität eines Landes glauben, dessen oberster Polizist der Sorge Ausdruck gibt, daß es zu einem Staat der Gangster zu werden drohe?

Johannesburg ist die Mordhauptstadt der Welt. Schon 1993 kam auf 647 Einwohner ein Mord, mehr als in Rio (1.158) oder New York (4.304). [...] Das neue Südafrika: Eben noch wurde sein friedlicher Übergang zur Demokratie rund um den Globus gefeiert, jetzt verzeichnet es Gewaltrekorde, meldet „Die Zeit" (Doerfler und Grill, 1997). In allen Verbrechenssparten steht Südafrika heute ausnahmslos auf Platz 1 oder 2 der internationalen Verbrechensstatistik. Nach der Kriminalitätsstatistik von 1998 sind 36.400 Frauen und Mädchen vergewaltigt worden und 171.500 Fälle schwerer Körperverletzung registriert. Eine südafrikanische Spezialität ist „Carjacking", wobei das Auto gewaltsam entführt und der Fahrer, wenn er versuchen sollte, Widerstand zu leisten – aber auch ohne Widerstand, um ihn als Zeugen auszuschalten –, häufig erschossen wird. Das geschieht in der Regel beim Halt an Kreuzungen oder vor der Garageneinfahrt beim eigenen Grundstück. Auch wenn man sicherheitshalber schon per Fernbedienung die Tore elektronisch öffnen läßt, ist das der gefährlichste Moment der täglichen Autofahrt. 1998 wurden auf diese Weise 11.500 Autos geraubt, weitere 81.900 auf übliche Weise gestohlen und in 142.450 Autos eingebrochen bzw. die Einbrüche gemeldet.

In Südafrika vergeht kaum eine Woche, in der nicht eine weiße Farmerfamilie ausgelöscht wird. [...] Mit neuen Ungerechtigkeiten sind auch die drei Millionen Mischlinge sowie die rund eine Million Asiaten konfrontiert. Wie die Weißen werden sie durch eine nun die Schwarzen begünstigende neue Apartheid ins gesellschaftliche und ökonomische Abseits gedrängt, denn Arbeitsstellen in der öffentlichen Verwaltung oder staatliche Wohnungen stehen fast nur noch für Schwarze, und hier wiederum vorzugsweise für ANC-Mitglieder, zur Verfügung. Waren die Mischlinge unter der früheren Regierung nicht weiß genug, so sind sie heutzutage zu wenig schwarz. [...] Die Ungerechtigkeiten und ökonomischen Ungleichheiten wachsen allerdings auch innerhalb des schwarzen Bevölkerungsteils. Während sich für die Mehrheit von ihnen die materiellen Lebensumstände während der vergangenen fünf Jahre in keiner Weise verbessert haben, stieg eine zahlenmäßig kleine schwarze Schicht zu großem Reichtum auf. [...] Heute zählen 6 % der schwarzen Südafrikaner zu den Reichen des Landes, das heißt sie gehören zu jenem Fünftel der Bevölkerung mit den höchsten Einkommen, 1990 waren es dagegen nur 2 % (Kreul, 1999).

Als Julius Nyerere, der Präsident Tansanias, Mao Tse-tung fragte, wie der weiße Rassismus zu überwinden sei, so soll ihm dieser geantwortet haben: „Erledigt die Farmer, alles andere wird folgen!" Von Mai 1994, als der ANC in Südafrika die Macht übernahm, bis März 1999 wurden 2.421 Farmüberfälle bekannt und 570 Farmer ermordet. Allein im Jahre 1999 kamen im Januar 59, im Februar 73 und im März 96 Überfälle hinzu.

Wo aber auch in der Welt prallen die sozialen Gegensätze zwischen zahlenmäßig großen, rassisch verschiedenen Menschengruppen so dicht aufeinander wie in Südafrika?[36] Unter solchem Vorzeichen braucht

[36] Als die Welt die Abschaffung des Apartheid-Regimes in Südafrika und die Machtübergabe an die schwarze Mehrheit als großen Fortschritt feierte, feierte sie zu gleicher Zeit in Israel den Waffenstillstand und den Beginn der Palästinenser-Selbstverwaltung. Fällt eigentlich niemandem auf, daß

der Machtwechsel auch nicht in einem bloßen Kreislauf der Eliten zu enden, sondern wohl erst mit der endgültigen Vernichtung und Vertreibung der alten, in diesem Falle weißen Elite. Jahrzehntelang ist die in der letzten Dekade eingetretene Entwicklung für Südafrika vorhergesagt worden, und jahrzehntelang sind die Propheten verlacht worden.

Prognose als eine Aufgabe von Geschichtsforschung, Soziologie und Politik

Jede bundesdeutsche Universität hat einen oder mehrere Lehrstühle für Geschichte und für Soziologie. Neben den Berufspolitikern in Regierungen, Landtagen und Bundestag gibt es auch Lehrstühle für Politikwissenschaft. Aufgabe der Politik ist zweifellos der Zukunftsentwurf: Wenn diese oder jene Interessen in dieser oder jener Form in der nächsten Legislaturperiode durchgesetzt werden, dann werden sich Wirtschaft und Gesellschaft so oder so entwickeln, wird den Wählern versprochen. Liegt eine Partei mit ihrer Prognose falsch und vermag sie die angesprochenen Interessen nicht durchzusetzen, erhält sie bei der nächsten Wahl die Quittung. Bei den Fragen der Entwicklung der Sozial- und Altersstruktur, von denen das vorliegende Buch handelt, geht es hingegen um mittel- und langfristige Prognosen, also um Prognosen für etwa 10 oder 25 Jahre. An derartigen Prognosezeiträumen hat ein Landtagspolitiker kaum Interesse, denn nach 25 Jahren sitzt er kaum noch im Landtag, und das Fehlen von blühenden Landschaften läßt sich in der Zwischenzeit auf so viele andere Ursachen als auf die eigene Fehleinschätzung und das Versagen der eigenen Partei zurückführen, so daß die Rückfrage nach dem Geschwätz von gestern auf diese Weise noch müßiger geworden ist.

---

in Israel und Palästina genau die Gemengelage von rassischem (vielleicht darf man nur von ethnischem Konflikt sprechen – es hängt davon ab, wie die Juden sich selbst definieren), religiösem und sozialem Konflikt, noch dazu unter der Bedingung einer absoluten Heiratsschranke (einer sozusagen freiwilligen Apartheid der Juden), weiterbesteht, die in der Welt früher oder später noch immer zu erneutem Krieg und Blutvergießen geführt hat? Jede halbwegs nüchterne Analyse muß schon mittelfristig die Chancen für einen dauerhaften Frieden als gering einschätzen. Jahrzehntelang hat die Welt (voran die UN und die reichen arabischen Staaten mit ihren Unterstützungen) im Gazastreifen und anderswo einen Bevölkerungsüberschuß großgefüttert, der heute zumeist arbeitslos ist und morgen kaum mehr als neues Kanonenfutter oder Märtyrer sein kann. Der Gazastreifen weist (Stand von 1996) mit durchschnittlich 8,1 Kindern pro Frau die weltweit höchste Fruchtbarkeitsrate auf. Nach heutigen Berechnungen wird sich seine Bevölkerung von derzeit 934.000 Einwohnern in nur 15 Jahren verdoppeln. Man stelle sich vor, Deutschland hätte nach 1945 die Sudetendeutschen in Lagern zusammengehalten und auf ähnliche Weise vermehrt, welche politischen Probleme wir heute mit unseren tschechischen Nachbarn hätten!

Ein beliebter Forschungsgegenstand der Geschichte ist die Erforschung von Revolutionen, revolutionären Situationen und Krisen; Sozialgeschichte und Soziologie befassen sich hingegen mit Sozialstrukur und sozialer Mobilität. Man sollte nun meinen, daß jemand, der sich jahrzehntelang mit solchen Forschungsgegenständen befaßt, daraus soviel gelernt hat, daß er in der Lage sein sollte, eine revolutionäre Entwicklung wie die des Jahres 1989 im damaligen Ostblock vorherzusagen und einige Jahre zuvor eine Prognose zu geben, nicht über den genauen Zeitpunkt, aber doch über den ungefähren und das Ergebnis in groben, aber richtigen Zügen. Schaut man sich nun um, so wird man feststellen, daß die sogenannten wissenschaftlichen „Experten" und Berufspolitiker für die Jahre 1989/90 keine oder falsche Voraussagen getroffen haben und darüber hinaus im nachhinein auch noch behaupten und sich gegenseitig unterstützend zitieren, daß eine solche Prognose unmöglich gewesen sei. Blickt man hinter die Kulissen, dann entdeckt man, daß es doch richtige Prognosen gegeben hat, am besten begründet diejenige von Werner Obst (dritte Auflage 1997, erste 1995), der, auf wirtschaftlichen Daten und Trends fußend, den absehbaren Zusammenbruch des Sowjetsystems richtig und auch annähernd zeitlich richtig vorhergesagt hat. Bloß, wer kennt den Namen Werner Obst, und wer würde ihn für ein Bundesverdienstkreuz vorschlagen? Der etablierten Politik und den in den Medien auftauchenden wissenschaftlichen „Meinungsführern" ist es gleichermaßen eine Peinlichkeit, vor 1989 keine richtige Prognose gemacht oder gewagt zu haben und die richtigen nicht zur Kenntnis genommen zu haben, so daß sich Massenmedien, Politiker und etablierte Wissenschaft der alten Bundesrepublik auch noch nachträglich einig darin sind und sich gegenseitig recht geben, daß es keine richtige Prognose gegeben hätte und sie nicht möglich gewesen sei, und damit Schluß mit dem Thema.

Wenn die etablierte Wissenschaft und Politik der alten Bundesrepublik mit einer richtigen Prognose versagt hat und viele Geschichtsforscher meinen, das sei auch nicht ihre Aufgabe, so muß man doch die Frage stellen, ob es vielleicht daran gelegen haben kann, daß sehr viele Meinungsführer schlicht und einfach von falschen Prämissen ausgegangen sind, die ihnen die Möglichkeit einer richtigen Prognose von vornherein verbaut haben. Für diejenigen, für die die DDR zwar nicht die bessere Gesellschaft war, aber immerhin jene, die den Weg zum Sozialismus wenigstens rhetorisch eingeschlagen hatte, muß das Jahr 1989 ein furchtbarer Schock gewesen sein, den man vorher und nachher möglichst rasch verdrängen wollte. Genau diese Schieflage in der Sichtweise, bei der linke Elemente von vornherein überwiegen und die für die Meinungslandschaft der Bundesrepublik Deutschland typisch ist, von der die Politiker abhängen, auch die der CDU und selbst noch der CSU, ist es, die eine Prognose unmöglich gemacht hat[37] und sie im nachhinein als unmöglich erklären möchte.

Relativer Wohlstand ist umkehrbar: In Rußland sank die Lebenserwartung bei Männern von 1989 bis 1994 von 64,4 auf 57,5 Jahre, bei Frauen im selben Zeitraum von 74,5 auf 71,1 Jahre. Die Lebenserwartung der russischen Männer ist damit auf das amerikanische Niveau von 1925 gefallen. Wenn in diesem Fall auch aus Gründen der kommunistischen Wirtschaftspolitik, so ist in Osteuropa das geschehen, was Westeuropa und der „freien Welt" bevorstehen könnte, nämlich der Zusammenbruch des Sozial- und Rentensystems und des Gesundheitswesens als Folge einer außerordentlich schweren und chronischen wirtschaftlichen Krise, die nichts mit den Konjunkturaufschwüngen und -abschwüngen zu tun hat, die die täglichen Nachrichten füllen, sondern mit Gründen, die keiner täglichen Nachricht wert sind, aber schleichend und Tag für Tag ihre Wirkung enfalten.

Im produzierenden Sektor verschieben sich die Anteile der Weltproduktion zuungunsten der europäischen Länder. In jedem Jahr, in jedem Monat, an jedem Tag wird Europa gewissermaßen kleiner, nicht nur sein Anteil an der Weltbevölkerung, sondern auch sein Anteil an der Weltindustrieproduktion und am Welthandel wird geringer. Die Gewinner sind Völker und Staaten in Übersee, bei denen die Lebenserwartung des einzelnen noch viel geringer ist, ebenso wie der Anteil der Alten an der Gesamtbevölkerung, bei denen die Sozial- und

[37] Was ließe sich aus Sicht der Wissenschaft dagegen tun, und wie lassen sich derartige wichtige Prognosen auf längere Sicht verbessern? Es wird Geld für so viele Forschungsprojekte gezahlt, warum auch nicht für ein solches: Man lege Politikern, Wissenschaftlern und Medienmachern in bestimmten Zeitabständen einen standardisierten Fragebogen vor, in dem sie sich zu grundlegenden Fragen der mittel- und langfristigen Entwicklungsperspektive äußern sollen – also z. B. zur Entwicklung des Ausländeranteils, der demographischen Struktur, des Anteils der Sozialabgaben, der Entwicklung der Kriminalität, der Stellung Deutschlands in der Weltwirtschaft, dem Anteil der Rüstungsausgaben und der Entwicklung von bestimmten internationalen Konfliktherden wie im Nahen Osten oder der Entstehung neuer Herde usw. Um einen guten standardisierten Fragebogen auszufüllen, braucht man keine Romane zu schreiben, sondern benötigt maximal wenige Stunden – die Aufgabe wäre zumutbar. Die Fragebögen sollten dann 10 Jahre und länger ruhen, bis man sie schrittweise – erst einmal anonym – auswerten, mit der schon eingetretenen Wirklichkeit in Beziehung setzen und daraus lernen könnte. Ein Ergebnis läßt sich bereits heute vorwegnehmen: Je nach dem politischen Standpunkt der Befragten werden die Antworten von der dann eingetretenen Wirklichkeit abweichen, bei linken Politikern bei einer bestimmten Reihe von Problemen und Fragen, bei rechten wieder bei anderen Fragen. Linke Politiker z. B. werden generell das Konfliktpotential einer multikulturellen Gesellschaft unterschätzen, rechte es vielleicht überschätzen. Aber das wäre schon eine hochinteressante Frage, die das Forschungsprojekt klären könnte. Generell könnte man daraus viel lernen. Denn heute wird jede politische Richtung erst einmal behaupten, daß sie das mögliche Konfliktpotential richtig einschätzen würde. Politikfähigkeit bedeutet vor allem Fähigkeit zur richtigen Prognose, und die Zeit für eine empirische Politikwissenschaft ist reif.

Gesundheitsausgaben noch viel geringer sind und auch die für den Umweltschutz und die Rechtspflege, bei denen es keine Arbeitslosen- und schon gar keine Pflegeversicherung gibt und kein Gesetz, das jedem Kind einen Kindergartenplatz garantiert, bei denen die Hochschulreife nicht erst nach 13 Schuljahren erworben wird. Die Gewinner sind Völker und Staaten in Übersee, die sich in einem ähnlichen Stadium der wirtschaftlichen und gesellschaftlichen Entwicklung befinden wie Deutschland vor 100 Jahren, als es steil und vorübergehend zur Großmacht aufstieg. Damals hatte Deutschland noch keine Arbeitslosen- und schon gar keine Pflegeversicherung, keinen wochenlangen Erholungsurlaub, keine Auslandstouristik für jedermann und keine staatlich garantierten Kindergartenplätze; statt dessen Kinder in jeder Straße und in jedem Haus und eine Zusammensetzung der Alterspyramide so wie heute in Brasilien. Heute haben selbst Bayern und Baden-Württemberg schon 10 % ihrer Industriearbeitsplätze verloren. Und das ist nur der Anfang. Weiter im Osten folgen schon die blühenden Landschaften, in denen die Städte und Dörfer ständig neue Volksfeste erfinden, damit sie von den Arbeitslosen aus den Nachbarorten besucht werden können.

Wie wäre es denn einem deutschen Spitzenpolitiker in den letzten Jahren ergangen, der unverblümt die Wahrheit ausgesprochen hätte, daß es zu einer fundamentalen Umverteilung zuungunsten der Rentner und Kinderlosen und zugunsten der deutschen (Nicht-Unterschicht-) Familien mit Kindern kommen müsse sowie einer Umverteilung zuungunsten des Konsums und zugunsten von (Forschungs-)Investitionen? Dieser Politiker wäre die längste Zeit Spitzenpolitiker gewesen, die Mehrheit des Wahlvolkes hätte ihm, wenn sie die Auswirkungen am eigenen Leib zu spüren bekommen hätte, bei der nächstbesten Gelegenheit die Stimme entzogen. Nein, es geht dem deutschen Volk und den (west-)europäischen Völkern noch viel zu gut für ein Umdenken. Erst wenn der globale Wettbewerb die Lebenshaltungskosten dramatisch erhöhen wird und die Kosten für die Bekämpfung von Armut und Kriminalität im Land immer unbezahlbarer werden, wenn der Bürgerkrieg, der schleichend, mit der Polizeirazzia gegen Drogendealer, der Kameraüberwachung von öffentlichen Plätzen, dem Abhören von Privattelefonen im Kampf gegen das organisierte Verbrechen, dem Aufspüren von illegalen Einwanderern und Arbeitern, schon längst begonnen hat – erst wenn das alles so sehr Alltag wird, daß es für sehr viele zu einer alltäglichen Last und Bedrohung geworden ist, so wie es heute schon in einigen Städten und Stadtvierteln der Fall ist, erst dann werden Politiker sich Gehör verschaffen können, die Abhilfe fordern und wirksame Verhaltensänderungen vorschlagen, Politiker, die für neue oder sehr alte Werte eintreten werden. Wenn man die Trends von heute richtig deutet, dann wird dieser Zustand in etwa 10 bis 15 Jahren eintreten. Bis etwa zum Jahre 2005 wird die Abnahme der Erwerbslosenzahl nicht gravierend sein, erst dann werden die eigentlichen Probleme beginnen. Erst nach 2005 wird die demographische Schrumpfung des deutschen Volkes im besonderen und der europäischen Völker im allgemeinen ihre volle Eigendynamik entfalten. Die Lohnnebenkosten werden dramatisch steigen bzw. unbezahlbar werden, und die globale Wettbewerbsposition der deutschen Wirtschaft wird sich ständig weiter und dramatisch verschlechtern. In einer freien Wirtschaft ist es für Unternehmen rational, die absehbaren Kostenzuwächse durch Produktionsverlagerungen ins Ausland zu vermeiden. Auf diese Weise würde unser soziales Sicherungssystem über eine höhere Arbeitslosigkeit noch mehr belastet – ein Szenario, das schon in Gang gekommen ist. Die hohen Lohnnebenkosten beginnen eine Kapitalexportspirale auszulösen, an deren Ende die wirtschaftliche und politische Katastrophe stehen kann.

Es ist die Ironie der Geschichte, daß notwendige Reformen nur mit der Unterstützung einer breiten Bevölkerungsmehrheit durchsetzbar sind und deshalb einer „linken" oder „nationalen" Mehrheit bzw. „neuen Mitte" bedürfen, die dann auch entsteht, sobald die dumpfe Ahnung, daß doch irgendwelche Änderungen notwendig sind, und sei es auch nur, um die schon vorgenommenen Einschränkungen erst einmal wieder rückgängig zu machen, eine Mehrheit erfaßt.

Unter der treffenden Überschrift „Wir tun heute zuviel für die Alten und zu wenig für die Jungen" schrieb 1996 der damalige Vorsitzende der Bundestagsfraktion von Bündnis 90/Die Grünen, Joschka Fischer, heute Außenminister der Bundesrepublik Deutschland: *Die reiche Single-Gesellschaft tut sich schwer damit, daß geteilt werden muß, daß Zukunftsinvestitionen auch eine Teilhabe kommender Generationen am heutigen Reichtum sind. [...] Es ist doch ein Irrtum zu glauben, daß man das später wiederbekommt, was man einmal eingezahlt hat. Vielmehr muß es in dem Jahr, in dem es konsumiert wird, auch verdient werden. Und es wird nicht von den Rentnern verdient, sondern von denen, die aktiv sind. Unser eigener Egoismus muß uns dazu bringen, unsere Ansprüche zugunsten der Jungen zu reduzieren und auf Zukunftsinvestitionen zu setzen.*

Solche klaren Worte aus realer Einsicht lassen hoffen, denn eine große Gefahr besteht darin, daß die „Schuld" für die Entwicklung schlechthin „den Politikern" zugewiesen wird, die Rettung aber nur von einer völlig anderen Politik und einer anderen Art Staat erhofft wird. Dieser andere Staat kann dann bald wieder ein Staat sein, der die Freiheitsrechte für den einzelnen und die Familien einengt. Nach 55 Jahren Erfahrung mit totalitären Herrschaftssystemen in Deutschland kann vor so einer Entwicklung nicht genug gewarnt werden. Es wird aber nicht leicht sein, bei der Abwehr der wachsenden Kriminalität, der Abwehr eines militanten Islamismus und angesichts der politischen Radikalisierung von links- und rechtsaußen die Freiheit zu bewahren.

Dieses Buch wurde geschrieben aus einer tiefen Sorge. Sollte es dazu beitragen, daß nur einem Teil der Folgen, vor denen gewarnt wird, durch rechtzeitiges und vorausschauendes Handeln die Spitze genommen wird, dann ist es nicht umsonst geschrieben worden.

REFLEXIONEN AUF ORWELLS „1984“ IM JAHRE 2000

Von Anbeginn der geschichtlichen Überlieferung und wahrscheinlich seit dem Ende der Steinzeit gibt es auf der Welt drei Arten von Menschen: die Oberen, die Mittleren und die Unteren. Hinsichtlich ihres Anteils an der Macht und ihres Besitzes sind sie auf vielerlei Weise untergliedert, tragen die verschiedenartigsten Namen, und sowohl ihre Verhältnisse wie ihre Einstellung zueinander ändern sich von Epoche zu Epoche: doch die Grundstruktur der Gesellschaft hat sich nie gewandelt. Selbst nach ungeheuren Umwälzungen und scheinbar unwiderruflichen Veränderungen stellt sich das gleiche Muster wieder her.

Von Anbeginn der geschichtlichen Überlieferung und wahrscheinlich seit dem Ende der Eiszeit gibt es auf der Welt drei Typen von Menschen: die Intelligenten, die Mittelmäßigen und die Einfachen. Nach ihrer Bildung und ihrer Erfahrung und dem Wesen ihrer Persönlichkeit sind sie auf vielerlei Weise untergliedert, tragen die verschiedenartigsten Titel und Berufsbezeichnungen, und sowohl ihre Verhältnisse wie ihre Einstellung zueinander ändern sich von Epoche zu Epoche: doch die Grundstruktur der Gesellschaft hat sich nie gewandelt. Selbst nach vielen Jahren Schule und der Erfindung immer neuer Bildungsabschlüsse und Beamtenränge bleiben die Intelligenten intelligent, die Einfachen einfach und die Mittelmäßigen mittelmäßig.

Die Ziele dieser drei Gruppen sind absolut unvereinbar. Das Ziel der Oberen ist es, dort zu bleiben, wo sie sind; das Ziel der Mittleren, mit den Oberen den Platz zu tauschen. Das Ziel der Unteren, sofern sie überhaupt eines haben – denn es ist ein bleibendes Charakteristikum der Unteren, daß sie von der Plackerei zu ausgelaugt sind, um öfter als nur sporadisch für etwas Interesse zu zeigen, das außerhalb ihres Alltagslebens liegt –, ist es, alle Unterschiede abzuschaffen und eine Gesellschaft zu errichten, in der alle Menschen gleich sein sollen. Und so wiederholt sich durch die ganze Geschichte ein in seinen Grundzügen immer gleicher Kampf. Der Kampf wird dadurch ausgelöst, daß die Oberen niemals alle Intelligenten umfassen, die Mittleren niemals alle oder nur Mittelmäßige, die Unteren niemals nur Einfache. Die Intelligenten in der Mitte haben keinen Grund, mit ihrer Stellung zufrieden zu sein, und ebensowenig die Unteren mit mittelmäßiger Intelligenz. Noch größer ist ihre Unzufriedenheit, wenn sie mit Frauen verheiratet sind, die ihnen geistig ebenbürtig sind. Ein intelligenter Mittlerer mit einer intelligenten Frau, diese zwei sind, gemeinsam mit ihren Kindern, die geborenen Revolutionäre. Und ist ein mittelmäßiger Mittlerer mit einer mittelmäßigen Frau verheiratet und haben sie vier Kinder, so wird eines davon intelligent sein und nach oben schielen, eines davon von einfacher Intelligenz und dennoch nicht sozial absteigen wollen, und beide werden gute Gründe haben, zu glauben, daß Intelligenz niemals vererbt sein kann.

Über lange Zeiträume scheinen die Oberen ungefährdet in den Machtpositionen zu sein, doch früher oder später kommt der Augenblick, in dem sie zu lange von einem mittelmäßigen Mann regiert werden, der, wie jeder, immer älter und zugleich unbeweglicher wird. Sie werden dann von den intelligenten Mittleren gestürzt, die die Unteren dadurch auf ihre Seite ziehen, daß sie ihnen vorspiegeln, für soziale Gerechtigkeit zu kämpfen. Sobald die Mittleren ihr Ziel erreicht haben, stoßen sie die Unteren wieder in die alte Knechtschaft zurück und werden selbst zu den Oberen.

In den letzten Jahrhunderten hat dieser Kreislauf aber eine neue Verfeinerung erfahren: Bisher haben alle Gesellschaftstheoretiker übersehen – darunter auch die Amerikaner Herrnstein und Murray, weil sie von der Normalverteilung, die nach beiden Seiten gleichförmig ist, fasziniert waren –, daß die Zahl der Intelligenten stets klein, die Zahl der Mittelmäßigen weit größer und die Zahl der Einfachen sehr groß ist. Da die Zahl der Mittelmäßigen auch stets weit größer ist als die Zahl der Oberen, handeln die Mittelmäßigen eigentlich gegen ihre Interessen, wenn sie die Intelligenten aus den Reihen der Mittleren in die Reihen der Oberen aufsteigen lassen, ohne dafür einen Preis zu verlangen. Der Preis, den die Mittelmäßigen dann konsequenterweise forderten, war die Einführung des allgemeinen und gleichen Wahlrechts. Nur das verschaffte ihnen die Möglichkeit, eine fortdauernde Herrschaft der Mittelmäßigkeit zu errichten. Ursprünglich war die Demokratie, beschränkt auf eine wahlberechtigte Elite, dazu da, die Gier nach Macht und Besitz der Allerobersten und Alten zu bremsen und zu kontrollieren sowie bei der Thronfolge eines mittelmäßigen oder gar einfachen Erbtrottels die Schäden in Grenzen zu halten. Mit der Einführung des allgemeinen Wahlrechts aber wurde der Weg zur Diktatur der Mittelmäßigkeit frei. Die geniale Erfindung, die ermöglichte, das System dauerhaft zu stabilisieren, war die Einrichtung der parlamentarischen Opposition. Formal ist die politische Einheitskaste der Oberen in Regierung und Opposition gespalten, die Unterschiede zwischen beiden sind jedoch gering, da beider Wohl und Wehe von den vielen

Stimmen der Mittelmäßigen und Einfachen abhängen und die Intelligenten niemals genug Stimmen haben, um wirklich eigenständige Interessen durchzusetzen. Selbst eine Partei der Besserverdienenden wird bemüht sein, dieses Odium loszuwerden, und sich als eine zusätzliche (und dadurch eigentlich überflüssige) Volkspartei darstellen. Dennoch ist der Einfluß der Intelligenten erheblich, da jemand, der wirklich intelligent ist, zuallererst sein Betätigungsfeld in der Wirtschaft sucht und versuchen wird, auf diese Weise die Politiker von sich abhängig zu machen. Zwar wirkt auch in der Wirtschaft, wie in allen Institutionen, das Gesetz, daß die Intelligenten gegenüber den Mittelmäßigen in fast allen Gremien eine Minderheit sind, jedoch zwingt der freie Wettbewerb die Privatwirtschaft in einen Leistungsdruck, der für die Sachkompetenz der Intelligenten immer wieder Spielräume schafft, ehe sie von der Bürokratie wieder geschlossen werden. Denn diese geht von der Auffassung aus, daß jede Produktion von Waren und jeder Produktionsstandort gegen irgendwelche bestehenden Gesetze zum Schutz der Umwelt, der Menschen, der Tiere oder gegen den freien Wettbewerb verstoßen oder, wenn das nicht der Fall sein sollte, dementsprechende Gesetze zu erlassen sind.

In der Politik jedoch ist mit der massenhaften Verbreitung des Fernsehens eine neue Qualität entstanden, die eine viel subtilere Lösung möglich gemacht hat, als sie Orwell je erahnen konnte. Für das Fernsehen entscheidend sind allein die Einschaltquoten, d. h. eine Sendung darf etwas über dem Niveau der einfachen Intelligenz liegen, jedoch nie über dem der mittelmäßigen. Auf diese Weise potenziert sich im Fernsehen die Mittelmäßigkeit, und zugleich wird es zum idealen Herrschaftsinstrument. Die Tatsache, daß sowohl Regierung als auch Opposition stets auf allgemeine Stimmenmehrheiten und insbesondere auf die Stimmen der Unteren, der „Prols“, angewiesen sind, führt in einer breiten und offenen Medienlandschaft allmählich zu einer gegenseitigen Abhängigkeit und dazu, daß die Gleichheitsideologie in verschiedenen Spielarten die einzige Art von öffentlicher Meinung ist, die noch verbreitet wird. Man nennt das Zeitgeist. Indem sie die Gleichheitsideologie verbreiten und vertreten und die wahre Macht an die öffentliche Meinung, d. h. an das Fernsehen, die Presse und den Rundfunk, abgeben bzw. nur noch die in diesen Medien mit Beifall bedachten Vorhaben in die Tat umsetzen, schaffen es die Mittelmäßigen, ihre Herrschaftsanteile zu maximieren. Intelligente Mittlere und Obere haben fortan nur noch eine Chance, ihre soziale Stellung zu verbessern, ja zu halten, wenn sie in regelmäßigen Abständen in rituellen Zeremonien öffentliche Bekenntnisse zur Gleichheitsideologie ablegen und sich über alle Formen der Ungleichheit beschämt zeigen und die Vergangenheit bewältigen. Die Massenmedien registrieren genau, wer bei diesen Zeremonien unentschuldigt fehlt, wer von den eingeübten stereotypen Redewendungen abweicht oder auch nur an der falschen Stelle grinst. Sein politisches Schicksal ist besiegelt, und die eigene Partei wendet sich von ihm ab. Wer keinen solchen Anlaß gibt, sich aber dennoch verdächtig macht, und sei es allein schon dadurch, daß er seine eigene hohe Intelligenz nicht genügend tarnt und sich nicht dümmer stellt, als er ist – und nur das befähigt jemanden als guten Schauspieler zu höchsten Staatsposten –, der kann auf verschiedene Weise gefoltert werden, z. B. dadurch, daß plötzlich in den Medien die Anschuldigung verbreitet wird, daß er sich als Vorgesetzter einmal einer oder einem Untergebenen unsittlich genähert habe. Es bedarf dazu keiner Zeugen und keines Beweises, das bloße Gerücht reicht schon aus. Indem die Politiker auf diese Weise in ständiger Furcht gehalten werden, spielen die Massenmedien und die Justiz sich gegenseitig die Bälle zu und erweitern allmählich ihre Macht. Die Politiker, die sich sowieso schon gegenseitig blockieren, werden darüber hinaus durch die Medien gezwungen, in Unterhaltungssendungen aufzutreten, wo sie zum Gaudium aller am Eierlaufen und Sackhüpfen teilnehmen müssen und auch auf diese Weise politisch immer handlungsunfähiger werden.

Dabei ist die Gleichheit total, d. h. die Schwarzen sind nicht mehr schwarz, sondern Afrikaner etc. Der Begriff Intelligenz wird abgeschafft und aus der Soziologie verbannt, Gesamtschulen werden eingerichtet, es werden keine Zensuren mehr vergeben, und der Zugang zu Universitäten wird ohne Leistungsnachweis geöffnet – das sind die Schritte, mit denen die Diktatur der Mittelmäßigkeit sich letztendlich festigen will. Besonders wichtig ist es dabei, schon den bloßen Gedanken an eine Vererbung von Intelligenz außerhalb jeder Betrachtung oder gar ernsthaften Forschung bleiben zu lassen. Die wichtigste Funktion hat dabei die Meinungs- und Gedankenfreiheit, die jetzt in den Begriff „politische Korrektheit“ gefaßt wird. Nach der Verfassung sind die Meinungen frei. Da die herrschende Meinung aber die Gleichheitsideologie ist, ist diese Meinung freier als alle anderen. Wer abweichende Meinungen vertritt, wird bestraft. Man braucht ihn jedoch nicht mehr einzusperren oder gar zu liquidieren, das wäre viel zu teuer. Es ist viel wirksamer, ihn an den öffentlichen Pranger der Massenmedien zu stellen, und man gibt ihn wechselweise der Lächerlichkeit preis oder traktiert ihn mit Totschlagwörtern. Wer einmal als „Rassist“ bezeichnet worden ist, wird sich vergeblich um eine akademische Karriere oder die Mitgliedschaft in einer wissenschaftlichen Gesellschaft bemühen, denn diese steht nur noch gleichgeschalteten Wissenschaftlern offen. Unpassend wäre es aber, in diesem Zusammenhang von Korruption zu sprechen. In einer freien Gesellschaft ist die Gedankenpolizei, vor deren Funktion uns Orwell warnen wollte, vollständig überflüssig, denn diese Funktion hat freiwillig die Mehrzahl der Journalisten und der etablierten Wissenschaftler übernommen. Diejenigen, die es besser wissen – die Gedankenverbrecher, wie Orwell sie richtig nannte –, schweigen und fürchten um ihre Existenz. Angst haben vor allem die Älteren, die fürchten, daß irgend jemand in einer ihrer früheren Schriften etwas finden könnte, was dem heute herrschenden Zeitgeist widerspricht. Die größte Angst haben die Älteren davor, daß sich ihre eigenen Kinder, die eine moderne Universität besucht haben, in Abscheu von ihnen abwenden und die Presse darüber berichtet. Angst haben diese Männer auch vor den Vorhaltungen ihrer Frauen, da die Frauen mit Recht fürchten, daß durch sachlich richtige und mutige Äußerungen ihrer Männer die existentielle Grundlage der gesamten Familie gefährdet werden könnte. So wird der Mechanismus ihrer Verfolgung in Gang gesetzt, durch den schon immer das zahlenmäßige Überhandnehmen der Intelligenten verhindert worden ist.

Die Jüngeren, die schon 1968 Studenten waren, sind frei von diesen Ängsten, denn sie haben die Meinungsfreiheit voll verinnerlicht. Sie arbeiten ohne Unterlaß an der Verfeinerung der Ausdrucksweise, damit es – wie es Orwell vorhergesehen hat – künftig unmöglich wird, politisch unkorrekte Auffassungen überhaupt noch sprachlich zu artikulieren. (Das vorliegende Buch ist vielleicht das letzte, in dem das noch einmal versucht worden ist.) Für die Jüngeren sind ihre Großväter und Urgroßväter, die in den Weltkriegen gekämpft haben, wenn schon nicht alle Verbrecher, dann doch mit Sicherheit Narren und Verrückte gewesen. Denn wofür hätte es sich zu kämpfen gelohnt, wenn doch alle Menschen gleich sind? Da zwischen eigenen und fremden Kindern kein prinzipieller Unterschied besteht, braucht man heute aus diesem Grund auch keine eigenen Kinder mehr, da die anderen ja genügend Kinder haben und man diese ins Land einladen kann und damit zwar deren Probleme lösen, sich selbst aber keine einhandeln kann. Andere Gedankengänge sind schon rein logisch ausgeschlossen.

Als 1989 im Osten das Volk mit der Losung „Freiheit statt Sozialismus“ durch die Straßen zog und die staatswirtschaftliche Form der Diktatur der Mittelmäßigkeit – die sich als Diktatur des Proletariats getarnt hatte, aber, wie Orwell richtig analysiert hat, die spätfeudale Herrschaft einer Einheitspartei war – den Wettbewerb gegen die privatwirtschaftliche Form verloren hatte und zusammenbrach, ahnten die wenigsten, daß damit der Schritt aus dem Reich der Notwendigkeit, alltäglich um Gemüse anzustehen, in ein Reich der Freiheit getan wurde, das gerade einen besonders hohen Grad der Perfektion erreicht hatte. Nichtsdestotrotz hat die Sache auch diesmal wieder einen Haken: Die Diktatur der Mittelmäßigkeit wird nur dann ewig, wenn sie in allen Ländern der Welt errichtet wird, ein vereintes Europa ist da zu klein. Früher oder später führen allein schon die Zersetzung des leistungsorientierten Bildungswesens und die zunehmende Repression jedes kreativen Gedankens durch eine mittelmäßige Bürokratie dazu, daß die Wirtschaft dieser Staaten ins Schleudern gerät und die Not der „Prols“ über das von ihnen gewohnte Maß hinaus anwächst und weiter wächst. Wenn das Finanzministerium die Staatsschulden vervielfacht, das Familienministerium die Kinderlosigkeit beklagt und das Arbeitsministerium die Arbeitslosigkeit verwaltet, aber jeden Abend im Fernsehen vor der Tagesschau der Werbespot flimmert, wie schnell das Arbeitsamt arbeitet und wie schnell es Stellen vermittelt, dann dämmert es auch dem Langzeitarbeitslosen mit einfacher Intelligenz, daß vielleicht etwas faul ist im Staate Dänemark. Die Unteren beginnen zu begreifen, daß bei dem Schattenfechten von Regierung und Opposition irgend etwas nicht stimmt, und ihre Wahlbeteiligung sinkt von Wahl zu Wahl. Das stört aber niemanden. Denn vom Standpunkt der herrschenden politischen Kaste her besteht die einzige wirkliche Gefahr für die Diktatur der Mittelmäßigkeit in der Abspaltung einer neuen Gruppe fähiger, nicht ausgelasteter Personen, in einer neuen Volkspartei. Das Problem der politischen Stabilität ist somit erzieherischer Natur. Das Bewußtsein der Massen muß nur in negativer Weise beeinflußt werden und das Entstehen einer neuen politischen Kraft mit den Mitteln der Meinungsfreiheit verhindert werden, indem alles Neue zugleich als radikal, extrem und damit gefährlich gebrandmarkt wird. Das kann jahrzehntelang funktionieren.

Wird aber die tatsächliche Not noch größer, dann kommt die Stunde der neuen intelligenten Leit- und Führungspersonen, denen die Massen bereit sind kurzzeitig und gegen ihre eigenen langfristigen Interessen zu folgen, wenn ihnen nur Arbeit und Brot versprochen werden und – noch besser – sogar verschafft werden. Doch ist niemand in Sicht, der öffentlich den Vorschlag machen oder gar durchsetzen könnte, die Demokratie auf die Oberen und zugleich Intelligenten, ob Mann oder Frau, zu beschränken und die Mittelmäßigen durch die Einforderung von Bildungsabschlüssen mit echten Leistungsanforderungen, IQ-Zertifikaten oder gar auch Gen-Zertifikaten wirksam von Machtstellungen oder vom Stimmrecht auszuschließen, denn auch in jeder neuen politischen Partei sind schon nach kurzer Zeit die Intelligenten wieder eine Minderheit gegenüber den Mittelmäßigen. Die größte Gefahr ginge von einer parteienübergreifenden Freimaurerschaft der Intelligenten aus, jedoch ist das eine bloße Utopie, da sich die Intelligenten niemals auf gemeinsame politische Ziele einigen können und ja eigentlich auch niemand weiß, was Intelligenz ist. Und stets wird jeder intelligente Mann eine Frau von mittelmäßiger Intelligenz, aber sehr guten Proportionen, gegenüber einer häßlichen Frau mit schlechtem Charakter bevorzugen, und umgekehrt natürlich auch. Und die Auswahl unter mittelmäßigen Partnern ist immer zahlenmäßig größer. So ist die Welt nun einmal eingerichtet, damit es nie langweilig wird.

Von den drei Gruppen sind es die Unteren, die nicht einmal vorübergehend ihre Ziele erreichen, auch wenn sie zeitweise und unter neuen Führungspersonen durchaus ihre materielle Lage spürbar verbessern und dafür bei der nächsten Wahl dankbar sein können. Selbst heute, in einer Periode des Niedergangs, ist der Durchschnittsmensch materiell besser gestellt als noch vor ein paar Jahrhunderten. Doch kein Wohlstandswachstum, keine Lockerung der Sitten, keine Reform oder Revolution hat uns der tatsächlichen Gleichheit der Menschen auch nur einen Millimeter näher gebracht, im Gegenteil.

ZUR PERSON DES VERFASSERS

Volkmar Weiß wurde am 23. 5. 1944 in Zwickau in Sachsen geboren. Sein Vater Heinz Weiß, Leutnant bei der Panzerjäger-Lehr-Abteilung 130 (Ritgen, 1979), ist im April 1945 im Sauerland gefallen. – Seine Mutter Anita geb. Heyn, eine gelernte Kontoristin, arbeitete als Sekretärin auf dem Gemeindeamt von Reinsdorf bei Zwickau. 1950 heiratete Volkmars Mutter wieder. Der Stiefvater Paul Martin wurde Textilingenieur und später langjähriger Betriebsleiter einer halbstaatlichen Weberei in Karl-Marx-Stadt (heute wieder Chemnitz). 1962 schloß Volkmar den Schulbesuch mit dem Abitur in Annaberg-Buchholz im sächsischen Erzgebirge ab.

Ab 1963 studierte Weiss an der Universität Leipzig fünf Semester Germanistik und Geographie mit dem Berufsziel Lehrer, ab 1966 Biologie, und wechselte 1968 zur Spezialausbildung in Anthropologie an die Humboldt-Universität nach Berlin. 1970 wurde er Diplom-Biologe mit einer empirischen Arbeit zur Blut- und Serumgruppengenetik der sorbischen Minderheit in der Oberlausitz. 1972 verteidigte er seine Dissertation über die Vererbung der mathematisch-technischen Hochbegabung. Sein damaliger Chef, Prof. Dr. Hansgünter Meyer, Leiter der Abteilung Soziologie der Akademie der Wissenschaften der DDR in Berlin, der ihn 1970 eingestellt hatte, kommentierte die Arbeit (Weiss, 1972) mit der – inzwischen zeitlosen – Feststellung, „daß die Dissertation auf eine Gesellschaft träfe, die damit überhaupt nichts anfangen könne“. Da man fürchtete, daß die Statistiken der Arbeiten Aufsehen erregen und kommunistische Dogmatiker auf den Plan gerufen werden könnten, fiel die Dissertation unter die Geheimhaltung, jedoch wurde die Veröffentlichung der wichtigsten Ergebnisse in Fachzeitschriften erlaubt. In der interdisziplinär besetzten soziologischen Forschungsabteilung beschäftigte sich Weiss mit statistischen und methodischen Fragen und nahm an der Organisation und Durchführung einer großen repräsentativen Befragung zur Sozialstruktur der Industriebeschäftigten der DDR teil.

1974 wechselte Weiss nach Leipzig an die Deutsche Hochschule für Körperkultur, wo er sich bemühte, die genetische Statistik für die Prognose im Leistungssport nützlich zu machen, und er analysierte Daten über 3.000 Zwillingspaare und deren Körpermaße und sportliche Testleistungen. 1977 ergab sich die Möglichkeit, an das Zentralinstitut für Jugendforschung in Leipzig überzuwechseln, wodurch bis 1980 ein sehr produktiver Arbeitsabschnitt möglich wurde. Weiss konnte als Mitarbeiter der Abteilung Bildungssoziologie Intelligenztests bei Hochbegabten durchführen. Als 1980 das Manuskript einer Monographie „Psychogenetik: Humangenetik in Psychologie und Psychiatrie" (Nachdruck in Weiss, Lehrl und Frank, 1986) mit einem umfangreichen Kapitel zur „Genetik der Begabungen und der normalen Intelligenz" vorlag, hielt es jedoch der an und für sich verdienstvolle und organisatorisch effektive Direktor des Instituts, Prof. Dr. Walter Friedrich, für politisch geboten, gegen den Inhalt des Buches Front zu machen (Weiss, 1991). Da aber unabhängige Fachleute die Veröffentlichung durch positive Gutachten stützten, konnte das Buch 1982 erscheinen, und es ist die einzige seriöse Monographie geblieben, die je zu dieser Thematik in einem kommunistischen Land erschienen ist. Das Buch war in wenigen Tagen vergriffen, eine Nachauflage durfte aber nicht mehr gedruckt werden.[38] Nach Erscheinen des Buches wurde der Verfasser am Institut kaltgestellt[39] und bis 1984 als Übersetzer von Fachliteratur beschäftigt. Weiss hatte sich inzwischen als Autodidakt passive Kenntnisse in einem Dutzend romanischer, germanischer und slawischer Fremdsprachen angeeignet. Da diese Situation aber kein Dauerzustand sein konnte, sah sich Weiss immer mehr vor die Frage gestellt, ob ihm keine andere Wahl mehr bliebe, als einen Ausreiseantrag in die Bundesrepublik Deutschland zu stellen. Dagegen sprachen aber mehrere Gründe: In der Bundesrepublik gab es keine einzige Arbeitsgruppe (und darin hat sich bis heute nichts geändert), die sich mit der Genetik der Intelligenz befaßt hätte. Es gab keinen Zweifel daran, daß das Forschungsgebiet im Westen ebenso tabuisiert war wie im Osten, wenn nicht noch gründlicher. Ein Ausreiseantrag hätte, wie damals in der DDR üblich, Verhaftung und den Verlust des Einkommens der gesamten Familie und aller höheren Ausbildungsmöglichkeiten für die Kinder bedeutet sowie jahrelange Schikanen. Weiss hatte 1969 geheiratet, die Familie mit drei Kindern wohnte seit 1979 in Leipzig in einem eigenen Haus und hatte sich damit eine Lebensqualität geschaffen, die selbst bei gutem Einkommen im Westen kaum wieder erreichbar schien.

1984 ergab sich dann ein glücklicher Ausweg, und Weiss wurde als Mitarbeiter bei der Forschungsstelle Regionalgeschichte des Zentralinstituts für Geschichte der Akademie der Wissenschaften in Berlin,

[38] Erst 1990 konnte die Monographie dann als Habilarbeit für Genetik (Dr. rer. nat. habil.) verteidigt werden.

[39] In einem Vier-Augen-Gespräch im Dezember 1989 hat Prof. Friedrich diese Vorgänge der Jahre 1980–83 bedauert und gemeint, daß es zu dieser Zuspitzung einer ursprünglich wissenschaftlichen Diskussion und diesen Repressalien nicht hätte kommen dürfen.

jedoch mit Arbeitsort Leipzig, eingestellt. Seit 1970 hatte sich Weiss als Hobby mit Familiengeschichtsforschung befaßt und 1979 in Leipzig eine Arbeitsgemeinschaft Genealogie gegründet. Er begann mit Untersuchungen zur sozialgeschichtlichen Aussagekraft von genealogischen Materialien, die in einer bis 1990 reichenden Schaffensperiode mit einer Habilarbeit zur Sozialgeschichte (Dr. phil. habil.) Sachsens abgeschlossen wurden (Weiss, 1993b).

Als im Herbst 1989 die Leipziger Jeden-Montags-Demonstrationen mit der vollen Wucht der Straße einsetzten, begannen für den bis dahin stets Parteilosen Weiss mehrere Monate intensiver politischer Betätigung. Mit einem Megaphon ausgerüstet, gehörte er zu denen, die den Demonstranten die Stichwörter und Losungen vorgaben, die das politische Handeln der allernächsten Tage mitbestimmten. Als am 20. 1. 1990 in Leipzig die Vertreter von 13 neuen demokratischen Parteien die Willensbekundung zur Gründung der „Deutschen Sozialen Union" (DSU) unterschrieben, setzte Weiss seinen Namen mit auf die Urkunde und entwarf für die Partei ein Parteiprogramm, das innerhalb weniger Tage in zehntausendfacher Auflage gedruckt und verbreitet wurde. Die DSU-Mitglieder in der Stadt Leipzig wählten Weiss zu ihrem Vorsitzenden. Am 19. 2. 1990 sprach er von der Leipziger Oper zu den Demonstranten, und seine Worte „Die deutsche Einheit, sofort!" wurden von den Fernsehstationen verbreitet.

Im September 1990 war Weiss vom Innenminister als Leiter der Deutschen Zentralstelle für Genealogie (Weiss, 1996b) in Leipzig berufen worden. Die Jahre 1991–95 brachten dann in dieser Dienststellung für Weiss eine fruchtbare, entfesselte Schaffensperiode, auch ermöglicht durch die Zusammenarbeit mit über 20 Mitarbeitern und eine erfolgreiche Einwerbung von Drittmitteln.

Im Jahre 1993 begann, ohne Ausschreibung, eine Finanztreuhandgesellschaft mit dem Bau eines Behördenzentrums am Stadtrand von Leipzig, das mit Behörden zu füllen war. Am 14. 7. 1993 wurde zwischen dieser Finanztreuhandgesellschaft und dem Sächsischen Staatsarchiv Leipzig ein Mietvertrag abgeschlossen. *Der Hundezwinger war von vornherein beim Mietvertrag [...] berücksichtigt. Das gleiche gilt für die Zentralstelle für Genealogie im Hinblick auf die Räume des Staatsarchivs.*[40] Trotz zahlreicher Einsprüche von Fachleuten und politischen Kräften wurde die Zentralstelle am 1. 7. 1995 durch Kabinettsbeschluß dem Sächsischen Staatsarchiv Leipzig als Abtei-

[40] Antwort des Sächsischen Staatsministers der Finanzen vom 11. 12. 1996, S. 2, auf den Antrag der SPD-Fraktion, Sächsischer Landtag, 2. Wahlperiode, Drucksache 2/4447, Thema: Behördenunterbringung, Dresden 22. 11. 1996.

lung unterstellt und verlor in der weiteren Folge den eigenen Handlungs- und Gestaltungsraum.

An das 1984 abgenötigte Versprechen, nie wieder etwas über Intelligenz zu veröffentlichen, hielt Weiss sich nicht gebunden. Im Gegenteil: Nach jahrelanger Beschäftigung mit Theoretischer Physik und Informationstheorie entstand eine Serie von Arbeiten, die international als „Quantenmechanik der Intelligenz“ bekannt geworden sind (Weiss, 1992b; Weiss, 1995a).[41] Auf Empfehlungen von Prof. Dr. Hans-Jürgen Eysenck, London, und Prof. Dr. Arthur R. Jensen, Berkeley, erhielt Weiss am 5. 5. 1993 für diese Arbeiten den Fellowship Award des „Center for Advanced Study in the Behavioral Sciences“ in Stanford, Kalifornien, zugesprochen, der die Einladung zu einem Arbeitsjahr in Stanford bedeutet, was aber leider wegen der beruflichen Verpflichtungen in Leipzig nicht realisiert werden konnte.

Weiss ist Verfasser von 140 wissenschaftlichen Arbeiten und Mitherausgeber mehrerer Fachzeitschriften (u. a. „Familie und Geschichte“, „Geistig fit“, bereits seit 1980 auch von „Mankind Quarterly“ und „Nouvelle Ecole“) und Mitglied der Internationalen Akademie der Wissenschaften sowie einer Reihe wissenschaftlicher Gesellschaften, wie des Verbands der Historiker Deutschland, der Deutschen Gesellschaft für Bevölkerungswissenschaften, der Deutschen Gesellschaft für Psychologie, der International Association of Human Biologists, der Behavior Genetics Association und der International Society for the Study of Individual Differences.

Weiss erfreute sich jahrzehntelang als Skilangläufer, Bergwanderer, Langstreckenschwimmer, Hobby-Botaniker und in letzter Zeit sogar begeisterter Inline-Skater stets einer ungewöhnlichen Ausdauer und körperlichen Kondition. Im Juni 1999 wurde er jedoch mit der Diagnose eines Non-Hodgkin-Lymphoms (einer leukämieähnlichen Erkrankung des Lymphsystems) konfrontiert. Nach der notwendigen lebensrettenden Chemotherapie konnten Ende 1999 keine Krebszellen mehr festgestellt werden, und er konnte an seinen Arbeitsplatz zurückkehren.

[41] Die ersten Publikationen zu dieser Theorie waren 1985 unter einem Pseudonym entweder auf Durchschlagpapier und auf mehrere einfache Briefe verteilt ins Ausland geschickt oder direkt von Kollegen über die Grenze gebracht worden.

LITERATUR

Adler, R. K.: Demographie und Familiengeschichte der beiden Schwarzwalddörfer Aach und Schönmünzach im Kreis Freudenstadt: Rückwirkungen der beginnenden Industrialisierung auf die ländliche Sozialstruktur. St. Katharina: Scriptae Mercaturae (1991), (= Beiträge zur südwestdeutschen Wirtschafts- und Sozialgeschichte 14)

Alba, R. D., Handl, J. und W. Müller: Ethnische Ungleichheit im deutschen Bildungssystem. Kölner Zeitschrift für Soziologie und Sozialpsychologie 46 (1994), S. 209–237

Andrés Puyo, A.: La inteligencia como fenómeno natural. Valencia: Promolibro (1993)

Andrews, G. R.: Blacks and Whites in Sao Paulo, Brazil, 1888–1988. Madison: University of Wisconsin Press (1991)

Anweiler, O.: Schulpolitik und Schulsystem in der DDR. Opladen: Leske und Budrich (1988)

Arnold, H.: Von den Juden in der Pfalz. Speyer: Verlag der Pfälzischen Gesellschaft zur Förderung der Wissenschaften (1967)

Arnold, W.: Begabung: angeboren oder erworben? Umschau 73, H. 11 (1973), S. 332–335

Asendorpf, J. B.: Psychologie der Persönlichkeit. Grundlagen. Berlin: Springer (1996)

Bahle, T.: Familienpolitik in Westeuropa. Ursprünge und Wandel im internationalen Vergleich. Frankfurt/Main: Campus (1995)

Bathke, G.-W.: Soziale Reproduktion und Sozialisation von Hochschulstudenten in der DDR. In: Burkart, G. (Hrsg.): Sozialisation im Sozialismus. Lebensbedingungen in der DDR. Zeitschrift für Sozialisationsforschung und Erziehungssoziologie, 1. Beiheft (1990), S. 114–128

Bathke, G.-W.: Soziale Herkunft von deutschen Studienanfängern aus den alten und neuen Ländern an den Hochschulen im Wintersemester 1992/93. Hochschul-Informations-System, Kurzinformation A11/93, Hannover (Oktober 1993)

Baur, E., Fischer, E. und F. Lenz: Menschliche Erblehre. 4. Auflage. München: J. F. Lehmanns Verlag (1936)

Bedau, K.-D.: Auswertung von Statistiken über die Vermögensverteilung in Deutschland. Gutachten im Auftrag der Friedrich-Ebert-Stiftung. Berlin: Deutsches Institut für Wirtschaftsforschung (1997)

Bennathan, E.: Die demographische und wirtschaftliche Struktur der Juden. In: Mosse, W. (Hrsg.): Entscheidungsjahr 1932. Zur Judenfrage in der Endphase der Weimarer Republik. Tübingen: J. C. B. Mohr (1966), S. 87–131 (= Schriftenreihe Wissenschaftliche Abhandlungen des Leo Baeck-Instituts 13)

Berg, R. und J. Schwidetzky: Heiratskreise in Rheinland-Pfalz. Homo 38 (1989), S. 191–243

Bergsdorf, H.: Ausländerfreundlich. Noch immer kommt fast die Hälfte der Asylbewerber, die in die EU wollen, nach Deutschland. Die politische Meinung, Nr. 337 (1997), S. 39–49

Bidlingmaier, M.: Die Bäuerin in zwei Gemeinden Württembergs. Berlin: W. Kohlhammer (1918), (= Tübinger Staatswissenschaftliche Abhandlungen, N. F. 17), Nachdruck: Kirchheim/Teck: J. Schweier (1994)

Birg, H.: Globale und nationale demographische Entwicklung und Wanderungen als Rahmenbedingungen für die sozialen Sicherungssysteme in Deutschland. Zeitschrift für die gesamte Versicherungswissenschaft 4 (1995), S. 593–616

Birg, H.: Die Leistung der Politik besteht im Verdrängen. Bevölkerungsschrumpfung und Zuwanderung werden Deutschland bald vor gewaltige Schwierigkeiten stellen. Frankfurter Allgemeine Zeitung 10. 5. 1996, S. 9–10

Birg, H.: Demographisches Wissen und politische Verantwortung. Überlegungen zur Bevölkerungsentwicklung Deutschlands im 21. Jahrhundert. Zeitschrift für Bevölkerungswissenschaft 23 (1998), S. 221–251

Blau, P. M. und R. A. Schoenherr: The Structure of Organizations. New York: Basic Books (1971)

Blossfeld, H.-P. und A. Timm: Das Bildungssystem als Heiratsmarkt. Eine Längsschnittanalyse von Heiratspartnern im Lebenslauf. Forschungsbericht, Institut für empirische und angewandte Soziologie, Universität Bremen (Februar 1997)

Blüm, N.: Konfusion als Konzept. Die politische Meinung, Nr. 358 (1999). S. 26–37

Borchert, J.: Renten vor dem Absturz. Ist der Sozialstaat am Ende? Frankfurt/Main: Fischer Taschenbuch (1993)

Borscheid, P.: Lebensstandard und Familie. Partnerwahl und Ehezyklus in einer württembergischen Industriestadt im 19. Jahrhundert. Archiv für Sozialgeschichte 22 (1982), S. 227–262

Bouchard, T. J. und M. McGue: Family studies of intelligence: A review. Science 22 (1981), S. 1055–1059

Boudon, R.: L'inégalité des chances: la mobilité sociale dans les sociétés industrielles. Paris: Colin (1973)

Brand, C.: The g-Factor: General Intelligence and its Implications. New York: Wiley depublished (1996)

Brebner, J. und C. Stough: Theoretical and empirical relationships between personality and intelligence. In: Saklofke, D. H. and M. Zeidner: International Handbook of Personality and Intelligence. New York: Plenum (1995), S. 321–347

Brody, N.: Intelligence. San Diego: Academic (1992)

Burgess, E. W. und P. Wallin: Homogamy in social characteristics. American Journal of Sociology 49 (1943), S. 109–124

Clauß, G.: Differentielle Lernpsychologie. Berlin: Volk und Wissen (1987)

Dahn, D.: Der Westen verdient. Die Zeit, Nr. 46 (7. 11. 1997), S. 33–34

Deary, I. J.: Basic processes in human intelligence. In: Jerison, H. J. und J. Jerison (Hrsg.): Intelligence and Evolutionary Biology. Berlin: Springer (1988), S. 351–362

de Benoist, A.: Einwanderung bedroht unsere kollektive Identität nicht. Junge Freiheit, Nr. 30 (17. 7. 1998a), S. 4–5

de Benoist, A.: The Study of Intelligence and the I.Q. Controversy: A Bibliographical Introduction 1869–1997. Washington, D. C.: Institute for the Study of Man (1998b)

De Vos, G. und H. Wagatsuma: Japan's Invisible Race. Caste in Culture and Personality. Berkeley: University of California Press (1967)

Dietz, B.: Jugendliche Aussiedler in Deutschland: Risiken und Chancen der Integration. In: Bade, K. J. und J. Oltmer (Hrsg.): Aussiedler: deutsche Einwanderer aus Osteuropa. Osnabrück: Universitätsverlag Rasch (1999), S. 153–176 (= IMIS-Schriften 8)

Djuric, R.: Zum Tod von Karin Reemtsma. taz (16. 6. 1997)

Doerfler, K. und B. Grill: Streife 27: Tote sind Routine. Mit einer Polizeipatrouille durch das nächtliche Johannesburg. Die Zeit, Nr. 30 (18. 7. 1997), S. 9–10

Dohse, W.: Das Schulzeugnis. Sein Wesen und seine Problematik. Weinheim/Bergstr.: J. Beltz (1963), (= Pädagogische Studien 10)

Dorbritz, J. und K. Schwarz: Kinderlosigkeit in Deutschland – ein Massenphänomen? Analysen zu Erscheinungsformen und Ursachen. Zeitschrift für Bevölkerungswissenschaft 21 (1996), S. 231–261

Ebbinghaus, H.: Über eine Methode zur Prüfung geistiger Fähigkeiten und ihre Anwendung bei Schulkindern. Zeitschrift für Psychologie und Psychologie der Sinnesorgane 13 (1897), S. 401–459

Eibl-Eibesfeldt, I.: Wider die Mißtrauensgesellschaft. Streitschrift für eine bessere Zukunft. München: Piper (1994)

Engel, W.: Entdeckung und Förderung mathematischer Begabungen in der DDR. Zentralblatt für Didaktik der Mathematik, Nr. 1 (1990), S. 23–34

Ênquete nationale sur le niveau intellectuel des enfants d'âge scolaire. Paris: Presses Universitaires de France (1973), (= Institut national d'études démographiques, Travaux et Documents 64)

Essen: Soziale Ungleichheit im Stadtgebiet. Kleinräumige Betrachtung der Sozialstruktur. Stadt Essen (Juni 1990), (= Beiträge zur Stadtforschung 3)

Esser, H.: Die Hölle von Lamsdorf. Dokumentation über ein polnisches Vernichtungslager. Bonn: Landsmannschaft der Vertriebenen (1969)

Eysenck, H. J.: Intelligenz. Struktur und Messung. Berlin: Springer (1980)

Eysenck, H. J.: The theory of intelligence and psychophysiology of cognition. In: Sternberg, R. J. (Hrsg.): Advances in the Psychology of Human Intelligence, Vol. 3. Hillsdale, N. J.: Erlbaum (1986), S. 1–34

Fienbork, G., Mihok, B. und S. Müller (Hrsg.): Die Roma – Hoffen auf ein Leben ohne Angst. Roma aus Osteuropa berichten. Hamburg: Rowohlt (1992)

Fischer, J.: Wir tun heute zuviel für die Alten und zu wenig für die Jungen. Leipziger Volkszeitung (19. 10. 1996), S. 3

Fishberg, M.: Rassenzüchtung der Juden. In: Statistik der Juden. Berlin: Jüdischer Verlag (1918), S. 70–86

Flora, P.: Modernisierungsforschung. Zur empirischen Analyse der gesellschaftlichen Entwicklung. Opladen: Westdeutscher Verlag (1974), (= Studien zur Sozialwissenschaft 20)

Flynn, J. R.: What environmental factors affect intelligence: The relevance of IQ gains over time. In: Detterman, D. K. (Hrsg.): Current Topics in Human Intelligence, Vol. 5: The Environment. Norwood, N. J.: Ablex (1996), S. 17–30

Follath, E.: Die sibirischen Surfer. Der Spiegel, Nr. 29 (19. 7. 1999), S. 88–90

Francis, E. K.: Interethnic Relations. New York: Wiley (1976)

Frank, H.: Kybernetische Grundlagen der Pädagogik. Eine Einführung in die Informationspsychologie und ihre philosophischen, mathematischen und physiologischen Grundlagen. Baden-Baden: Agis (1962), (Nachdruck in: Barandovská-Frank, V. K.: Kybernetische Pädagogik. Schriften 1962–1992 von Helmar Frank und Mitautoren. Band 7. San Marino: Akademia Libroservo [1993], S. 1–188)

Frank, H.: Kybernetik und Pädagogik. In: Möller, B. (Hrsg.): Logik der Pädagogik. Pädagogik als interdisziplinäres Aufgabengebiet. Band 3. Oldenburg: BIS (1992), S. 241–260 und 469 (Nachdruck in: Barandovská-Frank, V. K.: Kybernetische Pädagogik. Schriften 1973–1992 von Helmar Frank und Mitarbeitern. Band 6. San Marino: Akademia Libroservo [1993], S. 517–536)

Frank, H. und S. Lehrl: Zur humangenetischen Erklärung der Kurzspeicherkapazität als der zentralen individuellen Determinante von Spearmans Generalfaktor der Intelligenz. Grundlagenstudien aus Kybernetik und Geisteswissenschaft/Humankybernetik 23 (1982), S. 177–186 (Nachdruck in: Barandovská-Frank, V. K.: Kybernetische Pädagogik. Schriften 1973–1992 von Helmar Frank und Mitarbeitern. Band 6. San Marino: Akademia Libroservo [1993], S. 599–608)

Freese, C., Murko, M. und G. Wurzbacher: Hilfen für Zigeuner und Landfahrer. Stuttgart: W. Kohlhammer (1980), (= Schriften des Bundesministeriums für Jugend, Familie und Gesundheit 86)

Freye, H.-A.: Humangenetik. Berlin: Volk und Gesundheit (1986)

Fried, M. H.: The Evolution of Political Society. New York: Random House (1967)

Frielingsdorf, O.: Der Reichsfamilienausgleich. Die Notwendigkeit des Ausgleiches und ein Vorschlag zu seinem Ausbau. Würzburg: K. Triltsch (1942), (= Schriften zum deutschen Sozialismus 10)

Fuchs, S.: The Aboriginal Tribes of India. New Delhi: Inter-India Publications (1962)

Galton, F.: Hereditary Genius. London: Macmillan (1869)

Garrison, R. J., Anderson, V. E. und S. C. Reed: Assortative marriage. Eugenics Quarterly 15 (1968), S. 113–127

Gebhardt, W.: Bürgertum in Stuttgart. Beiträge zur „Ehrbarkeit" und zur Familie Autenrieth. Neustadt/Aisch: Degener (1999)

Gehler, G. und W. Lorenz: Das neue Adam-Ries-Nachfahrenbuch. Annaberg-Buchholz: Adam-Ries-Bund (1997), (= Schriften des Adam-Ries-Bundes 8)

Geiger, T.: Aufgaben und Stellung der Intelligenz in der Gesellschaft. Stuttgart: Enke (1949)

Geißler, R.: Die Sozialstruktur Deutschlands. Zur gesellschaftlichen Entwicklung mit einer Zwischenbilanz zur Vereinigung. 2. Auflage. Opladen: Westdeutscher Verlag (1996)

Gordon, S.: Hitler, Germans and the „Jewish Question". Princeton: Princeton University Press (1984)

Greenberg, S. B.: Race and State in Capitalist Development. Comparative Perspectives. New Haven: Yale University Press (1980)

Groffmann, K. J.: Die Entwicklung der Intelligenzmessung. In: Heiss, R. (Hrsg.): Psychologische Diagnostik. Göttingen: C. J. Hogrefe (1964), S. 148–199 (= Handbuch der Psychologie 6)

Guthke, J.: Ist Intelligenz meßbar? Berlin: Deutscher Verlag der Wissenschaften (1978)

Guthke, J., Böttcher, H. R. und L. Sprung: Psychodiagnostik. Ein Lehr- und Arbeitsbuch für Psychologen sowie empirisch arbeitende Humanwissenschaftler. Berlin: Deutscher Verlag der Wissenschaften (1991)

Gutjahr, W.: Die Messung psychischer Eigenschaften. Berlin: Deutscher Verlag der Wissenschaften (1971)

Haenschke, B.: Persönlichkeitseigenschaften und Entwicklungsbedingungen begabter junger Mathematiker. Berlin: Humboldt-Universität, Diss. B (1985)

Hagemann, R.: Der Beitrag der Zwillingsforschung zur Analyse der genetischen Grundlagen der Intelligenzleistungen des Menschen. In: Geissler, E. und H. Hörz (Hrsg.): Vom Gen zum Verhalten. Berlin: Akademie-Verlag (1988), S. 33–52

Hanke, G.: Zur Sozialstruktur der ländlichen Siedlungen Altbayerns im 17. und 18. Jahrhundert. In: Gesellschaft und Herrschaft. Forschungen zu sozial- und landesgeschichtlichen Problemen vornehmlich in Bayern. Eine Festgabe für Karl Bosl zum 60. Geburtstag. München: C. H. Beck'sche Verlagsbuchhandlung (1969), S. 219–269

Hapák, P.: Das Nationalitätenproblem in den slowakischen Städten am Beispiel von Gewerbe, Industrie und den Geldinstituten vom ausgehenden 19. Jahrhundert bis zum Zusammenbruch der Monarchie. In: Rausch, W.: Die Städte Mitteleuropas im 20. Jahrhundert. Linz: Österreichischer Arbeitskreis für Stadtgeschichtsforschung (1984), S. 127–148 (= Beiträge zur Geschichte der Städte Mitteleuropas 7)

Harris, P. A.: Russische Juden und Aussiedler: Integrationspolitik und lokale Verantwortung. In: Bade, K. J. und J. Oltmer (Hrsg.): Aussiedler: deutsche Einwanderer aus Osteuropa. Osnabrück: Universitätsverlag Rasch (1999), S. 247–263 (= IMIS-Schriften 8)

Heath, A.: Social Mobility. Glasgow: Fontana (1981)

Herrnstein, R. J.: IQ in the Meritocracy. Boston: Atlantic Monthly Press (1973), (Chancengleichheit – eine Utopie. Stuttgart [1974])

Herrnstein, R. J. und C. Murray: The Bell Curve. Intelligence and Class Structure in American Life. New York: Free Press (1994)

Herzog, J.: Die Entwicklung der Grundherrschaft Lampertswalde, Amt Oschatz, während des Spätfeudalismus (16.–18. Jahrhundert) unter besonderer Berücksichtigung sozialökonomischer Bedingungen. Leipzig, Karl-Marx-Universität, Diss. A (1984)

Heuser, U. J.: Wohlstand für wenige. Der soziale Zusammenhang schwindet, der Republik droht die Zerreißprobe, und niemand tut etwas dagegen. Die Zeit, Nr. 44 (24. 10. 1997), S. 23–26

Hildebrand, K.: Der Nationalstaat der Deutschen. Die politische Meinung, Nr. 356 (1999), S. 13–21

Hildebrandt, G.: Wieso lebst Du noch? Ein Deutscher im GULag. Frankfurt/Main: Ullstein (1993)

Hitler, A.: Mein Kampf. Bd. 1: Eine Abrechnung. München: F. Eher Nachf. (1925)

Höhn, C.: Bericht über das Demographie-Seminar vom 22.–25. November 1983 in Grünheide/DDR. Mitteilungen der Deutschen Gesellschaft für Bevölkerungswissenschaft (1984), S. 23–26

Horn, W.: Leistungsprüfsystem (LPS). Göttingen: Hogrefe (1962)

Hundert, G. D.: The Jews in a Polish Private Town: The Case of Opatów in the Eighteenth Century. Baltimore: John Hopkins University Press (1992)

Hylla, E.: Testprüfungen der Intelligenz. Eine Einführung für Pädagogen. Braunschweig: G. Westermann (1927)

Jastram, J.: Bildungsgeographische Aspekte des Sonderschulwesens in Nordvorpommern, Teil II. Hausarbeit im Rahmen der 1. Staatsprüfung für das Lehramt, Universität Greifswald, Geographisches Institut (1993)

Jeggle, U.: Kiebingen – eine Heimatgeschichte. Zum Prozeß der Zivilisation in einem schwäbischen Dorf. Tübingen: Tübinger Vereinigung für Volkskunde (1977), (= Untersuchungen des Ludwig-Uhland-Instituts der Universität Tübingen 44)

Jensen, A. R.: Genetic and behavioral effects of nonrandom mating. In: Osborne, R. T., Noble, C. E. und N. Weyl (Hrsg.): Human Variation: Biopsychology of Age, Race and Sex. New York: Academic (1978), S. 5–105

Jensen, A. R.: Bias in Mental Testing. London: Methuen (1980)

Juda, A.: Höchstbegabung. München: Urban und Schwarzenberg (1953)

Jürgens, H. W.: Die Asozialität als biologisches und sozialbiologisches Problem. Stuttgart: Enke (1961)

Kalibova, K. und Z. Pavlik: Cechy demograficzne ludnosci cyganskiej w Czechoslowacji. Studia Demograficzne, No. 3 (1988), S. 37–55

Kalvoda, J.: The gypsies of Czechoslovakia. In: Crowe, D. M. und J. Kolsti (Hrsg.): The Gypsies of Eastern Europe. New York: Sharpe (1991), S. 93–116

Karzmark, P., Heaton, R. K., Grant, I. und C. G. Matthews: Use of demographic variables to predict full scale IQ: A replication and extension. Journal of Clinical and Experimental Neuropsychology 7 (1985), S. 412–420

Keuschnig, G.: Bevölkerungsgeographische Untersuchung über Karres und Karrösten. Diss., Universität Innsbruck (1973)

Klawitter, N. und S. Willeke: Die geteilte Stadt. Auf der Elbinsel liegt der Traum von einem solidarischen Leben begraben. Die Zeit, Nr. 1 (26. 12. 1997), S. 9–11

Kleine-Brockhoff, T.: Protest, was sonst? Warum DVU und Republikaner im Stadtteil Wilhelmsburg auf 17,4 Prozent kamen. Die Zeit, Nr. 40 (26. 9. 1997), S. 40

Kleinert, D.: Schöne neue Multi-Kulti-Welt – Die Türken in Berlin. Epoche, Nr. 136 (1998), S. 32–34.

Kleinert, H.: Zensur, Zeugnis, Schulzeugnis. In: Kleinert, H. et al. (Hrsg.): Lexikon der Pädagogik, Bd. II. Bern: A. Francke (1951), S. 919–923

Klier, F.: Verschleppt ans Ende der Welt. Schicksale deutscher Frauen in sowjetischen Arbeitslagern. Berlin: Ullstein (1998)

Knöpfel, L.: Die Statistik der Juden und die Statistischen Ämter. In: Statistik der Juden. Berlin: Jüdischer Verlag (1918), S. 13–20

Kober, C.: Zu Problemen der sozialen Reproduktion ausgewählter Gruppen der Intelligenz in der DDR. Diss. A, Akademie für Gesellschaftswissenschaften bei ZK der SED, Institut für marxistisch-leninistische Soziologie, Berlin (1983)

Koch, R.: Ein erster Schritt zur Integration. Europäisches Unikat: In Tschechien öffnete eine Mittelschule für Roma. Die Rheinpfalz (5. 9. 1998)

Kohmaier, F.: Das österreichische Sozialsystem vor dem Zusammenbruch. In: Freiheit und Verantwortung. Jahrbuch für politische Erneuerung 1996. Wien: Freiheitliche Akademie (1996), S. 397–412

Konecny, J.: Die Mythen in mir. Ein Tscheche kehrt heim aus der Emigration – und wundert sich. Die Zeit, Nr. 7 (9. 2. 1996), S. 13

Kovacs, S.: Sur les pas des Tsiganes (2). Hongrie: les grands perdants de la transition. Le Monde (6. 8. 1998), S. 4

Krause, W.: Experimentelle Untersuchungen über die Vererbung der zeichnerischen Begabung. Zeitschrift für Psychologie 126 (1932), S. 86–145

Kreul, W.: Fünf Jahre „neues Südafrika". Epoche, Nr. 141 (1999), S. 44–48

Kurek, N. S.: Geschichte und Ursachen des Verbots der Psychotechnik und Pädologie in der ehemaligen UdSSR. In: Jaeger, S., Stauble, I., Sprung, L. und H.-P. Brauns (Hrsg.): Psychologie im soziokulturellen Wandel – Kontinuitäten und Diskontinuitäten. Frankfurt/Main: P. Lang (1995), S. 194–199 (= Beiträge zur Geschichte der Psychologie 10)

Kyllonen, P. C. und R. E. Christal: Reasoning ability is (little more than) working memory capacity?! Intelligence 14 (1990), S. 389–433

Lange, F.: Die Deutschbalten – Hindernis für eine Annäherung zwischen Lettland und dem Dritten Reich? Nordost-Archiv, N. F. 5 (1996), S. 349–362

Langner, G.: Fertility of populations as a function of the attained level of life expectancy in the course of human evolution. Historical Social Research 21 (1996) No. 4, S. 24–55

Lehrl, S.: Mehrfachwahl-Wortschatz-Intelligenztest MWT-B. Erlangen: Perimed (1989)

Lehrl, S. und B. Fischer: The basic parameters of human information processing: Their role in the determination of intelligence. Personality and individual Differences 9 (1988), S. 883–896

Lehrl, S. und B. Fischer: A basic information psychological parameter (BIP) for the reconstruction of intelligence. European Journal of Personality 4 (1990), S. 259–286

Lehrl, S., Gallwitz, A., Blaha, L. und B. Fischer: Theorie und Messung der biologischen Intelligenz mit dem Kurztest KAI. Die allgemeinen Basisgrößen der Informationsverarbeitung. Ebersberg: Vless (1991)

Leidensweg der Deutschen im kommunistischen Jugoslawien. München: Verlag der Donauschwäbischen Kulturstiftung (1995)

Lenz, F.: Menschliche Auslese und Rassenhygiene (Eugenik). 3. Auflage. München: J. F. Lehmanns Verlag (1931), (= Baur, E., Fischer, E. und F. Lenz: Menschliche Erblichkeitslehre und Rassenhygiene, Bd. 2)

Liem, Y.-S.: Überseechinesen – eine Minderheit. Zur Erforschung interethnischer Vorurteile in Indonesien. Aachen: Edition Herodot/Rader (1986)

Liminski, J.: Das Humankapital Familien im Zeitalter der Dekadenz. Epoche, Nr. 138 (1998), S. 12–14

Lynn, R.: Race differences in intelligence: a global perspective. Mankind Quarterly 31 (1991), S. 255–296

Maas, F.: Über die Herkunftsbedingungen der geistigen Führer. Archiv für Sozialwissenschaften und Sozialpolitik 41 (1916), S. 144–186

McCall, R. B.: Childhood IQ's as predictors of adult educational and occupational status. Science 197 (1977), S. 482–483

MacDonald, K.: A People That Shall Dwell Alone: Judaism as a Group Evolutionary Strategy. Westport, CT: Praeger (1994)

Maninger, S.: Schöne neue Multikulti-Welt. Junge Freiheit, Nr. 35 (21. 8. 1998), S. 10

Maquet, J. J.: The Premise of Inequality in Ruanda. A Study of Political Relations in a Central African Kingdom. London: Oxford University Press (1961)

Massey, D. S. und N. A. Denton: American Apartheid: Segregation and the Making of the Underclass. Cambridge, MA: Harvard University Press (1993)

Matarazzo, J. D.: Wechsler's Measurement and Appraisel of Adult Intelligence. New York: Oxford University Press (1972)

Medick, H.: Strukturen und Funktion der Bevölkerungsentwicklung im protoindustriellen System. In: Kriedte, P., Medick, H. und J. Schlumbohm: Industrialisierung vor der Industrialisierung. Gewerbliche Warenproduktion auf dem Land in der Formationsperiode des Kapitalismus. Göttingen: Vandenhoeck und Ruprecht (1977), S. 155–193 (= Veröffentlichungen des Max-Planck-Instituts für Geschichte 53)

Medick, H.: Weben und Überleben in Laichingen 1650–1900. Lokalgeschichte als Allgemeine Geschichte. Göttingen: Vandenhoeck und Ruprecht (1996), (= Veröffentlichungen des Max-Planck-Instituts für Geschichte 126)

Melcher, H.: Die Gezeichneten. Das Erleben eines 16jährigen Kriegsfreiwilligen der Waffen-SS beim Endkampf in Prag und in sowjetischer Kriegsgefangenschaft 1945–1950. Leoni am Starnberger See: Dreffel (1985)

Metzke, H.: Die soziale Mobilität der Schäfer und Hirten im nördlichen Sachsen im 17. und 18. Jahrhundert. Zeitschrift für Agrargeschichte und Agrarsoziologie 41 (1993), S. 152–173

Metzke, H.: Die soziale Mobilität der Müller im nördlichen Sachsen im 17. und 18. Jahrhundert. Zeitschrift für Agrargeschichte und Agrarsoziologie 46 (1998), S. 148–167

Mönch, R.: Mit fremder Sprache an deutschen Schulen: Alle werden überfordert. Mangelnde Deutschkenntnisse behindern Integration. Eltern auf dem Rückzug. Der Tagesspiegel (26. 1. 1997), S. 9

Mohr, H.: Talente – vererbt oder anerzogen? Biologie in unserer Zeit 4 (1974), S. 29–30

Müller, J.: Siebungsvorgänge bei der Abwanderung vom Dorfe. Archiv für Bevölkerungswissenschaft und Bevölkerungspolitik 7 (1937), S. 33–54

Müller, J.: Ein deutsches Bauerndorf im Umbruch der Zeit. Sulzthal in Mainfranken. Eine bevölkerungspolitische, soziologische und kulturelle Untersuchung. Würzburg: H. Stürtz (1941)

Müller, K. V.: Die Bedeutung des deutschen Volkes im Tschechentum. Archiv für Bevölkerungswissenschaft und Bevölkerungspolitik 9 (1939), S. 325–358 und 385–404

Müller, M. und W. Karle: Social selection in educational systems in Europe. European Sociological Review 9 (1993), S. 1–23

Müller, T.: Stadt stockt Etat für Sozialhilfe auf. 23 Millionen Mark zusätzlich vonnöten/ Zahl der Bedürftigen wuchs seit Ende 1996 um die Hälfte. Leipziger Volkszeitung (15. 12. 1998), S. 11

Müller, W. und D. Haun: Bildungsungleichheit im sozialen Wandel. Kölner Zeitschrift für Soziologie und Sozialpsychologie 46 (1994), S. 1–42

Neubauer, A.: Intelligenz und Geschwindigkeit der Informationsverarbeitung. Wien: Springer (1995)

Neubauer, G., Emmerich, I., Starke, K. und K. Weller: Trauscheine Ost oder „Wilde“ Ehe West? Lebenslaufplanung, Partnerschaft und Sexualität von Studierenden. In: Neubauer, G., Melzer, W. und K. Hurrelmann (Hrsg.): Jugend im deutsch-deutschen Vergleich. Die Lebenslage der jungen Generation im Jahr der Vereinigung. Neuwied: Luchterhand (1992), S. 141–177

Neymark, E.: Selektiv Rörlighet. Stockholm: Personaladministrativa Radet (1961)

Niekisch, E.: Hitler – ein deutsches Verhängnis. Berlin: Widerstandsverlag (1932)

Noelle-Neumann, E.: Demoskopische Geschichtsstunde. Vom Wartesaal der Geschichte zur Deutschen Einheit. Zürich: Edition Interfrom (1991)

Noelle-Neumann, E.: Wertewandel in der öffentlichen Meinung. In: Lübbe, H., Noelle-Neumann, E. und H.-P. Repnik: Werte im pluralistischen Staat. Sankt Augustin: Konrad-Adenauer-Stiftung (1997), (= Aktuelle Fragen der Politik 46)

Noelle-Neumann, E.: Später Sieg des linken Zeitgeistes. Das Ringen zwischen Gleichheit und Freiheit: Bahnt sich eine Trendwende an? Die politische Meinung, Nr. 349 (1998), S. 5–15

Nossig, A.: Statistik und Wohlfahrtspflege. In: Statistik der Juden. Berlin: Jüdischer Verlag (1918), S. 36–41

Nuttin, J.: De verstandelijke begaafdheid van de jeugd in de verschillende sociale klassen en woonplatsen. Medelingen van de Koninklijkle Vlaames Academie voor Wetenschappen, Letteren en Schone Kunsten van Belgie, Klasse der Letteren 27, Nr. 7 (1965)

Obst, W.: Der Rote Stern verglüht. Moskaus Abstieg – Deutschlands Chance. München: Wirtschaftsverlag Langen-Müller/Herbig (1985)

Oden, M. H.: The fulfillment of promise: 40-year follow-up of the Terman gifted group. Genetical Psychology Monographs 77 (1968), S. 3–93

Oeter, F.: Der unsoziale Sozialstaat. Notwendige Anpassung der Politik an die Lebensverhältnisse in Gegenwart und Zukunft. München: E. Reinhardt (1989), (= Deutsche Liga für das Kind in der Familie und Gesellschaft, Schriftenreihe 17)

Ogbu, J. U.: The consequences of the American caste system. In: Neisser, U. (Hrsg.): The School Achievement of Minority Children. Hillsdale, N. J.: L. Erlbaum (1986), S. 19–56

Olivier, G. und G. Devigne: Biology and social structure. Journal of biosocial Science 15 (1983), S. 379–389

Orwell, G.: Nineteen Eighty-Four. 1949, zitiert nach der Übersetzung von M. Walter: Frankfurt/M.: Ullstein (1990)

Oschlies, W.: Asylbewerber aus dem Karpatenbogen. Versuche über Geschichte, Gegenwart und soziale Probleme der Zigeuner Rumäniens. Köln 1993 (= Berichte des Bundesinstituts für ostwissenschaftliche und internationale Studien 41)

Oswald, W. D.: Über Zusammenhänge zwischen Informationsverarbeitungsgeschwindigkeit, Alter und Intelligenzstruktur beim Kartensortieren. Psychologische Rundschau 22 (1971), S. 197–202

Oswald, W. D. und E. Roth: Der Zahlen-Verbindungs-Test ZVT. Handanweisung. Göttingen: Hogrefe (1978)

Pearson, R.: Race, Intelligence and Bias in Academe. Washington, D. C.: Scott-Townsend (1991)

Peters, W.: Über Vererbung psychischer Fähigkeiten. Fortschritte der Psychologie 3 (1915), S. 185–382

Pfister, C. (Hrsg.): Das 1950er Syndrom. Der Weg in die Konsumgesellschaft. Bern: Haupt (1997)

Plomin, R., DeFries, J. C., McClearn G. E. und M. Rutter: Behavioral Genetics. New York: Freeman (1997), (Gene, Umwelt und Verhalten. Bern: H. Huber [1999])

Polizeiliche Kriminalstatistik (PKS). Bonn: Bundesinnenministerium (1995)

Pollmer, K.: Zur Bedeutung von Fähigkeiten, Motiven und Interessen für Leistungserfolg von Spezialschülern mathematisch-naturwissenschaftlich-technischer Richtung. Ein Beitrag zur Hochbegabungsforschung. Rostock: Wilhelm-Pieck-Universität, Diss. B (1989)

Prayer, F. M.: Religion und das gewöhnliche Volk in Bayern in der Zeit von 1750–1850. Miscellanae Bavarica Monacensia, H. 21 (1970)

Radnitzky, G.: Der Weg des Erfolges: Freiheit statt Gleichheit. Epoche, Nr. 138 (1998), S. 15–18

Redl, K.: Sozialanthropologische Aspekte der Variation von Körperhöhe und Intelligenztestleistung in Österreich. Diplomarbeit, Formal- und Naturwissenschaftliche Fakultät der Universität Wien (1991)

Reicherzer, J.: Auf alles gefaßt. Israel: Weniger Juden als erwartet verlassen die GUS-Staaten. Die Zeit, Nr. 41 (1992), S. 44

Reichle, H.: Die Auswirkungen der güterrechtlichen Gebräuche und der Erbgewohnheiten auf die Hofübergabe im württembergischen Allgäu. Untersuchungen in 21 Gemeinden des Kreises Wangen. Diss., Landwirtschaftliche Hochschule Hohenheim (1953)

Reumann, K.: Los statt Leistung? Wie man die Schulen nivelliert. Hessen ist ein trauriges Beispiel. Frankfurter Allgemeine Zeitung (19. 3. 1992), S. 16

Rindermann, H. und K. A. Heller: Achtjähriges Gymnasium mit besonderen Anforderungen: Evaluationsergebnisse zu den ersten vier Meßzeitpunkten. 5. Tagung Pädagogische Psychologie, Leipzig, September 1995, S. 1–16

Rindfuss, R. R., Bumpass, L. und C. S. John: Education and fertility: Implications for the roles women occupy. American Sociological Review 45 (1980), S. 431–447

Ritgen, H.: Die Geschichte der Panzer-Lehr-Division im Westen 1944–45. Stuttgart: Motorbuchverlag (1979)

Röhm, H. O.: Das bevölkerungspolitische und wirtschaftliche Gesicht des Dorfes Gruibingen in den Jahren 1838–1938. Untersuchungen über die Notlage der Gruibinger Landwirtschaft und ihre Ursachen. Berichte über die Landwirtschaft, N. F., 26 (1940), S. 377–476

Rohn, I.: Bevölkerung und Landwirtschaft in Kitzbühel. In: Stadtbuch Kitzbühel I. Kitzbühel: Stadtgemeinde (1967)

Ropp, K. Frh. von der: Vom Umbruch zum Zusammenbruch? Das Post-Apartheid-Südafrika. Liberal 38, H. 2 (1996), S. 69–74

Rossmann, J.: Heredity and invention. Journal of Heredity 21 (1930), S. 507–512

Rüdin, E.: Lebensbewährung, Gesundheitsverhältnisse und Herkunft einer bestimmten Gruppe von Einserabiturienten und ihrer Verwandtschaft. Zeitschrift für menschliche Vererbungs- und Konstitutionslehre 30 (1951), S. 166–211

Ruf, A.: Die Entwicklung der Weltbevölkerung und die Rolle der Frauen. Acta Demographica (1994–1996), S. 29–37

Sasportas, V.: Sur les pas des Tsiganes (fin). En France, „on ne peut pas avoir pire image que celle qu'on a déja". Le Monde (11. 8. 1998), S. 4B

Schneider, W.: Zwei Jahre sind genug. Ein Plädoyer für mehr Qualität in der gymnasialen Oberstufe. Die politische Meinung, Nr. 336 (1997), S. 70–74

Schreiber, W.: Existenzsicherheit in der industriellen Gesellschaft. Vorschläge des Bundes Katholischer Unternehmer zur Reform der Sozialversicherungen. Köln: J. P. Bachem (1955), (= Schriftenreihe des Bundes Katholischer Unternehmer 3)

Schwanitz, D.: Der Zirkel. Frankfurt/M.: Eichborn (1998)

Schwartz, M.: Sozialistische Eugenik. Eugenische Sozialtechnologien in Debatten und Politik der deutschen Sozialdemokratie 1890–1933. Bonn: J. H. W. Dietz Nachfolger (1995), (= Forschungsinstitut der Friedrich-Ebert-Stiftung, Reihe Politik und Gesellschaftsgeschichte, Bd. 42)

Schwarz, K.: Bedeutung der Berufsbildungsabschlüsse für Verheiratung und Kinderzahl der Frauen und Männer in den alten Bundesländern. Zeitschrift für Bevölkerungswissenschaft 24 (1999), S. 213–220

Schwind, H.-D.: Kriminologie. Eine praxisorientierte Einführung mit Beispielen. 6. Auflage. Heidelberg: Kriminalistik-Verlag (1995), (= Grundlagen. Die Schriftenreihe der Kriminalistik 28)

Seidler, F. W.: Wehrmachtsrichter und Deserteure. Nicht einmal jeder zehnte Fahnenflüchtige entwich aus politischen Gründen. Die politische Meinung, Nr. 317 (1996), S. 53–60

Siegmund, H.: Deutschen-Dämmerung in Siebenbürgen (Verdrängung oder Vernichtung?). Hermannstadt: Honterus (1931)

Silva, N. do Valle und C. A. Hasenbalg: Relacoes raciais no Brasil contemporaneo. Rio de Janeiro: Rio Fundo Ed. (1992)

Simoneit, M.: Fort mit der Schulzensur. Das Beurteilen von Schülerleistungen. Berlin: Bernard und Graefe (1952), (= Schriften zur Schulpsychologie 5)

Skipp, V.: Crisis and Development. An Ecological Case Study of the Forest of Arden 1570–1674. Cambridge: Cambridge University Press (1978)

Smythies, J. R.: The neurochemical basis of learning and neurocomputation: the redox theory. Behavioural Brain Research 99 (1999), S. 1–9

Sozialleistungen. Sozialhilfe in Deutschland: Entwicklung und Strukturen. Wiesbaden: Statistisches Bundesamt (1999)

Spearman, C.: „General intelligence", objectively determined and measured. American Journal of Psychology 15 (1904), S. 201–293

Spiess, K.-H.: Familie und Verwandtschaft im deutschen Hochadel des Spätmittelalters. 13. bis Anfang des 16. Jahrhunderts. Stuttgart: Franz Steiner (1993), (= Beihefte Vierteljahresschrift für Sozial- und Wirtschaftsgeschichte 111)

Srb, V.: Soupisy a scitani Cikanu-Romu v Ceskoslovensku v letech 1947–1980 a odhady jejich poctu do roku 2000 resp. 2020. Historicka demografie 11 (1987), S. 189–206

Starke, K.: Leistungsentwicklung im Studium. Bedingungen und Faktoren hoher Studienleistungen. Forschungsbericht. Leipzig: Zentralinstitut für Jugendforschung (1989)

Sternberg, R. J.: Costs and benefits of defying the crowd in science. Intelligence 26 (1998), S. 209–215

Stewart, N.: A. G. C. T. scores of army personnel grouped by occupation. Occupations 26 (1947), S. 5–41

Süllwold, F.: Das unmittelbare Behalten und seine denkpsychologische Bedeutung. Göttingen: Hogrefe (1964)

Süllwold, F. (Hrsg.): Begabung und Leistung. Hamburg: Hoffmann und Campe (1976)
Süllwold, F.: Intelligenzdiagnostik und Intelligenztheorie. In: Binet und die Folgen. Zürich: Kindler (1977), S. 236–286 (= Die Psychologie des 20. Jahrhunderts, Bd. 5)
Szabo, G.: Die Roma in Ungarn. Ein Beitrag zu einer Sozialgeschichte einer Minderheit in Ost- und Mitteleuropa. Frankfurt/Main: P. Lang (1991)
Teasdale, T. W. und D. R. Owen: Continuing secular increases in intelligence and a stable prevalence of high intelligence levels. Intelligence 13 (1989), S. 255–262
Teasdale, T. W., Sorenson, T. I. A. und D. R. Owen: Social class in adopted and non-adopted siblings. Behavior Genetics 14 (1984), S. 587–593
Terman, L. M.: Genetic Studies of Genius. Vol. 1. Mental and Physical Traits of a Thousand Gifted Children. Stanford: Stanford University Press (1925)
Terman, L. M. und M. H. Oden: Genetic Studies of Genius. Vol. IV. The Gifted Child Grows up: Twenty Five Years' Follow-up of Superior Group. Stanford: Stanford University Press (1948)
Tibi, B.: Kein Modell für Europa. Die politische Meinung, Nr. 312 (1995), S. 79–85
Tillmann, K.-J.: Einheitlichkeit und Differenzierung? Die bundesdeutsche Schulentwicklung und die Reformdiskussion in den neuen Bundesländern. Dialoge, H. 2 (1990), S. 16–17
Tilly, C.: Demographic origins of the European proletariat. In: Levine, D. (ed.): Proletarianization and Family History. Orlando: Academic Press (1984), S. 1–85
Trojanow, I.: Das Leben ist anderswo. Im bulgarischen Lukowit verschwindet die neue Zeit unter den Halden der Vergangenheit. Frankfurter Allgemeine Zeitung (26. 7. 1997)
Twine, F. W.: Mapping the terrain of Brazilian racism. Race and Class 38 (1997), S. 49–60
Uebel, C.: Publizieren, agitieren, polarisieren. In Deutschland hat sich, weitgehend unbeachtet, eine zweite Medien- und Meinungslandschaft entwickelt – die türkische. Die Zeit, Nr. 45 (1. 11. 1996), S. 63
Vandenberg, S. G.: Assortative mating, or who marries whom? Behavior Genetics 2 (1972), S. 127–157
van den Berghe, P. L.: Race and Racism. A Comparative Perspective. New York: Wiley (1967)
Vekerdi, J.: On the social prehistory of the gypsies. Acta Orientalia Academiae Scientiarum Hung. 35 (1981), S. 245–254
Vernon, P. A. (Hrsg.): Speed of Information-Processing and Intelligence. Norwood: Ablex (1987)
Visher, S. S.: Environmental background of leading American scientists. American Sociological Review 13 (1948), S. 65–72
von Bracken, H.: Humangenetische Psychologie. In: Becker, P. E. (Hrsg.): Humangenetik. Bd. I/2. Stuttgart: Thieme (1969), S. 409–561
von Münchhausen, T.: „Unsere Vorfahren, die Gallier ...“. Frankreich will die Staatsangehörigkeitsbestimmungen reformieren. Frankfurter Allgemeine Zeitung (17. 6. 1993), S. 12
von Schilcher, F.: Vererbung des Verhaltens. Stuttgart: Thieme (1988)
von Stahl, A.: Deutsche Mutprobe. Junge Freiheit (12. 2. 1999), S. 16
Weber, G. und R. Weber: Zendersch. Eine siebenbürgische Gemeinde im Wandel. Münster: Delp (1985)
Weidlich, W.: Multikulturalität und Migration. Die politische Meinung, Nr. 318 (1996), S. 51–61
Weinryb, B. D.: The Jews of Poland. A Social and Economic History of the Jewish Community in Poland from 1100 to 1800. Philadelphia: The Jewish Publication Society of America (1973)

Weinstock, H.: Realer Humanismus. Heidelberg: Quellen und Meyer (1955)

Weiss, V.: Ergebnisse zur Genetik der mathematisch-technischen Begabung, erzielt mit soziologischer Methodik. Diss., Biowissenschaftliche Fakultät der Humboldt-Universität zu Berlin (1972)

Weiss, V.: Zum Gedenken an den 100. Geburtstag des Psychologen und Genetikers Wilhelm Peters (1880–1963). Biologische Rundschau 18 (1980a), S. 295–300

Weiss, V.: Inbreeding and genetic distance between hierarchically structured populations measured by surname frequencies. Mankind Quarterly 21 (1980b), S. 135–149

Weiss, V.: Klassischer und probabilistischer Mendelismus: Ein wissenschaftsgeschichtlicher Beitrag zur Latenz wissenschaftlicher Ideen. Biologisches Zentralblatt 101 (1982a), S. 597–607

Weiss, V.: It could be Neolysenkoism, if there was ever a break in continuity. Mankind Quarterly 31 (1991), S. 231–253

Weiss, V.: Major genes of general intelligence. Personality and individual Differences 1 (1992a), S. 1115–1134

Weiss, V.: The relationship between short-term memory capacity and EEG power spectral density. Biological Cybernetics 68 (1992b), S. 165-172

Weiss, V: It is no task of science to promote equality. Biologisches Zentralblatt 111 (1992c), S. 185–186

Weiss, V.: Leistungsstufen der Begabung und dreigliedriges Schulsystem. Zeitschrift für Pädagogische Psychologie 7 (1993a), S. 171–183 und 197–200

Weiss, V.: Bevölkerung und soziale Mobilität: Sachsen 1550–1880. Berlin: Akademie-Verlag (1993b)

Weiss, V.: Mathematical giftedness and family relationship. European Journal of High Ability 5 (1994a), S. 58–67

Weiss, V.: Bevölkerungsgeschichte und die Freiheit der Wissenschaft. Flugschriften für Eine deutsche Wissenschaftslandschaft 1, Leipzig (Mai 1994b), S. 1–8

Weiss, V.: Memory span as the quantum of action of thought. Cahiers de Psychologie Cognitive 14 (1995a), S. 387–408

Weiss, V.: The advent of a molecular genetics of general intelligence. Intelligence 20 (1995b), S. 115–124

Weiss, V.: Ungleiche Intelligenz und soziale Hierarchie als Ansatzpunkte unserer Evolution. Ethik und Sozialwissenschaften 7 (1996a), S. 168–171

Weiss, V.: Die Deutsche Zentralstelle für Genealogie und ihre Aufgaben. Jahrbuch der historischen Forschung in der Bundesrepublik Deutschland. Berichtsjahr 1995 (1996b), S. 30–33

Weiss, V.: Die Mitglieder entscheiden: Gesellschaft für Anthropologie – wissenschaftliche Gesellschaft oder nur verkappte Plattform? Flugschriften für Eine deutsche Wissenschaftslandschaft 3, Leipzig (März 1997), S. 1–2

Weiss, V.: Second Open Letter to Research Workers in the One-Carbon Metabolism Field. Leipzig, August 2, (1999), S. 1–5

Weiss, V. und K. Butter: Familienbuch für Zschocken/Krs. Zwickau 1540–1720. Rekonstruktion der Familien eines großen Bauerndorfes ohne Kirchenbücher aus den Gerichtsbüchern und den archivalischen Quellen der Nachbarorte. Leipzig: Historische Kommission der Sächsischen Akademie der Wissenschaften (1988), (= Quellen und Forschungen zur sächsischen Geschichte 9)

Weiss, V., Lehrl, S. und H. Frank: Psychogenetik der Intelligenz. Dortmund: Modernes Lernen (1986), (= Beiband zu Jahrgang 27 der Zeitschrift Grundlagenstudien aus Kybernetik und Geisteswissenschaft/Humankybernetik, darin Nachdruck von:

Weiss, V.: Psychogenetik: Humangenetik in Psychologie und Psychiatrie. Jena: G. Fischer (1982b). Genetik. Grundlagen, Ergebnisse und Probleme in Einzeldarstellungen 12)

Weiss, V. und K. Münchow: Ortsfamilienbücher mit Standort Leipzig in Deutscher Bücherei und Deutscher Zentralstelle für Genealogie. 2. Auflage. Neustadt/Aisch: Degener (1998)

Weiss, W.: Bevölkerungsentwicklung im ländlichen Raum Ostdeutschlands am Beispiel der Region Vorpommern – Aktuelle Prozesse, Potentiale und Restriktionen für die Raumentwicklung. In: Gans, P. und F.-J. Kemper (Hrsg.): Mobilität und Migration in Deutschland. Erfurter Geographische Studien 3 (1995), S. 115–133

Westendorp, R. G. J. und T. B. L. Kirkwood: Human longevity at the cost of reproductive success. Nature 396 (1998), S. 743–746

Weyl, N. und M. Weitz: Ashkenazi brainpower. Midstream (February 1986), S. 22–24

Wienke, P.: Die promovierte naturwissenschaftlich-technische Intelligenz in der DDR. Bochum: Studienverlag Dr. N. Brockmeyer (1989), (= Beiträge zur Deutschlandforschung 5)

Wilson, R. S., Rosenbaum, G., Brown, G., Rourke, D., Whitman, D. und J. Grisell: An index of premorbid intelligence. Journal of Consulting and Clinical Psychology 46 (1978), S. 1554–1555

Wingen, M.: Elternleistung anerkennen. Ohne Eingriffe in die Besitzstände der Kinderlosen läßt sich die Familienpolitik nicht finanzieren. Die politische Meinung, Nr. 323 (1996), S. 69–74

Wülker, H.: Bauerntum am Rande der Großstadt. I. Bevölkerungsbiologie der Dörfer Hainholz, Vahrenwald und List (Hannover). Leipzig: S. Hirzel (1940), (= Bäuerliche Lebensgemeinschaft 1)

Zaunick, R. (Bearb.): J. C. Poggendorff Biographisch-Literarisches Handwörterbuch der exakten Naturwissenschaft. Bd. VIIa – Supplement. Berlin: Akademie-Verlag (1969–1971)

Ziegenspeck, J.: Zensur und Zeugnis in der Schule. Darstellung der allgemeinen Problematik und der gegenwärtigen Tendenzen. Hannover: H. Schroedel (1976)

Zimmer, D. E.: Der Mythos der Gleichheit. Erweiterte Fassung des ZEIT-Dossiers „Wir, die Ungleichen". München: R. Piper (1980), (= Serie Piper 212)

Zimmer, D. E.: Deutsch und anders. Die Sprache im Modernisierungsfieber. Reinbek bei Hamburg: Rowohlt (1997)

Zwahr, H.: Vertragsgemeinschaft, Konföderation oder Vereinigung? Die Übergänge zur nationaldemokratischen Revolution in der DDR im Herbst 1989. In: John, U. und J. Matzeratz (Hrsg.): Landesgeschichte als Herausforderung und Programm. Karlheinz Blaschke zum 70. Geburtstag. Leipzig: Verlag der Sächsischen Akademie der Wissenschaften (1997), S. 709–729

PERSONEN- UND SACHREGISTER

NACHWORT ZUR NEUAUSGABE

Der IQ, das bedeutet stets Ungleichheit

Im Jahre 2002 wurden zwei für die Intelligenzforschung außerordentlich wichtige Bücher veröffentlicht, „IQ and the Wealth of Nations“ (Der IQ und der Wohlstand der Nationen) von Richard Lynn und Tatu Vanhanen (1929–2015) und die Ergebnisse der ersten PISA-Studie (OECD, 2002). Um IQ-Testergebnisse in verschiedenen Ländern vergleichen zu können, setzte Lynn für den mittleren IQ Großbritanniens den Wert 100 mit einer Standardabweichung von 15. Er berechnete die Mittelwerte der anderen Länder in bezug zu diesem „Greenwich-IQ“[1]. Bei dem Raven-Matrizen-Test SPM ist der mittlere britische phänotypische IQ seit 1938, als der Test entworfen wurde, bis 1979 pro Jahrzehnt um etwa zwei Punkte angestiegen. Lynn hat unter Berücksichtigung dieses säkularen Anstiegs die Testwerte weltweit korrigiert. Daß ihm mit dieser Schätzung ein großer Wurf gelungen war, zeigte sich erst, als die PISA-Mittelwerte in IQ-Werte transformiert wurden.

PISA-Werte mit dem Mittelwert 500 und der Standardabweichung 100 können in IQ-Werte mit dem Mittelwert 100 und der Standardabweichung 15 umgewandelt werden, indem man die Abweichung vom Mittelwert im Verhältnis 15 zu 100 addiert oder subtrahiert. Der PISA-Wert 433 entspricht dann dem IQ 90, der PISA-Wert 567 dem IQ 110.

2000 erreichte Großbritannien einen PISA-IQ von 100 und im Jahre 2009 einen von 97. Wenn wir Lynns Definition folgen, so müßten wir auch diesen IQ 97 als „Greenwich-IQ“ 100 ansetzen. Wenn der Durchschnitts-IQ von Großbritannien aber sinkt, wäre es keine gute Lösung, den IQ der gesamten Welt an der Wasserlinie eines einzelnen sinkenden Schiffes festzumachen. Um dieser Zwickmühle zu entgehen, kann man die arithmetischen Mittel der PISA-Werte von 2000 bis 2018 an sieben Staaten eichen, deren IQ-Mittelwert von Lynn und Vanhanen mit 100 angegeben wurde. Insgesamt gesehen gleichen sich Anstieg und Sinken des IQ in diesen sieben Ländern so aus, daß ihr Mittelwert bisher stets genau 100 ergibt. Das verdeckt jedoch, daß auch insgesamt der absolute Mittelwert dieser sieben Staaten sinken kann oder schon sinkt.

---

[1] Dieser von mir geprägte Begriff ist ebenso wie die Umrechnung von PISA-Werten in IQ-Werte und ihr Vergleich (beides seit 2004 nachzulesen auf meiner Homepage v-weiss.de/table.html) inzwischen Allgemeingut der internationalen Intelligenzforschung geworden.

PISA-Ergebnisse (Mittelwert 500; Varianz 100) des mathematischen Verständnisses der Jahre 2000 bis 2018 einiger Staaten und die Mittelwerte von sieben Staaten (deren mittlerer IQ bei Lynn-Vanhanen 100 war) sowie die Umrechnung der PISA-Werte von 2018 in die IQ-Skala (Mittelwert 100; Varianz 15; vorletzte Spalte), im Vergleich zu den Ergebnissen von Intelligenztests im 20. Jahrhundert (nach Lynn und Vanhanen 2002, siehe L/V-IQ 2002; letzte Spalte)

Staat	PISA 2000	PISA 2006	PISA 2012	PISA-IQ 2018	L/V-IQ 2002
Belgien	520	520	515	100	100
Kanada	533	527	518	101	97
Niederlande	(535)*	531	523	102	102
Neuseeland	537	522	500	98	100
Schweden	510	502	478	99	101
Schweiz	529	530	531	102	101
Großbritannien	529	495	494	99	100
Mittelwert dieser sieben Staaten	528	518	508	100	100
Albanien	381	-	394	85	90
Argentinien	388	381	388	81	96
Australien	533	520	504	98	98
Österreich	515	505	506	99	102
Brasilien	334	370	391	82	87
Bulgarien	430	413	439	89	93
Chile	384	411	423	86	93
Kolumbien	-	376	376	83	89
Kroatien	-	467	471	94	90
Finnland	536	548	519	100	97
Frankreich	517	496	495	98	98
Deutschland	490	504	514	99	102
Griechenland	447	459	453	92	92
Ungarn	488	491	477	96	99
Indonesien	367	391	375	81	89
Japan	557	523	536	103	105
Südkorea	547	547	554	103	106
Lettland	463	486	491	98	97
Mexiko	387	406	413	85	87
Peru	292	-	368	84	90
Rumänien	-	415	445	89	94
Rußland	478	476	482	97	96
Spanien	476	480	484	96	97
Taiwan	-	549	560	104	104
Thailand	432	417	427	87	91
Tunesien	-	365	388	79	84
USA	493	474	481	96	98
Uruguay	-	427	409	87	96

Die Kombination der PISA-Subtests für das Verständnis von Mathematik, Lesetexten und Wissenschaft bringt keine signifikant anderen Ergebnisse, als wenn man den Mathematiktest allein verwendet. Deutschland zum Beispiel erreichte 2006 für das Lesetextverständnis einen PISA-IQ von 98, auf der Wissensschaftskala IQ 99 und für Mathematik IQ 98. Das heißt, alle drei PISA-Skalen messen vor allem den Allgemeinen g-Faktor der Intelligenz.

Bemerkenswerterweise scheuen die Bildungsforscher in ihren Veröffentlichungen die Begriffe „Intelligenz“ (Rost, 2013a) und „IQ“ wie der Teufel das Weihwasser (Rost 2013b, S. 15). Als ich 2002 in Fachzeitschriften der Deutschen Gesellschaft für Psychologie einen Beitrag über die Gleichwertigkeit von Intelligenztests und PISA-Tests[2] (Lehrl, 2005) veröffentlichen wollte, wurde das abgelehnt.[3] Diejenigen, die den Begriff IQ vermeiden wollen, sind jedoch so frei, alle IQ-Werte in „Kompetenzen“ zu transformieren, die der PISA-Skala 500;100 entsprechen. Nach einer solchen Transformation bleiben alle Beziehungen sowie sämtliche Korrelationen und Schlußfolgerungen unverändert.

Allerdings wächst die Gefahr gewünschter Verzerrungen, je mehr die Testergebnisse zu einem Politikum gemacht werden. 2016 wurden auch die Ergebnisse des gegenüber PISA politisch weniger belasteten Schulvergleichstests TIMSS (Trends in International Mathematics and Science Study) von 2015 veröffentlicht, bei dem alle vier Jahre mathematische und naturwissenschaftliche Leistungen von Viertklässlern getestet werden. Dabei ergab sich für Deutschland gegenüber den Leistungen von 2007 ein Rückgang des Mittelwerts, der zwei IQ-Punkten entspricht. Im gleichen Zeitraum stieg laut Pressemeldungen der Anteil der Einwandererkinder in Deutschland von 29 % auf 34 %, ebenso stieg auch der Anteil der Förderschüler. Die Masseneinwanderung nach Mitteleuropa aus Ländern des Nahen und Mittleren Ostens sowie aus Afrika mit IQ-Mittelwerten um 90 oder 80 wird sich im Zielgebiet in einem Absinken des mittleren IQ auswirken (Rindermann, 2015). Während in einer Bevölkerung mit dem Durchschnitts-IQ 100 38 % aller Personen einen IQ über 105 aufweisen, der die Grundlage einer mittleren und höheren Berufsausbildung sein sollte, sind es bei einem mittleren IQ von 90 noch

2 Weiss, V.: researchgate.net/publication/348578704_Warum_meidet_die_Bildungsforschung_den_Intelligenzbegriff_Eine_kritische_Wertung_der_Berichte_zur_PISA-Studie (2002).

3 Worauf ich eine Einladung der Gesellschaft für freie Publizistik zum Thema annahm (Weiss, 2002) und bei den Psychologen austrat (dokumentiert in Weiss, 2019a, S. 285).

16 % (Herkunftsland Türkei), bei einem mittleren IQ von 80 (Herkunftsland Tunesien oder Algerien) noch 5 %, die das Zeug zu einer Existenz als selbständige Händler oder Handwerker oder für höher qualifizierte Arbeit haben.

Lynn hat für zahlreiche Staaten Statistiken über IQ-Tests, Schulleistungstests, Bildungsabschlüsse, Einkommensverteilung, Sozialstatus und manches mehr zusammengestellt und schlußfolgert dann: *„In der ganzen Welt gibt es rassische Hierarchien, und die Rassen mit den höchsten IQ-Mittelwerten stehen an erster Stelle bei Bildungserfolgen, Einkommen und Sozialstatus, im Gesundheitszustand, in der Lebensdauer, und an letzter Stelle bei Kriminalität, Kindersterblichkeit und Fruchtbarkeit. […] Es sind stets die Europäer, die Ostasiaten und die Juden, welche die höchsten IQ-Mittelwerte haben und sich in den sozialökonomischen Hierarchien gut plazieren. […] In multirassischen Gesellschaften gibt es drei Rassengruppen, die mit ihren zwischen den Extremen liegenden IQ-Mittelwerten auch in der sozialökonomischen Hierarchie in der Mitte liegen. Das gilt für die Inder in Großbritannien, in Ostafrika und in Südafrika. Diese Zwischengruppen sind häufig Mischlinge zwischen den Rassen, wie die Mestizen in Lateinamerika und die Latinos in Nordamerika. […] Es gilt auch für die Mulatten in der Karibik und Brasilien und für die Colored in Südafrika. […] Für Sozialwissenschaftler ist eine Erklärung dafür besonders schwierig, warum einige Minderheiten, die als verarmte Einwanderer gekommen sind, ziemlich rasch in den sozialökonomischen Hierarchien aufgestiegen sind, während andere im Bodensatz der Gesellschaft geblieben sind. Wie soll man die raschen sozialökonomischen Erfolge der Chinesen und Japaner in den USA, Kanada, Lateinamerika, Hawaii, Europa und Südostasien erklären? Wie die raschen sozialökonomischen Erfolge der Juden in den USA, Kanada und Großbritannien erklären? Die einzige vernünftige Erklärung ist der hohe IQ dieser Menschen.“* (Lynn 2008, S. 289ff.)

In Südafrika wird keiner auf den Gedanken kommen, Rassen existierten nur in der Einbildung. Wie sollte man sonst eine Politik fortsetzen, bei der die Schwarzen bei Anstellungen, etwa im öffentlichen Dienst, gegenüber Weißen zu bevorzugen sind? Von 1904 bis 2015 hat sich im Land das Zahlenverhältnis von Nichtweiß zu Weiß von 78:22 auf 92:8 verschoben. 2020 waren weniger als 4 % der bis zu fünf Jahre alten Kinder Weiße[4] (so schon in der Projektion von Vol-

[4] en.wikipedia.org/wiki/Demographics_of_South_Africa#Racial_composition_of_each_age_group_in_2020_(estimates), abgerufen am 02.03.2021.

kert, 1940(!), S. 30). Wenn die IQ-Angaben bei Lynn und Vanhanen zuträfen (mittlerer IQ: Schwarze Südafrikas 66, Weiße 94, Farbige 82), dann wäre der mittlere IQ Südafrikas von 1890 bis 2000 von 81 auf gegenwärtig rund 70 gesunken und sänke weiter. Aber wir sollten davon ausgehen, daß bei der Angabe von IQ 66 die fehlende IQ-Akzeleration nicht ausreichend berücksichtigt worden ist. Denn ein mittlerer IQ der Schwarzen Südafrikas von 66 würde bedeuten, daß nicht mehr als 0,01 % von ihnen den kritischen Wert von IQ 105 überschritten, der für eine erfolgreiche Selbständigkeit im Wirtschaftsleben notwendig ist.

Da an PISA auch einige lateinamerikanische Länder teilnahmen, kann man die in IQ-Werte umgerechneten Ergebnisse der PISA-Studien ab 2000 mit den Werten vergleichen, die Jahrzehnte zuvor in IQ-Tests erreicht wurden. Dabei ergibt sich für die lateinamerikanischen Länder für die Geburtsjahrgänge ab 1985 ein klarer Trend nach unten: Brasilien laut Lynn-Vanhanen von IQ 87 auf PISA-IQ 82, Argentinien von IQ 96 auf 81, Chile von IQ 93 auf 86, Kolumbien von IQ 89 auf 83, Mexiko von IQ 87 auf 85, Panama von IQ 85 auf 77, Peru von IQ 90 auf 84 und Uruguay von IQ 96 auf 87.

Der mittlere IQ der Japaner in Brasilien beträgt 99, der der Weißen 95, der der braunen Mulatten 81 und der der Schwarzen 71 (getestet 2001 mit Ravens PM bei Schülern, Geburtsjahrgang 1990; Lynn 2008, S. 68).

Wer derartige Zahlen niederschreibt, ist nach der bei der deutschsprachigen Wikipedia allein erlaubten Meinung eine „Person des Rassismus" (Weiss, 2011b und 2013) und damit automatisch auch eine „Person des Rechtsextremismus", kurzum: ein „betrüblich Verirrter". An den eben zitierten Tatsachen ändert sich dadurch aber nichts. Ich bin seit 2009 auf Lebenszeit für die Mitarbeit an der Wikipedia gesperrt. Meine Einwände habe ich unter der Überschrift „Wikipedia als Tummelplatz des geistigen Lumpenproletariats" veröffentlicht (Weiss, 2020a).

Das Bundesamt für Verfassungsschutz definiert: „Unter Rechtsextremismus werden Bestrebungen verstanden, die sich gegen die im Grundgesetz konkretisierte fundamentale Gleichheit der Menschen richten."[5] Für das Landesamt für Verfassungsschutz der Freien Hansestadt Bremen, des Bundeslandes mit dem niedrigsten Durchschnitts-IQ, bedarf es aber keiner nachweisbaren Bestrebungen mehr; man ist dort schon weiter und verortet den Rechtsextremismus

[5] verfassungsschutz.de/de/service/glossar/rechtsextremismus, abgerufen am 04.03.2021.

in der Gedankenwelt: „Rechtsextremismus ist eine Weltanschauung, die sich vor allem gegen die fundamentale Gleichheit aller Menschen richtet (Ideologie der Ungleichheit).“[6] Jemand, der ein Buch mit dem Titel „IQ Means Inequality“ [Der IQ bedeutet Ungleichheit] (Weiss, 2020b) veröffentlicht, kann sich also in Bremen nicht herausreden. Er könnte jedoch auf das Grundgesetz der Bundesrepublik Deutschland verweisen, in dem es in Artikel 3 (1) nach wie vor heißt: „Alle Menschen sind vor dem Gesetz gleich“[7], und wo von fundamentaler Gleichheit keine Rede ist.

In den nächsten Jahrzehnten werden die meisten Kinder nicht in den Ländern mit einem hohen mittleren IQ geboren werden, sondern in den Armenhäusern der Welt und in Ländern mit einem niedrigen mittleren IQ. Der dadurch zu erwartende Rückgang der Mittelwerte des weltweiten genotypischen IQ von 95 im Jahre 1950 auf 87 im Jahre 2050 würde eine Abnahme des Prozentanteils der Klugen (also derjenigen mit einem IQ über 105) von 22 % auf etwa 10 % bedeuten. Diese Klugen leisten zum Bruttosozialprodukt einen größeren Beitrag, als ihr Prozentanteil aussagt (Friedrich 2021; Henss 2021).

Auch innerhalb entwickelter Staaten beträgt der Unterschied zwischen wirtschaftlich blühenden und eher rückständigen Regionen zehn IQ-Punkte und mehr. In Deutschland z.B. ist der IQ-Mittelwert Bayerns ungefähr zehn Punkte höher als der Bremens; in Italien beträgt der Unterschied zwischen Venetien und Sizilien 13 Punkte und in den USA der Unterschied zwischen New Hampshire und Mississippi zehn Punkte. Wenn man die 16 deutschen Bundesländer in eine Rangtabelle zusammen mit den 28 OECD-Staaten, von denen Daten der PISA-2003-Untersuchung vorliegen, einordnet, dann steht Bayern (Durchschnitts-IQ 102) international an 5. Stelle, das bevölkerungsreichste Bundesland Deutschlands, Nordrhein-Westfalen (IQ 94), an 35. Stelle und Bremen (IQ 92) an 39. Stelle unter insgesamt 44 Staaten und Bundesländern (Wößmann, 2007).

Wenn man auswertet, inwieweit die Gesetze des jeweiligen Landes Aussagen enthalten, wie sie von dem Bildungsreformer Wolfgang Klafki (1927–2016) gefordert und in einigen Bundesländern durchgesetzt worden sind, stellt man fest: Je größer die „Klafki-Nähe“ eines Bundeslandes ist, desto länger ist es auch im Zeitraum von

[6] verfassungsschutz.bremen.de/extremismus/rechtsextremismus-11579, abgerufen am 04.03.2021.

[7] Bundeszentrale für politische Bildung, bpb.de/izp b/254385/gleichheit-vor-dem-gesetz, abgerufen am 04.03.2021.

1960 bis 2000 von der SPD regiert oder mitregiert worden. Klafkifern und bis 2010 niemals von der SPD regiert worden waren Bayern, Baden-Württemberg und Sachsen, am anderen Ende der Skala stehen Hamburg, Bremen und Brandenburg (Böhm und Böhm, 2008). Die ausschließlich CDU-regierten Bundesländer erzielen von allen Bundesländern die besten PISA-Ergebnisse. Ihre Schüler haben den höchsten Durchschnitts-IQ. Je länger ein deutsches Bundesland von Sozialisten (plus Grünen und Linken) regiert wird, desto dümmer sind im Durchschnitt seine Schüler. Je dümmer die Bevölkerung eines Bundeslandes ist, desto eher wählt sie Sozialisten. Was bei der Dummheit der Wähler und der Schüler Ursache und was Folge ist, wer mag das unterscheiden?

Bedroht der militante Islam unsere Freiheit?

In „Das IQ-Gen" (Weiss, 2017) lesen wir unter der Überschrift „Die muslimische Einwanderung" auf den Seiten 106–109: „In Deutschland ist der mittlere IQ von Schülern mit türkischem Hintergrund 18 IQ-Punkte niedriger als der IQ der Deutschen.[8] In der zweiten Einwanderergeneration (die in Deutschland geboren und aufgewachsen ist) ist er sogar 3 IQ-Punkte niedriger als in der ersten (Levels und Dronkers, 2008, S. 206)."

„Eine Zuwanderungs- und Integrationsproblematik, die […] sich nicht mit der Zeit automatisch erledigt, gibt es heute in Deutschland ausschließlich mit Migranten aus der Türkei, Afrika, Nah- und Mittelost, die zu mehr als 95 % muslimischen Glaubens sind. […] Der Anteil der Muslime an der Bevölkerung unter 15 Jahren liegt heute bereits bei 10 %, ihr Geburtenanteil noch deutlich höher." Das war bereits der Stand (Sarrazin 2010, S. 260), fünf Jahre bevor eine kinderlose Pfarrerstochter glaubte, in der Mitte Europas für eine weitere Million Muslime ein Tor in das Gelobte Land öffnen zu müssen.

„Heute leben rund 3 Millionen Menschen türkischer Herkunft in Deutschland. Ihr Anteil an den Geburten ist doppelt so hoch wie der Bevölkerungsanteil und nimmt weiter zu. […] In Deutschland arbeiten ein Heer von Integrationsbeauftragten, Islamforschern, Soziologen, Politologen, Verbandsvertretern und eine Schar von naiven Politikern Hand in Hand und intensiv an Verharmlosung, Selbsttäuschung und Problemleugnung", schrieb der bekannte SPD-Politiker Sarrazin schon 2010 (S. 279).

[8] Zitiert nach Heus und Dronkers 2008 in Weiss 2012, S. 205.

„In allen betroffenen Ländern macht man bei der Gruppe der muslimischen Migranten vergleichbare Beobachtungen, nämlich

- *unterdurchschnittliche Integration in den Arbeitsmarkt*
- *überdurchschnittliche Abhängigkeit von Sozialtransfers*
- *unterdurchschnittliche Bildungsbeteiligung*
- *überdurchschnittliche Fertilität*
- *räumliche Segregation mit der Tendenz zur Bildung von Parallelgesellschaften*
- *überdurchschnittliche Religiosität mit wachsender Tendenz zu traditionalen beziehungsweise fundamentalistischen Strömungen des Islam*
- *überdurchschnittliche Kriminalität, von der ‚einfachen' Gewaltkriminalität auf der Straße bis hin zur Teilnahme an terroristischen Aktivitäten.*

Überall in Europa ging man zunächst davon aus, dass sich die Unterschiede in zwei, spätestens drei Generationen verwischen würden. Das geschah nicht, im Gegenteil: Unter den eingewanderten Muslimen und ihren Nachkommen nahm die Tendenz zu, sich kulturell und räumlich abzugrenzen. […] Die traditionalen autoritären Familienstrukturen blieben erhalten. Der soziale Druck auf Mädchen und Frauen, Kopftuch zu tragen, sich zu verhüllen und traditionell zu kleiden, stieg, und die optische Abgrenzung von der Mehrheitsgesellschaft trat immer deutlicher hervor. Das hatte zur Folge, dass in allen betroffenen europäischen Ländern die Aggressionen der autochthonen Mehrheitsbevölkerung gegen diese fremde Bevölkerungsgruppe wuchsen. […]

Das westliche Abendland sieht sich […] mit autoritären, vormodernen, auch antidemokratischen Tendenzen konfrontiert, die nicht nur das eigene Selbstverständnis herausfordern, sondern auch eine direkte Bedrohung unseres Lebensstils darstellen. […]

Das alles haben wir eigentlich gar nicht nötig. Wirtschaftlich brauchen wir die muslimische Migration in Europa nicht. In jedem Land kosten die muslimischen Migranten aufgrund ihrer niedrigen Erwerbsbeteiligung und hohen Inanspruchnahme von Sozialleistungen die Staatskasse mehr, als sie an wirtschaftlichem Mehrwert einbringen. Kulturell und zivilisatorisch bedeuten die Gesellschaftsbilder und Wertvorstellungen, die sie vertreten, einen Rückschritt. Demografisch stellt die enorme Fruchtbarkeit der muslimischen Migranten eine Bedrohung für das kulturelle und zivilisatorische Gleichgewicht im alternden Europa dar", befürchtet Sarrazin (2010, S. 264ff.).

Bei den muslimischen Migranten entfielen auf 100 Menschen, die ihren Lebensunterhalt überwiegend aus Erwerbstätigkeit bestreiten,

44 Menschen, die überwiegend von Arbeitslosengeld und Hartz IV leben; bei der deutschen Bevölkerung sind das 10. Die Türken weisen die höchste Schulabbrecherquote, den niedrigsten Abiturientenanteil, die meisten Menschen ohne Berufsausbildung, die geringste Erwerbstätigenquote und die wenigsten Selbständigen auf. Aus der Umrechnung der für ein Land repräsentativen PISA-Testergebnisse ergibt sich für die Türkei ein mittlerer IQ von 87. Diese Zahl liegt dicht bei dem Mittelwert von einem IQ 90, wie er bei IQ-Tests in der Türkei selbst gefunden wurde. Für die Kinder der Einwanderer der ersten Generation, die in Deutschland geboren wurden und hier eingeschult worden sind, ergaben die PISA-Tests einen mittleren IQ von 86, für deren Kinder wiederum einen IQ von 84. Die unterdurchschnittlichen PISA-Ergebnisse für Berlin, Hamburg, Bremen und andere Großstädten kommen nicht dadurch zustande, daß in diesen Städten die deutschen Schüler besonders dumm wären – man würde ja, wie es früher einmal war, in diesen Zentren sogar überdurchschnittliche Ergebnisse erwarten –, sondern dadurch, daß vor allem die Ergebnisse der türkischstämmigen und muslimischen Schüler die Durchschnitte nach unten drücken.

Bereits kurz nach Einsetzen der Masseneinwanderung im September 2015 veröffentlichte der Psychologieprofessor Heiner Rindermann im „Focus“ einen „Weckruf“, in dem er auf das für deutsche Verhältnisse zu niedrige mittlere intellektuelle Niveau der Einwanderer hinwies. Bei deren Ingenieuren handele es sich um *„Ingenieure auf Realschulniveau“*. Der Direktor des Instituts für Bildungsökonomie in München, Professor Ludger Wößmann, ergänzte am 19. November 2015 in der „Zeit“[9]: *„In Syrien schaffen 65 Prozent der Schüler nicht den Sprung über das, was die OECD als Grundkompetenzen definiert. […] Das heißt, dass zwei Drittel der Schüler in Syrien nur sehr eingeschränkt lesen und schreiben können, dass sie nur einfachste Rechenaufgaben lösen können. Und das bedeutet, dass diese Schüler in Deutschland, selbst wenn sie Deutsch gelernt haben, kaum dem Unterrichtsgeschehen folgen können“*, und spätere Arbeitslosigkeit die Folge sein werde.

Der zitierte Text ist wortgleich in englischer Übersetzung in dem Buch „IQ Means Inequality“ [Der IQ, das bedeutet Ungleichheit] (Weiss, 2020) auf S. 89f. enthalten, das von Amazon weltweit vertrieben wird. Das vollständige Buch wurde von mir als PDF auf die Wissenschaftsplattform „ResearchGate“ hochgeladen und dort in-

9 Wößmann, L.: Bildungsstand der Flüchtlinge niedriger als vermutet.

nerhalb weniger Monate rund 1500mal gelesen („Reads“) und einige hundert Male heruntergeladen („Downloads“). Am 12. März 2021 teilte mir „Karl“ von „ResearchGate“ mit, das Buch sei gelöscht worden, verbunden mit der Drohung, alle meine Dateien auf der Plattform zu löschen.

Auf meinen Einspruch hin erhielt ich von der zuständigen Rechtsabteilung folgenden Bescheid: „Wenn wir eine Meldung erhalten, daß Inhalte auf unserer Plattform illegal sind oder anderweitig gegen unsere Nutzungsbedingungen oder integrierte Richtlinien verstoßen, überprüfen wir den Inhalt und entscheiden, ob wir Maßnahmen ergreifen. In Ihrem Fall haben wir nach Erhalt eines Berichts über Ihr Werk mit dem Titel ‚IQ Means Inequality‘ festgestellt, daß es eine Reihe von Aussagen enthält, die nahelegen, daß türkische und muslimische Migranten irgendwie ‚weniger als‘ oder minderwertiger als deutsche Einheimische sind. Derartige Aussagen beinhalten Hassrede und/oder abwertende Inhalte[10], die beide durch unsere Nutzungsbedingungen und Community-Richtlinien verboten sind. Solche Inhalte können auch gegen das deutsche Strafgesetzbuch […] verstoßen.“

In meinem Einspruch hatte ich darauf hingewiesen, daß sich mein beanstandeter Text ausschließlich auf bereits veröffentlichte Arbeiten stützt, die wiederum auf die Statistiken der OECD und die von der türkischen Regierung veröffentlichten amtlichen PISA-Ergebnisse zurückgreifen. Der erste Abschnitt stützt sich dabei auf Daten der niederländischen Kollegen um Prof. Jaap Dronkers, der selbst bei „ResearchGate“ aktiv ist, wo man die Daten alle nachlesen kann. Dann folgt ein eine Druckseite umfassendes, in sich geteiltes, wörtliches Zitat aus „Deutschland schafft sich ab“ (Sarrazin, 2010). Sarrazin habe ich in einer Weise zitiert, die meine kritische Distanz zu seinen Schlußfolgerungen über Türken und Muslime zum Ausdruck bringen soll. „[…] befürchtet [fears] Sarrazin“, zitiere ich, nicht „stellt [states] Sarrazin fest“. Sarrazin befürchtet, nicht ich! Der vorletzte Abschnitt zitiert die Daten der Professoren Heiner Rindermann (Chemmitz) im „Focus“ und Ludger Wößmann in „Die Zeit“.

10 Am 23.03.2021 schrieb „ResearchGate Community Support“ in einer E-Mail: „[…] we found that it contained a number of statements suggesting that Turkish and Muslim migrants are somehow ‚less than‘ or inferior to German natives. These types of statements comprise hate speech and/or derogatory content […].
ResearchGate Legal Department
ResearchGate GmbH
Chausseestr. 20, 10115 Berlin, Germany
Registered Seat: Hannover, HR B 202837
Managing Directors: Dr Ijad Madisch, Dr Sören Hofmayer“

Das hat seine Vorgeschichte. Als ich 2005 erstmals etwas über die Gleichwertigkeit der Aussagen von PISA-Ergebnissen und IQ-Tests veröffentlicht habe (Weiss, 2005a und 2005b), entfachte die Zeitung „Hürriyet“ in ihren europaweiten Ausgaben in türkischer Sprache eine Hetz- und Verleumdungskampagne gegen meine Person. Ich war von 1990 bis 2007 Abteilungsleiter in einer Behörde des Sächsischen Staatsministeriums des Innern (Weiss, 2019a), das wegen der „Hürriyet“-Kampagne zu keiner Zeit Handlungsbedarf sah. Es waren dann liberale türkische Journalisten, die sich an mich wandten, mir Hilfe anboten, die Texte übersetzten und Gegenveröffentlichungen in türkischer Sprache drucken ließen, in denen sie darauf hinwiesen, daß es sich bei den von mir verwendeten Zahlen um die offiziellen türkischen Regierungsstatistiken handelte.

„Das IQ-Gen“ (Weiss, 2017) und „IQ Means Inequality“ (Weiss, 2020) sind Kurzfassungen von „Die Intelligenz und ihre Feinde“ (Weiss, 2012), wo man unter der Überschrift „Wie die muslimische Einwanderung im allgemeinen und die der Türken im besonderen die IQ-Lücke weitet“ auf den Seiten 393–401 meine Vorbehalte gegen manche sarrazinsche Schlußfolgerung ausführlich nachlesen kann. Aus diesen Seiten ein Zitat:

„Sarrazin schließt daran (2010, S. 359, Tabelle 8.9) eine ‚*Modellrechnung zur Entwicklung des Bevölkerungsanteils der Migranten aus Nah- und Mittelost sowie Afrika*‘ über vier Generationen an, also für einen Zeitraum von rund 120 Jahren bis etwa zum Jahre 2100. Zu dieser Zeit könnten dann [nach Sarrazin] 71,5 % muslimischen Migranten 28,5 % Deutsche und andere Migranten gegenüberstehen. Diese Milchmädchenrechnung halte ich für den schwächsten Punkt seines ganzen Buches. Aus [folgendem Grund]: […] Da bei den lange in Europa lebenden Muslims eine Anpassung der Kinderzahlen und des Gebäralters an die eingeborene Bevölkerung zu erwarten ist, muß Sarrazin einen noch lange weiter bestehenden Wanderungsdruck aus muslimischen Staaten annehmen. Der wird aber aus der Türkei, aus Nah- und Mittelost und Nordafrika in absehbarer Zeit abnehmen oder gar ganz verschwinden. […] In Tunesien wird die Zahl von 2,1 Kindern pro Frau schon seit mehreren Jahren unterschritten, auch in allen anderen Staaten in Nordafrika geht die Entwicklung in die gleiche Richtung. […] Da auch der Iran und die Türkei das Selbstreproduktionsniveau soeben in unserer Zeit unterschreiten, sollte man mit etwas Gelassenheit in die Zukunft blicken. Die Wanderungsbilanz zwischen Deutschland und der Türkei ist seit 2006 negativ; d.h. es wandern aus Deutschland mehr Personen in die Türkei aus als von dort ein!“

Mittelwertsunterschiede werden von Laien oft falsch verstanden. *„Der Satz: ‚Die Deutschen sind intelligenter als die Türken' ist ein genauso dummer Satz wie ‚Die Württemberger sind intelligenter als die Mecklenburger'. Hochintelligente, Mittlere und Wenigintelligente gibt es in jedem Land, nur ihre Anteile sind in den einzelnen Ländern sehr verschieden. Von ihrem richtigen Verhältnis zueinander hängt die Wirtschaftskraft eines Landes ab"* (Weiss, 2005a, S. 55).

Zweifellos weht der irrationale Wind, der „ResearchGate" unter Druck setzt, wieder aus der Ecke, aus der die „Hürriyet" bereits 2005 aktiv war. Ist es 2021 tatsächlich nicht mehr möglich, Sozial- und Bildungsstatistiken über Türken und die Türkei auf einer internationalen Wissenschaftsplattform mit Sitz in Deutschland zu veröffentlichen und zu diskutieren? Wenn ja, und der Stand ist so, dann sollte ein Aufschrei der Medien- und Bildungslandschaft die parteienübergreifende Antwort sein. Denn es geht in elementarer Weise um die Meinungs- und Wissenschaftsfreiheit, die nicht nur bedroht ist, sondern bereits eingeschränkt, wenn „ResearchGate" nicht dazu gebracht wird, durch Gegendruck der Öffentlichkeit die Löschung zurückzunehmen. Es geht nicht um Volkmar Weiss und um einen ihm gelöschten Text, sondern es geht um viel, viel mehr, um etwas, was uns alle angeht. Der „Islamische Staat" darf nicht bestimmen, was Wissenschaft sagen darf oder nicht.

Volkmar Weiss
Leipzig, Juni 2021

ERGÄNZENDE LITERATUR ZUR NEUAUSGABE

Böhm, C. und B. Böhm: Evaluation der Pädagogik Wolfgang Klafkis. Vierzig Jahre kritisch-konstruktive Didaktik an Deutschlands Schulen. Hamburg: Verlag Dr. Kovač 2008 (= Studien zur Schulpädagogik 57).

Dutton, E. and M. A. Woodley of Menie: At Our Wit's End. Why We're Becoming Less Intelligent and What It Means for the Future. Societas 2018.

Friedrich, H.-J.: Intelligenz und Wohlstand der Nationen. Kognitive Kompetenz, Bevölkerungsgröße und Migration. Saarbrücken: Henns 2021.

Henss, R.: Intelligenz und Korruption. Das Schwellenmodell der formal-operativen Intelligenz. Saarbrücken: Henss 2021.

Hinz, T.: Weltflucht und Massenwahn. Deutschland in Zeiten der Völkerwanderung. Berlin: Junge Freiheit Verlag 2016.

Kemper, A.: Sarrazins deutschsprachige Quellen. In: Haller, M. und M. Niggeschmidt (Hg.): Der Mythos vom Niedergang der Intelligenz. Von Galton zu Sarrazin: Die Denkmuster und Denkfehler der Eugenik. Wiesbaden: Springer VS 2012, S. 49–67.

Lehrl, S.: PISA – ein weltweiter Intelligenz-Test. Geistig fit, Nr. 1 (2005), S. 3–6.

Levels, M. and J. Dronkers: Educational performance of native and immigrant children from various countries of origin. Ethnic and Racial Studies 31 (2008), S. 1404–1425.

Levels, M., Dronkers, J., and G. Kraaykamp: Immigrant children's educational achievement in Western countries: origin, destination, and community effects on mathematical performance. American Sociological Review 73 (2008), S. 835–853.

Lynn, R.: The Global Bell Curve. Race, IQ, and Inequality Worldwide. Augusta, GA: Washington Summit Publishers 2008.

Lynn, R. and T. Vanhanen: IQ and the Wealth of Nations. Westport: Praeger 2002.

Mayer, T. und W. Rösler: Der „Paradigmenwechsel" zur Einführung des Elterngeldes und seine Fehlkonstruktionen. Zeitschrift für Familienforschung 25 (2013), S. 173–191.

OECD: Executive Summary. PISA 2000 (2002); 2006 (2008); 2012 (2014); 2018 (2020).

Rindermann, H.: Ingenieure auf Realschulniveau. Focus Nr. 23 (2015), S. 42–44.

Rost, D.H.: Handbuch Intelligenz. Weinheim: Beltz 2013a.

Rost, D.H.: Interpretation und Bewertung pädagogisch-psychologischer Studien. Eine Einführung. 3. Aufl. Bad Heilbrunn: Klinkhardt 2013b.

Sarrazin, T.: Deutschland schafft sich ab. Wie wir unser Land aufs Spiel setzen. München: Deutsche Verlags-Anstalt 2010.

Scheithauer, R.: 2003 – Deutschland nach Verlust seiner Eliten. Genius 7 (2003), S. 148–150.

Volkert, E.: Die bevölkerungspolitische Lage der preußischen Forstbeamten im Rahmen der biologischen Gesamtlage im deutschen Reich, Hannover: Schaper 1940 (= Studien zu Volkskörperforschung 3).

Weiss, V.: Deutschland IQ (noch) 97, Türkei IQ 85 (Gedanken zu PISA 2003. Münster. Waxmann 2004). Die Rundschau (Erfurt) Heft 15 (2005a) S. 32–35.

Weiss, V.: IQ der Staaten. Geistig fit, Nr. 1 (2005b), S. 7–8.

Weiss, V.: Das Tausendjährige Reich Artam. Die alternative Geschichte 1941–2099. Neustadt an der Orla: Arnshaugk 2011b.

Weiss, V.: Die Intelligenz und ihre Feinde. Aufstieg und Niedergang der Industriegesellschaft. Graz: Ares 2012.

Weiss, V.: Vorgeschichte und Folgen des arischen Ahnenpasses. Zur Geschichte der Genealogie im 20. Jahrhundert. Neustadt an der Orla: Arnshaugk 2013.

Weiss, V.: Das IQ-Gen – verleugnet seit 2015. Eine bahnbrechende Entdeckung und ihre Feinde. Graz: Ares 2017.

Weiss, V.: Der erweiterte SächsArchReport. Eine Dokumentation des Leiters der Deutschen Zentralstelle für Genealogie in Leipzig 1990–2007. Neustadt an der Orla: Arnshaugk 2019.

Weiss, V.: Wikipedia als Tummelplatz des geistigen Lumpenproletariats. In: Mäckler, A. (ed.): Schwarzbuch Wikipedia. Mobbing, Diffamierung und Falschinformation in der Online-Enzyklopädie und was jetzt dagegen getan werden muss. Höhr-Grenzhausen: zeitgeist Print & Online 2020a, S. 215–235.

Weiss, V.: IQ Means Inequality. The Population Cycle that Drives Human History. KDP 2020b.

Weiss, V.: Die geistigen Mistkäfer der Wissenschaft. Zum Struktur- und Ideenplagiat. KDP 2021a.

Weiss, V.: Für ein Elterngeld-ZUKUNFT. KDP 2021b.

Wößmann, L.: Fundamental determinants of school efficiency and equity: German states as a microcosm for OECD countries. Bonn: IZA Discussion paper 2880 (2007).